Metternich
Staatsmann des Friedens

Franz Herre

Metternich

Staatsmann des Friedens

Bechtermünz Verlag

Genehmigte Lizenzausgabe für
Bechtermünz Verlag im
Weltbild Verlag GmbH, Augsburg 1997
© by Kiepenheuer & Witsch Verlag, Köln
Einbandgestaltung: Hannes Jähn, Köln,
unter Verwendung eines Gemäldes von Thomas Lawrence
(Bildarchiv Preussischer Kulturbesitz, Berlin)
Gesamtherstellung: Franz Spiegel Buch GmbH, Ulm
Printed in Germany
ISBN 3-86047-813-3

Inhalt

Ende einer Welt 11

Anfänge eines Diplomaten 40

Botschafter in Paris 67

Außenminister des Ausgleichs 99

Koalition gegen Napoleon 132

Frieden durch Gleichgewicht 184

Die Heilige Allianz 243

Das System Metternich 284

Der Damm bricht 331

»Ich war ein Fels der Ordnung« 376

Zeittafel 405

Bibliographie 407

Personenregister 423

Bildnachweis 431

»Friede ist die Ruhe der Ordnung«

Augustinus

Ende einer Welt

DER RHEIN fließe in seinen Adern, pflegte Klemens Wenzel Lothar Metternich zu sagen und die Konsequenz zu nennen: seine Heimat sei das Rheinland, sein Vaterland Europa.

Als er 1773 in Koblenz geboren wurde, war der Rhein ein europäischer Strom, noch nicht die von Jakobinern wie Bonapartisten geforderte »natürliche Grenze« Frankreichs, und noch nicht »Deutschlands Strom, aber nicht Deutschlands Grenze«, wie deutsche Nationalromantiker entgegneten.

Straßburg gehörte zwar schon dem König von Frankreich, dafür aber hieß Montbéliard noch Mömpelgard und gehörte dem Herzog von Württemberg. Hüben wie drüben wurde in den Kirchen lateinisch gebetet, in den Salons französisch parliert und in den Stuben deutsch gesprochen.

Westlich von Koblenz reichte das Heilige Römische Reich Deutscher Nation noch Tagesreisen weit, bis Luxemburg und Namur, Brüssel und Brügge. Die österreichischen Niederlande zählten zur Hausmacht des Habsburgerkaisers. Seine Hauptstützen waren die geistlichen Kurfürsten von Mainz, Trier und Köln. In der »Pfaffengasse« am Rhein rekapitulierten sie das römisch-katholische Mittelalter, repräsentierten das feudale, föderale und universale Reich – und demonstrierten seine Zeitwidrigkeit im Jahrhundert der Aufklärung, des Absolutismus und des erwachenden Nationalismus.

Die Geschichte des römisch-deutschen Reiches war in Trier gegenwärtig. In der spätrömischen Epoche Kaiserresidenz und Bischofssitz, hatte es seit der Frankenzeit einen Erzbischof, dessen Suffragane die Bischöfe von Metz, Toul und Verdun sowie – seit 1777 – die neukreierten Bischöfe von St-Dié und Nancy waren. Der geistliche Landesherr wurde im 13. Jahrhundert Kurfürst, einer der sieben, später neun Wahlfürsten des deutschen Königs, der zweite im Rang nach dem Mainzer.

Dem letzten Erzbischof und Kurfürsten von Trier, Klemens Wenzeslaus, war das zu viel Geschichte, zumal im 18. Jahrhundert die Würde wenig eintrug und die Bürde zunehmend drückte. Der Enkel Augusts des Starken von Sachsen (ein legitimer Prinz) verlegte seine Residenz aus der Stadt der Porta Nigra in das heitere Koblenz. Von Franzosen ließ er sich ein klassizistisches Schloß bauen, in dem er wie ein Barockfürst hofhielt und sich außerdem befleißigte, seinen 280 000 Untertanen ein strenger, aber gerechter Herr im Sinne des aufgeklärten Absolutismus und ein milder Hirte im Wortsinne seines Namens zu sein.

Klemens Wenzeslaus hieß Metternich nach seinem Taufpaten, der einem alten Geschlecht die Ehre gab, das geistlichen Kurfürsten gedient und sich um das römisch-deutsche Reich verdient gemacht hatte. Es nannte sich nach dem bei Weilerswist gelegenen Ort Metternich, gelangte 1679 in den Reichsgrafenstand. Man war reichsunmittelbar, doch mittelbar der rheinischen Germania sacra, dieser Miniatur des Sacrum imperium, zugehörig. In deren Herrschaft teilten sich Familien wie die Metternichs, sozusagen kleine Kurfürsten, die aus ihrer Mitte ihren kleinen Kaiser wählten, ab und zu selber an die Spitze kamen und sich inzwischen mit bescheideneren Würden und weniger einträglichen Pfründen begnügten.

Vier Metternichs waren geistliche Kurfürsten geworden, drei in Mainz und damit Erzkanzler für Deutschland, einer in Trier und damit Erzkanzler für Burgund. Der Bedeutendste, von dem der spätere österreichische Staatskanzler seinen dritten Vornamen erhielt, war Lothar von Trier. Bei Anbruch des Dreißigjährigen Krieges setzte er sich für den alten Glauben wie den alten Kaiser und auch für seine Familie in den Herrschaften Winneburg und Beilstein an der Mosel ein. Und baute ihr das stattliche Haus am Münzplatz in Koblenz, den »Metternicher Hof«, in dem Klemens Wenzel Lothar am 15. Mai 1773 geboren wurde.

In der Annonce der *Wöchentlichen Coblenzer Frag- und Anzeigungsnachrichten* war dem Vater der Vorrang eingeräumt: »dem Hochgebohrnen Franz Georg Carl Joseph des H. Römischen Reichs Graf von Metternich, Winneburg und Beilstein, Herr zu Königswart, Spurkenburg, Naunheim, Reinhardstein und Pousseur, des hohen Erz-Stifts Mainz Erbkämmerer, Sr. Römisch Apostolischen Majestät wirklicher Kämmerer, Sr. Churfürstl. Durchlaucht zu Trier geheimer Staats-Minister und Vice-Ober-Marschall etc. etc.«

Der Titulatur entsprach die Statur des Siebenundzwanzigjährigen, an der sich noch manche Etceteras ansetzten, bis der zuerst kurtrierische, dann kaiserliche Amts- und Würdenträger wie die Verkörperung des alten Reiches erschien: beleibt und behäbig, umständlich und schwerfällig, Allonge und Aplomb. Einen »bordierten altdeutschen Herrn« nannte ihn der vorwärts blickende Ritter von Lang und hätte es kaum moniert, wenn der Druckfehlerteufel ein »borniert« daraus gemacht hätte.

Der Maler Johann Baptist Pflug fand ihn stattlich, stark gepudert und sorgfältig frisiert, mit auffallend roter Nase. Der Moselfranke war Bacchus ergeben und der Kavalier des Ancien régime der Venus. Auch im Dienste eines geistlichen Herrn war dies kein Karrierehindernis. Es blieb dem russischen Staatsrat und deutschen Lustspieldichter Kotzebue vorbehalten, den alten Metternich als »Amor mit dem Saturnuskopf, dem der Zephyr um die grauen Locken säuselt«, zu verspotten.

Der Reichsgraf hielt sich für einen Diener des Zeus respektive dessen römisch-deutschen Stellvertreters, der mitzuhelfen habe, mit der Ordnung und dem Gesetz im Reich seine eigenen Vorrechte und Vorteile zu bewahren. Er tat es mit mehr Beflissenheit als Befähigung. Als Diplomat – zunächst als kurtrierischer Gesandter in Wien und dann als kaiserlicher Gesandter bei den rheinischen Kurhöfen – redete er zuviel. Und als Minister – zuerst im kurtrierischen Koblenz und später im österreichischen Brüssel – handelte er zuwenig.

Die glücklichste Hand hatte er 1771 bei seiner Heirat, und da schien Maria Theresia nachgeholfen zu haben, die Mater Austriae, die gerne Ehen stiftete und die Familien im Auge behielt. Gräfin Maria Beatrix Aloisia von Kageneck entstammte einem in Wien angesehenen Geschlecht aus dem vorderösterreichischen Breisgau. Die Schönheit und die Liebenswürdigkeit der sechzehnjährigen Braut waren offensichtlich, weniger die Gescheitheit und der Ehrgeiz, die man ihr allenfalls an der markanten, etwas zu spitzig geratenen Nase hätte ablesen können.

Der Bräutigam vermochte das nicht, der Gatte schickte sich

darein, daß sie im Hause bestimmte, in Gesellschaft brillierte, in privaten wie politischen Geschäften mitredete. Es war für ihn nicht nur bequem, sondern auch nützlich. Die Gräfin konnte klarer denken, klüger reden, überlegter handeln und geschickter intrigieren. Selbst wer dahinterkam, fühlte sich geschmeichelt, von einer so charmanten Frau hinters Licht geführt worden zu sein. Sogar ihre Bosheiten, zu denen sie neigte, wurden als Bonmots geschluckt – denn in den Salons wurde mehr auf die Verpackung als auf den Inhalt gesehen.

Es war eine Ehe zwischen Barock und Rokoko: hier der gravitätische Gemahl, bei dem jeder Auftritt zu einer Haupt- und Staatsaktion gedieh, vor der man in Ehrfurcht erstarb oder sich fast zu Tode mokierte – und dort die muntere Gattin, deren Impromptus jedem gefielen und deren Impulsivität alle für sie einnahm. Man war auf die Kinder aus einer solchen Ehe gespannt.

İn fünf Jahren kamen vier Kinder: 1772 Pauline, die mehr dem Vater als der Mutter nachschlug; 1774 Josef, der aus der Art schlug, denn er begnügte sich mit einem subalternen Posten in der Wiener Staatskanzlei; 1777 Ludwig, der nicht einmal ein Jahr alt wurde. Und 1773 Klemens Wenzel Lothar, der Gestalt und Geist der Mutter wie die Standesallüren und die Lebenslust des Vaters mitbekam – eine Verbindung, die sich als geschichtsträchtig erwies.

»Ich stelle mir vor, daß er vollkommen angekleidet geboren wurde, mit gepudertem Haar, und sich bei seinem ersten Auftritt in der Welt gemessen verbeugte.« Was Nathaniel Hawthorne über George Washington schrieb, hätte er auch über Klemens Metternich schreiben können. Denn er trat sozusagen fertig ins Leben, von Geburt ein gemachter Mann, von Hause aus ein bevorrechteter Aristokrat und ein vollendeter Kavalier jener Zeit, von der bald Seinesgleichen sagen sollten: Nur wer sie erlebt habe, kenne die Süße des Daseins.

Es ist verständlich, daß er sie ad infinitum verlängern wollte, mehr noch aus persönlichen als aus politischen Motiven. Er wurzelte nicht, wie man zu sagen pflegt, im vorrevolutionären 18. Jahrhundert, denn dann hätte er ja wachsen, auch in die neue Zeit hineinwachsen können. Doch er war als Erwachsener in seine Welt hineingeboren worden, in der er sich nicht mehr entwickeln konnte, aus der er sich nicht mehr fortbewegen wollte. Der Fünfundvierzigjährige erklärte, er sei derselbe, der er mit fünfzehn Jahren gewesen, und er werde wohl in zwanzig Jahren noch immer derselbe sein.

Alles war ihm in den Schoß gefallen: die natürlichen Gaben, die geistige Begabung, die Herkunft, die seine Gegenwart beglückte und seine Zukunft sicherte. Die Mutter verwöhnte ihren Herzbuben, der Vater begleitete die Fortschritte des aufgeweckten Sohnes mit zuviel Lob und die Eskapaden des übermütigen Knaben mit zuviel Nachsicht. Die Geschwister ordneten sich ihm unter, weil sie seine Überlegenheit anerkannten, und weil sie wußten, daß man ihm doch immer recht geben würde.

Schon als Kind wußte er alle für sich zu gewinnen, weibliche Wesen zumal, zunächst ohne sein Zutun. Sie fanden den kleinen Jungen possierlich und den jungen Herrn poussierlich. War er nicht bildhübsch, blitzgescheit und gutherzig, blond und blauäugig, noch naiv und schüchtern und schon galant und chevaleresk? Sie übersahen, daß er bereits damit angefangen hatte, diesen Eindruck zu pflegen: durch aufmerksames Zuhören, Heraushören von Gedanken und Wünschen, um ihnen dann freundlich entgegenzukommen, gewinnend zuvorzukommen. Indem er auf andere einging, wußte er sie für sich einzunehmen, ohne ihnen zu weit entgegenzukommen oder gar sich ihnen auszuliefern – der Lehrling und bald Meister in der Kunst der Menschenbehandlung.

Das festigte seine gesellschaftliche Position und seine staatsmännische Stellung, doch nicht seinen Charakter. Da er andere so leicht für sich einnehmen konnte, wurde er zu sehr von sich eingenommen, zu selbstbewußt, selbstsicher und selbstgerecht, ohne Selbstzweifel, Selbstprüfung und Selbstkritik – ein Egozentriker, der sich seine Kreise nicht stören lassen wollte.

Weil man ihm so oft recht gab, meinte er immer recht zu haben. Und weil er sich nie durchsetzen und durchschlagen mußte, ließ er sich gerne gehen und neigte persönlich, weniger politisch, dazu, auch die anderen machen zu lassen. »Nein« sagte er nicht gerne, zumindest nicht dem anderen ins Gesicht, um es ihm wahren zu helfen – samt der guten Meinung, die dieser von ihm hatte.

Dieser Narziß war in sich selbst verliebt, bewunderte sich im Spiegel und hätte es am liebsten gesehen, wenn ihn auch die anderen dauernd bewundert hätten. Das verführte ihn dazu, sich ständig in Positur zu stellen, in Szene zu setzen, immerzu Rad schlagend – eitel wie ein Pfau, der nicht von ungefähr das Lieblingstier des Rokoko war.

Zu gefallen suchte er durch Gefälligkeiten, die der Liebedienerei nahekamen, und indem er anderen nach dem Mund redete. Die Mutter, die das für eine Voraussetzung gesellschaftlichen Avancements hielt, hatte es gefördert. In Deutschland habe er zu sagen, ihm gefiele die deutsche, in Frankreich, ihm gefiele die französische Musik, ermahnte sie ihn, als er in Straßburg erklärt hatte, er ziehe die italienische vor.

Der Vater gab den praktischen Ratschlag: Er solle liebenswürdig mit aller Welt sein, besonders aber nicht die alten Damen vernachlässigen, deren Gerede, mehr als man glaube, die Meinung über junge Leute beeinflusse. Der Sohn hielt sich daran, doch bald genügte es ihm nicht mehr, nur bei reiferen Damen Anklang zu finden. Über erste kleine Amouren gibt es nette Geschichten, von solchen in Umlauf gebracht, die ihm seine späteren großen Amouren neideten: Er habe Zofen unter die Röcke gegriffen, sich mit Mägden verlustiert – was seine einzige Berührung mit dem Volk geblieben sei.

Von Anbeginn lebte er in einem geschlossenen Kreis, in der feudalen Welt, im aristokratischen Milieu. Das Kabinett des Vaters und der Salon der Mutter waren die ersten Schulzimmer. Zum Elementaren gehörte die Erkenntnis, daß der Grundbesitz geehrt und vermehrt werden müsse, als Grundlage nicht nur der ökonomischen, sondern auch der sozialen und politischen Stellung des Hochadels.

Im Salon lernte er, wie man sich unter Seinesgleichen zu benehmen und von den übrigen abzuheben habe. Auf dem Parkett bewegte er sich bald so sicher wie auf dem Spielplatz, wo er – wie er sich erinnerte – schon als kleiner Knabe seltener als seine Kameraden hingefallen war: »Ich bin nicht ganz so schnell gelaufen, habe die Augen weit offen gehalten.« Und er eignete sich rasch die vornehmen Manieren an – Formen, weniger Inhalte des Umgangs; Konversation – Geplauder, nicht Gespräch; Brillieren und Blenden, Verbindlich-Unverbindliches, Courtoisie.

Dabei wurde Französisch gesprochen, und er sprach es so gerne, daß ihn der Vater einmal ermahnen mußte, darüber seine Muttersprache nicht ganz zu vergessen. Sein Leben lang konnte er sich in Französisch besser ausdrücken als in Deutsch, jedenfalls eleganter, klarer und, was kein Widerspruch war, auch unklarer; denn es war eben nicht nur die Sprache der Philosophen, sondern auch der Diplomaten.

Er lernte leicht, fast spielend, was eher nachteilig war. Das gute Gedächtnis verleitete ihn zu der Annahme, er brauche sich nicht auf den Hosenboden zu setzen. Es mangelte an Ausdauer, das rasch Aufgefaßte zu verbreitern und zu vertiefen. Und es fehlte der Wille, Gelerntes in Werke umzusetzen. Wozu auch? Er hatte doch alles, was er brauchte, und würde bekommen, was er begehrte.

Den Hofmeistern erleichterte dies die Arbeit nicht. Vornehme Familien hielten sich einen Hauslehrer, und da die Metternichs besonders vornehm und auch entsprechend bemittelt waren, leisteten sie sich deren zwei.

Abbé Bertrand war Piarist, Mitglied des Ordens, der in der Gegenreformation zur unentgeltlichen Unterrichtung der Kinder von Armen gegründet worden war, im Zeitalter des Absolutismus auch Kinder von Privilegierten erzog und im Jahrhundert der Aufklärung neben der Unterweisung in Religion Anleitung in den Humaniora gab. Klemens ließ sich für einen menschlich begründeten und human ausgerichteten Glauben erwecken, geriet sogar, worüber er später den Kopf schüttelte, »in einen religiösen Überschwang«, doch nur vorübergehend.

Die Gründe lagen in seiner Zeit wie in seiner Person. Die Metternichs waren katholisch, sie dienten katholischen Kaisern wie geistlichen Kurfürsten, was den Vater nicht abhielt, Freimaurer zu werden. Der Kirchenglaube wurde zur Begründung der reichsständischen wie der reichsamtlichen Existenz gebraucht, als überkommene Lebensform geschätzt. Doch in einem nicht nur antiklerikal, sondern auch areligiös gestimmten Jahrhundert war es verständlich wie verzeihlich, wenn man mehr an das Diesseits dachte als in das Jenseits schaute.

Lebte man nicht – die Zeitgenossen im allgemeinen und die Metternichs im besonderen – in der besten aller Welten, die zwar von Gott geschaffen worden war, aber von aufgeklärten Menschen unterhalten und fortentwickelt wurde? Sein Herz sei aus den Wolken rasch wieder zur Erde zurückgekehrt, resümierte der Minister Metternich, der die Kirche als Stütze der Throne schätzte und weniger als Haus der Altäre.

Seine persönliche Neigung, die Gegenwart rosig und die Zukunft nicht minder rosig zu sehen, kam dem rational begründeten Optimismus und Fortschrittsglauben der Aufklärung entgegen. Sein Anspruch, über sich selbst zu bestimmen, nach persönlichem Glück zu streben und zur eigenen Lust zu leben, entsprach dem autonomen Recht und der autonomen Moral der Aufklärung. Deren Versuch, für alles Prinzipien aufzustellen und jeden Regeln zu unterwerfen, konvenierte seiner Vorstellung von öffentlicher Ordnung, in der er seine Welt erhalten wissen wollte – weniger seiner privaten Haltung, die nicht so starr war, um nicht auch Abweichungen von Prinzipien und Ausnahmen von der Regel zuzulassen.

Die Koinzidenz der Grundforderungen des Zeitgeistes mit seiner geistigen Disposition erklärt, warum er von der Aufklärung geprägt wurde und zeitlebens von ihr geprägt blieb – genauer gesagt von dem Stadium, das sie im Augenblick seiner geistigen Formung erreicht hatte: Autonomie für Auserwählte und aufgeklärter Absolutismus für alle anderen.

Abbé Bertrand war ein halber, der zweite Hauslehrer ein ganzer Aufklärer: Johann Friedrich Simon, ein Protestant, der aus dem Philanthropinum in Dessau kam, in dem junge Menschen zu Menschenfreunden herangebildet werden sollten. Der Gründer, Johann Bernhard Basedow, hatte eine »Sittenlehre der Vernunft« geschrieben, sein Schüler Simon betonte: »Die Experienz und die Reflexion sind die einzigen großen Lehrmeister des menschlichen Geistes.«

Diesen Satz merkte sich der junge Metternich. Die Sittenlehre prägte sich ihm weniger ein, und am wenigsten die vom Genfer Rousseau gepredigte und vom Straßburger Simon praktizierte Pädagogik: Nur der natürliche Mensch sei ein guter Mensch, und das »Zurück zur Natur« habe mit Freiübungen, Schwimmen und Wandern, Kampieren im Freien zu beginnen. Das war nicht nach dem Geschmack des jungen Grafen, der die Annehmlichkeiten der

Zivilisation schätzte und nur ungern auf Puder, Pomade und Perücke verzichtete, die laut Simon angeblich »physische und moralische Übel befördern und eine weiche und effeminierte Seele machen« sollten.

Ein »Sturm und Drang« war von ihm nicht zu erwarten, kein Aufwühlen der Seele und kein Aufbegehren gegen Konventionen, aber auch keine Verstiegenheiten und Verwüstungen. Mit Fünfzehn war er ein fast fertiger Mann, aufgeschlossen und frühreif, blasiert, ganz junger Herr aus großem Haus. Er hatte bereits eine Präbende des Mainzer Domkapitels, wofür Protektion allein nicht genügte; man mußte reichsunmittelbar sein und hatte sechzehn stiftsmäßige Ahnen nachzuweisen.

Schon war ihm Universitätsreife zugestanden – für Straßburg, die hohe Schule für Diplomaten, wozu er veranlagt und vorherbestimmt war.

STRASSBURG war die östliche Bastion der Franzosen und immer noch die »wunderschöne Stadt« der Deutschen. Das gotische Münster, als Meisterstück altdeutscher Baukunst gepriesen, vertrug sich mit dem Château de Rohan, das von einem Pariser Hofarchitekten im Übergangsstil von Louis-Quatorze zu Louis-Quinze erbaut worden war.

An der Universität, 1621 von Kaiser Ferdinand II. errichtet, wurde weiterhin römisch-deutsches Reichsrecht gepflegt und neuerdings europäisches Völkerrecht gelehrt. Zum Studium kamen Deutsche, Franzosen, Russen und Engländer, namentlich Adelige, die Diplomaten werden wollten. Sie sahen darin nicht nur einen standesgemäßen Beruf, sondern auch die standesbedingte Berufung, die in den Heimatstaaten garantierten Privilegien in einer europäischen Staatenordnung abzusichern.

Diese Internationale der Aristokraten verband außer Standesegoismus auch kosmopolitischer Altruismus. Als aufgeklärte Europäer waren sie christlich gesittet und humanitär gesinnt, liebten die vernünftige, segensreiche Ordnung, glaubten – wie der deutsche Philosoph Leibniz – an die prästabilierte Harmonie, den vorherbestimmten Einklang aller Einzelkräfte, also auch der einzelnen Staaten. Und hofften – mit dem französischen Abbé Charles

Irénée de Saint-Pierre –, daß durch einen immer wieder angeschlagenen und aufs neue bestätigten Gleichklang ein »ewiger Friede« eingeläutet werden könnte.

Um in den Prinzipien bestärkt zu werden und die Modalitäten zu lernen, kamen sie in die Straßburger Diplomatenschule – auch Clement Comte de Metternich-Winnebourg, wie er am 12. November 1788 immatrikuliert wurde.

Die Koryphäe in Straßburg war Christoph Wilhelm von Koch, Professor des öffentlichen Rechts, ein protestantischer Elsässer, der in Paris gelernt hatte und vom Kaiser in Wien geadelt worden war. Auf dem Katheder stand er wie ein deutscher Professor, der überzeugt war, alles richtig zu wissen, und seine Studenten davon zu überzeugen versuchte – und auch zu überreden verstand –, denn er war eloquent wie ein französischer Advokat.

Auch das, was er lehrte, trug das Straßburger Doppelgesicht. Das Staatsrecht war am römisch-deutschen Reichsrecht, das Völkerrecht am französischen Kosmopolitismus orientiert. Das alte Universale und das neue Übernationale waren miteinander verbunden, wie es dem Genius loci entsprach und den aufgeklärten Herren aus dem Reich zupaß kam.

Denn Kochs Staatslehre ging davon aus, daß die bestehenden Staaten und ihre gegebenen Zustände erhalten werden müßten, mit ihnen und in ihnen das geschichtlich gewachsene Recht und die historisch begründeten Vorrechte. So bringe man »den verfeinerten Despotismus in rechtliche Kunstformen«, kritisierte ein deutscher Kollege, doch der adeligen Studentenschaft konvenierte das so sehr, daß sie auch Kochs Konsequenz akzeptierte: die überkommene Ordnung könne nur mit modernen Methoden erhalten, müßte im Geiste des Rationalismus fortgeführt werden – durch den aufgeklärten Absolutismus, der von oben für alle das Glück zu verordnen habe.

Der monarchische Staat mit seiner feudalen Gesellschaft, bürokratischen Verwaltung und menschenfreundlichen Mission stand nicht allein in der Welt. Die europäischen Staaten waren zwar alle gleich strukturiert, wurden ähnlich regiert, hatten dieselbe historische Begründung und aktuelle Ausrichtung – beinahe so etwas wie eine gemeinsame Ideologie. Aber sie hatten auch unterschiedliche Machtinteressen, die immer wieder zu Konflikten und Kriegen führten, was im dunklen Mittelalter nicht verwunderlich gewesen war, aber nicht mehr in den Äon der Aufklärung paßte.

Konfessionen, Klassen und Staaten galt es zu versöhnen, alle Menschen sollten sich umarmen und die ganze Menschheit sich umschlungen halten.

Metternich hatte das oft genug von seinem Hofmeister Simon gehört, der mit ihm nach Straßburg gekommen war. Europa sei eine Familie, pflegte er zu sagen; doch dieser Vergleich hinkte. Denn die Staaten bildeten – obgleich Monarchen und Aristokraten miteinander versippt waren – keine Familie, in der im Zweifelsfall das Blut stärker war als der Zwist und im Notfall das Machtwort des Vaters galt. Europa glich eher einem Wildgehege, dessen Insassen oft friedlich miteinander grasten, doch mitunter übereinander herfielen.

Der Fortschrittsglaube vermochte diesen Berg nicht zu versetzen, und auf eine geglückte Umerziehung der Erdenmenschen zu Erdenengeln, wie sie Simon und Seinesgleichen anvisiert hatten, konnte man nicht warten. Die Lösung der Quadratur des Kreises schien Professor Koch gefunden zu haben: mit seiner Lehre vom System des Gleichgewichts der europäischen Mächte.

Sie basierte auf Gedanken anderer Gelehrter, korrespondierte mit ähnlichen Theorien, lag gewissermaßen in der Luft einer Zeit, die auf Experienz und Reflexion bedacht war, aus Tatsachen ihre Schlüsse zog und diese in ein System zu bringen suchte. Jeder Staat hatte ein meß- und wägbares Gewicht. Untergewicht beinhaltete die Gefahr der Unterwerfung, Übergewicht die Gefahr der Hegemonie. Wenn es gelänge, das eine wie das andere zu vermeiden, eine Balance of powers herzustellen, ein System des Gleichgewichts der Staaten zu erhalten – dann könnte die Sicherheit jedes einzelnen und der Friede für alle gewährleistet werden.

Wie das europäische Staatensystem ins Lot gebracht und im Lot gehalten werden könnte, wurde von Koch den angehenden Diplomaten, den dazu Berufenen gelehrt: durch Kalkulation der Größen, Ausbalancierung der Kräfte, ein Gleichgewicht der Mächte. Das entsprach der mathematischen und mechanischen Komponente der Aufklärung, ihrem Analysieren, Systematisieren, Rationalisieren. Da aber das Leben der Staaten wie der Menschen auch von irrationalen, unberechenbaren und unwägbaren Kräften bestimmt wird, barg dieses Sicherheitssystem ab ovo Unsicherheit.

Der Professor wollte und die Studenten konnten dies nicht wahrhaben, am wenigsten der junge Metternich. Von Natur aus denkfaul, befand er sich in einem Alter, in dem die Bereitschaft, Vorgedachtes gläubig zu übernehmen, ohnedies mehr vorhanden ist als der Wille und die Fähigkeit zu eigener Verstandestätigkeit. Und da ihm die Thesen dieser Theorie leicht faßlich, unschwer zu handhaben und vor allem nutzbringend erschienen, übernahm er sie wie Dogmen – die einzigen, an die er zeitlebens glaubte.

Beim Studium überanstrengte er sich nicht, brauchte es auch nicht, denn es stand von vorneherein fest, daß er kein Examen machen mußte, auch ohne akademischen Abschluß eine Karriere beginnen konnte. Ohnehin benötigte ein Diplomat mehr Lebenskenntnis als Bücherwissen, und vor allem sollte er sich auf dem Parkett bewegen und benehmen lernen, das für ihn die Welt zu bedeuten hatte.

Straßburg, »eine der fröhlichsten Städte Europas«, bot dazu genug Gelegenheit. Und da ihm der Salon lieber als das Studierzimmer war und der Ballsaal näher als der Hörsaal lag, absolvierte er diese Ausbildung mit bemerkenswertem Fleiß, löblichem Betragen und beträchtlichem Erfolg.

Der junge Graf verkehrte im Hôtel des Deuxponts, der Residenz des Prinzen Maximilian von Zweibrücken, des nachmaligen ersten Königs von Bayern und damaligen Kommandeurs des französischen Regiments Royal Alsace. Der Herr Oberst exerzierte nicht gerne, spielte und tanzte lieber, und das Scharmutzieren zog er den Scharmützeln vor; denn er war ein Frauenheld. Der sechzehnjährige Graf blickte zu ihm auf, der dreiunddreißigjährige Prinz nahm ihn bei der Hand, und seiner Einführung in die große Gesellschaft, jedenfalls einer bunteren und lustigeren als in Koblenz, stand nichts mehr im Wege.

Er war bald gern gesehen und wohl gelitten, und selbst Simon, der für das Ernste zuständige Hofmeister, mußte einräumen, daß er eine gute Figur mache, »froh, schön und liebenswürdig« zur Freude des Hauses und der ganzen Gesellschaft heranwachse. Metternich hat die goldenen Tage in Straßburg nie vergessen, vor allem deshalb, weil sie ihm als die letzten Tage der alten Welt erschienen.

Denn aus heiterem Himmel kam der Donnerschlag: die Französische Revolution. Der Sturm brach auch über Straßburg herein, über die Stadt der Gotik und des Rokoko, blies in die letzten Fachwerkwinkel, zerzauste Perücken, zerstörte ein Idyll und zerbrach die Illusion einer heilen Welt.

Metternich war noch zu jung, um zu verstehen, daß es die Auswirkung von Ursachen war, die seine adeligen Standesgenossen und seine aufgeklärten Professoren mitgeschaffen hatten. Und als er es später hätte begreifen müssen, war zu sehr befangen in seinem damaligen Erlebnis, dem Bedauern über das Ende des Alten und der Bestürzung über den Anfang des Neuen, als daß er zu einer objektiven Erkenntnis gelangen oder gar unparteiische Konsequenzen hätte ziehen können.

Der Studiosus war Augenzeuge des Straßburger Bastillesturms am 21. Juli 1789. Handwerksburschen, mit Beilen und Äxten bewaffnet, rotteten sich vor dem Stadthaus zusammen, zerschlugen Fenster, drangen in das Amtsgebäude ein, warfen Möbel und Akten hinaus. Die Soldaten, die schließlich die Aufrührer vertrieben, fanden leere Kassen und zerschlagene Weinfässer.

Lange, viel zu lange hatte das Regiment Royal Alsace Gewehr bei Fuß gestanden; seinem Obersten, Prinz Maximilian, war befohlen worden, sich vorerst ruhig zu verhalten. Ruhig blieben die Bürger bei der Erstürmung wie der Wiedererstürmung des Stadthauses. »Von einer Masse stumpfer Zuschauer, die sich das Volk betitelten, umgeben, hatte ich eben der Plünderung des Stadthauses zu Straßburg beigewohnt, die von einem trunkenen Pöbel, welcher ebenfalls sich als Volk betrachtete, verübt worden war.« Das schrieb er später, als er längst Anstalten gegen eine Wiederholung derartiger Aktionen getroffen zu haben glaubte. »Die Lehren der Jakobiner und der Appell an die Volksleidenschaft flößten mir einen Ekel ein, den Alter und Erfahrung in mir nur verstärkt haben.«

Am nachhaltigsten schockierte ihn die Metamorphose seines Hofmeisters Simon vom Menschenfreund zum Menschenverächter und schließlich zum Menschenvernichter. Der »beste Mensch der Welt«, der alle mit seiner Liebe umarmte, begann diejenigen, die nicht seine Brüder sein wollten und konnten, zu erdrücken: zunächst in der Theorie, als Redakteur an Straßburger Revolutionspostillen, des *Patriotischen Wochenblattes* und der *Geschichte der gegenwärtigen Zeit,* dann in der Praxis in Paris als Genosse Dantons, Robespierres und Marats, als Helfershelfer des jakobinischen Terrors.

Das war das politische Schlüsselerlebnis Metternichs. Seitdem mißtraute er Menschen, die das Herz auf der Zunge trugen, den Kopf voller abstruser Gedanken hatten und Miene machten, sie in Taten umzusetzen – die Ideologen und Utopisten, die Weltverbesserer und Gesinnungstäter. Seitdem beargwöhnte er Zeitgenossen, die – aus welchen Absichten und zu welchen Zielen auch immer – die bestehenden Verhältnisse in Frage stellten, »die Grundlagen des gesellschaftlichen Baus« untergruben, die gesetzmäßige Ordnung zerrütteten. Das mußte zum Umsturz führen, zur Revolution, für ihn »das größte Unglück, das ein Land treffen kann und das seiner Natur nach alles zertrümmert«.

»Principiis obsta; sero medicina paratur, cum mala per longas invaluere moras«, hieß es bei Ovid: »Widersteh' am Beginn; zu spät bereitet man Mittel, wenn das Übel erst stark ist durch langen Verzug.« Das galt für die medizinische wie politische Hygiene. Anfängen galt es zu wehren, den falschen Prinzipien zu widerstehen, sich dem Beginn ihrer Realisierung zu widersetzen. Metternich merkte sich das so fest und befolgte es so genau, daß er auch positive Ansätze und ein schrittweises Vorgehen auf dem Boden des Überkommenen ablehnen und hemmen sollte.

Jede Sünde beginne als Gedankensünde, hatte er im Religionsunterricht gelernt. Den radikalen Werken waren radikale Worte vorausgegangen. War die Eskalation der Revolution, von der Philosophie Rousseaus über die Rhetorik Mirabeaus bis zur Guillotine Robespierres, nicht zwangsläufig, ergab sie sich nicht folgerichtig aus aufgeklärtem Denken und zwingend aus aufklärerischem Handeln?

So weit wollte Metternich nicht gehen, konnte er nicht, denn auch sein Denken war von der Aufklärung beeinflußt, und viele seiner späteren Handlungen waren dadurch motiviert.

Aber konnte man die Entfaltung des Individuums im Privaten gestatten und ihr an der Grenze zum Sozialen und Politischen Einhalt gebieten? War der Fortschritt, einmal in Bewegung gesetzt, dort aufzuhalten, wo diejenigen, die bereits Erreichtes erhalten wollten, Einbrüche in ihre Besitzstände befürchten mußten? Würde sich der vorwärtsstrebende »Dritte Stand« auf die Dauer damit abspeisen lassen, daß ihm aufgeklärte Monarchen und aufgeklärte Bürokraten ein wirtschaftliches Betätigungsfeld zuwiesen, einen beschränkten Wohlstand ermöglichten, ihm das Glück dosiert verabreichten? War nicht anzunehmen, daß die Bürger eines Tages Staatsbürger sein wollten, die sich ihre Gesetze selber zu geben und deren Vollziehung gemeinsam zu kontrollieren gedachten?

In Frankreich wurde bereits demonstriert, daß wer A wie Aufklärung sagte, auch B wie Beschränkung der monarchischen Gewalt und der aristokratischen Gerechtsame sagen mußte. Dem jungen Metternich war das nicht bewußt, und als er dann mehr und mehr darüber nachdachte, kam er zu dem Kurzschluß, daß man das eine tun könnte, ohne das andere lassen zu müssen – modern denken und die alten Zustände behalten.

In Frankreich, diesem vom »Jakobinismus besudelten Lande«, war es bereits im ersten Jahre der Revolution unwirtlich geworden. Sein Lehrer Koch sah über kurz oder lang das europäische Gleichgewichtssystem bedroht, und jetzt schon die Eigenständigkeit des Elsaß, die vom absoluten König gewahrt worden war und nun von der revolutionären Forderung nach der »Nation une et indivisible« in Frage gestellt wurde. Koch eilte nach Paris, erlangte Zugeständnisse, die bald wieder zurückgenommen wurden, und die Jakobiner steckten den Professor ins Gefängnis.

Er solle »diese verfluchte Stadt Straßburg« verlassen, hatte die Gräfin Metternich bereits bei Ausbruch der Französischen Revolution ihrem Sohn geschrieben. Doch erst ein Jahr darauf wurde ihm der Boden zu heiß. Die Universität, auf der bereits mehr diskutiert als doziert wurde, war unergiebig geworden, und das Studentenleben unerfreulich. Wie überall, wo verbissen an der Verbesserung der Menschen gearbeitet wird, verschlechterte sich das zwischenmenschliche Klima und verdüsterte sich das gesellige Leben.

Im Herbst 1790 verließ er Straßburg, begab sich nach Frankfurt am Main. Ein Schauspiel wurde dort inszeniert, die Krönung eines Kaisers des Heiligen Römischen Reiches Deutscher Nation – denen zur Belehrung, die von einer revolutionären Nation das

Heil erwarteten, und jenen zur Erbauung, die darin, wie der junge Metternich, immer noch die Darbietung eines »edlen Nationalgeistes« zu sehen vermochten.

D ER KAISER, der versucht hatte, den neuen Geist in seinem Reiche einzuführen, Joseph II., war am 20. Februar 1790 an Schwindsucht gestorben. »Es ist Ihr Land, das mich getötet hat«, hatte er noch zum Fürsten de Ligne gesagt, einem Pair der österreichischen Niederlande, die sich am 11. Januar 1790 als Vereinigte Belgische Staaten für unabhängig erklärt hatten. Von einem doppelten Schlag war Joseph II. getroffen worden: der Aufklärer vom Aufbegehren von Adel und Kirche gegen die Gleichmacherei von oben, und der Monarch vom Aufstand des »Dritten Standes«, der von unten her Gleichheit für alle begehrte.

Ein Nachfolger stand bereit, Josephs Bruder Leopold, der das habsburgische Großherzogtum Toskana zwar im Sinne des aufgeklärten Absolutismus reformiert hatte, aber – im Unterschied zum ungestümen Bruder in Wien – so behutsam, daß man von ihm auch als römisch-deutschem Kaiser erwarten konnte, daß er unausweichlichen Zeitforderungen entgegenkäme, ohne den Reichsständen etwas wegzunehmen.

Pro forma mußte er von den Kurfürsten gewählt werden, deren Bedingungen er zu unterschreiben und zu beschwören hatte, die Wahlkapitulation, auf die sie in diesen unsicheren Zeiten besonderen Wert legten. Ihre Vorrechte wollten sie nun doppelt abgesichert wissen: gegen Eingriffe des Kaisers wie gegen Übergriffe der Untertanen. Er dürfe nichts dulden, wodurch der Umsturz der gegenwärtigen Verfassung und die Störung der öffentlichen Ruhe befördert werden könnte, und gegen »die allzugroße Schreib- und Lesefreiheit« sollte er einschreiten.

Am 9. Oktober 1790 rüstete man zur Krönung Leopolds II. Aus dem ganzen Reich waren Rollenträger und Schleppenträger zu dieser Haupt- und Staatsaktion nach Frankfurt gekommen, darunter der schwäbische Protestant Karl Heinrich Lang, den die Kleinlichkeiten seines Fürsten von Wallerstein bedrückten und der in der Krönung eines römisch-deutschen Kaisers nichts Erhabenes erblicken konnte.

»Der Kaiserornat sah aus, als wär' er auf dem Trödelmarkt zusammengekauft, die kaiserliche Krone aber, als hätte sie der allerungeschickteste Kupferschmied zusammengeschmiedet und mit Kieselstein und Glasscherben besetzt«, mokierte sich der sechsundzwanzigjährige Lang. »Er ging in seinen alten Kaiserpantoffeln über gelegte Bretter, die man mit rotem Tuche bedeckte, welches aber die gemeinen Leute auf dem Boden knieend und mit Messern in den Händen hart hinter seinen Fersen herunterschnitten und zum Teil so gewaltsam in Fetzen herunterrissen, daß sie den vorn laufenden Kaiser beinahe damit niederwarfen.«

Der siebzehnjährige Metternich sah das anders. Der Reichsgraf, Nutznießer der erneut bestätigten Reichsordnung, genoß die Schaustellung des Alten, fand es nicht verwunderlich, daß »die gemeinen Leute« einen Zipfel des Heils ergattern wollten, und kaum vorstellbar, daß darüber das Reich in Fetzen gehen und der Kaiser zu Fall kommen könnte. Überdies spielten die Metternichs Rollen in diesem Stück: der Vater als zweiter kurböhmischer Wahlgesandter, der Sohn als Zeremonienmeister des katholischen Teils des westfälischen Grafenkollegiums – im scharlachroten, goldgestickten Kostüm eines Ehrenritters des Malteserordens.

Vornehmlich sein eigener Auftritt riß ihn zu Beifall hin. Er fiel nicht so poetisch aus wie derjenige des Frankfurters Goethe über die Kaiserkrönung Josephs II. in *Dichtung und Wahrheit*. Aber auch der prosaische Metternich entwickelte Phantasie, wußte an der ein Vierteljahrhundert später erfolgten Kaiserkrönung Leopolds II. zu rühmen, wie »alles bis zu den geringsten Einzelheiten ebenso durch die Macht der Überlieferung wie durch die Vereinigung von so viel Herrlichkeit zum Geiste und zum Herzen sprach«.

Und das um so mehr, wenn man das Reichsschauspiel als Kontrastprogramm zum französischen Nationaldrama betrachtete. In Straßburg hatte er den ersten Akt der Französischen Revolution mitansehen müssen, in Frankfurt hatte er sich an der Krönungszelebration und an den Krönungsfestivitäten ergötzt. In Mainz, wo das Reich noch heil und das Rokoko noch unversehrt schien, wollte er sein Studium fortsetzen und sein Glück suchen.

Wenn man sagte, unter dem Krummstab ließe es sich gut leben, dann dachte man vor allem an Mainz. Vieles erinnerte an Metternichs engere Heimat. Wie Trier war es Erzstift und Kurfürstentum, hatte mit 8260 Quadratkilometern und 320 000 Seelen ungefähr dieselbe Größe und Einwohnerzahl. Wie Trier hatte Mainz einen aufgeklärten Erzbischof und einen geistlichen Regenten, einen Dom und eine Universität, wie Koblenz ein Schloß. Doch der Kurfürst von Mainz war ranghöher als der von Trier, stand als Erzkanzler des Reiches und Primas von Deutschland an der Spitze der Kurfürsten wie der Erzbischöfe, führte das Direktorium auf dem Reichstag und bei der Kaiserwahl. Und das Mainzer Schloß war älter, die Universität besuchter, der Dom berühmter, und Friedrich Karl Joseph von Erthal zeitaufgeschlossener, weltzugewandter und lebenslustiger als Klemens Wenzeslaus.

Schon wie er regierte, war lehrreich, im Positiven wie im Negativen. Vom französischen Geist beeinflußt, behielt er davon das meiste für sich, gab jedoch einiges nach unten weiter, verfolgte die Jesuiten und begünstigte die Juden, förderte die Wirtschaft und verbesserte die Justiz – reichte nur den kleinen Finger, während die Gelehrten, die er nach Mainz berufen hatte, die ganze Hand zu fordern begannen.

Georg Forster, der mit James Cook die Welt umsegelt hatte, war hier Bibliothekar geworden, fühlte sich zwischen den Bücherwänden als Weltenbummler und in den kurmainzischen Verhältnissen als Weltbürger beengt, begrüßte 1792 die französischen Revolutionstruppen als Befreier, trat dem »Klub der Freunde der Freiheit und der Gleichheit« bei, ging als Abgeordneter des »rheinisch-deutschen Nationalkonvents« nach Paris, wo die französischen Jakobiner mit dem deutschen Jakobiner wenig anzufangen wußten.

Der junge Metternich hatte in seinem Haus verkehrt – als Sympathisant, wie ein Historiker wenig glaubhaft behauptet, um zu rekognoszieren, wie ein anderer, schon glaubwürdiger, meint, und wahrscheinlich deshalb, weil er bereits damals an Erdkunde interessiert gewesen ist.

Er selber bemerkte später, bei Forster hätten sich die »Akoluthen der Revolution« eingefunden, niedere Kleriker also, die ihren Bischof begleiteten, ihm Leuchter vorantrugen und Wein und Wasser reichten. Ein Illuminat war Professor Andreas Josef Hofmann, der einen »Aristokratenkatechismus« veröffentlichte, den der Reichsgraf nicht erbaulich finden konnte, denn es war ein Jakobinerkatechismus. Die Vorlesungen über Naturrecht, die Hofmann hielt, mißfielen ihm, und einen anderen Lehrer mied er nicht nur des Faches, sondern vor allem des Namens wegen: Matthias Metternich, ein bürgerlicher Metternich, der sich vom Volksschullehrer zum Mathematikprofessor emporgearbeitet hatte – ein Mainzer Jakobiner, der Bauern aufstachelte, als wollte er mit den Feudalherren im allgemeinen die adeligen Metternichs im besonderen treffen.

Bei einem anderen Professor konnte man sich sehen lassen, bei ihm hören und von ihm lernen. Niklas Vogt lehrte Reichsgeschichte und – gewissermaßen als deren logische Fortsetzung – Universalgeschichte, entwickelte aus Römisch-Deutschem den Plan einer *Europäischen Republik,* wie der Titel seines zwischen 1787 und 1797 erschienenen Werkes lautete. Das alte Reich – so der Rheinländer Vogt – sei Modell und Mitte des neuen Europas, das historisch-organisch zusammenwachsen und rational-mechanisch im Gleichgewicht gehalten werden müsse.

Ein System des Gleichgewichtes der europäischen Staaten hatte Koch in Straßburg anvisiert. Vogt in Mainz wollte auch die im Innern der Staaten wirkenden geistigen, gesellschaftlichen und politischen Mächte eingeschlossen wissen. Denn das äußere Gleichgewicht setze »das feste und glückliche Gleichgewicht menschlicher und bürgerlicher Kräfte und Massen« im Innern voraus und umgekehrt. Der Friede sei nur in einem solchen Doppelsystem des Gleichgewichts zu sichern.

Koch war durch und durch Rationalist, Vogt war noch Rationalist und schon Romantiker. Er betätigte nicht nur den Verstand, sondern bemühte auch das Gefühl, beschränkte sich nicht auf meß- und wägbare Fakten, berücksichtigte auch Kräfte der Empfindung und des Willens – auch hier auf Gleichgewicht bedacht.

Vogt war noch ein Anhänger der Monarchie und schon ein Befürworter der Republik – versuchte beides in sein Gleichgewichtssystem einzubeziehen. Im Jahre 1790 erschien sein Lehrgedicht über Gustav Adolf, in dem ein Plan für ein europäisches Gemeinwesen in Versen vorgestellt wurde: Die gesetzgebende Gewalt sollte beim Volk beziehungsweise seinen Vertretern liegen, die vollziehende Gewalt bei den Monarchen.

Derartiges konnte Metternich nur abstoßen, eher anziehend mochte er den Kommentar Vogts in der *Europäischen Republik* finden: »Immer stoßen in Europa zwei Massen aufeinander. Die demokratische Partei strebt nach Freiheit und Gleichheit und, wenn sie ausartet und keine Hindernisse findet, nach Unglauben und Anarchie; die monarchische geht nach Ordnung und, wenn sie ausartet, nach Despotismus und Aberglauben. Die aristokratische muß sich immer in der Mitte halten und auf Mäßigung und Erhaltung des Status quo bedacht sein.«

Das entsprach Metternichs aristokratischer Position wie seinem auf Ausgleich angelegten Wesen. Seinen konservativen Kurs orientierte er zeitlebens am Gleichgewichtsprinzip seines Mainzer Lehrers Vogt, den er 1836 auf Johannisberg bestatten ließ – an der ockergelben Wand des Schlosses, in der die Sonnenwärme des Ancien régime gespeichert schien.

Im Goldenen Mainz hatte sie Metternich genossen, in den letzten Jahren der alten Welt. Die Sonne war schon tief gestanden, was die Farben leuchtender, die Konturen klarer, aber auch die Schatten länger hatte werden lassen. Es war die Spätzeit einer gesättigten, bereits übersättigten Zivilisation, einer edelreifen, überreifen Kultur, die in Fäulnis überging. »Und so von Stund zu Stunde reifen wir, und dann von Stund zu Stunde faulen wir, und daran hängt ne Mär«, hieß es in Shakespeares vorweggenommener Charakterisierung des Rokoko, in *Wie es Euch gefällt*. Metternich gefiel es so sehr, daß er es bis zur Neige auskostete und den leeren Becher noch lange an den Lippen hielt.

In Mainz war der Becher noch gefüllt, wurde auf großem Fuß gelebt und in altem Stil gefeiert. Und weil das an einem geistlichen Hofe geschah, wurde an eigentlich verbotenen Genüssen um so lieber genascht. Friedrich Karl Joseph von Erthal gab sich als Barockfürst und spielte den Rokokokavalier. Frau von Coudenhoven, seine Maitresse, war eine Pompadour in Mainzer Format. Versailles wurde nachgeahmt, und Petit-Trianon, die rauschenden Feste und die Schäferspiele wurden repetiert.

Mainz strahlte so hell, daß es Adelige aus Frankreich, über das die Nacht hereingebrochen war, anzog wie Falter das Licht. Es wurde ein Eldorado der Emigrierten, die hier noch etwas vom alten Glanze fanden und ihn durch ihr Erscheinen vermehrten. Im

Savoir vivre galten sie immer noch als Lehrmeister. Auch der Studiosus Metternich lernte von ihnen, vor allem von geistreichen Frauen, aber auch von weltklugen Männern, in dieser eleganten und galanten Gesellschaft.

Der Rosenkavalier pflückte die Sympathien, die man ihm allenthalben entgegenbrachte. Auf die Zwanzig zugehend, war er ein Rokoko-Beau, wie ihm auch in Paris Aufmerksamkeit geschenkt worden wäre, wie er in Mainz Aufsehen erregen und Bewunderung finden mußte, zu der sich noch einer seiner ersten Biographen hinreißen ließ: »Dieses feine Gesicht mit der sanft gebogenen Nase, umwallt von einem blonden, auf die Schultern sich ringelnden Haar, schwärmerisch belebt durch große blaue Augen, adelig und edel wie das Antlitz eines deutschen Ritterjünglings auf alten Gemälden; dazu eine stolze und doch in seltener Harmonie sich wiegende Figur, eine überraschende Sicherheit in jeder Bewegung, ein feiner Anstand im ganzen Wesen.«

Wer genauer hinsah, urteilte differenzierter, nicht ohne Kritik. Das Antlitz zeigte kaum Tiefe, die Schönheit wenig Profil. Die markante Nase konnte als Zeichen von Charakter angesehen werden, aber auch, etwas spitzig, wie sie war, als Anzeichen von Naseweisheit. Der Mund hatte einen sinnlichen Zug, der ins Lüsterne wies, und das stete Lächeln spielte ins Sardonische. Er hatte etwas Faunisches an sich.

Für einen »deutschen Ritterjüngling« war er zu durchtrieben, zu geschmeidig, zu »welsch«, wie bald deutsche Romantiker kritisieren würden. Für einen Chevalier à la français war er nicht raffiniert, brillant und agil genug, und die Art, wie er Banalem die Faszination des Bedeutsamen zu geben versuchte, hatte etwas von deutscher Unbedingtheit an sich. Der Reichsgraf bemühe sich, die Leichtigkeit eines Franzosen mit der Steifheit eines Deutschen zu vereinen, bemerkte der Marquis Bouillé. Doch aus ihm sprach die Eifersucht; denn der Comte Metternich hatte die Frau gewonnen, die er haben wollte.

Marie Constance de Caumont-La Force war achtzehn, halb Backfisch, halb Dame, das ideale Modell für einen Maler, der eine Hebe oder eine Psyche darstellen wollte, wie Bouillé sagte, »bewegten Geistes, gescheit und geschmackvoll, eine Französin von allerbester Herkunft«, wie Metternich schrieb.

Sie hatte das Abenteuer einer Flucht aus dem revolutionären Frankreich hinter sich und war nun weiterhin auf Abenteuer aus, zumal ihr Gemahl, der Herzog Caumont-La Force, an Aufregung genug gehabt zu haben schien. Metternich lernte sie in Brüssel kennen, wo er die Ferien bei seinem Vater verbrachte, der 1791 »dirigierender bevollmächtigter Minister« in den österreichischen Niederlanden geworden war. Er vermochte den Herzog zu überreden, daß er ihm mit seiner Frau nach Mainz folgte.

Es war seine erste Grand amour, die drei Jahre währte und deren er stets mit Befriedigung gedachte. »Ich liebte sie, wie ein Jüngling eben liebt. Sie liebte mich mit der ganzen Unschuld ihres Herzens. Wir ersehnten beide, was wir nie voneinander erbaten; ich lebte nur für sie und meinen Beruf. Sie, die nichts Besseres mit sich anzufangen wußte, liebte mich von morgens bis abends; die Nächte verbrachte sie mit ihrem Gatten, doch möchte ich glauben, daß sie auch dann mehr meiner als seiner gedachte.«

Ganz so platonisch mag diese Liebe nicht gewesen sein, praktischen Gewinn fürs Leben hatte er jedenfalls davon. Durch seine erste Liebesbeziehung habe er seine gesellschaftliche Daseinsform gefunden, bekannte er ein Vierteljahrhundert später. »Die Frau, die mir gestattete, sie zu lieben, als ich achtzehn Jahre alt war, war sehr liebenswert; sie besaß eine Tante von hervorragender geistiger Bildung, die nur eine kluge und anmutige Gesellschaft um sich duldete.« Dies prägte sich ihm ein: »Der Mittelpunkt eines Kreises von Männern muß eine geistreiche Frau sein. Dann bekommt alles ein anderes Gesicht, die Einfälle gewinnen an Frische, und nichts ist dem besonderen Takt und der eigenartigen Klugheit vergleichbar, die eine überlegene und anmutige Frau bei vertraulichen Zusammenkünften zu entfalten weiß.«

Er ließ es nicht an Bewunderung fehlen, am liebsten aber ließ er sich selber bewundern. So legte er Wert darauf, daß Marie Constance seinen Auftritt in Frankfurt sah: bei der Kaiserkrönung Franz' II. Nur eineinhalb Jahre hatte Leopold II. geherrscht, nun war sein Sohn an der Reihe und abermals ein Reichsschauspiel fällig. Metternich war gerne wieder dabei, als Zeremonienmeister des katholischen Teils des westfälischen Grafenkollegiums, in seiner kleidsamen Malteser-Uniform.

Marie Constance bewunderte den Krönungszug, ihren neunzehnjährigen Herzkönig und den vierundzwanzigjährigen Franz II., »von Gottes Gnaden erwählter römischer Kaiser, zu allen Zeiten Mehrer des Reiches, König in Germanien«. Er ritt unter einem Baldachin aus Golddamast, auf dem der doppelköpfige Reichsadler prangte. Vor ihm gingen der Reichsschatzmeister mit der Krone, der Reichskämmerer mit dem Zepter, der Reichstruchseß mit dem Reichsapfel, der Reichserbschenk und der Reichserbmarschall mit dem Schwert. Auf dem Weg zum Dom, dem Schauplatz der Salbung und Krönung, rauschte ein Platzregen nieder. Ein übles Zeichen sah man darin, und man bekam recht: Man hatte der letzten Krönung eines römisch-deutschen Kaisers beigewohnt.

Franz II. sollte sich bald Franz I. nennen, als Kaiser von Österreich, was er blieb. Und Metternich, der ihn schon als Erzherzog bei der Krönung seines Vaters kennengelernt hatte, sollte sein leitender Minister werden, auch ihn leitend, ein Vierteljahrhundert lang.

Sein Debut in der Monarchengesellschaft von morgen gab er noch am selben Abend, beim Krönungsball im Kaisersaal des Römers, des Frankfurter Rathauses. Metternich durfte ihn mit der sechzehnjährigen Prinzessin Luise von Mecklenburg-Strelitz eröffnen – der spätere österreichische Gesandte in Berlin und Allianzpartner Preußens mit der nachmaligen Königin Luise von Preußen, ein bildhübsches Mädchen und eine leidenschaftliche Tänzerin, noch ein Wirbelwind und noch lange nicht die Marmorfigur, zu der sie stilisiert wurde.

Es war ein Tanz auf dem Vulkan. Man schrieb den 14. Juli 1792. Auf den Tag genau vor drei Jahren war in Paris die Bastille gestürmt worden. Der Sturm, der davon ausging, sollte schon bald über den Rhein wehen, Kaiserpracht und Aristokratenglanz wie schöne welke Herbstblätter verwehen.

In Mainz wurde zunächst weitergefeiert. Hundert Grafen, fünfzig Fürsten, Kaiser Franz II. und König Friedrich Wilhelm II. von Preußen versammelten sich zu einem Kongreß, der vornehmlich tanzte – Metternich, nun Kämmerer des eben in Frankfurt gekrönten Kaisers, mittendrin.

Kurfürst Friedrich Karl Joseph von Erthal, der Feste arrangieren konnte, übertraf sich selbst. Es war eine gewollte Demonstration des Ancien régime angesichts der in Frankreich eskalierenden Revolution. Und eine ungewollte Bestätigung der jakobinischen Behauptung, daß dieses römisch-deutsche Reich die Bastion des Monarchismus und Feudalismus in Europa sei, die wie die Bastille in Paris dem Erdboden gleichgemacht werden müßte.

Das europäische Gleichgewicht sei aus dem Osten bedroht, hatte Metternich bei Professor Vogt gehört, in erster Linie durch das auf Expansion angelegte und auf Eroberung bedachte Rußland. Nun kam die Gefahr aus dem Westen: von der Französischen Revolution, die zwar Ludwig XVI. absetzen, aber die Außenpolitik Ludwigs XIV. fortsetzen, die Vormacht für Frankreich und die Allmacht für die revolutionäre Ideologie erringen wollte.

Bereits im April 1792 hatte Frankreich den Krieg, zunächst gegen Österreich, begonnen. Im Juli dieses Jahres bereiteten Franz II., Friedrich Wilhelm II. und die übrigen Reichsfürsten in Mainz die Gegenoffensive und die Gegenrevolution vor. Die aus Frankreich geflüchteten Aristokraten bestärkten sie in dem Vorhaben, mit dem Thron in Frankreich auch ihre eigenen Throne zu sichern, und vermochten – wie sich Metternich erinnerte – ihnen weiszumachen, man bräuchte nur ein paar Bataillone in Marsch setzen und schon würde auf allen Türmen Frankreichs die weiße Fahne gehißt werden – das Zeichen der Kapitulation und die Farbe der Bourbonen.

Der Herzog von Braunschweig, Oberbefehlshaber der Strafexpedition, nahm in seinem »Manifest an die Franzosen« den Mund voll: Die Monarchen würden die monarchische Ordnung in Frankreich restaurieren und ein Exempel an allen, die sich dagegen vergangen hatten, statuieren. »Wenn das Schloß der Tuilerien erbrochen oder beschimpft, wenn die geringste Gewalt, der geringste Schimpf Ihren Majestäten dem König und der Königin sowie der königlichen Familie angetan« würde, müßte die Stadt Paris mit »einer militärischen Exekution und totaler Zerstörung« rechnen.

Dieser rhetorische Schuß ging nach hinten los. Das Tuilerien-Schloß wurde von Parisern gestürmt, Ludwig XVI. abgesetzt und gefangengesetzt, bald darauf enthauptet. Denn auch die Kanonenschüsse bei Valmy, in der Champagne, konnten der Gegenrevolution keine Gasse nach Paris bahnen. Die preußischen und österreichischen Truppen mußten den Rückzug antreten, der in einer Niederlage endete.

Das mußte so kommen, weil man von den französischen Emigranten irregeführt worden wäre, erklärte Metternich viel später. Seinerzeit hatte auch er sich von den Emigranten und mehr noch von den Emigrantinnen über die neuen Verhältnisse täuschen lassen. Jedenfalls war er in Koblenz beim frohgemuten Ausmarsch der Koalitionsarmee dabeigewesen und hatte sicherlich gehofft, daß sie die Sansculotten zu Paaren treiben würde – die Revolutionäre, die nicht wie die besseren Herren Culottes, Kniehosen, sondern die langen Hosen der Proletarier trugen.

Im Unterschied zum Weimarer Geheimrat Goethe, der bei der Kanonade von Valmy dabeigewesen war, konnte dem blutjungen Reichsgrafen kaum aufgegangen sein, daß nicht nur ein Krieg, sondern die Weltgeschichte eine entscheidende Wendung genommen hatte.

Warnschüsse vernahm auch er. Im Oktober 1792 waren die Sansculotten in Mainz, wo sie nicht nur, was er ihnen vielleicht nachgesehen hätte, ihm das Weiterstudieren unmöglich machten, sondern auch, was unverzeihlich war, dem Dulci jubilo am Kurfürstlichen Hof ein Ende setzten. Und im November 1792 vertrieben sie den Vater, den österreichischen Minister beim Generalgouvernement aus Brüssel, und nahmen dem Sohn die Hoffnung, er könnte dort, wo es auch Emigranten und Emigrantinnen gab, weiter jubilieren.

»Krieg den Palästen, Friede den Hütten«, lautete die Parole der französischen Revolutionsarmee, mit der sie Boden wie Herzen gewann, auch in der Heimat der Metternichs. Der Koblenzer Joseph Görres, ein Bürgersohn, begann Jakobinerreden zu halten, ein rheinischer Karl Moor, erbittert über das Gebaren des geistlichen Kurfürsten und das Treiben der französischen Emigranten, das ihn auch angewidert hätte, wenn ihm der Zutritt zu dieser exklusiven Gesellschaft nicht verboten gewesen wäre.

Der drei Jahre ältere Aristokratensproß konnte solche Reden nicht begreifen, geschweige denn billigen. Er begann Plädoyers für die Erhaltung des Bestehenden zu halten und Pamphlete gegen die Kräfte des Umsturzes zu schreiben.

Die Entrüstung über die Hinrichtung der französischen Königin Marie Antoinette, einer Tochter Maria Theresias, ließ ihn 1793 zur Feder greifen. »Verderben über die Häupter dieser gottvergessenen Mörder, der Mörder ihrer Könige und ihres Vaterlandes«, hieß es im Entwurf eines Aufrufes an die österreichische Armee. »Das Blut eurer unsterblichen Theresia, österreichisches Blut floß auf dem Schafott! Höret seine Stimme, es fordert euch zu Rächern, und Rache bis in den Tod rufen euch Himmel und Erde!«
Dieser Aufruf, gewissermaßen mit dem Herzblut eines Zwanzigjährigen geschrieben, wurde nicht verbreitet. Er blieb eine Federübung, eine Einstimmung in die Politik, wie so manches in Brüssel, wohin er im Frühjahr 1793 – nachdem die Franzosen noch einmal, zum letztenmal von den Österreichern verdrängt worden waren – mit dem Vater zurückgekehrt war.

Von diesem wiederum zu Amt und Würden gekommenen Vertreter des Ancien régime konnte er zunächst lernen, wie man es nicht machen dürfe. Franz Georg Metternich glaubte durch Konzessionen an die nach Selbständigkeit strebenden Stände eine Revolution vermeiden zu können. Aber förderte er sie nicht damit? Auch in Frankreich hatte das Unglück mit der Berufung der Reichsstände begonnen; denn der »Dritte Stand«, das Bürgertum, war dem Adel und dem Klerus sehr schnell über den Kopf gewachsen.

Immerhin hatte Franz Georg Metternich das Goldene Vlies bekommen, diesen hohen Orden – ein Zeichen dafür, daß das Haus Habsburg auch konterproduktive Verdienste zu belohnen wußte, andererseits aber nützliche Dienste geringschätzte oder gar bestrafte. Das traf auf eine ganz vernünftige Maßnahme des Vaters zu, die ihm allerhöchste Ungnade eintrug: die Aufstellung einer Bauernmiliz zur Unterstützung der regulären Truppe, die Bewaffnung des eigentlichen Volkes, des Kaiser, Kirche und Adel ergebenen Landvolkes. Dies aber wurde in Wien für eine »Levée en masse« à la Französische Revolution gehalten, getadelt und verboten.

Der Sohn hatte diesen Griff nach dem letzten Aufgebot des Ancien régime gutgeheißen, ihn in einer 1794 anonym erschienenen Schrift verteidigt: »Über die Notwendigkeit einer allgemeinen Bewaffnung des Volkes an den Grenzen Frankreichs. Von einem Freunde der öffentlichen Ruhe.« Diese sah er in ganz Europa durch die Französische Revolution gefährdet: »Verbreitung einer allgemeinen Anarchie ist ihr Zweck, und ungeheuer sind ihre Mittel.« Ihr Ziel sei die Auflösung aller gesellschaftlichen Bande, Zerstörung aller Grundsätze, Raub allen Eigentums.

Deshalb müßte das »echte« Volk, Bauern und auch Bürger, alle, die Gesetz, Ordnung und Besitz bedroht sähen, gegen das »falsche« Volk eingesetzt werden: »In einer allgemeinen Volksbewaffnung begreife ich also nicht diese dem Staate zu allen Zeiten so gefährliche Klasse der Unbeschäftigten, Nichtbesitzenden und fast stets zum Aufstande bereiten Menschen, welche sich seit einigen Jahren in großen Städten außerordentlich vermehrte. Man gebe oder erlaube vielmehr dem Bürger und dem sässigen Bauern zu den Waffen zu greifen und selbst an Abwendung der ihn so stark bedrohenden Gefahr zu helfen.«

Wer an den Metternich von 1830 denkt, wird es kaum für möglich halten, daß der Metternich von 1794 Derartiges von sich gegeben hat. Doch der Widerspruch zwischen dem »Freund der öffentlichen Ordnung« und dem Verteidiger des restaurativen Systems ist nur scheinbar. Wer – wie Metternich von Anfang an – die Revolution für die alles zerstörende Gewalt hielt, mußte ihr alle erhaltenden Kräfte entgegenstellen. Wer schon bei der ersten Konfrontation zur Ansicht gelangt war, die Revolution sei der Erzfeind, den es mit allen Mitteln zu bekämpfen gelte, konnte bei der Wahl seiner Bundesgenossen nicht zimperlich sein, mochte sich zu der Auffassung versteigen, man müsse den Teufel mit dem Beelzebub austreiben.

Ein Mittelweg wäre ihm von Natur aus am liebsten gewesen, und auch nach den ersten politischen Erfahrungen: »Aus der Schule des Radikalismus verfiel ich in jene der Emigranten und lernte die Mitte zwischen den Extremen schätzen«, schrieb er im Rückblick auf Erlebnisse in Straßburg und Mainz. Und Möglichkeit wie Vorteil einer Via media traten ihm in England vor Augen, wo er 1794 sechs Monate weilte.

Der Vater hatte ihn mit Generalschatzmeister Desandrouin zwecks Aufnahme einer Anleihe nach London geschickt, und vielleicht in der Erwartung, der Sohn könnte seine Kavaliersausbildung am Hofe Georgs III. vertiefen. Dieser war schon so weit fortgeschritten, daß sich ihm alle Türen wie von selber öffneten, er ebenso angenehme wie nützliche Verbindungen anknüpfen konnte: mit dem König und dem Prinzen von Wales, dem nachmaligen Georg IV., mit Staatsmännern wie dem jüngeren Pitt, Charles Fox, Charles Grey, und Richard Sheridan, der dramatischer Dichter und Parlamentsredner war.

Und er lernte Edmund Burke kennen, den liberalen Politiker und konservativen Gegner der Französischen Revolution. Seine 1790 erschienenen *Reflections on the Revolution in France* galten als eine erfolgversprechende Waffe in der Auseinandersetzung mit dem Radikalismus. Metternich hat erst später, unter Anleitung des Burke-Übersetzers Gentz, mit ihr zu hantieren gelernt. Und nie alle vom Engländer genannten Bedingungen eines Erfolges begriffen – zwar die Forderung, Überlieferungen nicht zu beseitigen, doch nicht die Voraussetzung, daß diese sich bewährt haben mußten und weiterentwickelt werden sollten, daß dazu die dem Einzelnen garantierte, dem Ganzen dienende Freiheit gehörte.

Den englischen Geist erfaßte er noch nicht und nie ganz, aber er ahnte, daß England die Macht hatte, wie bisher mit dem monarchischen, so künftig mit dem republikanischen Frankreich fertig zu werden. Der Kontinentaleuropäer begegnete einer Weltmacht, die Landratte bestaunte britische Kriegsschiffe und Handelsschiffe, die nach Ost- und Westindien ausliefen.

Die Engländerinnen imponierten ihm weniger. Sie waren anders als die Frauen diesseits des Kanals, »so zerstreut und verzettelt in ihrem Benehmen, daß man nie weiß, was man von ihnen halten soll«, höchst eigenartig, wie er rückblickend feststellte. »Sie sind so erstaunt, wenn sie einen Mann treffen, der einigermaßen zusammenhängend mit ihnen redet, daß sie sogleich der Meinung sind, er habe Absichten.«

Da lobte er sich die Damen des Kontinents, die ihn nicht, wie Engländerinnen, durch »Ungebundenheit des Denkens« und »Regellosigkeit der Einfälle« schockierten, deren Gedanken und Gesten zu kalkulieren waren, die konventionell blieben, die Konversation wie Koketterie nach allseits respektierten Regeln betrieben, als Gesellschaftsspiel. Mit den Französinnen in Brüssel gedachte er es wieder aufzunehmen. Doch die französischen Revolutionäre machten ihm einen Strich durch die Rechnung, die Sansculotten, die nichts vom Menuett und viel vom Carillon national hielten, wozu sie das »Ça ira« sangen: »Les aristocrates à la lanterne!«

Ça ira, es wird gehen, und es ging: in Paris, wo Robespierre wütete, und in Brüssel, das sie im Sommer 1794 zurückerobert hatten. Vater Metternich war mit Sack und Pack, einschließlich des Weinvorrates, an den Rhein retiriert. Sohn Metternich konnte weder nach Brüssel noch nach Den Haag, wo er einen diplomatischen Posten antreten sollte; denn auch nach Holland rückten die Sansculotten vor. Und an den Rhein. Am 23. Oktober 1794 waren sie in Koblenz, von dem Robespierre gesagt hatte, jeder intelligente Franzose wisse, daß diese Stadt in Wirklichkeit in Frankreich liege.

Das Vaterhaus, der »Metternicher Hof«, war verloren, und der Familienbesitz auf dem linken Rheinufer: dreieinhalb Quadratmeilen, 6200 Untertanen und 50 000 Gulden jährliche Einkünfte. Der Vater war stellungslos, und die Karriere des Sohnes schien beendet zu sein, noch bevor sie angefangen hatte.

Anfänge eines Diplomaten

In Wien wäre man weg vom Schuß und könnte neu beginnen, meinte die Mutter, die den Kopf oben behielt. In Böhmen besaß man noch das Gut Königswart. In der Reichshauptstadt waren Reichsadelige aus dem Westen stets gerne gesehen. Der Vater kannte den Kaiser, die Mutter hatte Freundinnen, und für den Sohn würde sich eine passende Partie finden.

Sie wurden – im Herbst 1794 – nicht mit offenen Armen aufgenommen. Der Vater erschien als Sündenbock für den Verlust der Niederlande, den man – schon um von eigenen Versäumnissen abzulenken – herumzeigte, doch nicht mehr einspannen wollte. Österreichische Hocharistokraten rümpften die Nase über diese Reichsgrafen, die sich zwar – als Reichsfreie – Dynasten nannten, aber keine Magnaten waren, zur Miete wohnten und knausern mußten. Und der einundzwanzigjährige Sohn erschien als Non-Valeur und sollte es für die Starhembergs und Schwarzenbergs lange bleiben – für die Herren, weniger für die Damen.

Klemens fühlte sich deplaziert in diesem Wien, und sein Leben lang revanchierte er sich mit bissigen Bemerkungen über die Stadt und ihre Gesellschaft: Wien sei die Hauptstadt der Musik, weil es gedankenlos sei. Die Aristokraten hätten höchstens Geschmack für die Architektur der Tänzerinnen. »Kein Land bringt so wenig gefällig-liebenswürdige Männer hervor«, schalt er ein Vierteljahrhundert später, und auch die Damen bekamen etwas ab: »Die geistreichen Frauen entbehren bei uns fast immer der Anmut, und die äußerlich anziehenden sind zumeist ohne Geist.«

Ein Rokokokavalier war auf eine Barockbühne versetzt, unter Perücken und Roben. Das mochte mißfallen, brachte jedoch Vorteile. Die Damen zumal interessierten sich für den bunten Vogel, begannen seine Salongewandtheit mit Lebenserfahrung und seine Naseweisheiten mit Weltklugheit zu verwechseln. Unschwer ließ er sich davon überzeugen, daß sie recht hatten, wenn sie den Außenseiter für einen Außergewöhnlichen hielten.

Die Mutter nützte dieses Kapital und sorgte für eine entsprechende Partie. Euphémie, eine Tochter des Fürsten de Ligne, die sie in Brüssel im Auge gehabt hatte, kam in Wien nicht mehr in Frage. Denn der Fürst war – wie er zu sagen pflegte – »hors de ligne«, aus der Bahn geworfen, depossediert wie die Metternichs, mit dem Unterschied, daß er, in den Niederlanden, weit größere Besitzungen verloren hatte. Er nahm es philosophisch-heiter, lebte am Leopoldsberg wie Diogenes in der Tonne, nannte Klemens Metternich seinen »fallierten Schwiegersohn« und war auch mit dem in Wien gefundenen Ersatzmann zufrieden.

Er hieß Graf Johann Palffy und hätte eigentlich die Fürstin Eleonore Kaunitz heiraten wollen. Doch die Metternichs schnappten sie ihm weg, die Mutter als Vermittlerin und der Sohn als Bewerber. Es war wie ein Ringelspiel. Der Fürst de Ligne, der Schwiegervater Palffys, war der Schwager der Fürstin Eleonore Liechtenstein, deren Sohn Moritz mit ihrer Nichte und seiner Kusine Eleonore Kaunitz liebäugelte, was seine Mutter wegen der engen Verwandtschaft nicht gerne sah.

Die in der Wiener Gesellschaft tonangebende Fürstin Eleonore Liechtenstein war eine Freundin der Mutter Metternich, ebenso die Fürstin Leopoldine Kaunitz, die Mutter der vielbegehrten Eleonore. Um sie für ihren Sohn Klemens zu gewinnen, konnte Gräfin Beatrix Metternich bei deren Mutter wie bei deren Tante ansetzen. Und im richtigen Moment ihre stärkste Waffe, den Filius, persönlich einsetzen.

Kaum in Wien, führte sie ihn im Hause Kaunitz ein. Es galt als eine der besten Adressen des Reiches. Fürst Wenzel Anton Kaunitz war Hof- und Staatskanzler Maria Theresias und von vier Kaisern gewesen. Die Heirat mit einer Kaunitz bedeutete gleichsam die Einheirat in die Diplomatie, wozu Klemens bestimmt und auch berufen war. Und sie öffnete den Zugang zur Wiener Hofgesellschaft, wonach die vertriebenen und enteigneten Metternichs verlangten.

Die neunzehnjährige Eleonore, Lorel genannt, war die Enkelin des großen Kaunitz und einzige Tochter des steinreichen und hochangesehenen Fürsten Ernst Kaunitz. Alles sprach für diese

Verbindung, mit Ausnahme des Mädchens, wenigstens auf den ersten Blick. Sie war klein und mager, von schwächlicher Konstitution, hatte traurige braune Augen, und ihre Zähne waren – gelinde gesagt – nicht sehr gut angeordnet. Die äußeren Mängel schien sie durch eine distinguierte Haltung und einen etwas affektierten Charme ausgleichen zu wollen. Wer sie länger kannte – und bei Klemens sollten es über dreißig Jahre werden – entdeckte schätzenswerte Eigenschaften: Sie war ein patentes Mädchen und wurde eine verständige Frau und gute Mutter.

Diese inneren Vorzüge waren dem Freier noch verborgen, und über die augenscheinlichen Mängel sah er, um der Vorteile willen, hinweg. In diesen Kreisen war es nicht üblich, daß man die Schönste nahm und aus Liebe heiratete. Wenn es sich so ergab, à la bonheur, aber ausschlaggebend waren Stammbaum und gesellschaftliche Stellung, selbstredend das Vermögen – vor allem für einen wie Metternich, der neu beginnen mußte.

Als Alliance bezeichnete man das, mit demselben Wort, das man für ein Staatenbündnis anwandte. Oder man nannte es eine Vernunftehe, um zu erklären, daß man in diesen aufgeklärten Zeiten auch in dieser Angelegenheit den Verstand und nicht das Gefühl entscheiden ließ.

»Man heiratet, um Kinder zu haben und nicht um die Wünsche des Herzens zu befriedigen. Die Gesellschaft fordert dies als Regel«, meinte Metternich ein Vierteljahrhundert später, nach Kräften bestrebt, mit der Gesellschaft des Ancien régimes deren Regeln wie Spiele zu verlängern – so die Seitensprünge, die geliebten Ausnahmen von der weniger geliebten, doch respektierten Regel.

»Gib Deiner Ehe, was ihr zukommt, und gib mir das meine«, schrieb er einer seiner verheirateten Freundinnen. Und verhielt sich vice versa: Er schätzte, ja liebte seine Frau immer mehr, aber er wollte auch anderen Frauen und vor allem sich selber nichts vorenthalten. Glück dürfe man nicht in der Ehe erwarten, konnte er konstatieren, oder sich mokieren: »Die Dümmsten unterrichten uns davon, daß sie ihr Leben in der Gesellschaft des Gatten und der Gattin zugebracht hätten. Die starken Esser setzen hinzu, wie gut man in ihrem Hause speist, und die einen wie die anderen sind der Meinung, daß sie sich überaus schlau benehmen.«

Lorel hielt sich an die Regel und fand darin ihr Glück. Für sie war es so etwas wie Liebe auf den ersten Blick gewesen, und Klemens blieb der Herrscher ihres Herzens, das er im Sturm zu erobern verstanden hatte. Ihre Bewunderung ging so weit, daß sie einmal gestand, sie verstehe es nicht, wie eine Frau ihrem Gatten widerstehen könne. Auf seine Eskapaden – doch das war noch später – schien sie eher stolz als eifersüchtig gewesen zu sein. Jedenfalls revanchierte sie sich nicht; daß sie außereheliche Abenteuer gesucht und gefunden hätte – wie gemunkelt wurde –, ist wenig glaubhaft.

Sie wußte, daß der Ausschwärmer immer wieder zurückfand, ins traute Heim, zur treusorgenden Gattin, zu den fünf heranwachsenden von insgesamt sieben Kindern, die sie ihm geschenkt hatte – denn sein Hang zum Gewohnten war beständiger als sein Drang zum Ungewöhnlichen.

Sie hatte aus Liebe geheiratet, was nicht ohne Kampf abgegangen war. Die Mutter, Fürstin Leopoldine Kaunitz, hatte Fürst Moritz Liechtenstein bevorzugt; sie war Anfang 1795 gestorben. Die Tante, Fürstin Eleonore Liechtenstein, hatte trotz ihrer Freundschaft mit der Mutter einer Verbindung mit dem Sohn Metternich widerstrebt. Der Vater, Fürst Ernst Kaunitz, hielt ihren Auserwählten für unaufrichtig und – in seinem Alter – für zu erfahren im Umgang mit Frauen, für einen Schürzen- und Mitgiftjäger.

Klemens ließ nicht locker. Er bombardierte Lorel mit Liebesbriefen, die sie postwendend beantwortete; als Postillon d'amour diente der Sekretär ihres Vaters. Sie schickte ihm ihr Bild, das er aber nur ansehen, noch nicht behalten durfte; er sandte ihr Haare in einem Medaillon. Schließlich hielt sie ihn nicht nur für hübsch und charmant, sondern auch für gebildet, verständig und maßvoll, »immer Herr seiner selbst, mag keine Romane, sondern zieht ihnen ernste Bücher vor. Dabei ist er auch religiös und meinem Vater anhänglich, von allertiefster Verehrung für meinen Großvater erfüllt.«

Als Vater und Tante immer noch zögerten, schickte sie Klemens ein Billet: Sie wolle seine Frau werden, er solle um ihre Hand anhalten. Tante Liechtenstein resignierte: »Er ist einer von den jungen Leuten, in die ein Mädchen sich rasch verliebt, denn er ist scheu und unternehmend zugleich.« Am Ja-Wort des Fürsten Kaunitz zweifelte sie nicht, denn »sie hat ihren Vater ganz in der Tasche«. Er gab es mit dem Versprechen, dem Schwiegersohn Protektion zu verschaffen und der Tochter eine Jahresrente von 17 000 Gulden auszusetzen.

Er lebe nun viel mehr in der Zukunft als in der Gegenwart, schrieb der Bräutigam der Braut. Die Zeit bis zur Heirat erscheine ihm wie eine Ewigkeit. »Dieser Zeitpunkt wird das Glück meines ganzen Lebens ausmachen.« Sie könne seiner ebenso sicher sein wie sie sich selber. »Du kennst mich genügend, um nicht zu wissen, daß ich Dich tausend mal mehr liebe als mich selbst.«

»Sei wohl überzeugt, daß unter allen Menschen, die Dich hätten lieben können, ich am eifersüchtigsten darauf bin, Dir Beweise davon zu geben«, schrieb er ihr aus Böhmen, wo er zu bleiben gedachte, bis der Sturm, den die Verlobungsnachricht in Wien ausgelöst hatte, sich gelegt hätte.

Die abgeblitzten Bewerber und ihre Familien wetterten gegen diese Mesalliance zwischen der Fürstin Kaunitz und einem dahergelaufenen Grafen. Erzherzogin Marie Christine, die als Statthalterin der Niederlande den Minister Metternich bekämpft hatte, redete überall herum: »Ich kenne den Vater sehr gut, der Apfel fällt nicht weit vom Stamm.« Klemens, der von Lorel auf dem Laufenden gehalten wurde, gab sich gelassen: »Ich könnte mir fast irgend welche Bedeutung beimessen, wenn ich die Ruhe bedenke, die all die Beller gehalten, solange ich anwesend war; und auch wenn ich nicht eine Menge Wetterfahnen gleichender Menschen kennen würde, die ein Atemzug in Bewegung setzt und die Lärm machen, wenn sie sich drehen, ohne deswegen mehr Schaden zu tun.«

Aber er war erleichtert, als der Heiratsvertrag aufgesetzt und der Hochzeitstermin festgesetzt war. Am 27. September 1795 wurde die Vermählung auf Schloß Austerlitz in Böhmen, der Sommerresidenz der Kaunitz, gefeiert – weg von Wien und en famille. Die zwanzigjährige Braut war wie eine Königin geschmückt, der zweiundzwanzigjährige Bräutigam erschien daneben wie ein Prinzgemahl. Das Hochzeitsmahl glich einem kaiserlichen Schauessen in der Hofburg, nur daß die Zuschauer lediglich Gutsbedienstete und Bauern waren. Tante Liechtenstein konnte immer noch nicht das Naserümpfen über die neue Verwandtschaft lassen, über die Schwester des Bräutigams, Pauline, die nicht einmal die äußeren Vorzüge ihres Bruders besaß, und die Eltern, denen es nicht völlig gelang zu verbergen, daß sie sich wie Lotteriegewinner vorkamen.

Die Flitterwochen verbrachten sie in Austerlitz. In Wien fanden sie dann alle Türen der Gesellschaft offen. Da es nun einmal passiert war, hatte man sich darauf einzustellen, vor allem auf den jungen, nun gemachten Mann. Dem Schwiegervater pressierte es nicht, ihm die diplomatische Laufbahn zu eröffnen; er wollte die einzige Tochter noch um sich haben.

Dem Herrn Schwiegersohn war es recht. Das hatte er sich immer gewünscht: das Leben eines wohlhabenden und angesehenen Müßiggängers zu führen, die Abende im Salon zu verplaudern und weit in den Tag hinein zu schlafen. Und wenn er sich schon beschäftigte, dann mußte es etwas Besonderes und Auffälliges sein.

Er wählte die Naturwissenschaften, mit denen sich Wiener Aristokraten kaum abgaben und die doch salonfähig geworden waren, als Modewissenschaften eines Jahrhunderts, das Empirie und Experiment schätzte. Für Medizin hatte er schon immer ein Faible gehabt; in Mainz war er in die Anatomie und in Hospitäler gegangen. Den Vorteil, daß er dilettieren durfte, ohne praktizieren zu müssen, wußte er als Verdienst herauszustreichen: »Ich habe übrigens genügend Kenntnisse, um von der allen Dilettanten eigenen Manie bewahrt zu sein, durchaus die erworbene Weisheit anwenden zu wollen.«

Natürlich wurde auch politisiert. Seine Beiträge zur Konversation verstand er – im Rückblick – ebenfalls als bedeutsam hinzustellen: »Viele Beobachtungen hatte ich angestellt, es ward mir deutlich bewußt, daß ich bei allen wichtigen Vorkommnissen und bei den Kalamitäten, die mein Land heimsuchten, sehr anders gehandelt hätte als die Lenker des Staatsschiffes.«

Hilflos schien das österreichische Orlogschiff in den von der Französischen Revolution aufgewühlten Wogen zu treiben. 1795 – im Jahre seiner Verheiratung – war Preußen durch den Sonderfrieden von Basel aus der Koalition ausgeschert. Österreich wurde von der vollen Wucht Frankreichs getroffen, vor allem in Oberitalien, wo ein junger General namens Napoleon Bonaparte von der

Riviera bis in die Steiermark vordrang, Wien bedrohte. Österreich mußte 1797 den Vorfrieden von Leoben schließen, der zum Frieden von Campo Formio führte: Abtretung der Niederlande und der Lombardei gegen Angliederung des Gebietes der ehemaligen Republik Venedig. In einer Geheimklausel willigte Österreich in die Abtretung des linken Rheinufers an Frankreich ein, was Preußen bereits 1795, ebenfalls geheim, zugestanden hatte.

Metternich ahnte das. »Ich sehe keine Rettung mehr für das linke Rheinufer« und damit für den Hauptbesitz der Familie, erklärte er seiner Frau. »Ich habe unglücklicherweise den Verlust Italiens und der Niederlande vorausgesehen, da viele Leute daran zweifelten. Ich sage jetzt einen neuen vorher, der ebenso nicht erwartet wird.«

War es nicht höchste Zeit, daß ein so klarblickender junger Mann endlich das diplomatische Korps verstärkte? Zumindest er selber gelangte zu dieser Auffassung. Die Einwände anderer erledigten sich von selbst. 1797 starb der Schwiegervater, der sich von seiner Tochter nicht hatte trennen können. Und Minister Thugut, der Vater Metternich nicht mehr verwenden und Sohn Metternich nicht anstellen wollte, verlor an Einfluß.

So kam es, daß Metternich senior als Botschafter und Bevollmächtigter des römisch-deutschen Kaisers auf den in Campo Formio beschlossenen Kongreß in Rastatt entsandt wurde. Und Metternich junior ihn als Privatsekretär begleiten durfte – zu ersten Gehversuchen auf dem diplomatischen Parkett.

IN RASTATT, der ehemaligen Residenz der Markgrafen von Baden-Baden, sollte der am 9. Dezember 1797 eröffnete Kongreß über den Reichsfrieden mit Frankreich befinden und darüber, wie die Reichsfürsten, die ihre linksrheinischen Gebiete verloren hatten, entschädigt werden könnten.

Daran waren die Metternichs nicht nur offiziell, sondern auch privat interessiert. Das Reich galt ihnen als Garant ihrer Grafenwürde und ihres Grundbesitzes. Darüber hinaus war der Vater ein Reichspatriot im hergebrachten Sinne, während der Sohn sich zunehmend als Österreicher zu fühlen begann. Jedenfalls investierte er in das römisch-deutsche Reich nicht – wie mancher andere

Reichsunmittelbare, beispielsweise der Reichsfreiherr vom und zum Stein – Erwartungen, die mehr emotional als rational begründet waren.

Andererseits vermochte der Reichsgraf, dem der Untergang des Reiches nur Schaden bringen konnte, diesem Ereignis nicht gleichgültig, wie die Masse der Untertanen, gegenüberzustehen. Oder gar, wie es unter Literaten Mode geworden war, Hohn und Spott über das ablebende Reich und seine abgelebten Repräsentanten auszugießen.

So vermeldete der Koblenzer Joseph Görres am 30. Dezember 1797, als Mainz wiederum an die Franzosen gefallen war: Das Heilige Römische Reich, »schwerfälligen Andenkens«, sei »in dem blühenden Alter von 955 Jahren, 5 Monaten, 28 Tagen sanft und selig an einer gänzlichen Entkräftung und hinzu gekommenen Schlagflusse« verschieden. Testamentarisch habe es unter anderem verfügt, daß »alle sich vorfindenden Perücken« dem Naturalienmuseum in London vermacht werden sollten, »um dort in die große, für alle Nationen und Zeiten angelegte Perückensammlung aufgehangen zu werden«.

Aber die Perücken waren noch da, und es war makaber genug, wie ihre Träger das noch schwache Lebenszeichen von sich gebende Reich in Rastatt repräsentierten. Dabei tat sich Vater Metternich hervor, als Plenipotentiarius des mitnichten allmächtigen Kaisers. Um so mehr klammerte er sich an das Protokoll. Er schritt zu den Beratungen der Bevollmächtigten als letzter, weil als Vertreter des Kaisers würdigster; er gedachte – wie er den Franzosen in einer lateinischen Note eröffnete – sie thronend unter einem Baldachin zu empfangen; schließlich begnügte er sich damit, unter dem Baldachin das Bild Kaiser Franz' II. wie eine Monstranz auszusetzen, und die Sessel so davor zu stellen, daß kein Besucher ihm den Rücken zukehren konnte.

Ehre, wem Ehre gebührt, und Vater Metternich scheute weder Mühe noch Kosten. Nach zwei Monaten hatte er bereits 40 000 Gulden verbraucht, aus der österreichischen, nicht aus der Reichskasse, wie der österreichische Vertreter Lehrbach monierte. Denn auch das gehörte zu den Sonderheiten dieses Reiches: Sein Wappentier hatte zwei Köpfe und Franz II. drei Grafen in Rastatt: Franz Georg Metternich vertrat ihn als römisch-deutschen Kaiser,

Ludwig Cobenzl als König von Ungarn und Böhmen und Ludwig Konrad Lehrbach als Erzherzog von Österreich.

Sie waren nicht ohne weiteres unter einen Hut zu bringen, die verschiedenen Belange und ihre unterschiedlichen Befürworter. So wollte der Vertreter des Kaisers – im Interesse des Reiches wie seines eigenen – das linke Rheinufer nicht abtreten, das der Kaiser in seiner Eigenschaft als Herrscher Österreichs bereits abgetreten hatte und worauf dessen Vertreter in Rastatt bestehen mußte.

Der österreichische Minister Thugut hatte es Vater Metternich ausdrücklich untersagt, seinen Sohn mit der »österreichischen Geschäftsführung« vertraut zu machen, ihm lediglich erlaubt, ihn als Privatsekretär des kaiserlichen Plenipotentiarius zu verwenden. Was ihm verschlossen blieb, wäre nicht besonders lehrreich gewesen, und was er erfahren durfte, war nicht überzeugend: das Reichstheater mit seinen pompösen Kulissen und dem jämmerlichen Schauspiel, das seine Akteure boten, die alle durcheinander redeten und gegeneinander auftraten – als habe nicht ihrer aller Todfeind bereits die Bühne betreten: Napoleon Bonaparte, der Erbe und Vollstrecker der Französischen Revolution.

Er war kurz in Rastatt gewesen, noch vor der offiziellen Eröffnung des Kongresses, so daß ihn Klemens Metternich nicht mehr zu Gesicht bekam. Er war auf ihn neugierig gewesen wie auf die Hauptattraktion eines Panoptikums und zeigte sich etwas enttäuscht, als er die Schilderung von Augenzeugen vernahm: ein kleiner, magerer Mann mit gelblicher Gesichtsfarbe, mit finsterem Blick und den theatralischen Gesten eines Südländers, nachlässig in der Kleidung und salopp im Benehmen.

Die Franzosen, die er dagelassen hatte, schienen nur verschlampt und keine Genies zu sein, mit schlecht sitzenden Fräkken, weiten Hosen, ungeputzten Schuhen, langen und ungepflegten Haaren, riesigen Hüten mit roten Kokarden. Man stürbe vor Schrecken, wenn man auch nur dem am ordentlichsten Gekleideten im Walde begegnete, entsetzte sich der Rokokokavalier. »Großer Gott, wie hat sich diese Nation geändert!« Statt Eleganz und Charme »trifft man nun auf finstere Roheit«.

Für ihn waren das »Spitzbuben«, »Guillotineure« und »Werwölfe«, die Delegierten des Direktoriums in Paris. Bonnier nannte er die »Quintessenz eines Flegels«, bei Treilhard verschlug es ihm den Appetit: »In der Mitte des Tafelaufsatzes gab es eine Art Pyramide aus Grillage mit einer ungeheuren Trikolore.« Bei jeder Gelegenheit kontrastierten sie das Altfränkische mit dem Neufränkischen, erinnerten daran, daß sie Revolutionäre waren, die nach dem Ancien régime in Frankreich nun auch dem Heiligen Römischen Reich den Garaus machen wollten.

»Allen sah man die tiefe Verachtung für das deutsche Wesen in jeder Miene an, und wie sie ihre zum beschlossenen Vorwärts ausgestreckten Krallen gar nicht verbargen«, bemerkte Karl Heinrich Lang, der in Rastatt dabei war. Klemens Metternich verhehlte sich nicht, daß diese Franzosen am Zuge waren und Stück um Stück vorankamen, nicht zuletzt wegen der Uneinigkeit und Unentschlossenheit der Angegriffenen.

»Alles, was ich voraussah, geschieht!« Vierzig Millionen Revolutionäre werden »Europa bis in die Grundfesten erschüttern«. Über dem alten Reich müsse man das Kreuz machen – und über den reichsgräflichen Besitzungen auf dem linken Rheinufer. Denn was die Franzosen sich genommen und was ihnen Preußen wie Österreicher bereits zugestanden hatten, vermochte ihnen die Reichsdeputation in Rastatt nicht mehr abzunehmen.

Zumal die Franzosen einen Zankapfel unter die Reichsfürsten und Reichsfürstlein geworfen hatten. Diejenigen, die Land und Leute links des Rheins verloren hätten, könnten sich ja an den geistlichen Fürstentümern rechts des Rheins schadlos halten, meinten die Franzosen und schlugen damit zwei Fliegen mit einer Klappe. Der Prozeß der Säkularisationen wurde eingeleitet, wie es ihrer revolutionären Ideologie entsprach. Und dem Heiligen Römischen Reich, das ohne geistliche Fürstentümer nicht vorstellbar war, wurde eine Existenzgrundlage entzogen – zu Nutz und Frommen des französischen Imperialismus.

Bereits in Rastatt funktionierte das »Divide et impera«. Die Reichsfürsten, die gemeinsam den Franzosen widerstehen sollten, stellten sich nun gegeneinander, weil jeder dem anderen die besten Bissen wegschnappen wollte. Auch die Metternichs, Vater und Sohn, dachten zunächst an ihre Entschädigung. »In einem Zeitalter, da jeder nur an sich denkt, wäre man wahnsinnig, sich zu vergessen, und wir für unseren Teil haben in dieser Beziehung

Vorteile vor allen anderen. Wir werden auf der einen Seite verlieren und vielleicht auf der anderen das doppelte gewinnen«, meinte Klemens, inzwischen Bevollmächtigter des katholischen Teils des westfälischen Grafenkollegiums. »Wenn einmal unser persönliches Interesse gerettet ist, kann mir das Ganze gestohlen werden.«

Seine Frau war in Wien geblieben, mit dem am 17. Januar 1797 geborenen Töchterchen Marie beschäftigt und schon wieder in der Hoffnung. Diesem Umstand verdankte er seine Bewegungsfreiheit bei einem Kongreß, auf dem auch getanzt wurde. Und seine Frau etliche Atlasbänder und Briefe, in denen er ihr erzählte, daß die Bälle zum Gähnen seien, hundert Männer, lediglich Minister und Deputierte, und dazu acht bis zehn Frauen, von denen wohl die Hälfte die Fünfzig erreicht habe. Schriftlich versicherte er der fernen Angetrauten, wie sehr sie ihm fehle und wie sehr er sie liebe.

»Ich küsse Dich in Gedanken ein Millionmal und würde gerne diese Million gegen einen einzigen kleinen Kuß bien vrai und bien en personne austauschen... Ein Wort von Dir ist wie ein Blitz, der meine fern von allem, was ich liebe, eingeschläferte Seele erhellt... Alle meine Sinne sind wach und mein Herz wäre der größten Genugtuung fähig, wenn Du, meine gute Freundin, bei mir wärest... Wie mächtig ist doch der Zauber einer echten Verbindung, eine solche allein ist der Gipfel des Glücks, die einzige Quelle reinen und dauerhaften Vergnügens... Ich kann nicht leben ohne Dich, jeder Augenblick erscheint mir wie ein Jahrhundert, ich sehe Glück nur in den Armen meiner guten, meiner ausgezeichneten kleinen Frau, umgeben von meinen guten Kindern... Keinen Zweifel bitte darüber oder ich werde böse.«

Das hört sich nicht an, als sei es einem galanten Briefsteller entnommen; echte Liebe klingt an, nicht ohne Zwischentöne freilich, und ein Übertönen dessen, was er wirklich fühlt, denkt und tut. Jedenfalls sind diese Liebesbriefe erste Zeugnisse der Fähigkeit des Diplomaten, mit Worten Sachverhalte zu verschleiern.

Denn er lebte keineswegs einschichtig in Rastatt. Der Mittzwanziger, mit wachen Sinnen und weitem Herzen, küßte Anwesende bien vrai und bien en personne, gab sich zwar weniger reinen, dafür aber auch nicht dauerhaften Vergnügungen hin, hatte seine Liaisons, wenn auch keine Verbindung; die eine, die er eingegangen war, genügte ihm vollauf. Und die Damen waren weder rar noch über Fünfzig, wie er nach Hause schrieb, sondern in beachtlicher Quantität und Qualität vorhanden. Die für das neue Frankreich agierenden Komödiantinnen trugen nun rote Kokarden, doch das blieb die einzige Veränderung, die an ihnen wahrzunehmen war.

Die Versuchungen waren groß. Je weniger es zu verhandeln gab, desto mehr vergnügte man sich, und wenigstens dabei verbrüderten sich Aristokraten und Sansculotten. Sie hinderte nichts, »sich in einem fortwährenden Taumel der Sinnenlust umherzutreiben«, bemerkte Karl Heinrich Lang, »die Tafelrunde bei den Herren Gesandten zu machen, in der Komödie die Mademoiselle Hyacinthe mit dem Gucker zu beschauen, im französischen Kaffeehaus auf dem roten und schwarzen Altar der Fortuna ein paar Rollen Geld zu opfern«.

Klemens war mittendrin. Er soupierte und pokulierte, er suchte sein Glück im Spiel und fand das Glück bei den Frauen. Und er musizierte, dirigierte eine kleine Symphonie und spielte in einem Quartett. Er meinte, daß die Musik »nach der Liebe und besonders im Verein mit ihr die Welt besser macht«. Mitunter mußte er sich mit der Musik begnügen, Solo bleiben, denn die Demi-Monde reichte nicht immer für alle Welt. Einmal soll er seinem noch recht munteren Papa ins Gehege gekommen sein, sich um dieselbe Dame bemüht haben. So stellte es wenigstens August von Kotzebue in seinem Lustspiel *Die beiden Klingsberge* hin – den Vater, der »nie zu alt wird, um zu lieben«, und den Sohn, diese »Mischung von Güte und Leichtsinn, von Torheit und Vernunft«.

Auf die Dauer wurde es ihm in Rastatt langweilig, auf dieser kleinen Bühne, wo immer dieselben Ringelreihen spielten und sich auf die Zehen traten. Eine willkommene Abwechslung war ein Urlaub nach Wien, zur Niederkunft seiner Frau. Am 21. Februar 1798 kam Sohn Franz auf die Welt, die er jedoch das Jahr darauf wieder verließ. Anfang März reiste Klemens nach Rastatt zurück. Im Juni ließ er die Frau, die das immer dringender gewünscht hatte, nachkommen. Sie erkannte schnell die Widersprüche zwischen seinen theoretischen Versicherungen und seinem praktischen Verhalten und mußte es ertragen, daß er auch durch ihre Anwesenheit sich seine Kreise kaum stören ließ.

Nicht selten überlasse er seine Frau der Gesellschaft Fremder und soupiere mit Komödiantinnen oder spiele Trente-et-un, bemerkte eine französische Zeitung. Er sei befähigt, eine Rolle zu spielen, werde es seinem Vater gleichtun, »und vielleicht viel früher, wäre er weniger vernarrt in die Grazie, die er von seiner Mutter geerbt hat, und wäre er mehr davon überzeugt, daß der Zufall einer glücklichen Geburt nicht mehr lange in Europa das gründliche Wissen ersetzen kann, das man beim Besuch von Spielhäusern und in noch übleren Schulen nicht erwirbt«.

Sein Naturtalent wurde auch und gerade von Diplomaten des Ancien régime erkannt. Cobenzl dachte bereits an einen Gesandtschaftsposten. »Ich glaube, daß jene in Den Haag mir gefallen könnte, was ganz meinen Wünschen entspräche und den geradesten Weg zu jener in England darstellt, wohin meine Wünsche zielen.« Doch die Personalpolitik machte immer noch Thugut in Wien, und der verschloß sich, wenn er nur den Namen Metternich hörte.

Ein Sprungbrett war Rastatt für ihn nicht. Er bekam den Kongreß leid, der ihm das linke Rheinufer nicht rettete, beruflich nichts nützte, den Metternichs keine Entschädigung brachte, die Reichsangelegenheiten nicht ordnete, nur den Franzosen Vorteile verschaffte – und kein Ende nehmen wollte. Er gebe sein Ehrenwort, daß, »wenn ich hätte voraussehen können, daß die Sache so lange dauern würde, ich niemals diese verdammte Aufgabe auf mich genommen hätte, in der ich mich nun unglücklicherweise verstrickt finde«. Im Dezember 1797 hatte der Kongreß begonnen, im April 1799 war er immer noch im Gange, schleppend und aussichtslos.

Schließlich brach Österreich die Verhandlungen ab. Bonaparte war in Ägypten, die zweite antifranzösische Koalition, mit Rußland und England, geschlossen, der Krieg erfolgversprechend angelaufen. Als die französischen Gesandten am 28. April 1799 Rastatt verließen, wurden sie vor den Toren der Stadt von Szekler Husaren, Österreichern, überfallen. Bonnier und Roberjot wurden getötet, Debry entkam schwerverwundet.

Klemens Metternich war bereits Mitte April nach Wien zurückgereist. Er hatte eine gute Nase, einen Schauplatz zu verlassen, bevor es brenzlig wurde.

Dresden wurde sein erster diplomatischer Posten, 1801, nachdem er zwei Jahre lang auf eine Verwendung hatte warten müssen. Die unerreichbaren Trauben waren von ihm als sauer hingestellt worden; inzwischen genoß er die Früchte seines angeheirateten Reichtums. Und übte sich in den Kniffen und Ränken, die er für die Elementarkünste eines Diplomaten hielt.

Objekt dieser Propädeutik war Thugut, der ihn diese Fertigkeiten nicht ex officio ausüben lassen wollte. Übungsfeld waren die Salons der Wiener Gesellschaft, die sich mit dem Aufstieg eines Zahlmeisters zum leitenden Minister der Monarchie nicht abgefunden hatten. Kombattanten waren Fürstin Liechtenstein, der Thugut nicht gegenrevolutionär genug war, und Gräfin Rombeck, die ihren Bruder, Ludwig Cobenzl, an seiner Stelle haben wollte.

Doch Thugut saß immer noch fest im Sattel. Beruflich kam Klemens Metternich nicht voran und familiär gab es Rückschläge. Das Söhnchen Franz starb am 3. Dezember 1799, noch nicht zwei Jahre alt. Der am 10. Juni 1799 geborene Klemens war nur fünf Tage alt geworden. Seine Frau war körperlich wie seelisch fast am Ende. Lange durfte sie nicht pausieren; Kinderkriegen war Hauptzweck einer Aristokratenehe. Sie gebar noch vier Metternichs: Viktor (1803), Klementine (1804), Leontine (1811) und Hermine (1815).

Österreichs Unglück brachte ihm beruflich Glück. Auch der zweite Koalitionskrieg ging verloren. Im Frieden von Lunéville (1801) bekamen die Franzosen, was man ihnen in Rastatt nicht hatte geben wollen: die Rheingrenze gegen Deutschland und auch die Etschgrenze in Italien.

Dies überstand Thugut nicht. Der Feind des Hauses Metternich wurde durch dessen Freund Cobenzl ersetzt. Dem achtundzwanzigjährigen Klemens wurden nun gleich drei Posten angeboten: Gesandter in Kopenhagen oder in Dresden oder Vertreter für Böhmen beim Reichstag in Regensburg. In seinen Memoiren stellte er es so hin, als habe er sich inständig bitten lassen. Tatsächlich griff er gern und schnell zu, nahm den Posten, der ihm am meisten zusagte. Kopenhagen war ihm zu weit und Regensburg zu veraltet. Von Dresden jedoch, dem Hofe des Kurfürsten von Sachsen, versprach er sich eine zum Angewöhnen nicht aufregende, doch ausreichende Arbeit und ein Leben, wie er es gewohnt war.

Er wurde gleich Missionschef, ohne auch nur Attaché gewesen zu sein. Das stieg ihm so zu Kopf, daß er seine eigenen Instruktionen entwerfen zu müssen meinte. Bereits am Anfang seiner Laufbahn schrieb er sich seine Rolle selber, dieser Tausendsassa, der Autor, Regisseur und Akteur in einem sein wollte – und dies auch mit zunehmender Fertigkeit zuwegebrachte.

Ganz so abwegig war die Selbsteinweisung nicht. Der angehende Beamte verfügte sich in die Hof- und Staatskanzlei, um sich mit Akten im allgemeinen und österreichischen Staatsakten im besonderen vertraut zu machen. Der künftige Diplomat verschaffte sich ein Bild der außenpolitischen Situation und dachte darüber nach, wie Österreich und die mit ihm von der revolutionären Ideologie und einer imperialistischen Macht bedrohten Staaten Europas sich behaupten könnten.

Zunächst rekapitulierte er die Ereignisse von 1790 bis 1801, die er durch einen roten Faden verknüpft sah, »die Aufstellung neuer, in die innerste Organisation der Gesellschaft eindringender Grundsätze, den Umsturz aller bestehenden politischen Verhältnisse, die Auflösung aller Bande«. Das »europäische Gleichgewicht und die allgemeine Ruhe« seien zerstört, vor allem, aber nicht allein durch das revolutionäre und aggressive Frankreich. Die anderen Staaten hätten wider besseres Wissen und nach besten Kräften mitgewirkt: England, das den Hals nicht vollkriegen könnte; Rußland, das bedrohlich nahe an Mitteleuropa herangerückt sei; Preußen, das »mit Hintansetzung aller politischen Moral« sich vergrößert habe und noch weiter vergrößern wolle – in Rivalität mit Österreich und unter Bedrohung Sachsens.

Österreich, sein Österreich sei in erster Linie dazu berufen, die Wiederherstellung des vorrevolutionären Staatensystems zu betreiben. Als Voraussetzung müsse es seine innere Ruhe bewahren, seine Kraft zurückgewinnen, seinen Platz in der ersten Reihe wieder einnehmen.

Das waren allgemeine Richtlinien für die österreichische Politik, an die er sich später als Außenminister halten sollte, und dies die besonderen Anweisungen, die sich der österreichische Gesandte in Dresden gab: Das Kurfürstentum Sachsen, das strategische Dreieck zwischen Österreich, Preußen und Rußland, müsse als Glacis der Habsburgermonarchie befestigt und gehalten werden.

Es war eine erste Stilübung des Diplomaten Metternich, die schon die Handschrift des künftigen Staatsmannes trug. Herauszulesen war, was er in Straßburg bei Koch und in Mainz bei Vogt gehört, was er in Rastatt erlebt und in Wien erfahren hatte. In Dresden, wo er zwei Jahre, von November 1801 bis November 1803, verbrachte, kam Wesentliches hinzu: eine geistige Vertiefung dieser Anschauungen durch einen Intellektuellen, Friedrich Gentz.

Als Metternich seine Bekanntschaft machte – sie sollte dreißig Jahre währen –, war Gentz bereits ein berühmter Schriftsteller. Seine Persönlichkeit faszinierte ihn zuerst. Der Achtunddreißigjährige, der den preußischen Beamten an den Nagel gehängt hatte, war gewissermaßen ein freischwebender Intellektueller geworden, eines der ersten und deshalb bestaunten Exemplare dieser Spezies. Wie ein Paradiesvogel flatterte er durch die Salons, spreizte die Federn, machte druckreife Konversation, wußte die Aufmerksamkeit der Herren und die Bewunderung der Damen in einer Art und in einem Ausmaß zu erwecken, wovon selbst Metternich noch lernen konnte.

Der Nachteil einer solchen freien Existenz war offenkundig: der Mangel an festen Einkünften. Doch schon hatte Gentz die Bestallung zum österreichischen Hofrat ohne dienstliche Bindung in der Tasche. Darüber hinaus verlangte es ihn nach englischen Subsidien, die er sich an Ort und Stelle ausbedingen wollte. Metternich borgte ihm das Reisegeld, 150 Pfund Sterling. Er hielt Engagement gegen Entgelt für eine ganz natürliche Sache, zumal dieser Vordenker des europäischen Konservativismus und Präzeptor einer Restauration der alten Staatenwelt sein Geld doppelt und dreifach wert war.

Der Schüler Kants, der sich lieber auf den grünen Weiden des Lebens als in der eisigen Höhenluft des kategorischen Imperativs bewegte, hatte Edmund Burkes *Reflections on the Revolution in France* ins Deutsche übersetzt, die wichtigste gegenrevolutionäre Schrift auf dem Kontinent verbreitet. Sein *Historisches Journal* war ein Kampfblatt gegen das gegenwärtige Frankreich. Das Kampfziel umriß er in dem im ersten Jahr des neuen Jahrhunderts erschienenen Essay »Über den Ewigen Frieden«: »Ein freier Bund oder eine vollständig bestimmte und organisierte Föderativ-Verfassung unter den Staaten«, im Lot gehalten durch das Gleichgewicht der Mächte, durch »Ideen der Mäßigung, der wechselseitigen Beschränkung, der Genügsamkeit«.

Man darf nicht annehmen, Metternich habe das alles gelesen. Doch durch das Medium der Persönlichkeit von Friedrich Gentz machte er sich solche Gedanken zu eigen, bereicherte damit bereits Gelerntes und selber Gedachtes, vervollständigte sein Bild vom Staat und vom Staatensystem. Metternich merkte sich diesen Gentz, der ihn als einen »calculateur par excellence« zu schätzen schien, den er vielleicht eines Tages brauchen könnte: als Publizisten und Propagandisten des von der Exzellenz staatsmännisch Kalkulierten.

Das Handwerkliche lernte er rasch, so das Verfassen der obligaten Berichte. Er solle an das Ministerium viel Papier schicken und immer eine Seite mit dem füllen, was in einer Zeile gesagt werden könnte, hatte ihm in Wien Graf Trauttmansdorff geraten. In Dresden hörte er, wie es der englische Gesandte, Lord Elliot, machte. Geschehe etwas, so melde er es, geschehe nichts, so erfinde er etwas und dementiere es mit dem nächsten Kurier; der Stoff gehe ihm so nie aus. Metternich gewöhnte es sich an, viel zu schreiben, auch Nichtssagendes, mitunter nicht ganz Richtiges, vor allem sich nicht festzulegen. Über seine Papierverschwendung, seine Depeschen sans conclusion beklagte sich später der russische Kollege Nesselrode.

Im Grunde war er kein Schreiber, sondern ein Redner, genauer gesagt einer, der Konversation machte, Gespräche führte, den Dialog beherrschte – genau das, was ein Diplomat in einer Zeit, in der er noch etwas zu sagen hatte, können mußte. Die Salonpartner hatte er schon immer zu nehmen gewußt; es fiel ihm nicht schwer, auch mit Andersgestimmten und Höhergestellten zurecht zu kommen. »Wenn Du je zum Gesandten ernannt wirst«, plauderte er aus der Erfahrung, »so vermeide aufs peinlichste, Minister zu langweilen und zur Verzweiflung zu bringen; dann kannst Du mit Recht von ihnen erwarten, daß sie auch Dich mit Schonung behandeln.«

Alle konnte er ausstehen und alles durchstehen. Er war ein Hocker, der sitzenblieb, bis die letzte Kerze verlöscht war. Er tanzte, bis alle umsanken. Es machte ihm nichts aus, die Nacht zum Tage zu machen. Er war trinkfest und jedem Diner gewachsen. Er kleidete sich sorgfältig à la mode, stets eine Nuance überzogen, gerade soviel, um Aufmerksamkeit zu erwecken, ohne Auffallen zu erregen.

Wo er erschien, stand er im Mittelpunkt, wenn er ging, hinterließ er Leere und Bedauern. Wie ein Chamäleon vermochte er sich seiner Umgebung anzupassen; er wechselte die Farbe, verlor jedoch nie die Contenance. »Vergiß nicht, daß ich niemals stärker bin als in Lagen, wo andere schwach werden, daß ich niemals mehr Herr bin meines Verstandes als dann, wenn andere den Kopf verlieren.«

Die Diplomatie war mehr als ein Handwerk – eine Kunst. Die Begabung, die man dazu brauchte, brachte Metternich mit und eine bei seiner Jugend erstaunliche Übung. Seine Natur war darauf angelegt, seine Erziehung darauf ausgerichtet gewesen; seine Herkunft kam ihm zustatten, die bisherige Erfahrung und der günstige Umstand, daß er seine ersten diplomatischen Schritte in Dresden machen konnte.

Er sei »eine treffliche Porzellannatur«, meinte Gentz. Nirgends hätte er besser hingepaßt als in dieses Dresden, dessen Stadtbild von Canaletto gemalt und von der Meißner Porzellanmanufaktur mit Figuren versehen zu sein schien. Diese Residenz war ein Stück der alten Welt, das die Sturmflut noch nicht verschlungen hatte: das Renaissanceschloß, die barocke Hofkirche, Rokoko im Zwinger.

Man hätte meinen können, die Uhr sei stehengeblieben, erinnerte sich Metternich. »Wenn die Etikette, das Kostüm und die präzise Regel eine solide Grundlage für die Reiche sein könnten, wäre Kursachsen unverwundbar gewesen. Die Hoftrachten, die Galatage wie alle Gepflogenheiten waren zu jener Zeit noch, was sie in der Mitte des 18. Jahrhunderts gewesen waren. Die Französische Revolution war, nachdem sie die alte Monarchie gestürzt hatte, bereits bei Bonapartes Konsulat angelangt, am sächsischen Hofe aber waren die Reifröcke noch nicht abgeschafft.«

Nach Kythera schien Klemens gekommen zu sein, auf das Eiland der Aphrodite, wie es Watteau gemalt hatte: blauseidener Himmel, flatternde Bänder, Kavaliere mit Spitzenmanschetten und Damen mit Schönheitspflästerchen, Fächern und Rüschen, Bonmots und Pastelltöne, Menuett und Schäferspiele.

Klemens war in seinem Element. Man traf noch schöne Polinnen an diesem Hof, dessen Herr eine Zeitlang nicht nur Kurfürst von Sachsen, sondern auch König von Polen gewesen war. Die Fürstin Isabella Fortunata Czartoryska, eine Matrone schon, kam als Maîtresse nicht mehr in Betracht, wohl aber als Maîtresse de plaisir: In ihrem Salon traf sich tout le monde. Hier fand er die Gespielin seiner Dresdner Jahre: Katharina Pawlowna Bagration.

Es war eine Fürstin, die Gemahlin des russischen Generals Peter Iwanowitsch Bagration, für den es zur Zeit keine Schlachten zu schlagen gab, so daß er sich auf Reisen zerstreute. Sie war eine Großnichte der Kaiserin Katharina I., neunzehn Jahre jung, ein Porzellanfigürchen von entzückendem Äußeren, das ihre innere Hohlheit vergessen ließ: alabasterweißes Gesicht, rosa überhaucht, nicht zu groß und nicht zu klein, »orientalische Fülle vereint mit andalusischem Liebreiz«, wie einer ihrer ungezählten Verehrer schwärmte. Ihr gewagtes Dekolleté brachte ihr manchen Erfolg, auch die Amour des achtundzwanzigjährigen Klemens und ein Kind von ihm, das den Namen Klementine erhielt.

Eleonore Metternich, die Frau des unehelichen Vaters, war wieder in anderen Umständen. Sie tröstete sich mit dem Gedanken, daß ihr Kind legitim sein würde und ihr Gatte, der angehende Legitimist, die Ehe für unauflöslich halten müßte. Das Gesicht, das sie dabei machte, verriet jedoch ihre Gefühle so sehr, daß es in Dresden und sogar in Wien unangenehm auffiel.

Der Graf Metternich sei jung, befand Graf Colloredo, der Minister in Wien, aber er sei nicht ungeschickt. »In Dresden war man zufrieden mit ihm, aber nicht so sehr mit Madame.« Der gelobte Gesandte hielt Colloredo für einen alten Esel und auch dessen Ministerkollegen Cobenzl nicht für up to date. Denn sie hätten nicht begriffen, worum es am Anfang des 19. Jahrhunderts ging: um die Zusammenfassung aller Kräfte der alten Staaten gegen die Macht des neuen Frankreichs.

Er solle sich in Sachsen stets antipreußisch geben, hatten sie ihm eingeschärft, und das war nicht als Anraten diplomatischen Verhaltens, sondern als Anweisung für politisches Handeln gemeint. Metternich hatte eingesehen, daß die Gefahr einer Hegemonie Frankreichs in Europa größer war als die einer Hegemonie Preußens in Deutschland. Mit Gentz war er der Meinung: »Die

Verbindung zwischen Österreich und Preußen, begleitet von einer allgemeinen Konsolidation aller noch übrigen Kräfte Deutschlands, dieses höchst deutsche und zugleich höchst europäische Staatsprojekt ist das einzige Mittel, den Untergang der Unabhängigkeit von Europa als Folge jener scheußlichen Revolution zu verhindern.«

Über das alte Reich, das Turnierfeld Österreichs und Preußens, hatte der Reichsdeputationshauptschluß im Februar 1803 die Auflassung verfügt, seine letzten Grundstücke den gegen den Kaiser groß gewordenen und nun triumphierenden Fürsten übereignet: geistliche Territorien, Reichsstifte und Reichsstädte. Die deutschen Staaten waren faktisch bereits souverän und die beiden Großmächte unter ihnen der Reichswürde beziehungsweise der Reichsbürde ledig. Wäre es nun nicht an der Zeit gewesen, daß sie sich als zwei gleichgestellte und gleichbedrohte europäische Mächte gemeinsam gegen den französischen Imperialismus gestellt hätten?

Das Jahr 1803 erschien Metternich keineswegs als Unglücksjahr. Franz II. gab den Metternichs die säkularisierte Reichsabtei Ochsenhausen in Oberschwaben als Entschädigung für die verlorenen linksrheinischen Güter, erhob den Vater in den Reichsfürstenstand und ernannte den Sohn zum Gesandten in Berlin. Hier konnte man große Politik machen, und er wollte eine europäische Politik machen: Österreich und Preußen gegen Frankreich zusammenbringen.

B ERLIN war wichtiger als Dresden, aber nicht angenehmer, zumindest ungewohnt. Nicht alter Barock, sondern neuer Klassizismus prägte das Stadtbild, zu nüchtern, zu karg, zu streng, wie es Preußen anstand, doch dem Rheinländer und Österreicher unverständlich blieb. Im deutschen Sparta, das man durch die dorischen Säulen des Brandenburger Tors betrat, gab das Militär den Ton an, eine Garnison von 30 000 Soldaten neben 150 000 Zivilisten. Der Lustgarten diente als Exerzierplatz, zwischen zu rasch hingestellten Häuserreihen lagen noch Getreidefelder, und der frische Wind wirbelte märkischen Sand auf.

Friedrich Wilhelm III. wohnte nicht im königlichen Schloß,

sondern vis-à-vis dem Zeughaus im Kronprinzenpalais, in den Zimmern im Erdgeschoß, deren Schmuck in Waffen und Uniformen bestand. Am liebsten hätte er wohl im Zelt genächtigt, der Großneffe Friedrichs des Großen, der Kleinlichkeit für eine Tugend hielt, nur im Understatement großzügig war.

Metternich hatte ihn 1792 im Feldlager bei Koblenz kennengelernt und ihm die Verlobte mißgönnt, Prinzessin Luise von Mecklenburg-Strelitz, mit der er, der Graf, den Kaiserkrönungsball in Frankfurt eröffnet hatte. Nun war sie die Königin Luise und nicht mehr ganz sein Fall. Aus dem munteren Mädchen war eine sechsfache Mutter und schon eine Marmorfigur im Geschmack der neuen Zeit geworden.

Die Bekanntschaft mit dem Königspaar brachte dem im November 1803 in Berlin eingetroffenen österreichischen Gesandten zunächst gesellschaftliche Vorteile. »Die strenge Etikette, welche das diplomatische Korps vom preußischen Hofe so entfernt als möglich hielt, wurde in bezug auf meine Person nur bei jenen Gelegenheiten beobachtet, wo eine zu meinen Gunsten gemachte Ausnahme den Anschein gehabt hätte, als bezöge sie sich auf meinen öffentlichen Charakter.«

Es war kein ungetrübtes Glück. Denn die Bälle am preußischen Hofe waren steifer und langweiliger als in Dresden, obgleich hier – oder vielleicht deswegen – die Damen nicht in Reifröcken, sondern in nachthemdartigen Empire-Gewändern erschienen. Zum Gähnen fand er auch die Berliner Salons, wo Tee getrunken und dünn beschmierte Brote gegessen und, solchermaßen animiert, über Gott und die Welt gesprochen wurde. Die Ausnahme bildete Prinz Louis Ferdinand, ein aus der Art geschlagener Hohenzoller, dessen Gesellschaft amüsant gewesen wäre, wenn er dies nicht ständig in preußischer Unbedingtheit zu demonstrieren versucht hätte.

Zum Glück gab es das diplomatische Korps, seine Empfänge und Festlichkeiten, auf denen man sich, wie gewohnt, unter Seinesgleichen entspannen und erholen konnte, wobei der gesteigerte Nachholbedarf fast automatisch zu Ausschweifungen führte. Das galt auch für Metternichs Verhältnis mit Jekaterina Dolgoruki, der Frau des russischen Militärattachés, die triebhaft war, beileibe keine Porzellannatur wie die Bagration, mehr eine kleine Schwester der großen Katharina.

Die Beziehungen zu Wilhelmine, Herzogin von Sagan, die er bereits in Dresden kennengelernt hatte, waren immer noch platonisch. Prinz Louis Ferdinand hatte sich für die ebenso geistreiche wie extravagante, schöne und vermögende Frau interessiert, durfte sie aber nicht heiraten. Im ersten Zorn hatte sie einen Prinzen Rohan genommen, was sie gleich darauf bereute und in Abenteuern zu vergessen suchte. Sie liebe, wie man diniere, behauptete Metternich ungalant, sehr viel später, nachdem sie auch mit ihm diniert und ihn geliebt hatte. In Berlin konnte davon noch keine Rede sein. Gentz, der genau aufpaßte, weil er selber hinter jedem Rock her war, sah sie lediglich gemeinsam durch das Brandenburger Tor reiten.

In Berlin begegnete Metternich ferner Madame de Staël, der berühmten französischen Schriftstellerin, die auf die Vierzig zuging, was ihn jedoch kaum gestört hätte, wenn sie die abnehmenden körperlichen Reize nicht durch übertriebenen geistigen Ehrgeiz zu kompensieren versucht hätte. Es war Abneigung auf den ersten Blick, und sie hielt ein Leben lang.

»Im Wasser gibt es mikroskopisch kleine Wesen, die ständig in Bewegung sind. Madame de Staël, die nicht mikroskopisch klein ist, erinnert im übrigen an diese Gattung.« So spottete er noch zehn Jahre danach. »Sie hat mich in Erstaunen gesetzt, ohne mich zu bezaubern«, fügte er noch später hinzu. »Ich war ständig mit ihr zusammen, und sie wünschte, noch mehr mit mir zusammenzusein. Unsere Ansichten aber konnten zu keinerlei Harmonie gelangen. Ihr Entgegenkommen wirkte auf mich wie ein unübersteigbares Hemmnis. Ihre Klugheit hat mich verletzt, ihr Verhalten mich erschreckt. Männische Frauen bringen mich um. Ihr Salon, weit entfernt davon, ein erfreulicher Aufenthalt zu sein, glich einem Forum; sie ragte auf ihrem Sessel wie auf einer Rednertribüne.«

Er duldete keine anderen Götter neben sich und schon gar keine Göttinnen. Wenn er immer wieder ihren Salon besuchte, so deshalb, weil man dort Munition gegen Napoleon Bonaparte sammeln konnte. »Diese Frau ist keine Französin«, hatte der Korse ausgerufen und sie verbannt, die Tochter eines Reformministers des Ancien régime, die Kritikerin der Französischen Revolution und eine Französin, die sich anschickte, dem von aufgeklärtem

Geist erfüllten Empire den deutschen, einen romantischen Geist entgegenzusetzen.

Letzteres wurde von Metternich nicht goutiert. Er war von der Aufklärung geprägt, von ihrer Vernunft, ihren Formen und Förmlichkeiten, gewahrte in der Romantik entfesselte Emotion, welche die Ordnung störte und das Chaos heraufbeschwor. Die Staël war nicht von ungefähr nach Berlin gekommen, wo sich hinter klassizistischen Fassaden romantische Ideen zusammenbrauten, wo sie in August Wilhelm Schlegel einen Führer in die neue Geisteswelt und einen Liebhaber vom alten Schlage fand.

»Die beiden Klassen der Gesellschaft – die Gelehrten und die Höflinge – sind vollkommen voneinander geschieden«, bemerkte Madame de Staël in Berlin. »Das Ergebnis ist, daß die Gelehrten die Konversation nicht pflegen und die mondäne Gesellschaft unfähig ist, zu denken.« War das auch ein Hieb gegen Metternich? Die Problematik der Romantik hat er jedenfalls mehr instinktiv als intellektuell erfaßt, auch wenn er im Salon der Staël mitredete und an der Universität in die Vorlesung des Philosophen Fichte »Über die Grundzüge des gegenwärtigen Zeitalters« hineinhörte.

»Im allgemeinen ist es Europa, insbesondere ist es in jedem Zeitalter derjenige Staat in Europa, der auf der Höhe der Kultur steht«, hatte der Professor die rhetorisch gestellte Frage nach dem Vaterland des gebildeten christlichen Europäers beantwortet. Fichte dachte dabei schon an die deutsche Nation, die angeblich höchststehende von allen, Metternich nach wie vor an das Vaterland Europa – indessen mit Ausnahme der französischen Nation, die sich durch Revolution und Expansion dieser Gemeinschaft entzogen hätte und ihr nun die Sonderheit aufzwingen wollte.

Sein politisches Ziel ergab sich daraus: Die verbliebenen und gleicherweise bedrohten Mitglieder der Gemeinschaft müßten sich gegen den Störenfried zusammenschließen, die von ihm ausgehende Gefahr gemeinsam abwenden und ein in seine vornapoleonischen Grenzen wie auf sein vorrevolutionäres Regime zurückverwiesenes Frankreich in das alte Staatensystem zurückführen – in ein wiederhergestelltes und neubefestigtes Vaterland Europa. Und das hieß zunächst: Zustandekommen einer neuen, der dritten Koalition, welche die für Frankreich positiven und für Europa negativen Ergebnisse der beiden ersten Koalitionskriege mit den Waffen korrigieren sollte.

Der Diplomat Metternich, der Österreich und Preußen als Kern dieser Koalition zusammenbringen wollte, wurde dabei von Wien gehemmt und in Berlin nicht unterstützt. Die österreichische Außenpolitik hatte nach 1801 auf Neutralität gesetzt, worauf die preußische seit 1795 beruhte. Die Argumente dafür waren nicht leicht zu widerlegen. Preußen war dabei wirtschaftlich und kulturell aufgeblüht, hatte sein Staatsgebiet arrondieren und konsolidieren können. Österreich, das zwei Kriege und das römisch-deutsche Reich verloren hatte, brauchte eine Erholungspause.

Würde Napoleon sie ihm gönnen? Metternich bezweifelte das. Dieser Usurpator war unersättlich, und dieser Parvenu fraß gierig und schnell. 1801 hatte er sich Stücke Deutschlands und Italiens einverleibt, 1802 sich zum Konsul auf Lebenszeit bestellt, 1803 Hannover besetzt, 1804 sich zum Kaiser der Franzosen gemacht. Schon traf er Anstalten zu neuen Eroberungen und Erhöhungen. Man mußte ihm den Appetit verderben, bevor er noch mehr verschlingen konnte.

Doch in Wien wie in Berlin schien man sich mit den Brocken, die vom Tisch fielen, zufrieden zu geben. Österreich hatte Venetien ergattert und glaubte sich dadurch abgerundet zu haben. Franz II. schrieb die römisch-deutsche Kaiserkrone ab, proklamierte sich zum Kaiser von Österreich, als Franz I., und bildete sich ein, damit den ersten Platz halten zu können.

Und König Friedrich Wilhelm III. trat lieber auf der Stelle, was auch eine militärische Betätigung war, ohne daß man Gefahr lief, beim Marschieren nicht nur vorwärts zu kommen, sondern auch zurück zu müssen. Seine Außenpolitiker glaubten aus der Neutralität Gewinn ziehen zu können: für sich persönlich, durch französische Bestechungsgelder, wie Metternich argwöhnte, und für Preußen durch das von Napoleon in Aussicht gestellte Hannover, was als Korruption großen Stils sich einer moralischen Beurteilung entzog.

In Berlin hörten auf den österreichischen Gesandten nur solche, die nichts zu sagen hatten: Prinz Louis Ferdinand, der lieber heute als morgen gegen die Franzosen vom Leder gezogen hätte, oder der Finanzminister Freiherr vom Stein, der mit den Reichsverderbern ein Hühnchen rupfen wollte. Und Königin Luise, die ihre Aversion gegen Napoleon in der preußischen Männergesellschaft nicht in Politik umzusetzen vermochte.

In Wien verschloß man sich zunächst seinem Drängen, ein Kriegsbündnis mit Preußen und Rußland zu schließen, aus vorgeschobenen sachlichen wie uneingestandenen persönlichen Gründen. Denn Gentz erwies ihm einen Bärendienst, indem er den Hofräten aufzubinden versuchte, daß dieser Springinsfeld als einziger zum Außenminister geeignet sei.

Endlich kam auch Cobenzl darauf, daß man gegen Napoleon etwas unternehmen müßte. Im November 1804 schlossen Österreich und Rußland einen Beistandspakt, und ihre diplomatischen Vertreter in Berlin wurden angewiesen, Preußen als Dritten im Bunde zu gewinnen.

Nun hatte Metternich den Rücken frei, aber der Wind blies ihm weiter ins Gesicht. Er fühlte beim neuen Außenminister Hardenberg vor, der nicht zur profranzösischen Clique gehörte, doch gegen den unentschlossenen König und sein »perfides und gekauftes« Küchenkabinett nichts auszurichten vermochte, den Gesandten wissen ließ: Friedrich Wilhelm III. halte Ruhe für die erste Staatenpflicht und Neutralität für die Garantie des Friedens. Aber man könne immer über alles sprechen; denn Reden sei besser als Schießen.

»Nur in Sankt Petersburg läßt sich der Hof von Preußen gewinnen«, meldete Metternich. Rußland, mit England und Österreich alliiert, begann Preußen unter Druck zu setzen: Das mindeste, was es erwarten könne, sei die Erlaubnis zum Marsch russischer Truppen durch preußisches Gebiet.

Der österreichische Gesandte billigte das Vorgehen Rußlands: »Die neuen Proben, daß der Berliner Hof nur durch die Gewalt der Waffen fortgerissen werden kann; daß er niemals auf Forderungen hören wird, die nicht unterstützt sein werden durch eine sehr zugespitzte Energie; daß er sich endlich in dem Augenblick, wo er nur zu wählen haben wird zwischen den beiden einzigen Parteien, die Europa teilen, die Seite derjenigen wählen wird, welche ihm die meiste Aussicht des Erfolges mit möglichst geringem Aufwand verspricht, – diese Proben waren nicht mehr nötig, um sie zur These zu gestalten.«

Noch war sich Friedrich Wilhelm III. nicht sicher, auf welcher Seite in dem Anfang September 1805 ausgebrochenen dritten Koalitionskrieg sein Vorteil liegen würde. Vorsorglich verwarf er

Klemens Wenzel Lothar Fürst von Metternich im Alter.

Kaiser Napoleon I.

Kaiser Napoleon I. im Krönungsornat.

Kaiser Franz I. von Österreich.

Kaiser Franz I. von Österreich im Kaiserornat.

Charles Maurice de Talleyrand-Périgord.

Kaiser Alexander I. von Rußland.

Friedrich Gentz.

das russische Durchmarschbegehren und mobilisierte für eine »bewaffnete Neutralität«. Der Herrscher aller Reußen respektierte sie, nicht der Kaiser der Franzosen, der durch das preußische Ansbach in Richtung Ulm stieß, wo er Macks österreichische Armee gefangennahm. Nun wurde es auch für Preußen brenzlig. Friedrich Wilhelm III. näherte sich der Koalition, Zar Alexander I. kam ihm nach Berlin entgegen.

Napoleon I., den Hauptgegner seiner Außenpolitik, kannte Metternich immer noch nur vom Hörensagen. Alexander I., den Intimfeind seines Lebens, lernte er Ende Oktober 1805 in der preußischen Hauptstadt kennen. Wie alle Welt zeigte er sich von ihm beeindruckt, schon deshalb, weil er in ihm einen ebenso entschiedenen wie mächtigen Gegner Napoleons sah. Sympathisch war ihm der Mann nicht: ein achtundzwanzigjähriger Geck in Generalsuniform, den Knabenkopf mittels eines hohen Stehkragens starr wie ein Caesarenhaupt gehalten, Gesten, die Entschlossenheit unterstreichen sollten, doch Zerfahrenheit und Sprunghaftigkeit andeuteten, eine Blauäugigkeit, in der Fanatismus lauerte, ein plattes, weiches Gesicht, das Wohlwollen ausstrahlte, doch beim geringsten Widerspruch sich jäh verhärtete.

In Berlin wurde es kaum strapaziert, denn die Preußen zeigten sich von ihrer besten Seite. Die Königin suchte ihm zu gefallen, und der König wagte ihm nichts Unerwünschtes ins Gesicht zu sagen. Am 3. November 1805 wurde der – geheime – Potsdamer Vertrag zwischen Rußland, Preußen und Österreich unterzeichnet. Friedrich Wilhelm III. verpflichtete sich zum Kriegseintritt an der Seite der Koalition, wenn eine »bewaffnete Vermittlung« – mit dem Ziel einer Räumung Deutschlands, Neapels, Hollands und der Schweiz und eines Verzichts Napoleons auf die italienische Krone – keinen Erfolg zeitigen sollte.

»Alles geht gut, wir werden vielleicht nichts zu beklagen haben als den Verlust Macks und seiner Armee«, hoffte Metternich, der seinen Anteil an diesem Abkommen hatte, Methode wie Inhalt befürwortete: das Zusammenstehen der drei konservativen Monarchien zur Wiederherstellung des alten Staatensystems. Seine erste wichtige diplomatische Mission schien glücklich erfüllt zu sein.

Der »bewaffneten Vermittlung« war eine Frist bis zum 15. Dezember 1805 gesetzt. Doch am 2. Dezember wurden Alexander I.

und Franz I. von Napoleon I. in der Dreikaiserschlacht von Austerlitz geschlagen. Friedrich Wilhelm III. retirierte aus dem Monarchenbündnis und begab sich – die Einwände Metternichs hinwegscheuchend – in eine Societas leonis mit dem französischen Imperator.

Der Weg war eingeschlagen, der schon im Jahr darauf zur Niederlage von Jena und Auerstädt, zum Zusammenbruch des preußischen Staates führte. Friedrich Wilhelm habe zu viel getan, um auf Napoleons Duldung rechnen zu dürfen, resümierte Metternich, und zu wenig, um ihm an der Seite der Österreicher und Russen trotzen zu können. Franz I. blutete schon jetzt. Der Frieden von Preßburg kostete ihm 60 000 Quadratkilometer mit drei Millionen Untertanen, schnitt ihn von Deutschland und von Italien ab. Alexander I. hatte sich so schnell in die Weiten Rußlands zurückgezogen, wie er daraus hervorgekommen war.

Austerlitz war ein Menetekel für Metternich. Im Kaunitzschen Sommerschloß hatte Napoleon sein Hauptquartier aufgeschlagen, die eroberten österreichischen und russischen Fahnen in Empfang genommen, im Bett des Gemahls der Enkelin des großen Kaunitz geschlafen – des österreichischen Gesandten in Berlin, der mit seiner Koalitionsdiplomatie gescheitert war, zum erstenmal in seinem Leben kein Fortune gehabt hatte.

Sein Mißgeschick war für ihn identisch mit dem Unglück Europas: »Die Welt ist verloren, Europa brennt nun ab.«

Botschafter in Paris

Das 33. Jahr schien die Peripetie seiner Karriere zu sein, bereits der Höhepunkt und schon der Wendepunkt, von dem es nur noch abwärts gehen könnte.

»In unseren unausweichlichen Sturz ziehen wir ganz Europa mit hinein«, klagte Metternich zu Beginn des Jahres 1806. »Möge die Geschichte in ihrer Gerechtigkeit nicht uns alleine anklagen, die unmittelbaren Werkzeuge zur Vernichtung einer sozialen Ordnung gewesen zu sein, mit der die politische Unabhängigkeit der Staaten ebenso zugrunde gehen wird wie jede Idee individueller Freiheit.«

Napoleon hatte über Österreich triumphiert, würde bald über Preußen triumphieren, hatte Rußland nach Osten und England auf die Meere zurückverwiesen. Das Jahr 1806 sollte eine weitere Hiobsbotschaft bringen: Am 6. August verzichtete der Habsburger auf die Krone des Heiligen Römischen Reiches Deutscher Nation, nachdem ihm sein Reich abhanden gekommen war. Am 12. Juli 1806 hatten sich zunächst sechzehn deutsche Fürsten, an der Spitze die neugebackenen Könige von Bayern und Württemberg, zum Rheinbund zusammengetan – auf Betreiben des Kaisers der Franzosen, der sich ihren Beschützer nannte, sie jedoch in einer Art und Weise beherrschte, von welcher der römisch-deutsche Kaiser nicht einmal zu träumen gewagt hatte.

Napoleon I. hielt sich für den wahren Nachfolger Karls des Großen. Der Neufranke – wie ihn deutsche Anhänger nannten – erneuerte das Frankenreich, indem er dem römisch-deutschen Reich ein Ende setzte, das ihm wie ein tausendjähriges Interregnum erschien. Denn der Akzent lag auf deutsch, also auf Zersplitterung und Uneinigkeit, und nicht auf römisch, also auf Zusammenfassung und Einheit. Das deutsche Reich sei »kein Staat«, sondern »die Summe der Rechte, welche die einzelnen Teile dem

Ganzen entzogen haben«, hatte der deutsche Philosoph Hegel bemerkt, und der französische *Moniteur* gefordert: Dieses sogenannte Imperium sei die Ausgeburt des Klerikalismus und Feudalismus und müsse deshalb im Namen des Fortschritts und zum Nutzen der Fortschrittsbringer beseitigt werden.

Nun war es soweit. Dem Sacrum Imperium weinte der Aufklärer Metternich nicht nach, und die Versuche deutscher Romantiker, das Tote wiederzubeleben, kamen ihm eher lächerlich vor. Was der Reichsgraf mit dem Verlust des Reiches beklagte, waren die Verluste für die Metternichs. Die verlorenen Würden wären zu verschmerzen gewesen, zumal sie Klemens in ähnlicher Weise wie Franz I. zu kompensieren gedachte: durch eine Aufwertung seiner österreichischen Position.

Was er weniger verwinden konnte, war die mit der Auflösung des Reiches unvermeidbare Einbuße der eben als Entschädigung für die verlorenen linksrheinischen Gebiete erhaltenen Herrschaft Ochsenhausen. Denn der König von Württemberg wollte – wie alle zu Staatssouveränen arrivierten Landesfürsten – die weniger erfolgreichen, ehedem wie sie reichsunmittelbaren Landesherren nicht nur mediatisieren, also ihnen die Landeshoheit wegnehmen, sondern den Mediatisierten womöglich auch noch den Landbesitz entwinden.

Artikel 24 der Rheinbundakte sprach »Sa Majesté le Roi de Würtemberg« unter anderen »possessions« auch Ochsenhausen zu, verpflichtete dessen ehemaligen Reichsfürsten, Wohnsitz im Rheinbundgebiet zu nehmen, und räumte dem neuen Souverän ein Vorkaufsrecht auf die Güter ein.

Es sei ein revolutionärer Akt, schrieb Klemens Metternich seinem Vater, dem Hauptbetroffenen. Für den Sohn war es ein Malheur im großen Unglück, der Auflösung der alten Gesellschaftsordnung, die ihm praktisch wie theoretisch konvenierte, und der Zerstörung des alten Staatensystems, in dem bisher recht und schlecht der Frieden bewahrt gewesen schien.

Darüber kam er nicht hinweg, das war für ihn die Katastrophe: die Verwüstung des alten Europa. »Wo fällt Manna?« fragte er sich mit der Verzweiflung eines Mannes, der sein Kanaan nicht suchte, sondern verloren hatte. »Wo senkt sich der Gott aus den Kulissen?«

Einen neuen Moses suchte Gentz. Er ging davon aus, daß »gegen einen Feind wie den, den die Revolution dem Zeitalter gebar, mit unserer Kriegskunst und mit unserer Staatskunst nicht mehr ausgereicht wird, und daß wir untergehen müssen und in ganz kurzer Zeit untergehen werden, wenn es uns nicht im Drange der höchsten Not und durch die furchtbarsten Anstrengungen gelingt, ganz neue Waffen auf den Kampfplatz zu bringen«. Eine solche Waffe glaubte Gentz in Metternich, dem letzten und besten Halt der Habsburgermonarchie, gefunden zu haben – Austrias Ultima ratio.

Zumindest redete er es ihm ein, und er mußte nicht viel reden, um ihn davon zu überzeugen. Eben war er an seiner diplomatischen Aufgabe, Preußen rechtzeitig und wirkungsvoll in die Koalition zu führen, gescheitert, doch das hatte nicht an ihm, sondern an Friedrich Wilhelm III. gelegen, dieser Inkarnation der Unbeweglichkeit und des Unvermögens des Ancien régime. Die Verzweiflung über die Folgen ging nicht bis zum Zweifel an sich selber. Das Bild konnte subjektiv verdüstert sein, weil ein Glückskind, das einmal kein Glück gehabt hatte, dazu neigte, das objektive Unglück noch schwärzer zu malen, als es ohnedies war. Doch dadurch war bei einem Egozentriker der Glaube an sich selber kaum berührt und der Optimismus bei einem aufgeklärten Menschen des 18. Jahrhunderts nicht allzulange gehemmt.

Im Dunkel sah er einen Lichtschimmer. Die Französische Revolution hatte zunächst Gegner verschlungen und dann ihre eigenen Kinder gefressen – könnte das nicht bis zur Selbstelimination weitergehen? Napoleon hatte die alte Staatengemeinschaft gesprengt und auf ihren Trümmern eine Universalmonarchie errichtet – aber stand diese imperiale Gründung nicht im Widerspruch zu ihrem revolutionären Grundgeist? Metternich begann an die »Selbstzerstörung der zerstörenden Gewalt« zu glauben und auf den Zusammenbruch eines Kolosses auf tönernen Füßen zu hoffen.

Das aber konnte noch lange dauern, und bis dahin mußte man überleben. »Schieben wir zumindest jene Epoche hinaus, die endgültig abzuwenden nicht mehr in unserer Macht steht«, hatte er am 10. Januar 1806 mit gedämpftem Pessimismus geschrieben, doch schon elf Tage später in gedämpftem Optimismus hinzugefügt: Europa werde zwar abbrennen, doch aus der Asche »wird eine neue Ordnung der Dinge entstehen, oder vielmehr wird alte Ordnung neue Reiche beglücken«.

Schon hatte er einen Plan parat, wie das Abbrennen verzögert, der Brand vielleicht eingedämmt, das eigene Haus davor bewahrt werden könnte. Wie anderen Politikern in ähnlichen Situationen fiel ihm nichts Gescheiteres als die Teilung ein: Europa westlich einer Linie von der Wesermündung über Erzgebirge und Inn bis zur Adria sollte dem napoleonischen Imperium überlassen bleiben; das östlich dieser Linie gelegene Europa sollte in einem Verteidigungsbündnis zwischen Österreich, Rußland und Preußen zusammengefaßt, mehr noch, in einer politischen Gemeinschaft der alten Monarchien, einer »Confédération de l'Orient«, zusammengehalten werden.

Es war so etwas wie ein seitenverkehrtes Jalta, ein vorweggenommenes Europa der NATO und des Warschauer Pakts. Auch Metternich meinte, aber nur für einen Moment, die beiden Teile, die verschiedenen Systeme könnten friedlich nebeneinander leben, koexistieren. Rasch erkannte er jedoch, daß er das auf Weltmission und Welteroberung angelegte napoleonische Empire unterschätzt und die Verteidigungsbereitschaft wie den Überlebenswillen der bedrohten Staaten überschätzt hatte.

Unter allen Umständen galt es, Österreich zu erhalten – wenn es sein müßte, mit Mitteln, die als typisch österreichisch gelten sollten, und mit Methoden, die Metternich auf den Leib geschrieben waren: Hinauszögern der Katastrophe, Aufschieben des Endes, Anpassen an das, was nicht zu ändern war, Abwarten, bis man es zu ändern vermöchte, Gerichtstag über Napoleon halten könnte – oder, noch besser, bis er sich selbst erledigt, die zerstörerische Kraft sich selber zerstört hätte.

Wußte man in Wien, daß zu einer solchen Politik des Temporisierens und zu einer solchen Diplomatie des Lavierens keiner besser geeignet war als der Neu-Österreicher Metternich? Jedenfalls wurde der Dreiunddreißigjährige auf den wichtigsten Außenposten der Monarchie gestellt: als Botschafter in Paris.

Zunächst war er für Sankt Petersburg bestimmt gewesen. Der neue Außenminister, Graf Johann Philipp Stadion, der Vorgänger Metternichs am preußischen Königshof, hätte den Gesandten in

Berlin, der wie er zur Kriegspartei von 1805 gehört hatte, gern als seinen Nachfolger am russischen Kaiserhof gesehen.

Graf Karl Nesselrode, der spätere Außenminister Rußlands, beurteilte ihn nicht so günstig: »Wenn ich auch zugebe, daß Herr von Metternich der Stellung noch nicht gewachsen ist, die man ihm bestimmt, ist er jedoch nicht ohne Geist. Er hat selbst mehr davon als Dreiviertel der Wiener Exzellenzen, ist zudem sehr liebenswürdig, wenn er es sein will, hat ein schönes Äußeres, ist fast immer verliebt, aber öfter noch zerstreut, was in der Diplomatie ebenso gefährlich ist wie in der Liebe.«

Waren das Eigenschaften, die ihn Napoleon empfahlen? Ein Botschafter Österreichs, den man leicht zerstreuen konnte, zumal in Paris, war ihm, der alles auf Frankreich konzentrieren wollte, nicht unwillkommen. Auch daß er als Gesandter in Berlin keine Fortune gehabt hatte, war eher eine Empfehlung. Napoleon dachte weiter. Er wünschte ein Mitglied der Familie Kaunitz, des »wahrhaft österreichischen Hauses, das lange dem französischen System verbunden war«. Man konnte ihm mit dem Gemahl der Enkelin des Staatskanzlers Kaunitz dienen, der sich seinerzeit mit Frankreich gegen Preußen verbündet hatte.

Die beiden mächtigsten Herrscher der Welt, der russische Zar und der Kaiser der Franzosen, hätten sich um ihn gerissen, prahlte Klemens in seiner Autobiographie. Doch Alexander war eher zurückhaltend gewesen und Napoleon – auf Anraten seines Wiener Botschafters Larochefoucauld – nur deshalb zuvorkommend, weil er das, was sich Metternich als Verdienst anrechnete, als einen Vorteil für Frankreich wertete. Er wollte »dasjenige Organ Österreichs« bei sich haben, »das am tauglichsten sei, die Beziehungen anzuknüpfen, die er von nun an zwischen beiden Reichen hergestellt zu sehen wünschte« – eine Societas leonis zwischen dem vergrößerten Frankreich und dem verkleinerten Österreich, zwischen einem politischen Meister und einem diplomatischen Lehrling.

Klemens hatte wieder einmal mehr Glück als Verstand gehabt. Immerhin verstand er es, das Glück zu schmieden, solange es heiß war. Er begnügte sich nicht mit der Genugtuung, in fünf Jahren die »gesamte Laufbahn« durcheilt zu haben, vom Gesandten am Duodezhof in Dresden zum Botschafter beim Kaiser der Franzosen aufgestiegen zu sein. Er wollte sich diese Beförderung auch angemessen honorieren lassen. Kaiser Franz I., schrieb er seiner vorerst in Berlin gebliebenen Frau, »bringt alle Opfer, die ich glaubte verlangen zu müssen. Er hat mir 90 000 Gulden Gehalt ohne Abzüge zugebilligt.«

Das war eine für Wien große, doch für Paris zu kleine Summe. Die Familie Metternich hatte nichts mehr, und die Familie Kaunitz konnte nicht mehr allzuviel zuschießen. »Paris wird uns ja Ressourcen ohne Zahl bieten«, tröstete er sich und seine Frau. »Ich habe also keineswegs das Recht, mich zu beklagen, und alles wäre gut und schön, wenn Bonaparte weniger toll und der Posten weniger peinlich und aufreibend wäre.« Dies war nicht Selbstbedauern, sondern Selbstaufwertung: Was war er für ein Mann, dem man und der sich zutraute, mit alldem fertig zu werden!

Er war guter Dinge, als er im Juli 1806 die Reise antrat. »Ich werde gegen den 20. in Paris sein und dann vogue la galère – komme was da wolle!« Aber er machte noch einen Umweg über Frankfurt am Main, um im Bankhaus Mülhens wegen der zerrütteten Vermögensverhältnisse der Metternichs vorzusprechen. Als er dann in der Nacht zum 23. Juli in Straßburg eintraf, erwartete ihn Unangenehmes: Er durfte vorerst nicht nach seinem Bestimmungsort Paris weiterreisen.

Bereits während der Reise hatte er die widrigen Westwinde bemerkt: Franzosen in Österreich, die an das Friedensdiktat von Preßburg erinnerten. Profranzösische Stimmung in Bayern, das durch Napoleon um das österreichische Tirol vergrößert und zum Königreich erhoben worden war. Niedergeschlagenheit in Frankfurt, das seine Rolle als Krönungsstadt der römisch-deutschen Kaiser ausgespielt hatte. Und nun das Einreiseverbot für den Botschafter Österreichs, auf Befehl Napoleons, der auch den diplomatischen Verkehr nach seinem Dafürhalten zu regeln gedachte.

Der Kaiser der Franzosen wollte verhindern, daß er Metternich in einer Doppeleigenschaft empfangen müßte: als Botschafter des römisch-deutschen wie des österreichischen Kaisers, denn beides war Franz II./I. im Augenblick noch. Aber schon war die Rheinbundakte unterzeichnet, in der Reichsfürsten ihren Austritt aus dem Reich erklärt und sich verpflichtet hatten, dies zum 1. August 1806 dem Reichstag in Regensburg anzuzeigen. Und ein Ultimatum Napoleons I. war unterwegs: Bis zum 10. August habe der Habsburger die Krone des Heiligen Römischen Reiches Deutscher Nation niederzulegen.

Das war ein schlechtes Debut. Metternich ging verdrossen in Straßburg umher, erinnerte sich an den Ausbruch der Französischen Revolution, den er hier erlebt und mit dem alle Unbill begonnen hatte, grübelte und grübelte, was Napoleon, »die Fleisch gewordene Revolution«, wohl noch alles im Schilde führte, sah erbeutete österreichische Kanonen und ostwärts marschierende französische Truppen. Es könnte wieder Krieg zwischen Frankreich und Österreich geben, hatte Stadion in einem in Kehl vorgefundenen Brief angedeutet, und es würde Krieg zwischen Frankreich und Preußen geben, was die Spatzen von den Dächern pfiffen.

Das Unangenehme vergaß er schnell, im Gedächtnis behielt er das Wiedersehen mit seinem Fechtmeister, der auch dem Artillerieleutnant Bonaparte Lehrstunden gegeben hatte und nun eine Lektion erteilte: Er hoffe nicht, daß seine Schüler, der Kaiser der Franzosen und der kaiserlich-österreichische Botschafter, sich miteinander schlagen würden.

NAPOLEON empfing ihn in Saint-Cloud, westlich von Paris, am linken Ufer der Seine, im Bourbonenschloß, einem Schauplatz seiner Karriere. Am 18. Brumaire des Jahres VIII neuer, am 9. November 1799 alter Zeitrechnung hatte der General Bonaparte das Direktorium gestürzt und hier am Tage darauf den in der Orangerie tagenden »Rat der Fünfhundert« durch seine Grenadiere auseinanderjagen lassen. Und der Konsul Bonaparte hatte sich am 18. Mai 1804 in der Galerie des Apollo zum Kaiser proklamiert.

Er begann wieder nach dem alten Kalender zu rechnen und neue Daten zu setzen, als Zeichen seines Triumphes. Auf den 10. August 1806 hatte er Metternich bestellt. An diesem Tage lief das Ultimatum an den Kaiser in Wien ab, und dieser hatte es befolgt, den geforderten Verzicht auf die römisch-deutsche Kaiserkrone geleistet. So wurde Metternich lediglich als »Ambassadeur de Sa Majesté l'Empereur d'Autriche« empfangen, vom Kaiser der Franzosen, der das Heilige Römische Reich Deutscher Nation zum Tode verurteilt und den Tag seiner Hinrichtung bestimmt hatte.

Bonaparte stellte sich als der nun einzige und unumstrittene Nachfolger Karls des Großen in Positur und erwartete, daß der Vertreter des gedemütigten Habsburgers hinreichend beeindruckt, der Grünschnabel Metternich nachhaltig eingeschüchtert sein würde.

Er kannte ihn noch nicht. Selbst der unabänderlichen Tatsache, daß er als Botschafter eines doppelten Kaisers abgereist und als Botschafter eines einfachen Kaisers angekommen war, vermochte er noch Positives für seine eigene Person abzugewinnen. Er konnte – berichtete er nach Wien – selbstverständlich nicht auf seiner doppelten Beglaubigung bestehen, was einen »in allen Ecken Europas widerhallenden Skandal« ausgelöst hätte. Er habe jedoch den Schein zu wahren gewußt, indem er den französischen Außenminister – unter gegenseitigem Augenzwinkern – zu dem Entgegenkommen bewogen habe, das zweite Beglaubigungsschreiben als Botschafter des römisch-deutschen Kaisers zu gegebener Zeit nachreichen zu dürfen. »Auf diese Weise lösten wir eine Frage, die sicherlich geeignet war, jeden in Geschäften ergrauten Diplomaten in Verlegenheit zu setzen.«

Mit Charles Maurice de Talleyrand-Périgord konnte man so etwas machen. Der Außenminister Napoleons I. war wie der Botschafter Franz' I. ein Prototyp des Ancien régime, mit Verschiedenheiten, die nicht zuletzt aus dem Altersunterschied – zweiundfünfzig und dreiunddreißig – zu erklären waren.

Talleyrand war früher und länger durch die Aufklärung geprägt worden, hatte mehr Zeit gehabt, zusagende Freiheiten sich anzueignen und lästige Normen zu vergessen. Dieser Altadelige hatte die Französische Revolution nicht – wie Metternich – als Student erlebt, der noch nicht vom Leben gefordert war, sondern – wegen eines Klumpfußes in den geistlichen Stand eingetreten – als Bischof von Autun. Er nützte die Gelegenheit, den Kleriker loszuwerden und als Weltmann weiterzumachen, was ihn, trotz einer phänomenalen Anpassungsfähigkeit, beinahe unter das Fallbeil gebracht hätte.

Der Vierzigjährige wich nach Amerika aus, wo es ihm natürlich nicht gefiel; 1795 kehrte er in das Paris des Direktoriums zurück. Hier begegnete er Madame de Staël. Obgleich er – wie später Metternich – das Feminine an ihr vermißte, ließ er sich mit ihr ein, weil er – im Unterschied zu dem noch etwas unerfahrenen Klemens – genau wußte, daß sie sich mit dem, was sie besaß, politischen Appeal, revanchieren würde.

So wurde er Außenminister. Und weil er alle Eigenschaften eines Windhundes hatte, auch eine feine Spürnase und einen untrüglichen Instinkt, setzte er rechtzeitig auf Bonaparte, womit seine Karriere gesichert war. Das Portefeuille des Auswärtigen trug er mit dem Anstand eines Aristokraten, der nicht einer arrivierten Person, sondern einer arrivierten Sache diente. In Verhandlungen mit Vertretern der alten Mächte war er erfolgreich, weil er nicht nur die Allüren eines Grandseigneurs besaß und das Instrumentarium eines Diplomaten alter Schule beherrschte, sondern auch mit der Vernichtungswaffe Napoleon zu drohen verstand, der sie im Zweifelsfall die konventionellen Waffen Talleyrands vorzogen, die verwundeten, ohne allzu sehr zu verletzen.

Diese Taktik wußte Napoleon zu nützen, wenn er auch den Taktiker nicht mochte, ja, seine spitze Zunge und seinen boshaften Witz mied. Es war das Florett des Kavaliers, das er zu führen nicht gelernt hatte, das er nur mit dem Säbel des Soldaten beantworten konnte, und ob er es einsteckte oder ob er dagegensetzte, er stand als Parvenu da.

Metternich schätzte Talleyrand als Seinesgleichen. Und er konnte nicht umhin, den Gegenspieler zu achten, fast zu bewundern: der angehende Diplomat den vollendeten Diplomaten, der jugendliche Liebhaber den Roué mit den grauen Schläfen, dem sogar sein wenig vorteilhaftes Äußeres noch Gewinn brachte, bei Frauen, die das Mephistophelische faszinierte: das wachsgelbe Gesicht, das zynische Lächeln, der Hinkefuß.

»Seine Mutter hat ganz bestimmt mit Beelzebub geschlafen«, meinte Wintzingerode, der württembergische Minister, ein Puritaner. Dem österreichischen Botschafter war der Zugang zum französischen Außenminister nicht durch derartige Gefühlsbarrieren versperrt. Bereits in seinen ersten Pariser Tagen hatte er ihn umgänglich gefunden, und sich vorgenommen, mit ihm auszukommen. Noch spielten sie gegeneinander, doch bald sollten sie zusammenspielen – gegen Napoleon I., dem Metternich am 10. August 1806 in Saint-Cloud von Talleyrand vorgestellt wurde.

Es war die wichtigste Begegnung seines Lebens. Zum erstenmal stand er von Angesicht zu Angesicht mit dem »Manne des Jahrhunderts«, den er später stürzen würde. Eigentlich hätte er den Überwundenen möglichst groß hinstellen müssen, um den Überwinder auf dieses Niveau und darüber hinaus zu heben. Das hat er dann auch getan, allerdings nicht in der Schilderung des ersten Zusammentreffens, in der er Napoleon I. heruntermachte. Nicht zum ersten und nicht zum letzten Male hatte die Überheblichkeit die Überlegung besiegt.

»Ich hatte Napoleon vor der Audienz, die er geruhte mir in Saint-Cloud zu geben, nicht gesehen«, schrieb Metternich 1820, fünf Jahre nach dem endgültigen Sturz Napoleons, ein Jahr vor dessen Tod auf Sankt Helena. »Ich fand ihn stehend inmitten einer der Säle, umgeben vom Minister der Auswärtigen Angelegenheiten und sechs Beamten seines Hofs. Er trug die Uniform der Gardeinfanterie und war bedeckt. Den Hut auf dem Kopf zu haben schien mir unter allen Beziehungen unschicklich, weil die Audienz keine öffentliche war. Es schien mir das eine unstatthafte Prätension und ich durchschaute den Emporkömmling. Einen Augenblick kam mir der Gedanke, meinen eigenen Hut wieder aufzusetzen. Ich hielt eine ganz kurze Ansprache, welche sich durch Bündigkeit und Präzision wesentlich von den Anreden unterschied, welche damals am neuen französischen Hof an der Tagesordnung waren.«

So brüllte er hinterher, und setzte den Löwen herab: Napoleons Auftreten »war eckig, ich möchte fast sagen, unsicher. Sein breites, zusammengedrücktes Gesicht, seine Haltung ohne Würde, sein gesuchtes Streben, zu imponieren, ließen mich nicht den großen Mann erkennen, für den man ihn damals hielt, und der die Welt in Schranken hielt. Nie ist dieser Eindruck aus meiner Erinnerung entschwunden, und immer war er mir gegenwärtig in den wichtigsten Augenblicken, wo ich mit Napoleon zusammentraf, in den verschiedenen Stadien seiner Laufbahn. Möglich, daß er dazu beigetragen hat, mir diesen Mann durch alle Masken hindurch, die er anzulegen verstand, so zu zeigen, wie er wirklich war. Ich wenigstens sah in seinen Sonderbarkeiten, seinen Zornausbrüchen, seinen barschen Interpellationen nichts weiteres als ein einstudiertes Komödienspiel, um Eindruck auf die Umstehenden oder den Betreffenden zu machen.«

Schon schien der kleine den großen Komödianten zu beeindrucken. Er sei sehr jung, um die älteste Monarchie Europas zu vertreten, soll Napoleon zu Metternich gesagt und die Antwort bekommen haben: »Ich stehe im selben Alter wie Eure Majestät bei Austerlitz!« Das stimmte auf keinen Fall, denn 1805 war der Kaiser sechsunddreißig, 1806 der Botschafter dreiunddreißig. Glaubhafter klingt, daß er, um älter zu erscheinen, sein blondes Haar unter grauem Puder verdeckt habe.

So sagte man, und so war es wahrscheinlich: Er hätte schon aus Eisen sein müssen, wenn er nicht vor diesem Allmächtigen etwas gezittert und die Anliegen eines geschlagenen Landes nicht mit einigem Zagen vorgebracht hätte.

In der Form verlief alles glimpflich. Der Kaiser gab sich eher jovial als distinguiert, wie ein Regimentskommandeur, der einen neuen Leutnant begrüßt. Majestätisch erschien er jedenfalls kaum, dieser schlichte, fast zu schlichte Herr, ein untersetzter, zur Korpulenz neigender, doch behender Mann mit fettschwarzem Haar, fahlem Teint und dunklen Augen, in denen es verhalten glomm. Die Arme hielt er über der Brust verschränkt, wenn er sie nicht gerade zum Gestikulieren brauchte, was bei dieser Audienz kaum der Fall gewesen sein dürfte.

In der Sache war nicht viel zu machen. Der Franzose, der zum Kriege gegen Preußen rüstete, durfte zwar Österreich nicht zurückstoßen, wollte ihm aber auch nicht entgegenkommen, beispielsweise durch die Rückführung der Kriegsgefangenen und die Räumung der besetzten österreichischen Gebiete. Napoleon I. verlor ein paar verbindlich-unverbindliche Worte in Beantwortung des vom Botschafter vorgetragenen Wunsches seines Monarchen, zwischen den beiden Mächten möchten wieder Beziehungen der Freundschaft und des Vertrauens hergestellt werden.

Metternich wurde in Gnaden entlassen und ging beeindruckt von dannen. Das war also der Mann, der die Anarchie beseitigt und wieder Ordnung geschaffen hatte! Napoleon I. nannte sich zwar »Empereur par la grace de Dieu et la volonté nationale«. Aber er herrschte unbeschränkter als die Allerchristlichste Majestät; er war »der absolutistischste Monarch, der je regierte«. Und es galt einzig und allein sein Wille, nicht die Volonté générale, was ihm sein Volk nicht zu verübeln schien, im Gegenteil. »Der

Kaiser erfreute sich in Frankreich jener Popularität, die immer einem Staatsoberhaupt zuteil wird, welches mit gleichzeitig fester und gewandter Hand die Zügel der Gewalt zu halten versteht.«

Das imponierte Metternich, der damals dem Absolutismus nachtrauerte, ihn später wiederbeleben wollte, und resümierte: Ich erkannte »in dem Manne selbst einen Damm gegen die anarchischen Theorien in Frankreich und in jenen Ländern, auf welchen sein eiserner Arm lastete«. Hatte damit nicht schon die Restauration begonnen?

Die Medaille hatte eine Kehrseite. Der Mann, von dem die Revolution in seinem Herrschaftsbereich überwunden worden war, hatte diesen auf Kosten der alten Mächte ausgedehnt und war dabei, ihn noch weiter auszudehnen. Für den Botschafter Österreichs wäre dies die Seite gewesen, die er am meisten hätte beachten müssen. Aber der künftige Restaurator war fasziniert von der Herrscherkraft und dem Herrschaftsstil Napoleons, von seinen Verordnungen und Gesetzen, vom Administrator und Regenten.

Der Zentralismus, vom Königtum begonnen und von der Aufklärung gefordert, wurde von Napoleon vollendet. Die Bürokratie, das Räderwerk dieses Maschinenstaates, reagierte auf den Knopfdruck des Maschinenmeisters. Fouchés Polizei sorgte dafür, daß kein Sand ins Getriebe kam, und mit der Zensur – erklärte der Kaiser – werde das Recht ausgeübt, »die Manifestation von Ideen zu hindern, die den Frieden des Staates, seine Interessen und seine gute Ordnung verwirren«.

Das konnte einem aufgeklärten Absolutisten schon gefallen und den Aristokraten und Feudalisten Schönheitsfehler übersehen lassen. Denn Napoleon hatte zwar die Auswüchse der Revolution beschnitten, aber die von ihr bewirkte Güterverteilung und errichtete Gesellschaftsordnung cum grano salis anerkannt. Das Bürgertum war, wenn auch nicht politisch, so doch wirtschaftlich und gesellschaftlich etabliert, das bürgerliche Recht im »Code civil« verankert.

Trotzdem hatte der alte Adel immer noch Einfluß, wofür Talleyrand exemplarisch war. Und der neue Adel, den sich der Kaiser als Stütze seiner Macht und Staffage seines Empire geschaffen hatte, roch nach Blut und Gold, war jedoch bemüht, der überkommenen wie der emporgekommenen Gesellschaft zu beweisen, daß es sich auch nach 1789 respektive 1804 gut und schön leben ließ – nicht der geringste Grund für Klemens, den Bonvivant, sich in diesem neuen Reich und unter seinen Neureichen wohl zu fühlen.

Der Anhänger der Legitimität und nachmalige Verfechter des Legitimismus fand es nicht unangebracht, daß Bonaparte sich als Monarch zu legitimieren trachtete – auch wenn die Farbe des Purpurs, in den er sich hüllte, an den Preis erinnerte, den andere dafür gezahlt hatten und immer noch zahlen mußten. Und dieser Gekrönte und Gesalbte »beim Gehen vorzugsweise mit den Zehen auftrat«, eine Haltung, »die er von Ludwig XVI. und Ludwig XVIII. kopiert hatte« und die auf die Dauer anstrengend sein mußte und kaum lange durchzuhalten war.

Als Nachfolger Karls des Großen konnte ihn der Reichsgraf und Botschafter Österreichs nicht anerkennen. Doch er neigte dazu, ihn für den Nachfolger der Bourbonen zu halten, seinen Beteuerungen Glauben zu schenken, daß er kein Usurpator sei: »Der Thron von Frankreich war vakant; Ludwig XVI. hatte sich nicht darauf halten können. Wäre ich an seiner Stelle gewesen, so würde die Revolution bei alldem, daß sie sich der Geister unter den vorhergehenden Regierungen bemächtigt hatte, nicht ausgebrochen sein. Als der König gefallen war, bemächtigte sich die Republik des französischen Reiches; ich trat an die Stelle der Republik. Der alte Thron lag unter seinen Trümmern begraben; ich mußte einen neuen gründen. Die Bourbonen sind unfähig, über diese neue Schöpfung zu herrschen. Meine Macht ist vom Glück getragen; das Kaiserreich ist mit mir, durch mich entstanden; zwischen mir und dem Kaiserreich existiert also vollkommene Homogenität!«

Wie er sich präsentierte und repräsentierte, dies gefiel Metternich, die Herrlichkeit des Kaisers und die Pracht seiner Umgebung. »Es ist unmöglich, einen großartigeren und glänzenderen Hof zu sehen«, berichtete er seiner noch nicht nachgekommenen Frau, »sein ganzes Gehaben ist durchaus würdig und alles, der Schauplatz, die reiche Kleidung usw. trägt dazu bei.« Dies hatte Napoleon jedenfalls erreicht: »Es handelte sich darum, dem Hof einen achtunggebietenden und gleichzeitig reichen und eleganten Anstrich zu verleihen und dies ist vollkommen gelungen.«

Und dieser neue Hof lag in einer alten Stadt, die immer schon und immer wieder Hof gehalten hatte – Paris. Er zweifle nicht, daß es ihm hier gefallen werde, sagte Napoleon zu Metternich, da er jung genug sei, um alle Freuden dieser Stadt zu genießen.

Paris trug noch das Gesicht, das die Könige ihm gegeben hatten. Der Kaiser war davon nicht angetan; im Jahre 1804 äußerte er die Absicht, den Regierungssitz nach Lyon zu verlegen.

Doch er richtete sich in der einzigen Metropole Frankreichs, der gegebenen Hauptstadt auch des Empire ein. Er krönte sich in Notre-Dame, installierte den Senat im Palais du Luxembourg und die gesetzgebende Körperschaft im Palais Bourbon, residierte in den alten Schlössern, den Tuilerien, Saint-Cloud und Fontainebleau. Und begann dem Stadtbild napoleonische Züge hinzuzufügen: Säulenreihen und klassizistische Fassaden, die Madeleine-Kirche, die er zum Tempel seines Ruhmes machen wollte, und Triumphbögen, von denen er nur den kleinen, auf der Place du Carrousel, aber nicht mehr den großen, auf der Place de l'Étoile, fertig sehen sollte.

Im Vergleich zu Wien war Paris bereits 1806 eine imperiale Stadt. So empfand es Metternich, der aus dem Staunen kaum herauskam: über die Avenuen, auf denen man schier endlos promenieren konnte; die Plätze, die Straßen ausschickten wie die Sonne ihre Strahlen; die Seine, das Element der Bewegung im steinernen Meer; das Schlößchen Malmaison, wo sich Kaiserin Josephine verlustierte, und das Schloß Versailles, dieses Memorial des Ancien régime: grandiose Fassaden, ein Park für Staatsfeste wie Schäferspiele und das von den Jakobinern verwüstete Interieur.

Und das Theater! Die Oper in der Rue de la Loi, wo Heroisches im Belcanto erklang. Die Comédie Française, in der vornehmlich zwei Schauspielerinnen faszinierten: Mademoiselle Duchesnois, von der man sagte, ihre Kunst mache sie schön, und Mademoiselle George, von der es hieß, ihre Schönheit mache sie zur Künstlerin.

Klemens interessierte sich natürlich für die George. Sie näher kennenzulernen, war nicht schwer, weil die Schauspielerinnen zwischen ihren Bühnenauftritten sich in Logen in Szene setzten. Aber auch hier war die Zahl der Bewunderer noch zu groß, so daß er sich im benachbarten Lustspieltheater des Palais Royal, einem intimen Haus, eine Loge mietete. Dahin lud er Mademoiselle George ein, und sie kam gerne. »Dieser berühmte Diplomat«, erinnerte sie sich, »war überaus unbeschwert, sehr zwanglos, sehr einfach, ein sehr geistreicher Spötter. Er lachte gerne, der große Diplomat.«

Von der George hatte er freilich bald genug. Sie war die Geliebte Napoleons gewesen, aber sie war es nicht mehr, und er sah sich nach anderen Quellen um, die nicht nur lustig sprudelten, sondern auch interessante Informationen ergaben.

In den Salons wurde er rasch fündig. Die alte Gesellschaft, die sich im Faubourg Saint-Germain verschanzt hatte und – wie Talleyrand behauptete – mit den Zungen mehr französische Generäle getötet hätte als die österreichischen Kanonen, empfing den jungen Herren, der mit einem goldenen Löffel im Mund auf die Welt gekommen war, als Ihresgleichen. Die Bonmots, die er sich in diesen Kreisen auf den Parvenu Napoleon abzufeuern gestattete, machten die Runde. Bald galt er als Mann »von Geist, Eleganz und Süffisanz«, als Diplomat alter Schule, als der Herr Graf, der mit dem gekrönten Korporal ein Tänzchen wagen wollte.

Die neue Gesellschaft betrachtete den Aristokraten, der sich herabließ, ohne herablassend zu sein, als Akquisition. Man konnte sich mit ihm sehen lassen, ihn herumreichen, Geschmack an ihm finden. Monsieur l'Ambassadeur hofierte die Notabeln des Kaiserreichs, die Revolutionsgewinnler, Heereslieferanten und gefürsteten Haudegen, und machte ihren Frauen erfolgreich die Cour.

Das war seine süße Rache für Austerlitz. Die Damen des Empire trugen zwar »keine oder nur wenige Diamanten«, aber auch sonst nicht viel auf dem Leib. Das Gewand erinnerte an das alte Griechenland, das Gehaben an das alte Rom. Auch andere Traditionen galten noch, etwa die Erfahrung Kaiser Josephs II.: »Ich habe immer bemerkt, daß man, um Frauen zu gewinnen, sie vor allem unterhalten muß, das übrige ergibt sich dann leicht.«

»Le beau Clément« war ein unwiderstehlicher Unterhalter. Das übrige ergab sich oft, aber kaum bei Madame Julie Récamier, der Gattin eines weit älteren Bankiers. Der Franzose David hat sie als hingelagerte Empire-Göttin gemalt, der Deutsche Reichardt ihr Empire-Gemach beschrieben: »Das Schlafzimmer ist sehr geräumig, die Hauptwände sind fast ganz mit hohen breiten Spiegeln aus einem Stück bekleidet; zwischen den Spiegeln und den hohen, in mehrfarbigem Holze sehr kunstreich gearbeiteten Türen braune und weiße Boiserie, massiv mit sauber gearbeiteter Bronze verziert.« Auch das Bett wurde beschrieben: »Es gilt als das schönste von Paris; es ist aus mit Bronze beschlagenem Mahagoni, und es steht erhöht auf zwei Stufen aus demselben Holz. Am Fußende, auf einem kleinen Sockel, eine herrliche griechische Lampe aus Kupfer.«

Im Salon von Madame Récamier drängte sich tout Paris, so daß die Geiger kaum die Bogen bewegen konnten. Klemens war es hier zu eng und zu wenig intim. Madame wollte nur bewundert werden, Komplimente entgegennehmen, nicht weitergehen. Dennoch ging er nicht leer aus. Die Freundin der Staël war eine heimliche Opponentin Napoleons, und man hörte bei ihr manches, was sich verwerten ließ. Das war ihm so wichtig, daß er – nachdem es riskant geworden war, sich bei ihr sehen zu lassen – mit ihr auf Redouten flüsterte, nachdem er sich von ihr die Maske hatte verraten lassen.

Napoleon blieb das nicht verborgen. Er ärgerte sich über den Windbeutel, da er ihn aber nicht, noch nicht schütteln konnte, forderte er seine Schwester Karoline auf, das Bürschchen zu zerstreuen. Sie ließ sich das nicht zweimal sagen, und als eine Bonaparte ging sie gleich aufs ganze. Ihres Gatten war sie ohnedies überdrüssig, des Reitergenerals Joachim Murat, der 1806 zum Großherzog des neu geschaffenen Großherzogtums Berg ernannt worden war und 1808 zum König von Neapel erhoben werden sollte.

Die Mittzwanzigerin war nicht wie ihre Schwester Pauline als Modell für klassizistische Künstler geeignet; sie habe einen Kopf wie Cromwell, bemerkte Talleyrand, und jedermann kannte ihren mit Intelligenz gepaarten Ehrgeiz. Metternich sah in ihr vornehmlich die Schwester des Kaisers, die fast alles von diesem wußte, ihn auch zu beeinflussen vermochte. Aber er bekam nur Hofklatsch zu hören, immerhin den Hinweis auf eine mögliche Scheidung von Napoleon und Josephine. Als Liebhaberin war Karoline nicht außergewöhnlich, als Freundin unbeständig. Ihre gleichzeitige Liaison mit General Andoche Junot, dem Kommandanten von Paris, bot ihm die Gelegenheit, dessen Ehefrau zu trösten.

Laurette Junot war eine 1784 in Montpellier geborene de Saint-Martin-Permon. Sie hatte südfranzösisches Temperament, war kokett wie eine Dame des Ancien régime, üppig und verschwenderisch wie eine Prinzessin aus Byzanz, worauf sie ihre Herkunft zurückführte. Ihre Stadtresidenz im Faubourg Saint-Honoré war ein Treffpunkt der neuen Gesellschaft, in ihrem Landschloß Raincy jagten sich die Bälle und Soupers.

Dazu fehlte ihr noch ein Grandseigneur, und sie fand ihn in dem Ritter in der roten Malteseruniform und mit dem gepuderten Blondhaar, im jungen Botschafter des altehrwürdigen Österreichs. »Seine Erscheinung war überaus schön, sein Blick, so ruhig und rein, war so beredt wie ein immer wohlwollendes Wort und erweckte Vertrauen, weil dieser Blick in Harmonie war mit einem graziösen, wenngleich halb ernsten Lächeln, so wie es für einen Mann sich schickte, der mit den Interessen eines großen Reiches belastet zu dem gesandt war, den damals die ganze Welt mit berechtigter Furcht betrachtete.«

So schwärmte Laurette Junot, die spätere Herzogin von Abrantès, in ihren Memoiren. Und plauderte aus der Liebesschule: von Tête-à-têtes in Kutschen, in einer Grotte neben der Brücke bei Neuilly und natürlich auch im Boudoir. Klemens ließ weniger verlauten, doch er genoß das Techtelmechtel nicht minder. Es blieb geheim, bis er im März 1808 so leichtsinnig war, sich von Laurette zu einem Wahrsager mitnehmen zu lassen, obwohl er an der Voraussage einer gemeinsamen Zukunft schwerlich interessiert sein konnte.

Zu dieser Zeit war seine Frau längst in Paris. Das hinderte ihn nicht an Seitensprüngen, aber legte ihm doch eine gewisse Geheimhaltung nahe. Eleonore, inzwischen eine Dreißigerin, war eifersüchtig geworden. Und nicht attraktiver. »Nun Gräfin, wir werden alt, wir magern ab, wir werden häßlich«, sagte ihr Napoleon, dieser Flegel, worauf sie nur verlegen lachen, nicht schlagfertig antworten konnte, wie die Herzogin de Ligne in einer ähnlichen Situation. »Sagen Sie, lieben Sie die Männer noch immer so sehr?« hatte er sie angerempelt und zu hören bekommen: »Ja, Sire, aber nur, wenn sie wohlerzogen sind.«

Eine solche Frau hätte er gebraucht, um in Paris ein großes Haus zu führen, und mehr Geld, was ihm weder der Kaiser von

83

Österreich noch die Familie Kaunitz geben wollte. Pferde und Wagen hatte er aus Wien, wo man auf dergleichen Wert legte, mitgebracht und erregte damit Aufsehen auf der Promenade von Longchamps. Möbel und Porzellan mußten in Paris beschafft werden, und das ging ins Geld, erst recht die Miete eines Botschafterpalais.

Zunächst zog er in das Hôtel du Prince des Galles im Faubourg Saint-Honoré, das um 1770 für den Marquis de Beauveau erbaut worden war und nun kein Hôtel particulier, kein Privatpalais mehr war, sondern ein Hôtel meublé, ein besseres Gasthaus. »Es ist das kälteste, leerste und rauchigste Hôtel überhaupt«, klagte der unstandesgemäß untergebrachte Botschafter. »Ich wundere mich gar nicht, daß alle Beauveaus hier gestorben sind. Man wird bald Gleiches von den Metternichs berichten können, falls wir dieses abscheuliche Haus nicht unverzüglich verlassen.«

Als er es nicht mehr aushielt, zog er mit Frau und drei Kindern in ein Haus in der Rue de la Grange-Batelière im Faubourg Montmartre, der nicht unbedingt als beste Gegend galt. Sein größter Vorzug war, daß es neben dem Palais lag, in dem Graf Mercy, der Botschafter des Staatskanzlers Kaunitz, residiert hatte. So konnte er auch ohne große Empfänge darauf verweisen, worum es ihm ging: eine Wiederannäherung Österreichs an Frankreich.

Dafür setzte er alle seine persönlichen Waffen ein. Die brillante Erscheinung blendete nicht nur Frauen. Selbst Schönheitsfehler, die Neider entdeckt zu haben meinten, wurden zu seinen Gunsten ausgelegt. Zahnschmerzen nötigten ihn oft zu einem Zusammenpressen des Mundes, was ihm etwas Entschlossenes gab. Der frühe Ausfall mancher Zähne hatte seine Wangen leicht einfallen lassen, was ihn ein wenig älter erscheinen ließ, aber einem zu jungen Botschafter ganz gut zu Gesicht stand – genau wie die Spuren, die sein Lebenswandel bereits hinterlassen hatte und die als Zeichen allgemeiner Lebenserfahrung gedeutet wurden.

Mit dem Galanteriedegen verstand er immer geschickter umzugehen, mit zweischneidigen Worten, zweideutigen Bemerkungen, ohne Stellung zu beziehen, sich Blößen zu geben, verfänglichen Situationen auszusetzen, zu Ausfällen hinreißen oder in Intrigen verwickeln zu lassen. In der Liebe wie in der Politik.

Er wußte Sticheleien auszuteilen und Hiebe einzustecken, was ein Diplomat können mußte, wenn es auch ein Bramarbas wie Lannes nicht begriff. Zeuge einer Unterredung zwischen Napoleon und Metternich, fing er zu lachen an, als sich der Botschafter zurückgezogen hatte. Warum er lache, wollte der Kaiser wissen, und der Marschall, Sohn eines Stallknechtes, platzte heraus: »Über Karolinens Geschmack! Über die Hundedemut und Nichtigkeit dieses Metternichs! Hätte ich ihm während des Gesprächs mit Dir einen Tritt in den Hintern gegeben, Du hättest vorne nicht das leiseste Zucken seines süßen Mundes wahrgenommen!«

Selbst ein Österreicher spottete über den Diplomaten, dessen Betätigungsfelder mit »vier B's« zu bezeichnen seien: Büro, Ballsaal, Boudoir und Bett. Doch ein Österreicher hätte die Vielseitigkeit und Allgegenwärtigkeit des Botschafters seines Kaisers würdigen sollen. Mit allen Waffen und auf allen Plätzen mußte er verhindern, daß Napoleon das alte Österreich noch tiefer in den Staub trat. Und versuchen, den Stürzer für eine Wiederaufrichtung des Gestürzten zu gewinnen.

EIN EUROPÄISCHER UND MONARCHISCHER GEIST verberge sich hinter dem charmanten und galanten Äußeren, bemerkte Joseph Fouché, der Polizeiminister. Metternich mußte ihn verstecken, im neuen Rom des neuen Imperators, der das alte Europa und die alten Monarchien Schlag auf Schlag zertrümmerte.

Im Herbst 1806 fiel Preußen, das mit Österreich und Rußland nicht hatte kämpfen wollen und nun, allein auf sich gestellt, keine Chance hatte. Bereits in Berlin hatte Metternich erkannt, daß der militärische Geist Friedrichs des Großen längst aus diesem Staatskörper entwichen war, der wie eine Mumie zerfallen müßte, wenn er mit frischer Luft in Berührung käme.

Genugtuung über den Sturz des deutschen Rivalen empfand er nicht, im Gegenteil. Mit Preußen war ein Flankenschutz Österreichs gefallen, ein Stützpfeiler des Staatensystems gefällt. »Das Los über Europa ist geworfen«, kommentierte er nach Jena und Auerstädt, noch verzweifelter als nach Austerlitz. »Die Welt stürzt ein, und allzu glücklich sind die, denen ein Platz erhalten bleibt, um die Existenz zu retten und das Leben zu fristen.«

Sein Plätzchen hatte er in Paris gefunden, aber bei aller Entschlossenheit, es sich persönlich gut gehen zu lassen, verlor er nicht den eigentlichen Zweck seines Hierseins aus den Augen: die Existenz der österreichischen Monarchie sichern, ihren Platz als Großmacht behaupten zu helfen.

Dafür war Paris ein wichtiger Ort. Der junge Botschafter, eben erst in die Zentrale der europäischen Politik entsandt, schrieb sich – ohnehin nie darum verlegen, seine Bedeutung herauszustreichen – eine besondere Wichtigkeit zu. »Ich trage die Welt auf meinen Schultern«, bedeutete er seinem Vater, dem kaiserlichen Diplomaten im Wartestand, den er spielend überholt hatte.

Die Weltpolitik wurde indessen nicht in Paris gemacht, solange Napoleon bei seiner Armee in Deutschland war. Zwischenzeitlich suchte der Botschafter seinem Außenminister Stadion in Wien klarzumachen, wie und auf welche Weise die Interessen Österreichs und Europas wahrzunehmen wären. Er schrieb fleißig Berichte, denn er konnte arbeiten, wenn es sein mußte, Berichte, die mitunter den Charakter von Denkschriften, ja von Leitartikeln annahmen, in einem Französisch, das zum Überzeugen wie zum Überreden geeignet schien.

Denn Stadion hegte andere Vorstellungen, wie die Existenz Österreichs gesichert werden könnte. Er hatte den Gedanken, Krieg gegen Napoleon, an der Seite Rußlands und Preußens, zu führen, immer noch nicht aufgegeben. Die entgegengesetzte Möglichkeit, sich mit Frankreich zu arrangieren, zog er nicht in Betracht; denn in einem Bündnis mit Napoleon würde Österreich zerquetscht werden, »eo ipso und auf immer« verloren sein.

Metternich war entgegengesetzter Meinung: Wenn man einen Feind nicht erschlagen könne, müsse man ihn durch Umarmung daran hindern, selbst erschlagen zu werden. Das barg die Gefahr, daß man erdrückt würde, bot aber auch die Chance, daß man überleben könnte, wenn auch nur in der verstümmelten Gestalt des Friedens von Preßburg und als in seiner Bewegungsfreiheit behinderter Vasall des Imperators.

Schon meinte er Anzeichen für eine Annäherung Frankreichs an Österreich entdeckt zu haben, was er nicht nur seinem Wirken in Paris zuschrieb, sondern auch dem Umstand, daß sich der Krieg mit Rußland und Preußen in die Länge zog, der Siegeszug der Franzosen in der Schlacht bei Eylau unterbrochen wurde, Napoleon sich nach einem Rückhalt umsah.

War nicht Österreich der gegebene Bundesgenosse Frankreichs gegen Rußland, ein westliches Bollwerk gegen den Osten? Gegenwärtig war es von beiden Seiten bedroht. Das Schlimmste, was ihm passieren konnte, wenn ein französisch-österreichisches Bündnis nicht zustandekam, war eine Verständigung zwischen Frankreich und Rußland auf dem Rücken und auf Kosten des dazwischenliegenden Österreichs.

Genau das trat ein – weil man auf ihn in Wien nicht gehört hatte, wie er meinte, weil für Napoleon im Moment mehr in einem Arrangement mit Rußland zu holen war, wie es den Tatsachen entsprach. Im Frieden von Tilsit bekam er im Juli 1807 das halbe Preußen, die russische Bestätigung für seine Umgestaltung der europäischen Landkarte und die Beitrittserklärung Rußlands zur Kontinentalsperre, mit der Napoleon die Insel England blockieren wollte. Alexander sonnte sich in der Annahme, mit dem neben ihm wichtigsten Manne Europas den Kontinent geteilt zu haben und dabei wieder ein Stück – durch Annexion eines Teiles von Neuostpreußen – nach Westen vorgerückt zu sein.

Nun sah Stadion schwarz in schwarz, während Metternich ein paar Lichtpunkte zu erblicken glaubte, vor allem, weil er von seiner fixen Idee, Österreich und Frankreich doch noch zusammenzubringen, nicht lassen wollte.

Er erwartete, daß beide Imperatoren sich nicht lange vertragen würden, denn jeder dachte zuerst an die Vergrößerung seines Imperiums und an die Vermehrung seines Ruhmes. Alexander konnte keine fremden Götter neben sich haben, und »Napoleon wird seine Pläne niemals mit einem anderen teilen«, meinte Metternich im Sommer 1807. »Der Streit mit Rußland wird wieder aufflammen. Dieser Tag muß kommen und ist nach meiner persönlichen Überzeugung näher als viele glauben.«

Und er hoffte immer noch, daß eines Tages »aus der Asche eine neue Ordnung wieder empor wachsen« würde. In Paris vermeinte er Andeutungen einer Opposition gegen einen den Bogen überspannenden Napoleon vernommen zu haben, vornehmlich von Altaristokraten, die wieder reüssieren, und von Neureichen, die das Gewonnene nicht wieder verlieren wollten. Doch dies war erst ein Raunen in den Salons, und das einer seiner Glaubenssätze, der auch dadurch, daß er nur wenige hatte, nicht an Glaubwürdigkeit gewann:

Die zerstörende Gewalt werde sich nach der ihr innewohnenden Logik selber zerstören; »der gegenwärtige Stand der Dinge in Europa trägt den Keim seiner Vernichtung in sich selbst«, die prästabilierte Harmonie, der vorherbestimmte Einklang der Menschen wie Staaten, werde sich wieder einstellen – und auf der Strecke würden Napoleon und sein Imperium als »hors de la nature et de la civilisation« bleiben.

Einmal, vielleicht schon bald, würde »der große Gerichtstag« über Napoleon abgehalten werden, doch bis dahin müßte man es zu vermeiden wissen, daß er Österreich verurteilte und hinrichtete. Wenn man überleben wolle, müsse man mit dem Herrn über Leben und Tod einen Modus vivendi finden. Und die Frist nutzen, durch Sammeln und Stärken der eigenen Kräfte.

»Er wird an sein Ziel kommen, erreichen wir auch das unsere! Wir haben alles gewonnen, wenn wir unsere Unabhängigkeit und unsere territoriale Integrität bewahren, wir haben nichts verloren, wenn wir nur die Möglichkeit behalten, eines Tages die ungeheuren Mittel in die Waagschale zu werfen, die die Vorsehung in die Hände Seiner Majestät gelegt hat. Dieser Tag wird kommen! Eine Macht wie die unsere muß das Leben eines einzelnen Mannes überdauern!«

Anpassen, abwarten und den Glauben an das vorherbestimmte Ende der Tyrannei und den Endsieg der gerechten Sache nicht verlieren – voilà die Philosophie und die Politik Metternichs. Als Diplomat hatte er sie am Hofe des Löwen mit Geschick und Geduld auszuführen. Napoleon war nicht unzugänglich. Er hatte einen Kaunitz haben wollen, war an einem Renversement des alliances interessiert, das heißt an einer Abwendung Österreichs von seinen bisherigen Bundesgenossen und einer Hinwendung zu Frankreich – zu dessen Bedingungen und zu dessen Nutzen.

So kam am 10. Oktober 1807 die Konvention von Fontainebleau zustande. Frankreich ließ sich die Erfüllung des Preßburger Friedensvertrages noch eigens honorieren; immerhin bekam Metternich Braunau am Inn zurück. Dazu hatte es zäher Verhandlungen bedurft, wobei er zwischen französischer Unnachgiebigkeit und österreichischer Unflexibilität hindurchlavieren wollte, schließlich Konzessionen machen, eine für Österreich wenig vorteilhafte Grenzziehung in Italien hinnehmen mußte. Im Grunde hatte er nichts anderes erwartet, glaubte sogar auf dem richtigen Wege zu sein: Absicherung Österreichs durch Annäherung an Frankreich.

»Ich glaube unmittelbar dazu beigetragen zu haben, der Monarchie wieder die ihr zukommende Stellung zu verschaffen«, lobte er sich. »Nur diejenigen, die alle Tücken der Situation kennen, in der ich mich befand, können sie beurteilen. Ich habe mich besser aus der Affäre gezogen, als ich mir selbst zu schmeicheln wagte.«

Dabei war er eigenmächtig vorgegangen, was ihm in Wien angekreidet wurde. Doch Stadion blieb nichts weiter übrig, als den »Akt der Unterwerfung« nachträglich zu billigen. Der Kaiser bezahlte die Zeche, ratifizierte den »Contractus leonis« mit dem Seufzer: »Alles dieses ließe sich noch ertragen, wenn man überzeugt wäre, daß diese Forderung die letzte wäre und dadurch ein dauerhafter Friede erreicht würde.«

In Paris war man mit dem österreichischen Unterhändler, der sich dem französischen Diktat gebeugt hatte, einigermaßen zufrieden. Der Außenminister beglückwünschte ihn im Namen des Kaisers zu seinem »Esprit de conciliation« und überreichte ihm eine Dose im Wert von 30 000 Francs. Napoleon I. würdigte ihn in der Diplomatenaudienz vom 2. Januar 1808 einiger Komplimente, und drei Wochen später kam der Monarch wegen eines Gesprächs mit Metternich zwei Stunden zu spät zum Essen – was nicht unbedingt als Auszeichnung gewertet werden konnte, denn Napoleon machte sich nichts aus Tafelfreuden.

»Die Ereignisse schreiten fort und wir schreiten mit ihnen«, bekam Metternich zu hören, der sich bemühte, mitzukommen, in einem Zeitraum, »in dem wir alle fortgerissen zu werden drohen, und in dem wir nur unseren Schritt erheblich beschleunigen können, um nicht von der gigantischen Kraft zermalmt zu werden, die nichts aufhält«.

Doch seine Flucht nach vorne stieß an die Schranken, die Napoleon aufrichtete. Er war an der Konvention von Fontainebleau interessiert gewesen, auch an einer Unterstützung seines Ringens mit Albion; er forderte und bekam den Abbruch der diplomatischen Beziehungen Wiens mit London. Aber eine Allianz mit Österreich wollte er nicht eingehen – zumindest so lange nicht, wie die Liaison mit Rußland anhielt.

Als Gegenzug schien eine Annäherung an Petersburg angebracht zu sein, die man in Wien ohnehin goutierte und für die in Paris ein Gesprächspartner bereitzustehen schien, der russische Botschafter Graf Tolstoi, dem das Verhältnis des heiligen Mütterchens Rußland mit Napoleon, der Ausgeburt der Französischen Revolution, widernatürlich vorkam. Aber Tolstoi hatte nicht das Ohr des Zaren, der es genoß, sich mit dem Empereur auf die gleiche Stufe gestellt zu sehen.

Prinzipiell wäre auch Metternich eine Rückkehr zur anti-revolutionären und anti-imperialistischen Koalition zwischen Österreich und Rußland am liebsten gewesen. Doch praktisch war dies in den auf das Tête-à-tête von Tilsit folgenden, sich lange hinziehenden Flitterwochen nicht möglich. So begann er mit einem anderen Gedanken zu spielen: Österreich, mit dem weder Frankreich noch Rußland ein zweiseitiges Bündnis eingehen wollten, den beiden Mächten als Dritten im Bunde zuzugesellen.

Auf dem »Dreifuß« Paris, Petersburg und Wien habe die europäische Staatenordnung von gestern beruht – könnte und müßte das nicht auch morgen so sein? Doch Metternich sah schnell ein, daß ein standfester dritter Fuß Wien nicht mehr vorhanden, eine Tripelallianz zwischen den beiden Großmächten und dem Mittelgewicht nicht vorstellbar war.

Auch die Beschwörung äußerer Feinde, wie er es versuchte, vermochte den erwünschten kontinentalen Dreibund nicht zustandezubringen. Gegen England wollte Rußland und konnte Österreich auf die Dauer nicht sein. Und bei einer Teilung der Türkei, wovon die Rede war, hätte Rußland das größere Stück bekommen, wäre Österreich noch näher auf den Pelz gerückt.

Nachdem er alles durchgespielt hatte, befand er sich wieder da, wo er angefangen hatte: Hinwendung zur westlichen Teilungsmacht Europas, Einordnung in das System Napoleon, Umarmung desjenigen der beiden Rivalen, welcher zwar ideologisch der unsympathischere, aber machtpolitisch der gefährlichere war.

Doch dafür war es nun zu spät. Zu lange hatte Stadion in Wien einer Allianz mit Napoleon wie einem Pakt mit dem Teufel widerstrebt, die Warnung des Botschafters in Paris in den Wind geschlagen: »Ein Körper kann seine Ruhe nicht bewahren, wenn alles rings um ihn in kreisender Bewegung ist. Er wird davongetragen, wenn er leicht ist, und durch die Reibung vernichtet, wenn sein spezifisches Gewicht es ihm erlaubt, der allgemeinen Bewegung einige Zeit zu widerstehen.«

Es kam so, wie er es am 26. Februar 1808 vorausgesagt hatte: Europa geriet in Bewegung, Österreich blieb allein, und da es ihm nicht an Widerstandswillen gebrach, wurde es zerrieben.

IN SPANIEN stieß Napoleon an Grenzen seiner Expansion. Die Absetzung der Bourbonen und die Einsetzung seines Bruders Joseph als König rief das Volk auf den Plan, das bisher in den Plänen Bonapartes wie seiner Gegner keine Rolle gespielt hatte.

Metternich reagierte zwiespältig. Er fand seine Ansicht über die gewalttätige Natur Napoleons bestätigt, erwartete indessen, daß er in diesem weiten und wilden Land kräftig zur Ader gelassen, die »Selbstzerstörung der zerstörenden Gewalt« eingeleitet würde. Und er hoffte, daß dem russischen Zaren die Augen über den Thronräuber geöffnet würden, er die Nachteile der neuen Allianz mit Frankreich und die Vorteile einer erneuerten Allianz mit Österreich erkennen könnte.

Ein Volksaufstand aber – hieß das nicht, ein Übel mit einem noch schlimmeren Übel zu bekämpfen? Der Kaiser garantierte immerhin Gesetz und Ordnung, wenn auch ein willkürliches Gesetz und eine gewaltsame Ordnung. Ein Volk jedoch, das sich erhob und losbrach, könnte alles zerstören – wie in der Französischen Revolution gehabt.

Das Echo, das die spanischen Ereignisse in Europa fanden, alarmierte ihn. »Das ist ein Feuer wie das von 1789«, erklärte König Joseph dem Kaiser Napoleon. Schon zündete es – wenn auch mehr in Gedanken als in Werken – überall dort, wo Bonaparte für einen Ludwig XVI. im Quadrat gehalten wurde: Diktator mal Fremdherr. In Preußen etwa, wo die Reformer auf den Tag der Rache sannen, und sogar in Österreich, wo Stadion die Stunde der Revanche für gekommen hielt, nach spanischem Beispiel, im Verein mit einem von der Obrigkeit entfachten Volksbewußtsein.

Im habsburgischen Vielvölkerreich, das alles andere als Nationalismen seiner Nationalitäten brauchen konnte, wurde unter Appellen an Volk und Völker der Krieg gegen Frankreich vorbereitet. Nicht nur das stehende Heer wurde verstärkt, sondern auch eine Landwehr einberufen. Stadion und seine Gesinnungsgenossen schienen anzunehmen, man könnte ohne eine Koalition mit der Großmacht Rußland, allein im Bündnis mit einem schemenhaften Volkswillen Napoleon die Stirn bieten.

Dies mußte Metternich wie der Beginn der Selbstzerstörung der erhaltenden Kraft erscheinen. War sein Wunsch, Napoleon könnte sich in Spanien übernehmen, in Wien für Wirklichkeit genommen worden? »Ich habe oft Angst, mich schlecht verständlich zu machen mit meinen Jeremiaden und genau das Gegenteil von dem zu erreichen, was ich möchte«, schrieb er Stadion am 27. April 1808. Und stellte klar: »Ich will den Frieden mit Frankreich, weil wir ihn unbedingt brauchen, ich will außerdem Würde im politischen Verhalten – die haben wir, und Beständigkeit in der Zielsetzung – dazu braucht man aber einen Plan, an dem man auch unter widrigen Umständen festhält.«

Einen solchen Plan hatte der Botschafter in Paris parat, unterbreitete ihn dem Außenminister in Wien. Im Grunde habe sich nichts geändert: Das französische System bedrohe weiterhin die innere und äußere Ordnung Europas, Napoleon sei nach wie vor machtgierig, skrupellos und angriffslustig – doch Österreich liege, zumindest zunächst, nicht in seiner Schußlinie, und wenn dies so bleiben sollte, dürfte es sich ihm nicht in den Weg stellen. Mehr noch: Es müßte an seine Seite treten, um durch Mitmachen eine Möglichkeit der Modifizierung zu bekommen.

Da Rußland mit Frankreich – bis auf weiteres – liiert sei, dürfte die Türkei das nächste Angriffsziel sein. Alliiert mit Napoleon I. und Alexander I. könnte Franz I. von der türkischen Beute profitieren, die sonst der Empereur und der Zar allein kassieren würden.

Doch Stadion wollte keinen Krieg mit Frankreich und Rußland gegen die Türkei, sondern den Krieg gegen Frankreich, mit oder ohne und notfalls auch noch gegen Rußland. Metternich warnte am 1. Juli 1808: »Einen Krieg gegen Frankreich herbeizuführen, wäre Wahnsinn. Wir müssen ihn also verhindern. Wir können ihn jedoch nur verhindern, wenn wir stark und mächtig sind.«

Denn davon war er überzeugt: Ein Österreich, das nicht hinreichend gerüstet sei, wäre kein Verhandlungssubjekt, könnte kein

Friedenspartner Frankreichs sein, müßte über kurz oder lang das Angriffsobjekt Frankreichs werden, den Krieg heraufbeschwören, der für Österreich in einer Katastrophe enden würde.

Das war klar und deutlich, bewahrte ihn aber nicht vor Mißverständnissen. Stadion begann ihn für einen Appeaser und Napoleon für einen Kriegstreiber zu halten. Ihm waren die Rüstungen Österreichs natürlich nicht verborgen geblieben, und er vermochte sich nicht vorzustellen, daß dieser Metternich eine andere Politik als seine Regierung im Sinn haben oder gar betreiben würde.

Der Kaiser der Franzosen, dem die Spanier genug zu schaffen machten, konnte jetzt keinen Krieg mit den Österreichern brauchen. Er mußte den Groll über die Rüstungen und die sie begleitende Propaganda im Habsburgerreich verbeißen, was bei seinem Selbstgefühl und seiner Geringschätzung des mehrmals besiegten Gegners nicht lange anhalten konnte.

Bei der Diplomatenaudienz am 15. August 1808 platzte es aus ihm heraus: »Österreich rüstet also nach Kräften?« herrschte der Kaiser den Botschafter an. Ohne Rußland könne Österreich keinen Krieg mit ihm führen; nun werde er ohne Österreich, mit Rußland allein, die Verhältnisse Europas regeln. Doch rasch hatte er sein Temperament wieder gezügelt, zumal Metternich nicht unverbindlich widersprach. Die Formen wurden gewahrt, und in der Sache wurde – in einer zweiten Unterredung am 25. August – eine Entspannung erzielt.

Die Kriegswolken, lobte Metternich sich selbst, »haben sich dank meiner Bemühungen in nichts aufgelöst; wir haben nicht nur den Frieden mit Frankreich, sondern sogar die besten Beziehungen. Der gütige Gott, die tapferen Spanier sowie mein persönlicher Mut und meine besonnene Haltung haben sie uns verschafft.« Der Erfolg stieg ihm zu Kopf. »Ich bin derartig von der Vorstellung durchdrungen, daß ich allein ganz Österreich bin und daß jenes, das zweihundert Meilen von hier entfernt ist, mich nur unterstützen, nicht aber mich leiten oder mir im Augenblick der Krise Rückhalt gewähren kann, daß ich alle Entscheidungen auf mich genommen habe.«

Er hatte die Rechnung ohne die Wirte gemacht, den fremden, Napoleon, für den das letzte Wort noch nicht gesprochen war, und den eigenen, Stadion, der auf dem Kriegsgeleise eingefahren war.

Der Außenminister, der selbstredend die Außenpolitik machte, rügte den Botschafter in Paris, der aus dem Wiener Ruder gelaufen, sogar auf Gegenkurs zu Grundsätzen der Hofburg gegangen war: durch sein Ansinnen, den Usurpator Joseph anzuerkennen, und Napoleon, der für den Bruder den spanischen Thron geraubt hatte, das Goldene Vlies zu verleihen, den ehrwürdigsten Orden des Abendlandes.

»Da er gegenwärtig den Körper Österreichs nicht vernichten kann, will er unsere Seele treffen«, schrieb Stadion an Metternich. »Ich gestehe Ihnen, mein lieber Graf, daß mich diese beiden Forderungen mehr erregt haben, als wenn eines der beiden Armeekorps von Ney oder Victor an unserer Grenze stehengeblieben wäre.« Der Gerügte konnte das nicht verstehen. »Je höher der ideelle Wert einer Sache ist, desto teurer muß man sie verkaufen.« Wollte er damit nicht das teuerste Gut, den Frieden, erkaufen?

Er wurde von Stadion desavouiert und von Napoleon kompromittiert. Der Kaiser der Franzosen wollte den Kaiser von Österreich im Oktober 1808 beim Fürstentag in Erfurt nicht dabei haben, beim Rapport seiner Vasallen und beim Rendezvous mit Alexander I. Stadion sah darin einen Beweis der Entschlossenheit Frankreichs, die Habsburgermonarchie auszuschalten, und eine Bestätigung seiner Bemühungen, dieser Gefahr mit einem Präventivkrieg zu begegnen. Metternich, dem das französische Außenministerium die Bitte abschlug, als Botschafter anwesend sein zu dürfen, fürchtete für seine Entspannungspolitik.

War er wiederum gescheitert? In Berlin war es ihm nicht gelungen, Preußen an der Seite Österreichs und Rußlands in den Krieg gegen Frankreich zu führen. In Paris schien es ihm nicht zu glükken, durch eine Verständigung Österreichs mit dem mit Rußland alliierten Frankreich, durch einen Dreibund den Frieden zu sichern.

Noch wollte er dies nicht wahrhaben, der europäischen Sache wegen und seiner persönlichen Reputation. Er machte den Franzosen weiterhin Avancen, hoffte – bestärkt durch die selbstbewußte Haltung des Zaren in Erfurt – auf ein Umschwenken der Russen und suchte die österreichische Kriegspartei zurückzuhalten. Im November 1808 wollte er für seine Politik in Wien plädieren, mußte jedoch erfahren, daß die Kriegsvorbereitungen bereits an einem Punkt angelangt waren, von dem es kein Zurück mehr gab.

Keinen Kabinettskrieg alten Stils, sondern einen Nationalkrieg neuer Gattung hatte Stadion im Sinn, der österreichische Interessen mit deutschnationaler Emphase vertreten zu können glaubte, auf eine »Levée en masse« wie die französischen Revolutionäre setzte und Propaganda im Ton des napoleonischen *Moniteur* machte. Und ein Echo fand, das an das germanische Kampfgetöse im Teutoburger Wald erinnerte:

> »Soll Hermanns hoher Stamm vermodern?
> Teutoniens Namen untergehen?
> Brecht auf! des Krieges Fackeln lodern.
> Laßt uns mit Mut den Kampf bestehn!«

Metternich erkannte sein Wien kaum wieder. Welch ein Kontrast zum vernunftkühlen, weltbürgerlichen Paris! Dem Genius loci konnte er sich allerdings auch hier nicht ganz entziehen. In der französischen Hauptstadt war er avec l'Empire pour la paix gewesen. In der österreichischen Hauptstadt, in der patriotisches Feuer aufflammte, begann er sich für eine Auseinandersetzung mit Napoleon zu erwärmen, und zwar hier und heute, nicht erst – wie er bisher gemeint hatte – zu einem Zeitpunkt, da die Selbstzerstörung der zerstörenden Gewalt und die Selbstkräftigung der erhaltenden Kraft fortgeschritten wären.

Am 4. Dezember 1808 legte er seinem Kaiser Überlegungen zur Lage vor, in drei Denkschriften, als wollte er sich mehrere Möglichkeiten offen lassen.

Zunächst rechtfertigte Metternich seine bisherige Politik: Man habe davon ausgehen müssen, »daß für Österreich künftig die Aussicht auf Rettung allein in der engsten Freundschaft mit Frankreich oder zumindest in einem System der strengsten Neutralität liege«. Kluge Köpfe – wie er – hätten gewußt, daß man mit Napoleon vorerst auskommen müßte, seien sich jedoch bewußt geblieben, daß man mit ihm auf die Dauer nicht auskommen könnte.

Die Ereignisse in Spanien hätten diese Ansicht bestätigt und die Aussicht auf eine Abrechnung mit Napoleon eröffnet. Wegen des Krieges auf der iberischen Halbinsel könnte er – verglichen mit 1805 – nur noch die Hälfte seiner Streitkräfte gegen Österreich einsetzen, während dessen Armee sich verdoppelt habe, der französischen ebenbürtig sei. Das war eine kühne Behauptung eines Zivilisten, der vom Militärischen wenig verstand.

Von den inneren Kräfteverhältnissen Frankreichs verstand er mehr, aber auch hier neigte er dazu, das zu sagen, was man in Wien hören wollte, und es so auszudrücken, daß man seine eigenen Verdienste dabei nicht vergaß. Die Kluft zwischen dem Kaiser und dem Volk sei breiter geworden, selbst seine Notabeln und sogar seine Minister stünden nicht mehr geschlossen hinter ihm. Talleyrand habe bereits das Regierungsschiff verlassen, mit der ihm eigenen Witterung für Schiffbrüche und nicht ohne Mitwirkung des österreichischen Botschafters in Paris.

Sie waren immer besser miteinander ausgekommen, der Österreicher, der sich der französischen Außenpolitik näherte, und der Franzose, der sich von ihr entfernte. Auf halbem Wege hatten sie sich getroffen, die beiden Lebemänner alten Schlages und die beiden Diplomaten alter Schule, die das Europa vor der Revolution nicht vergessen konnten und an das Europa nach Napoleon zu denken begannen.

Die Habsburgermonarchie sei für die äußere wie die innere Ordnung Europas unentbehrlich, hatte Talleyrand im November 1807, wenige Monate nach seinem Rücktritt als Außenminister, zu Metternich gesagt. Das sei ein »homme à systèmes«, lobte der Österreicher, meinte damit einen Politiker mit Grundsätzen und Leitbildern, einen Vertreter des auf Gleichgewicht beruhenden Staatensystems, sprach damit die höchste Anerkennung eines Außenpolitikers des Ancien régime aus. Talleyrand gab das Kompliment zurück: Metternich sei »bien dans le système«.

Wie dieses unter den obwaltenden Umständen aussehen könnte, kam in einer im Herbst 1808 im Kreis um Talleyrand diskutierten Denkschrift zum Ausdruck. Österreich – hieß es darin – sei ein Relikt des alten europäischen Staatenbundes. Seine Beseitigung wäre das Ende einer die Rechte aller wie die Interessen jedes einzelnen gewährenden Staatenordnung. Seine Erhaltung könnte das Gleichgewicht garantieren, seine Einsetzung als »barrière effective« zwischen Frankreich und Rußland den Frieden sichern, seine ungeschwächte Existenz ein neues »grand système continental« ermöglichen.

Als »Verbündeten für die Sache des Friedens« hatte Metternich den Pariser Gesprächspartner seinem Außenminister empfohlen. Wenn Stadion nun partout Krieg wollte – voilà, dann könnte der »Chef d'opposition« nicht minder nützlich sein, beim Untergraben der innenpolitischen Position Napoleons und bei einer Umkehrung der außenpolitischen Verhältnisse. Bereits in Erfurt – so Metternich im Mémoire vom 4. Dezember 1808 – habe Talleyrand vereitelt, daß Napoleon I. und Alexander I. zum Nachteil des ferngehaltenen Franz I. zu intim geworden seien. Man könnte ihn das Spiel fortsetzen lassen, mit dem Ziel, Frankreich und Rußland auseinanderzubringen und Rußland und Österreich zusammenzubringen.

Das war ein weiterer und nicht der unwichtigste Aspekt seiner Wiener Denkschriften: Ein Bündnis zwischen dem Habsburger und dem Romanow sei die Voraussetzung für den Sturz Bonapartes und die Rettung Europas. Allein wäre Rußland dem Eroberer ausgeliefert, allein könnte Österreich kaum bestehen.

Letzteres war freilich nur zwischen den Zeilen zu lesen, denn er hielt es nicht für opportun, gegen den Kriegswind, der ihm in Wien ins Gesicht blies, offen anzugehen. Immerhin warnte er davor, eine baldige Änderung der russischen Außenpolitik und rasche Erfolge der französischen Opposition zu erwarten. Und er ließ durchblicken, die Schlagkraft der französischen Armee dürfe – trotz Spanien – nicht unterschätzt, und die Schlagkraft der österreichischen Armee – trotz Heeresreform – nicht überschätzt werden.

Er blieb umsichtiger als die Kriegspartei, schwenkte jedoch auf deren Generallinie ein, fügte sich – nicht zum erstenmal und nicht zum letztenmal – in das, was nicht mehr zu ändern war. Der Angriffskrieg gegen Frankreich war eine ohne ihn beschlossene Sache. Er hatte immer wieder davor gewarnt, mochte aber in manchem seiner Berichte Anlaß dazu gegeben haben, die Gelegenheit dazu für günstig zu halten. Jedenfalls blieb für ihn alles offen: Ob nun der Krieg verloren ging oder gewonnen wurde, für das eine wie das andere konnte man in den Berichten des Botschafters Hinweise finden.

Die Reputation des Diplomaten war gesichert, die Mission des Friedenspolitikers gescheitert, die Position des anti-revolutionären und anti-imperialistischen Prinzipienpolitikers bestätigt. Er war mit sich nicht unzufrieden, als er Anfang Januar 1809 nach Paris zurückkehrte, um die Geschäfte zu liquidieren. Denn schon im März 1809 sollte der Krieg begonnen, ein Frühlingssturm entfacht werden.

Außenminister des Ausgleichs

Die Franzosen, die ahnten, was in Wien gespielt wurde, hatten mit seiner Rückkehr nach Paris kaum gerechnet. Keinesfalls waren sie bereit, seine Friedensbeteuerungen ernst zu nehmen, die – wie ihn Stadion angewiesen hatte – die Kriegsvorbereitungen verschleiern sollten.

Die Beziehungen zur Opposition sollte und wollte er weiter pflegen, vornehmlich das Tête-à-tête mit Talleyrand. Das war für beide nicht unproblematisch. Metternich wußte: »Menschen wie Talleyrand sind wie scharfe Werkzeuge, mit denen zu spielen gefährlich ist.« Der französische Ex-Außenminister, der Napoleon gerne als Ex-Kaiser gesehen hätte, riskierte Kopf und Kragen.

Am 20. Januar 1809 zeigte Talleyrand dem österreichischen Botschafter einen Brief des Polizeiministers Fouché, der ebenfalls, aber noch vorsichtiger, gegen Napoleon intrigierte: Pferde seien für die Strecke von Bayonne nach Paris angefordert worden – für den Kaiser. Schäumend vor Wut ritt er aus Spanien, mit dem er nicht fertig werden konnte, in seine Hauptstadt zurück, wo es den inneren Gegnern wie dem österreichischen Feind zu begegnen galt.

Zuerst wollte er Talleyrand erschießen lassen, dann beließ er es bei einer Schimpfkanonade: »Sie sind ein Dieb, ein Feigling, ein Mensch, dem nichts heilig ist... Sie haben die ganze Welt verraten und hintergangen... Ihren eigenen Vater würden Sie verkaufen... Sie sind Dreck in einem Seidenstrumpf!« Der Beschimpfte verlor nicht die Fassung: »Schade, daß ein so großer Mann so schlecht erzogen ist«, sagte er beim Hinausgehen. Am Tag darauf suchte er Metternich auf und stellte sich Österreich als Alliierter zur Verfügung – gegen entsprechende Subsidien, versteht sich.

Talleyrand habe die Maske fallen lassen, meldete Metternich nach Wien. »Er ließ durchblicken, er brauche einige 100 000

Francs.« Das sei den Einsatz für die große Sache wert, befand der Botschafter und bat, ihm zu diesem Behuf 300 000 oder 400 000 Francs zu schicken. »Erscheint die Summe auch hoch, so steht sie doch in keinem Verhältnis zu den Opfern, die man sonst gewöhnlich bringt. Was dabei gewonnen wird, kann von ungeheurer Wirkung sein.«

Es lohnte sich. »Ich stehe mit X«, berichtete er, »in enger Verbindung. Vor allem durch seinen Mittelsmann höre ich von Stunde zu Stunde alles, was für uns von Interesse sein kann.« X lieferte Ausarbeitungen aus dem Kabinett Napoleons, Aufmarschpläne der französischen Armee, Aufstellungen über ihre Gliederung und Stärke. Der österreichische Generalissimus, Erzherzog Karl, müßte jetzt das Heer des Feindes genauso gut wie sein eigenes kennen, brüstete sich Metternich.

Ansonsten hatte er nur Unerfreuliches zu verzeichnen: Angriffe der Presse gegen Österreich und Zurücksetzung seines Botschafters bei Hofe. Der Kaiser fragte nur noch maliziös nach dem Befinden von Madame Metternich und bald gar nichts mehr. Auch an den Tisch der Kaiserin wurde er nicht mehr gebeten. Schließlich untersagte Napoleon seinen Ministern und Beamten den gesellschaftlichen Verkehr mit Metternich, wohl wissend, daß er ihn damit an der empfindlichsten Stelle traf.

Auch der amtliche Verkehr versiegte. Am 2. März 1809 erklärte Metternich – auf Weisung Stadions – im Außenministerium, Österreich habe sich angesichts der französischen Truppenbewegungen gezwungen gesehen, seine Armee an der Westgrenze zusammenzuziehen. Dabei hatte es sein Bewenden. Es erfolgte kein Ultimatum und keine Kriegserklärung; auch für die Habsburgermonarchie schienen die alten Spielregeln nicht mehr zu gelten.

Man begann wie Posträuber miteinander zu verkehren. Die Österreicher beschlagnahmten Briefe des französischen Geschäftsträgers in Wien, die Franzosen hielten einen Kurier des österreichischen Botschafters in Paris fest. Das war kein großes Unglück, denn die Berichte Metternichs waren so verzwickt chiffriert, daß sie selbst am Ballhausplatz nicht immer entschlüsselt werden konnten. Dessen ungeachtet protestierte er gegen die Verletzung völkerrechtlicher Regeln – ein Theaterlärm, der bald vom Donner der Kanonen übertönt wurde.

Eine Generalprobe veranstaltete Napoleon am 12. April 1809. Er ließ seine Gardeartillerie vor dem diplomatischen Korps paradieren. Metternich hätte dabei gerne einen großen Abgang inszeniert – doch er war nicht eingeladen. Alexander von Humboldt tat ihm später den Gefallen, ihm einen solchen anzudichten, wie er ihn selber nicht besser hätte erfinden können.
Der Empereur – so erinnerte sich der alte Humboldt irrigerweise – habe nach der Vorführung seiner Geschütze den österreichischen Botschafter angefahren: Er werde über Regensburg und München nach Wien marschieren! Metternich habe ihm in einer »edlen und eindrucksvollen Würde«, in einer »bewundernswerten Ruhe« geantwortet – worauf Napoleon davongestampft sei, seinen Schimmel bestiegen und seinen Soldaten zugerufen habe: Allons, à Vienne!
Metternichs Abgang war prosaischer. Er traute dem Korsen alles zu, verbrannte Papiere der Botschaft, sah sich schon – wie er Stadion eröffnete – vor den Gewehren eines Exekutionskommandos: »Ich schreibe Ihnen um 4 Uhr morgens und gehe jetzt schlafen in der Erwartung, daß man mich wecken kommt, um mich zu erschießen!«
Die Franzosen blieben mitfühlend dem Grafen gegenüber, der ihre Salons geziert hatte, und höflich gegenüber dem österreichischen Botschafter, von dem sie wußten, daß er den Frieden dem Kriege vorgezogen hätte. Erst als in Wien der französische Geschäftsträger verhaftet worden war, bekam er Schwierigkeiten, doch keine allzu großen. Am 26. Mai wurde er, in Begleitung eines Gendarmerieoffiziers, auf die Reise nach Österreich geschickt, um gegen seinen französischen Kollegen ausgetauscht zu werden.
Er litt an einer Augenentzündung, und das war nicht das einzige, was ihm zu schaffen machte. Ein friedliches Miteinander, das von ihm als Etappenziel anvisiert worden war, hatte er nicht erreicht. Und das kriegerische Gegeneinander, das er, wenn überhaupt, erst als Endziel einkalkuliert hatte, war zu früh und mit trüben Aussichten für Österreich eingetreten.
Siegeszuversicht strahlte er nicht aus. Er konnte sich und den Seinen nur Mut zusprechen: »Seien wir stark durch uns selbst, benützen wir unsere Kraft und vergessen wir nie, daß das Jahr 1809 das letzte einer alten oder das erste einer neuen Ära ist!« Doppel-

sinnig und zweischneidig war auch seine Vermutung: »Wir stehen jetzt am Vorabend des Tages, wo der alte Rahmen der Dinge endgültig zusammenbrechen wird, oder wo die alten Prinzipien eine neue Weihe erhalten werden, die sie vor jedem künftigen Angriff sicherstellt.«

Eines stand für ihn fest: Würde der Empereur wiederum siegen, wäre ganz Europa die Beute des Empire. Er hatte in Paris Napoleon zur Genüge kennengelernt, seine Person und seine Politik, seinen Willen und seine Willkür, seine Stärken und seine Schwächen. Das war wenigstens ein positives Ergebnis seiner Mission, wenn er es auch – in späterer Rückschau – überbewertete: »Ich glaube nicht, daß es eine gute Eingebung Napoleons war, als sein Wunsch mich zu Funktionen berief, die mir ermöglichten, seine Vorzüge zu würdigen, aber auch seine Fehler kennenzulernen, welche ihn zuletzt ins Verderben führten.«

Napoleon hatte den »hübschen Windbeutel«, der die Intrige mit der Politik verwechsle, kaum beachtet, gelangte immerhin zu der Auffassung, daß er nahe daran sei, ein guter Staatsmann zu werden, denn er wisse vortrefflich zu lügen. Vorerst galt es, ihm die Lust zu nehmen, sich mit »Le Grand« anzulegen. Er suchte ihn durch die Beschlagnahme der Besitzung Ochsenhausen zu schädigen und durch eine Veröffentlichung im *Moniteur* lächerlich zu machen.

Zwei Briefe der ständig und inständig in den schönen Klemens, den Vater ihrer Tochter Klementine, verliebten Fürstin Bagration waren auf dem Weg von Wien nach Paris von der französischen Polizei abgefangen worden und standen nun im kaiserlichen Staatsanzeiger zu lesen – wobei Metternich noch von Glück sagen konnte, daß der Name der Absenderin verschwiegen wurde und die eindeutig erotischen Passagen weggelassen worden waren.

Die Beteuerungen ihrer Leidenschaft und die Bekundungen ihrer Eifersucht waren noch peinlich genug. »Mein lieber Klemens, ich liebe Dich nicht, ich bete Dich an... Wann werde ich Dich wiedersehen?... Ich lebe nur, um Dich zu lieben, ich habe keinen Gedanken mehr, der sich nicht auf Dich bezieht. Mein Clemi, ich flehe Dich an, wenn Du nicht dem Beibehalt intimer Beziehungen zu dieser Frau einen ungeheuren Wert beilegst, dann bringe sie meiner Ruhe zum Opfer...« Mit »dieser Frau« war die Herzogin

Jeanne Accerenza gemeint, eine geborene Prinzessin von Kurland, die jüngere Schwester der Wilhelmine von Sagan – so daß mit einem Schlag zwei Liebschaften publik gemacht worden waren.

Doch es waren die politischen Stellen, die Napoleon in erster Linie anstößig fand und die Metternich und seine Regierung besonders kompromittieren sollten: »Ich bin sicher, daß die Politik derzeit einzig und allein von Kanonen abhängt und je mehr man zögert, um so mehr Widerstand wird man finden... Ich bemerke schmerzhaft, wie die allgemeine Begeisterung abflaut und fürchte sehr, daß sie sich bei ewigem Warten abnutzt... Laß Dich doch (aus Paris) wegjagen, denn hier wird man niemals zu einem entscheidenden Entschluß kommen.«

Die Briefe trugen das Datum des 25. und 26. März 1809, als man in Wien das Kriegsroß bereits bestiegen hatte und Metternich in Paris auf seine Pferde wartete. Sie wurden am 27. Juni 1809 veröffentlicht, sechs Wochen nachdem der Kaiser der Franzosen fast ohne Widerstand in Wien eingezogen war, fünf Wochen nach der Schlacht bei Aspern, in welcher der allzu siegessichere Napoleon von Erzherzog Karl geschlagen worden war. Doch der Habsburger war so überrascht, über den größten Feldherrn aller Zeiten triumphiert zu haben, daß er nicht dazu kam, den Erfolg auszunützen.

Seit dem 5. Juni war Metternich in Wien, in dem sich die Franzosen häuslich einzurichten begannen – ein Gefangener in seiner Stadt, in einer Villa bei Hetzendorf unter französischer Polizeiaufsicht.

Die Situation war der in den letzten Monaten in Paris nicht unähnlich, so daß er meinte, seine diplomatische Tätigkeit fortsetzen zu sollen. Er traf sich bereits am 6. Juni mit Außenminister Champagny, der Mühe hatte, sich im Schloß Schönbrunn zurechtzufinden und nach einem Ausweg aus dem Konflikt mit Österreich suchte. Denn es sah im Moment nicht besonders gut für Frankreich aus: ein erstmals besiegter Napoleon, ein nicht mehr mitziehender Alexander, der Krieg in Spanien und der Aufstand der Tiroler unter Andreas Hofer.

Metternich beeilte sich, seinem aus Wien vertriebenen Kaiser einen Bericht über diese Unterredung zukommen zu lassen – als Beweis dafür, daß er auch unter widrigen Verhältnissen auf seinem Posten blieb, und als Hinweis darauf, daß er allen Umständen gewachsen sei, in jedem Falle – ob nun der Krieg gewonnen oder verloren werden sollte – der gegebene Unterhändler sei.

»Sie haben der österreichischen Dynastie einen Krieg auf Tod und Leben erklärt und irren sich gewaltig, wenn Sie glauben, daß ich jemals einem anderen Herrn als dem meinen dienen werde!« So hatte er angeblich den Dialog mit Champagny eröffnet – fürwahr ein Patriot, der zu seinem Kaiser stand und dem Franzosen nichts zugestand, ihn zum Einlenken brachte: »Es ist wohl notwendig, daß alles das ein Ende nehme und man endlich Frieden schließe. Sie haben Napoleon beschimpft, er gibt es Ihrem Monarchen zurück, aber das sind nur Worte und der Kaiser vertritt den Grundsatz, daß Krieg alles hinwegwäscht. Und was Sie betrifft, sind Sie der einzige Mann, der geschaffen ist, um gute Beziehungen mit uns zu pflegen; der Kaiser hat Ihnen vor dem Kriege alles Vertrauen geschenkt, er wird es Ihnen im Frieden wiedergeben.«

Das war für einen Diplomaten zu dick aufgetragen, aber er wollte partout höher hinauf, vielleicht sogar Außenminister werden. Ging der Krieg verloren – was er, trotz Aspern, mehr und mehr mutmaßte – war Stadion, der Kriegspolitiker, nicht zu halten, erhielt Metternich, der Friedenspolitiker, eine Chance. Auf diese Möglichkeit konnte man Kaiser Franz nicht früh genug hinweisen und mußte es so nachdrücklich tun, daß man die Sperre seines Phlegmas durchbrach.

Die Rechnung sollte bald aufgehen. Am 2. Juli bekam Metternich – im Austausch gegen französische Gefangene – seine Bewegungsfreiheit zurück und begab sich sofort zu seinem Kaiser ins Hauptquartier Wolkersdorf. Er kam gerade zur Schlacht bei Wagram am 5. und 6. Juli zurecht – der entscheidenden militärischen Niederlage, die seinen politischen Aufstieg einleitete.

Neben Franz I. stand er auf einem Aussichtspunkt, sah durch ein Fernrohr dem Kampfgeschehen zu, weshalb ihn der Kaiser »seinen Seher« nannte. Natürlich hätte er lieber die Österreicher siegen gesehen. »Vortrefflich«, rief er mitgerissen aus. »Nun haut unsre Kavallerie ein! Nun geht es vorwärts!« Als es dann zurück ging, Erzherzog Karl von Napoleon geschlagen wurde, die Reste der österreichischen Armee nach Böhmen retirierten, erklärte der Schlachtenbummler: »Ich kann unglücklicherweise nur allzu zutreffend versichern, daß die Fehler der Führer der einzige Grund waren, daß man eine schon völlig gewonnene Affäre aufgegeben hat.«

Das war auf die Generäle gemünzt, die mit dieser Schlacht den Krieg verloren hatten, galt aber auch für den Außenminister, der den Frieden verspielt hatte, der vom Botschafter in Paris beinahe schon gewonnen gewesen war. Selbst nach Wagram sträubte sich Stadion noch gegen Friedensverhandlungen, die Metternich immer dringender empfahl – und damit immer mehr das Gehör des Monarchen fand, der endlich seine Ruhe haben wollte.

Napoleon seinerseits wollte endlich Ruhe vor Österreich haben und nicht alle paar Jahre die Donau hinunter marschieren müssen. Seine Friedensbedingungen waren diesem Wunsche angemessen: Die Habsburgermonarchie sollte als militärische Großmacht wie als ideologische Gegenposition ein für allemal ausgespielt haben.

Metternich gedachte nicht jeden Preis für den Frieden zu zahlen, doch er war schon nach wenigen Tagen Kriegserlebnis so kriegsmüde, daß er sich eine rasche Beendigung des Schreckens etwas kosten lassen wollte. »Ich weiß Euch fern von allem Trubel«, schrieb er seiner Familie, die in Paris geblieben war, »außerhalb der Reichweite der Geschütze, all der Requisitionen, Truppenmärsche, Trommelwirbel – mit einem Wort fern von all den teuflischen Folgen der schrecklichsten aller Geißeln.«

Selbst Stadion begann einzusehen, daß keiner besser geeignet wäre, mit dem Sieger zu verhandeln, als der bisherige Botschafter in Paris, der Napoleon am besten kannte und ihn vielleicht so zu nehmen wußte, daß – wie Metternich versprach – der Schaden in Grenzen gehalten würde. Der Außenminister, der für den Kriegsausbruch verantwortlich war, begriff endlich, daß es unverantwortlich wäre, wenn er einem Friedensschluß noch länger im Wege stünde.

Stadion bot dem Kaiser seinen Rücktritt an, der den Posten Metternich antrug. Diesem pressierte es nicht. Er wollte »auf keine Weise zur Zeit der Verhandlung als Chef dieses Departements erscheinen« – die ungeteilte Verantwortung für etwas übernehmen, was er nicht verursacht hatte und was nicht gut ausgehen konnte. So wurde er zwar am 4. August Staats- und Konferenzminister, aber erst am 8. Oktober 1809 Minister des Kaiserlichen Hauses und der auswärtigen Angelegenheiten.

Dazwischen lagen die Friedensverhandlungen, für die sich Napoleon den bisherigen Botschafter in Paris ausbedungen hatte, »wegen seiner guten Formen«, wie er sagte, wegen seiner profranzösischen Gesinnung, wie er meinte. Metternich und Champagny gingen denn auch in Altenburg konventionell, ja kollegial miteinander um. »Wir arbeiten und abends tanzen wir«, berichtete der Österreicher. »Ein Dutzend Frauen und Mädchen aus dem Komitat, gar nicht übel dafür, daß sie niemals über Raab und Preßburg herauskamen, bilden den Charme unserer Gesellschaft.«

Der Kongreß von Altenburg tanzte, doch in der Sache ging es hart auf hart, für Österreich um Sein oder Nichtsein. Metternich kam sich sehr wichtig vor, glaubte wieder einmal die Welt auf seinen Schultern zu tragen, »und wenn ich nicht von einer gänzlichen Gleichgültigkeit über alle menschlichen Erwägungen hinaus wäre, so würde ich mich sicherlich nicht wohlfühlen«.

Der designierte Außenminister feilschte so zäh um jeden Fußbreit österreichischen Bodens, um die geringste Verringerung der Hypotheken seines künftigen Amtes, daß Napoleon in Wien die Geduld verlor, den »diplomatischen Gaukler« nicht mehr als Unterhändler akzeptierte, den Fürsten Liechtenstein an seiner Stelle haben wollte – einen General, der es gewohnt war, den Rückzug anzutreten, wenn er auf starken Widerstand stieß.

Franz I. fügte sich der Forderung Napoleons I. und forderte Metternich auf, Liechtenstein die Akten zu übergeben und sich aus dem Geschäft zurückzuziehen. Er gehorchte unter Protest, den er seinem Selbstbewußtsein schuldig war, den er aber auch deshalb zu Protokoll gab, um der Mit- und Nachwelt kundzutun, daß er mit dem Resultat nichts zu tun habe.

»Wir, ja ganz Europa werden lang an diesem finsteren Werk zu tragen haben.« Der Frieden von Wien kostete der Habsburgermonarchie 100 000 Quadratkilometer Land (Salzburg, das Innviertel, Berchtesgaden, Krain, den Villacher Kreis, Triest, Istrien, einen Teil Kroatiens sowie Teile Galiziens) mit dreieinhalb Millionen Einwohnern. Die Großmacht war eine Mittelmacht geworden, vom Meere abgeschnitten, »ohne natürliche Grenzen«, mit einer Armee, die auf 150 000 Mann beschränkt bleiben sollte, und mit einer Reparationsforderung von 85 Millionen Francs, die Österreich an den Rand des Staatsbankrotts bringen mußte.

Dieser Diktatfrieden wurde am 14. Oktober 1809 in Schönbrunn von Champagny und Liechtenstein unterzeichnet. Sechs Tage vorher war Metternich zum Außenminister ernannt worden. Sein Name stand nicht unter dem Friedensvertrag, doch er hatte ihn auszuführen, mit seinen Folgen fertig zu werden. Der Sechsunddreißigjährige trug nun zwar nicht die Welt, aber Österreich auf seinen Schultern.

Die Staatskanzlei am Ballhausplatz, vis-à-vis der Hofburg, wurde sein Amts- und Wohnsitz. Die Franzosen hatten darin gehaust, das Barockgebäude mußte erst instandgesetzt werden – so wie der neue Außenminister damit beginnen mußte, das alte Österreich zu restaurieren.

Der erste Chef der Staatskanzlei war Fürst Wenzel Anton Kaunitz gewesen, der Großvater der Gräfin Metternich, der geborenen Kaunitz. Unter Berufung auf diesen Namen hatte ihr Gemahl seine Laufbahn begonnen; nun, als sein Nachfolger, nahm er sich den Altmeister der österreichischen Außenpolitik zum Vorbild, und schon nahm er an, es so gut wie erreicht zu haben.

Und da er mit dieser Meinung nicht hinter dem Berg hielt, vermehrte er die Kritik an seiner an Kaunitz orientierten profranzösischen Außenpolitik wie den Neid über seine Blitzkarriere, die ihn nach nur acht Dienstjahren an die Spitze des Außenamtes gebracht, zum ersten Minister der Monarchie gemacht hatte – und ihm ein Salär von 48 000 Gulden zuzüglich 6000 Gulden Tafelgeldern eintrug.

»Sicherlich hat niemand je eine Karriere gemacht wie ich und das in diesem Lande, wo nichts plötzlich geschieht, wo niemand mir geholfen hat, als ich selbst«, schrieb er seiner Frau nach Paris. »Mein Weg ist so gerade, ich weiche davon so wenig ab, daß ich notwendig schneller ans Ziel kommen muß als viele andere.« Sein Stolz war nicht unberechtigt; es wäre jedoch für ihn vorteilhafter gewesen, wenn er ihn nur seiner Frau offenbart hätte, nicht einmal dem Vater, den er überflügelt hatte, und schon gar nicht der Wiener Gesellschaft, die dem Eindringling schon bisher alles mißgönnt hatte und nun gelb vor Scheelsucht war.

Und erst die Kollegen! Ein Idealist wie Stadion, der die Dinge mehr mit der Kraft des Herzens als mit der Gewalt der Fakten ändern wollte, sah sich von einem Realisten verdrängt, der sich der »force des choses« nur zu gerne beugte. Ein braver Beamter wie Hudelist, der sich auf seiner Ochsentour abmühte, konnte eine Beförderung außer der Reihe nicht billigen, schon gar nicht, wenn der Bevorzugte sich nicht besonders angestrengt hatte und jetzt schon an seine Pensionierung zu denken schien: »Der Himmel bewahre mich davor, den Rest meiner Tage so eingespannt zu verbringen, wie ich es nun bin. Ich hege das Hirngespinst, alles bis zu einem gewissen Punkte zu führen, um mir dann einige gute Ruhejahre zu gönnen.«

Selbst Gentz, dessen Wunschkandidat er seit Jahren gewesen war, wurde schwankend: »Metternich ist der leichtsinnigste aller Menschen; ich zittere vor jedem Schritt, den er tun wird.« Der erste, den er tat, wies ihn als Routinier aus: Er brachte zuerst sein neues Haus, durch eine Reorganisation der Staatskanzlei, in Ordnung – wozu der Kaiser, was völlig neu war, bereits nach drei Tagen seine Genehmigung erteilte.

Franz I. war und blieb Stab und Stütze Metternichs. Ohne ihn hätte er kaum der leitende Minister der Monarchie werden und es nicht bleiben können – bis zum Tode des Monarchen im Jahre 1835 und dann noch darüber hinaus, bis zum Revolutionsjahr 1848.

Von Anfang an hatte er den Kaiser für sich einzunehmen und stets und ständig zu nehmen gewußt. Das zeigte, daß er mit Menschen umzugehen verstand, was zum Metier des Diplomaten gehörte und dem Beruf des Ministers zugute kam, der sich nicht vor dem Volke beziehungsweise dessen Repräsentanten, sondern einzig und allein vor dem Monarchen zu verantworten hatte – was eher schwieriger war. Erleichtert wurde es durch das Wesen des zu behandelnden Menschen – eines Habsburgers, wie ihn sich Monarchisten in Weiß und Republikaner in Schwarz kaum besser hätten malen können.

Der Kopf des nun einundvierzigjährigen Monarchen hatte – außer der Habsburgerlippe – nichts Markantes an sich, es sei denn, man hätte seine Dimension für Prädestination zum Tragen einer Krone gehalten. Auch ohne sie sah er aus, als ob ihn etwas bedrücke, er eine schwere Last mit Ergebung, doch nicht ohne Bitternis zu tragen habe. Und jeden schien er anzublicken, als verdanke er ihm und keinem anderen diese Bürde und müsse sich vor ihm hüten, daß er ihm nicht noch mehr aufhalse.

Vielleicht war das der Grund, warum er in seinem Auftreten zur Untertreibung neigte, am liebsten in den Habitus eines Bürgermannes schlüpfte, sich zivil und einfach gab, sich am liebsten in seine vier Wände zurückzog und am wohlsten im Kreise der Familie fühlte, die ihn als Patriarchen respektierte und als Hausvater nicht strapazierte. Das war vorweggenommenes Biedermeier, doch hier und heute hatte er seine Rolle als Monarch zu spielen, der zwar so absolut sein wollte, daß nichts ohne und gegen seinen Willen geschah, der aber nicht so resolut sein konnte, die entsprechenden Beschlüsse rasch zu fassen und die angemessenen Entscheidungen energisch durchzuführen.

Der Neffe Josephs II. und der Sohn Leopolds II. war für den Herrscherberuf im Zeichen des aufgeklärten Absolutismus erzogen worden, doch das Beiwort, das für den Vater und vor allem für den Onkel beinahe das Hauptwort gewesen war, hatte er bald eliminiert, sollte er es jemals akzeptiert gehabt haben. »Apathisch, kalt, von langsamem, aber ziemlich richtigem Urteil«, zensierte ihn Joseph II., »ein für die Geschäfte sehr gut organisierter Kopf und fester Charakter.«

Das mochte – wenigstens äußerlich – als josephinisch gelten: die geradezu mechanische Exaktheit und maschinelle Automatik, mit der er am laufenden Band Akten bearbeitete – aber eben kaum Akte setzte, schwerlich eine Aktion in Gang brachte. Er brauchte jemanden, der ihm zuarbeitete und das Bearbeitete übernahm, der ihm das Entscheidenmüssen abnahm und das Entscheidendürfen beließ.

Das galt für den Normalfall und erst recht in einem Notfall wie im Jahre 1809, als der von Napoleon I. besiegte Franz I. jedes Selbstvertrauen und alle Zuversicht verloren hatte. Schon fürchtete der Habsburger, ihm würde – wie den spanischen Bourbonen – Krone und Reich genommen werden, und er könnte sich noch glücklich schätzen, wenn ihm der Thronräuber Laxenburg, sein Lieblingsschloß, beließe.

In dieser düsteren Situation trat Metternich an seine Seite, strahlend vor Selbstbewußtsein, Optimismus zur Schau tragend, ein Deus ex machina. »Man darf uns nicht übel nehmen, wenn wir die Monarchie nicht beim Fenster hinauswerfen wollen, worauf in Kürze des Kaisers letzte Rettung in einem Sprung aus eben diesem Fenster bestehen würde!« Er richtete die Kleinmütigen auf, vornehmlich den Kleinmütigsten, den Monarchen selber. Und schien als einziger die Gewähr zu bieten, die übermütigen Franzosen von einem Fenstersturz abhalten zu können, Napoleon vor allem, den er angeblich als einziger kannte und zu behandeln verstand.

Im richtigen Moment hatte ihn sein Glück auf die Bühne geführt, und er tat sein Bestes, die Gunst der Stunde zu nützen. Nach Wagram ließ er den Kaiser kaum mehr aus den Augen, war stets zur Stelle, wenn der Zaudernde eines Zuspruchs bedurfte und der Schwankende einen Halt benötigte, soufflierte ihm die Worte und suggerierte ihm die Gesten – ohne ihm die Selbsteinschätzung zu nehmen, selber Autor, Regisseur und Hauptdarsteller in einem zu sein.

Vom ersten Augenblick an hatte er sich auf die Eigenart und die Eigenheiten des Kaisers Franz einzustellen gewußt. Schon dehnte er seine Beeinflussung bis an die Grenze des monarchischen Selbstverständnisses aus: Schriftlichen Vorschlägen legte er gleich schriftliche Entschließungen bei. Franz I. war es so recht. Er brauchte das, was bereits in seinem Sinne entschieden war, nicht noch selber zu entscheiden, ohne daß ihm die Genugtuung vorenthalten worden wäre, daß alles nur durch seine Unterschrift, kraft kaiserlicher Vollmacht, Rechtskraft erlangen konnte.

Dieser Metternich, der seine Wünsche zu erraten, sich seinem Willen anzupassen und seinen Launen nachzugeben schien, konvenierte ihm mehr als der Vorgänger Stadion, der steif und starr dagestanden war, sich nicht biegen ließ und schließlich gebrochen werden mußte. Auch die der Person angemessene Politik des Nachfolgers entsprach ihm eher: nicht Konfrontation, sondern Konzilianz, Hinnahme dessen, was vorerst nicht zu ändern war, Hinarbeiten auf den fernen Tag, an dem man es möglicherweise ändern könnte oder – noch besser – Hinwarten, bis es sich von selbst erledigt hätte.

Fraternisieren mit dem großen Bruder, der für den Weigerungsfall mit dem Schädeleinschlagen drohte, lavieren gegen den widrigen Wind, improvisieren, Zeit gewinnen und auf andere Zeiten warten und dabei extemporieren, wie es der jeweilige Zeitpunkt und die betreffende Situation erforderten, politisch improvisieren und diplomatisch finassieren – all das, was nach dem Frieden von Preßburg der Botschafter in Paris für essentiell gehalten hatte, war nach dem Frieden von Wien für den Leiter der österreichischen Außenpolitik existentiell geworden.

Bereits am 10. August 1809, das Diktat Napoleons vor Augen, hatte der designierte Außenminister erklärt: »Welches immer die Bedingungen des Friedens sein werden, das Resultat wird immer darauf hinauslaufen, daß wir unsere Sicherheit nur in unserer Anschmiegung an das triumphierende französische System suchen können.«

Das Anschmiegen meinte er ganz wörtlich: Der Sieger sollte, wenn er sie wollte, die österreichische Kaisertochter Marie Louise zur Gattin bekommen. Die Heirat war für Habsburg seit jeher die Fortsetzung der Politik mit anderen Mitteln gewesen. Metternich sah nur einen Unterschied. Bisher konnte es heißen: »Andere mögen Kriege führen, du, glückliches Österreich, heirate!« Nun mußte es heißen: »Weil du, unglückliches Österreich, keinen Krieg mehr führen kannst, hast du zu heiraten!«

So griff er zum Hausmittel Habsburgs, und es diente der Heilung Österreichs – für ihn ein erster Erfolg als Außenminister und für die Moralisten aller Länder wie die Legitimisten aller Monarchien ein erster Anlaß, sich über ihn zu entrüsten.

MARIE LOUISE sei eine schöne Färse, die dem Minotaurus geopfert werde, formulierte es der Fürst de Ligne, und dieses Bild prägte sich ein: eine blühende Jungfrau von achtzehn Jahren, die einem vierzigjährigen Ungeheuer vorgeworfen wurde, das erklärte: »Es ist ein Bauch, den ich heirate.«

Napoleon sagte dies seiner ersten Gemahlin Josephine, um sie rauhbeinig darüber hinwegzutrösten, daß er sich von ihr, die ihm keine Kinder schenken konnte, scheiden lassen müßte. Durch eine Heirat mit einer Habsburgerin, die Einheirat in das ehrwürdigste Herrscherhaus Europas wollte er sich gleicherweise Vorfahren wie Nachfahren verschaffen, sein Kaisertum legitimieren.

Die Legitimisten, die sich an das Prinzip klammerten, nur die alten Herrscherhäuser seien zur legitimen Herrschaftsgewalt berufen, die österreichischen Monarchisten zumal hielten die Ehe zwischen einer Habsburgerin und einem Bonaparte für eine Mesalliance, mehr noch, für einen Pakt mit der inkarnierten Revolution, dem Teufel. Und ein Todfeind des Imperialismus, wie der von Napoleon geächtete und nach Österreich geflohene preußische Exminister Stein, verurteilte diese Verbindung als »kupplerischen Vertrag«, den Gipfel gesinnungsloser Beschwichtigungs- und schmachvoller Erfüllungspolitik.

Mehr oder weniger war dieses Verlangen eine – wenn auch nicht schriftlich niedergelegte und sogleich eingeforderte – Bedingung des Friedensdiktats gewesen, die er auch noch als Entgegenkommen gewertet wissen wollte: »Österreich hat mit Heiraten stets Glück gehabt«, hatte Napoleon dem Unterhändler Liechtenstein bedeutet. »Bezeugt mir eine aufrichtige und offenherzige Freundschaft, behindert mich nicht in meinem Vorgehen; Ihr werdet sehen, was ich für Euch zu leisten im Stande bin.«

Metternich verstand diesen Wink mit dem Ehering. In einer solchen Alliance konnte seine Politik der Umarmung des Gegners, dessen man sich nicht zu erwehren vermochte, sozusagen Fleisch werden. Die Mitgift der Braut würde in einer Bekundung des Willens des Brautvaters zur Unterordnung liegen, und die Morgengabe des Gatten könnte in der Einwilligung in eine Allianz mit dem Vaterlande der Gattin bestehen.

Unter allen Umständen galt es eine andere Verbindung zu verhindern, in der Austria nicht die Umarmende, sondern die Erdrückte gewesen wäre. Napoleon bewarb sich auch um eine russische Großfürstin, wodurch ihm – da diese Braut nicht katholisch war – Scherereien mit der kirchlichen Scheidung von Josephine erspart geblieben wären und er das Bündnis mit dem Zaren durch ein Eheband hätte festigen können.

Wenn durch eine solche persönliche Alliance zwischen Bonaparte und Romanow die politische Allianz der für Österreich gleicherweise gefährlichen Großmächte Frankreich und Rußland bekräftigt worden wäre, hätte sich die zu Boden geworfene Habsburgermonarchie so bald nicht wieder aus dem Staub erheben können. Oder andersherum: Wenn es gelingen sollte, einer französisch-russischen Ehe durch eine österreichisch-französische Heirat zuvorzukommen, könnte wahrscheinlich das Verhältnis zwischen Wien und Paris verbessert und vielleicht das Verhältnis zwischen Paris und Petersburg verschlechtert, jedenfalls der auf Österreich lastende Alpdruck der Koalition der Großmächte verringert werden.

Metternich mußte also an einer baldigen Erklärung Napoleons interessiert sein, gegebenenfalls sie herbeiführen helfen. »Die Tatsache seiner Werbung scheint uns einen Maßstab zu bieten, nach dem es uns gestattet ist, das Ausmaß der von ihm gegen uns gerichteten destruktiven Absichten und den mehr oder weniger nahen Zeitpunkt, den er zu ihrer Durchführung bestimmt, zu berechnen«, schrieb der Außenminister am 25. Dezember 1809 dem Fürsten Karl Schwarzenberg, seinem Nachfolger als Botschafter in Paris.

Dieser Militär bewegte sich unbeholfen auf dem Pariser Parkett. Metternich war froh, noch eine Botschafterin in Paris zu haben, die seine Absichten besser dolmetschte und mehr Gehör bei Hofe fand – seine Frau Lorel. Sie war bereits um eine Rückgabe der Metternichschen Besitzung Ochsenhausen bemüht. Nun wurde sie – mit der Aussicht, daß eine Hand die andere waschen könnte – in das Heiratsprojekt eingeschaltet, zunächst von französischer Seite.

»Der Kaiser empfing mich«, berichtete sie Anfang Januar 1810 ihrem Gatten, »in einer Weise, wie ich es nicht geglaubt hätte. Er zeigte eine wahre Freude, mich zu sehen, und daß ich während des Krieges hier geblieben war. Er sprach mir von Ihnen und sagte: Graf Metternich nimmt den ersten Platz in der Monarchie ein; dieses Land hier kennt er gut. Er wird ihm nützen können.«

Napoleon, so gut wie entschlossen, die Habsburgerin zu nehmen, wußte schon, warum er den Metternichs schmeichelte und diese Behandlung von seiner Familie fortsetzen ließ: vom Vizekönig Eugen Beauharnais, von Hortense, der Königin von Holland, selbst von Josephine, von der er bereits geschieden war: »Ich habe ein Projekt, das mich ausschließlich beschäftigt und dessen Gelingen mich hoffen läßt, daß das soeben von mir gebrachte Opfer nicht vergeblich bleiben wird«, eröffnete sie Lorel. »Es ist, daß der Kaiser Ihre Erzherzogin heiratet.« Das war die Lockung, und das die Drohung: »Man muß Ihrem Kaiser vor Augen halten, daß sein Untergang und der seines Landes sicher ist, wenn er nicht einwilligt.«

Von allen Seiten wurde die Gräfin Metternich umgarnt, was gar nicht nötig gewesen wäre, denn sie war für diese Verbindung nicht nur – wie ihr Mann – mit dem Verstand, sondern auch mit dem Herzen.

Karoline, Königin von Neapel, jene Schwester Napoleons, die ein Verhältnis mit Klemens gehabt hatte, schenkte Lorels Kindern Uhren und Puppen. Auch von Pauline, einer anderen Schwester Napoleons, wurden die Metternichs empfangen, beinahe in der Pose, in der sie der Bildhauer Canova festgehalten hat: »Wir fanden sie in ihrem Ankleideraum auf einem Kanapee liegend, während ein Neger sie kämmte und eine Kammerzofe beschäftigt war, ihr Strümpfe und Schuhe anzuziehen«, berichtete Lorel ihrem Klemens. »Wir haben so ihrer Toilette von Kopf bis Fuß beigewohnt. Sie hat ihr Kleid, ja sogar Hemd und Strümpfe vor uns angezogen und während der ganzen Zeit sang sie nur Dein Lob und sagte: ›Mein Gott, welch Verlust, daß der Graf Metternich nicht hier ist, er muß unbedingt zurückkommen, er wäre so nützlich, wir lieben ihn so sehr.‹«

Doch fast hätte eine Affäre des Vielgeliebten die Haupt- und Staatsaktion gestört. Karoline, die Königin von Neapel, war dahinter gekommen, daß Metternich ihrer Nebenbuhlerin Laurette Junot, Herzogin von Abrantès, noch immer Liebesbriefe schrieb. Karoline steckte das dem Ehemann Junot, mit dem sie liiert gewesen war. Als dieser Briefe fand, machte er nicht nur seiner Frau eine Szene, sondern zitierte auch die Frau ihres Liebhabers herbei, um an ihr stellvertretend für ihren fern in Wien weilenden Mann seine Wut auszulassen, und um sie aufzufordern, ihm Gleiches mit Gleichem zu vergelten.

Lorel war nicht verwundert, eher stolz auf die Erfolge ihres Mannes auch auf diesem Gebiet. Um den politischen Erfolg, der sich anbahnte, nicht zu gefährden, vermied sie jedes Aufsehen. Auch Napoleon konnte einen solchen Skandal nicht brauchen. Er befahl, die Affäre zu vertuschen, versetzte den General Junot samt Gemahlin hinter die Pyrenäen. Klemens, von Lorel informiert, stritt alles ab und brachte das Kompliment an: »Du hast Dich wie eine Person von Geist benommen und in dieser Beziehung werde ich nie unruhig sein.«

Viel mehr Sorge bereitete ihm, ob Napoleon nicht doch noch im letzten Moment die Russin bekommen könnte. Er hielt es für höchste Zeit, die Erzherzogin in gebotener Diskretion, doch in unmißverständlicher Deutlichkeit zu offerieren. Schwarzenberg, der offizielle Botschafter, erhielt entsprechende Weisung: »Seine Majestät der Kaiser, für den das Glück seiner Völker stets das oberste Gesetz bleibt, wird keine Schwierigkeiten machen, seine Tochter als Pfand für Beziehungen dienen zu lassen, welche die Ruhe und das Gedeihen der Monarchie sichern sollen.«

Lorel, die inoffizielle Botschafterin, bekam einen »ostensiblen«, zum Herumzeigen bei Hofe bestimmten Brief und den nur für sie bestimmten und daher ausschweifenden Kommentar: »Diese Angelegenheit wäre sicherlich die größte in der Welt, aber nicht die leichteste, die ich zuwege gebracht hätte. Ich bin über die Nützlichkeit der Sache mit mir selbst so einig, daß keine zweitrangige Erwägung mich aufhält, und wenn man in Paris will, werde ich hier wollen lassen.«

In Paris wollte man. Plötzlich pressierte es Napoleon so sehr, daß er Pression ausübte. Am 6. Februar 1810 ließ der Kaiser dem österreichischen Botschafter erklären, er sei bereit, die Erzherzogin Marie Louise zu heiraten – unter der Bedingung, daß der Ehekontrakt in wenigen Stunden perfekt sei. Schwarzenberg unterzeichnete mit Schweißperlen auf der Stirn und schrieb seinem Außenminister: »Ich beschwöre Sie, lieber Freund, tragen Sie Sorge, daß diese Angelegenheit auf keinerlei Schwierigkeiten stößt und mit Entgegenkommen geführt wird; das erstere sichert das Bestehen der Monarchie; das letztere wird sie angenehmer gestalten.«

Schwarzenberg sorgte sich umsonst, denn Metternich war das von Anfang an klar gewesen. Er hatte vorgesorgt, den Brautvater längst »wollen lassen« und auch die Braut darauf vorbereitet, mehr oder weniger pro forma, weil – wie er wußte – »unsere Prinzessinnen wenig gewöhnt sind, ihre Gatten nach ihrem Herzen zu wählen«.

Metternich war über die Mitteilung Schwarzenbergs so erleichtert, daß ihn auch Napoleons unerhörtes Vorgehen nicht berührte. Das Ergebnis zählte, nicht die Form seines Zustandekommens. An den politischen Zweck, der die Mittel pardonierte, dachte er stets: »Durch dieses Opfer das Meistmögliche zu erreichen, soll uns im wesentlichen in unseren Berechnungen leiten«, schrieb der Außenminister dem Botschafter in Paris. »Wir sind weit davon entfernt, uns über den sehr großen Abstand zwischen einer Heirat mit einer österreichischen Prinzessin und dem Aufgeben des Eroberungssystems des Kaisers Napoleon zu täuschen. Wir geben aber die Hoffnung nicht auf, die Ruhepause, welche notgedrungen für uns folgen wird, zur Befestigung unserer inneren Lage und zur Mäßigung der Absichten des Kaisers der Franzosen benützen zu können.«

Seine eigenen Verdienste vergaß er selbstredend nicht. »Da ist sie nun zu Ende geführt, die große Sache«, annoncierte er seiner Frau, der Helferin am Werk. »Ich habe sie abgeschlossen, niemand anderer hätte es zustandegebracht.« Er stolzierte vor der Enkelin des großen Kaunitz: »Ja, ich wage es selbst zu versichern, daß seit unserem Großvater niemand mehr ein solches Verhalten gezeigt hat.« Selbst Gentz ging diese Selbstgefälligkeit über die Hutschnur: »Der Graf Metternich ist freudetrunken«, notierte er in sein Tagebuch. »Da er sieht, wie sehr die große Neuigkeit gewirkt hat, zögert er nicht, seiner Kunst und Gewandtheit vielleicht sogar das, was dem Zufall oder von unserem Hofe unabhängigen Ursachen zu verdanken ist, zuzuschreiben.«

Am 16. Februar 1810, vierundzwanzig Stunden nach Eintreffen des Kuriers aus Paris, wurde in Wien der Ehekontrakt ratifiziert. »Meine Ankunft«, berichtete Legationsrat Floret, der ihn überbracht hatte, »hat da großes, und ich kann sagen, angenehmes Aufsehen erregt. Über die Heirat selbst gibt es nur eine Stimme; nie ist eine Angelegenheit volkstümlicher gewesen. Der Kaiser ist zufrieden und glücklich; die junge Prinzessin so, wie man es nur wünschen kann. Graf Metternich beträgt sich vollendet; alles wird mit dem besten Willen von der Welt getan; man denkt an alles, will, daß die Feste nicht hinter der Größe ihrer Veranlassung zurückstehen. Die Dukaten, die am Tage vor meiner Ankunft mit 22 notiert wurden, fielen den nächsten Tag auf 17–18. Den darauffolgenden Tag konnte überhaupt keine Börse stattfinden, indem niemand seine Papiere verkaufen wollte.«

Die österreichischen Staatspapiere stiegen, und der russische

Kredit sank. »Der russische Botschafter Schuwalow war zu Tode erschrocken«, freute sich Metternich, und der französische Botschafter Otto rieb sich die Hände: »Als die erste Nachricht bei einem Ball in einem russischen Hause eintraf, hörten die Violinen augenblicklich zu spielen auf und viele Leute zogen sich noch vor dem Souper zurück.« Der österreichische Außenminister hatte noch mehr Grund, zufrieden zu sein: Eine französisch-russische Heirat war vermieden, das Tête-à-tête von Napoleon und Alexander beeinträchtigt.

Das wurde durch eine symbolische Geste unterstrichen: Der Kaiser der Franzosen schenkte seiner österreichischen Braut den kostbaren Pelz, den ihm in Erfurt der Zar geschenkt hatte. Österreich hatte mit seiner Herzdame einen Trumpf in der Hand, mit dem es in Europa wieder mitspielen, ein Überspielen durch Frankreich und Rußland vermeiden konnte.

Ihre schlechte Karte suchten die Russen durch ideologisches Auftrumpfen wettzumachen: Was Alexander I., der wahre und einzige Legitimist, dem Parvenu Napoleon verwehrte, habe ihm Franz I., verführt von Metternich, zugestanden – Legitimität durch Heiratskontrakt.

Das fand ein Echo in Wiener Hofkreisen, wo – hinter vorgehaltener Hand – die Sünde wider den heiligen Geist des Monarchismus beklagt wurde. Aber auch hier steckten hinter dem edlen Einwand eigennützige Motive, nicht zuletzt bei der Kaiserin Maria Ludovika, die ihre wackelige Position als dritte, lungenkranke und kinderlose Gattin Franz' I. zu gerne durch eine Vermählung ihrer Stieftochter Marie Louise mit ihrem Bruder Franz von Modena gestärkt gesehen hätte. Sie wurde die höchste und die erbittertste Gegnerin Metternichs, der ihren Plan durchkreuzt hatte.

Die Wiener jedenfalls freuten sich auf die Hochzeitsglocken, die als Friedensglocken erklingen sollten. Welcher Unterschied zwischen einer Kaiserhochzeit und einer Bauernhochzeit sei, wurde witzelnd gefragt, und geantwortet: Die Bauern prügelten sich nach der Hochzeit, die Kaiser vorher. Schon wurden Transparente für den großen Tag gemalt, wie dieses: »Durch Röcke und Hosen / Vereinigen sich Österreicher und Franzosen.«

Napoleons Sonderbotschafter, Marschall Berthier, der die Braut abholen sollte, kam Anfang März nach Wien, unter seinem Titel

Fürst von Neufchâtel, und unter Weglassung seines anderen, Fürst von Wagram. Beim Hofball konnten die Franzosen konstatieren, daß ihr Kaiser zumindest persönlich eine gute Wahl getroffen hatte.

»Die Frau Erzherzogin war diesen Abend reizend«, bemerkte Graf de Laborde. »Die blonden Haare, deren sie eine große Fülle besitzt, waren in die Höhe gekämmt und ließen frei ihren Hals und ihre Schultern sehen. Ihre ungemeine Frische, das Lächeln, der Ausdruck ihres Gesichtes, die besondere Grazie und Bescheidenheit im Auftreten bewirkten, daß wir alle sagten, sie werde gewiß eine der angenehmsten Damen des Hofes sein. Unstreitig ist es auch, daß es unmöglich sein würde, abgesehen von ihrer Schönheit, selbst in den unteren Klassen eine gesündere Person zu finden, die sich stets des besten Wohlseins erfreut. Niemals zeigte ihre Haut die geringste Verunstaltung, und ich bin überzeugt, ihre Kinder werden stark und frisch sein wie sie selbst.«

Der Brautvater steuerte die Braut angemessen aus. Sie erhielt fast eine Million Gulden für Ausstattung und Schmuck. Lorel Metternich hatte in Paris Hoftoiletten und »ein Kleid in silberdurchwirktem Stoff für den Hochzeitstag« zu besorgen. Klemens Metternich war überzeugt: »Die neue Kaiserin wird in Paris gefallen und muß dies, schon durch ihre Güte, Sanftmut und Einfachheit. Eher häßlich als schön von Angesicht, besitzt sie eine sehr gute Figur, und wenn man sie ein wenig zurechtrichtet und aufkräuselt etc., wird sie ganz gut aussehen.« Napoleon, über alles informiert, trug überdies der Gräfin Metternich auf: »Suchen Sie dafür zu sorgen, daß man ihr die Zähne putzt.«

Marie Louise hatte sich in ihr Schicksal gefügt und schien langsam Gefallen daran zu finden. Die letzten Schwierigkeiten zwischen Lipp' und Kelchesrand machte der Wiener Erzbischof, Graf Sigismund von Hohenwart, welcher bezüglich der von der Pariser Kirchenbehörde unbeanstandeten Scheidung der Ehe von Napoleon und Josephine seine Zweifel hatte und sicher gehen wollte, daß einer kirchlichen Trauung von Napoleon und Marie Louise kein kanonisches Hindernis im Wege stünde.

Metternich räumte auch diesen letzten Stein beiseite. »Ich machte einen Advokaten, einen Theologen aus mir, paradierte mit allen französischen Gesetzen, *ich* führte den Ehescheidungsprozeß und gewann ihn gegen den Erzbischof...« Er hatte das Ganze nicht umsonst tun müssen. Zur Genugtuung, seinem Lande gedient und sich als Außenminister profiliert zu haben, kam – als Dank des Hauses Habsburg – das Goldene Vlies und – als Anerkennung Napoleons – die Rückgabe von Ochsenhausen.

Am 11. März 1810 fand die Prokura-Trauung statt, in der Augustinerkirche, der Pfarre der Hofburg. Als Vertreter des Bräutigams fungierte Erzherzog Karl, noch würdevoller und steifer als sonst. Kaiserin Maria Ludovika mußte die Braut zum Altar führen, wobei sie am liebsten in den Boden versunken wäre. Marie Louise habe sich »so verhalten, wie sie sich hatte verhalten müssen«, bemerkte Metternich, der alles im Auge behielt und aufpaßte, ob auch er die gebührende Aufmerksamkeit erregte.

Zwei Tage später verließ die neue Kaiserin der Franzosen ihr Wien, im Gepäck zwölf geweihte Eheringe für den Gemahl, dessen Fingermaß sich mitteilen zu lassen man vergessen hatte. Ihr Vater reiste bis Enns mit, wo er traurig von ihr Abschied nahm. Weiter mit von der Partie war Metternich, der sich darüber freute, daß er bald mit Karoline, der Königin von Neapel, zusammentraf, der neuen Schwägerin Marie Louises und seiner alten Freundin, die ihn mit einem Armband aus ihren Haaren wieder an sich kettete.

Der Außenminister hatte sich ausbedungen, mit nach Frankreich zu fahren. Natürlich wollte er Frau und Kinder wiedersehen, die vierzehnjährige Marie, den siebenjährigen Viktor und die sechsjährige Klementine. Hauptsächlich aber wollte er in Paris die Anerkennung seiner Vermittlung, die ihm in Wien nur gedämpft gespendet wurde, voll und ganz genießen. Und die politischen Früchte dieser Verbindung einheimsen.

Zunächst hatte Napoleon nur seine Frau im Sinn, der er so sehr zu gefallen trachtete, daß er sogar den Wiener Walzer tanzen gelernt hatte. Voller Ungeduld erwartete er sie im Schloßhof von Compiègne, riß den Wagenschlag auf, holte die Angetraute heraus, geleitete sie in einen Salon, in dem das Souper serviert wurde – aber schon nach dem ersten Gang sprang er auf und führte sie ins Schlafzimmer.

Die Anerkennung für den Vermittler ließ nicht lange auf sich warten. Nicht von ihr, der er als »der ekelhafteste Geck, den es je auf Erden gegeben hat«, im Gedächtnis blieb, sondern von ihm, der ihm schon nach Wien hatte ausrichten lassen: »Ich sehe, daß diese Verbindung ohne ihn, ohne die Kenntnis, die er von meinem Charakter besitzt, niemals zustandegekommen wäre.« Nun erhielt er das Lob persönlich, das Großkreuz der Ehrenlegion, eine Büste des Kaisers und ein kostbares Service aus Sèvres-Porzellan.

»Service pour Service«, spöttelte der Fürst de Ligne. Doch die politische Gegenleistung ließ auf sich warten. Dabei hatte er die ersten Raten eher bescheiden angesetzt: Verringerung der Reparationslasten, Genehmigung einer Heeresvermehrung und Einräumung von Handelsvorteilen.

Beim Inkasso konnte er auf die Kaiserin nicht zählen, und der Kaiser, der bereits bekommen, was er gewollt hatte, begann zu knausern. Lediglich zu einer Verlängerung der Zahlungsfristen erklärte er sich bereit. Die Beschränkung der österreichischen Heeresstärke auf 150 000 Mann gedachte er nicht aufzuheben. Der Handelsvertrag, den der von Wirtschaft wenig verstehende Metternich ausgehandelt hatte, wurde in Wien als zu nachteilig für Österreich abgelehnt. Und an territoriale Zugeständnisse – wie die Rückgabe der Küstenlande an der Adria – war überhaupt nicht zu denken.

Schadlos konnte er sich am Pariser Leben halten, das er weidlich genoß. Aber selbst hier wurde ihm drastisch bedeutet, daß er auf einem Vulkan tanzte. Am 1. Juli 1810 hatten die Österreicher tout Paris, an der Spitze das Kaiserpaar, zu einem Fest eingeladen, dessen Glanz die Genugtuung über die Entente demonstrieren sollte. Ein eigener Pavillon, der die 1200 Gäste fassen konnte, war errichtet worden. Kaum hatte der Tanz begonnen, setzte eine herabfallende Kerze eine Draperie in Brand und im Nu stand das rasch hingestellte, leicht gezimmerte Gebäude in Flammen.

Es gab Tote und Verletzte. Marie Louise, die wie Napoleon unversehrt geblieben war, berichtete nach Hause: »Graf Metternich aber verbrannte sich nicht viel.« Aber es war genug, um es als schlechtes Omen zu deuten. Vor vierzig Jahren, als man die Hochzeit Marie Antoinettes mit dem nachmaligen König Ludwig XVI. feierte, war ein ähnliches Unglück geschehen. Die Tochter Maria Theresias endete auf dem Schafott, die von Kaunitz geschaffene Allianz zwischen Österreich und Frankreich ging in die Brüche.

Könnte der Tochter Franz' I. ähnliches widerfahren, auch der von Metternich geschlossene Pakt gelöst werden, noch ehe er sich auswirken konnte?

Marie Louise war in der Hoffnung, und schon hatte Klemens sein Champagnerglas auf den »König von Rom« erhoben, den Kronprinzen, der diesen Namen erhalten sollte. Es war ein Titel, den habsburgische Thronfolger, spätere römische Kaiser getragen hatten. Nun sollte er auf das französische Universalkaisertum übergehen – und der Minister des letzten römisch-deutschen Kaisers stand nicht an, darauf anzustoßen!

Das war nicht nur voreilig, sondern auch deplaziert, ja defaitistisch. Meinte er, durch noch mehr Anbiedern wenigstens ein kleines Entgegenkommen zu finden, einigermaßen Greifbares nach Hause bringen zu können? Jedenfalls hielt er es für opportun, den fremden Kaiser fast lakaienhaft zu hofieren. Und für nötig, dem eigenen Kaiser etwas vorzumachen: »Übrigens kann ich dem Dienste und mir nur Glück wünschen, in dieser Epoche hier gewesen zu sein«, schrieb er seinem Monarchen. »Niemand wäre wie ich in der Lage, alle Fragen der wichtigsten Art so direkt mit dem einzigen Manne, welcher hier handelt, abtun zu können.«

Das war im Prinzip richtig, doch subjektiv übertrieben und objektiv anstößig. Selbst der gute Kaiser Franz, der sich schon so an ihn gewöhnt hatte und seiner ungern entbehrte, begann sein Ohr den Einflüsterungen der Gegner Metternichs zu leihen: der Idealisten, die ihn immer mehr vom rechten Pfade abirren sahen; der Realisten, die auf die Diskrepanz zwischen der Größe des Opfers und der Dürftigkeit der Gnaden aufmerksam machten; der Neider, die ihm die Pariser Gelegenheiten, Ehren und Honorare nicht gönnten.

Auch die Bestallung seines Vaters als Stellvertreter am Ballhausplatz wurde ihm angekreidet, wozu am wenigsten Grund bestand. Der alte Herr konterkarierte die Außenpolitik des Sohnes, nicht mit Absicht, sondern aus Kurzsichtigkeit. Zunächst schien er Klemens an Frankophilie noch überbieten zu wollen, forderte von den Franzosen eine Allianz, wollte mit dem Portal ins Haus fallen, das der Sohn eben durch eine Seitentüre betrat. Als er abgewiesen wurde, wandte er sich an die Russen, die ihn mit offenen Armen empfingen. Im September 1810 war ein Defensivbündnis zwischen Österreich und Rußland unterschriftsreif.

Es war höchste Zeit, daß Klemens Paris verließ, wo er seit Ende März weilte, und nach Wien zurückkehrte, wo die Mäuse auf dem Tische tanzten. Ein Minister, der mit seinem Monarchen stand und fiel, durfte diesen nicht zu lange allein lassen und seiner Neigung überlassen, dem Drucke nachzugeben, der von seiner Umgebung ausgeübt wurde – nun viel zu lange schon nicht mehr von Metternich, sondern von seinen entschiedenen Feinden und seinen unfähigen Freunden.

Seine Außenpolitik stand auf dem Spiel. Auch und gerade er wußte, trotz aller Schönfärberei, daß er beim Kaiser der Franzosen nicht viel erreicht hatte, viel mehr gar nicht erreichen konnte. Er hatte davor gewarnt, die politische Gegengabe für die Hingabe der Habsburgerin zu hoch zu veranschlagen: Man würde sich irren, »wenn man dieser so glücklichen Verbindung eine Gewalt beilegte, welche sich auf alle Pläne Napoleons erstreckte oder diese vielleicht gänzlich zu modifizieren im Stande sei«. Man könnte nur versuchen, diesen despotischen und aggressiven Napoleon durch Annäherung aufzuhalten, durch Umarmung festzuhalten, durch Mitmachen zu modifizieren.

Damit hatte er begonnen, sich erste, noch bescheidene Lorbeeren erworben und seinem Lande bis auf weiteres Luft verschafft. »Jetzt ist Gelegenheit gegeben, die so tief gesunkenen inneren und äußeren Kräfte der Monarchie zu sammeln.« Dieser Prozeß durfte unter keinen Umständen gestört werden – schon gar nicht durch eine Allianz mit Rußland, wodurch man bei Napoleon alles verlieren und bei Alexander nicht viel gewinnen könnte.

Was er geahnt hatte, war ihm in Paris bestätigt worden: Über kurz oder lang mußten Frankreich und Rußland aneinandergeraten. Österreich durfte nicht zwischen die Mühlsteine geraten. Deshalb hatte Metternich dafür plädiert, auf den Mächtigeren und Gefährlicheren zu setzen. Das letzte Wort brauchte das nicht zu sein. »Wir sind berufen, eine große Rolle zu spielen und wir sind – ich wage dies sogar gegen jeden gegenteiligen Schein zu behaupten – die stärkeren. Man wird uns sowohl von der einen, wie von der anderen Seite umwerben.«

Dank seiner Außenpolitik vermöge Österreich aus der derzeitigen wie aus der künftigen Lage der Dinge Vorteile zu ziehen, bedeutete er am 9. Juli 1810 seinem Kaiser. Das war mehr als Selbstbespiegelung – es war staatsmännische Weitsicht. Denn so kam es, doch damit es so kommen konnte, mußte er eiligst nach Wien zurück und das Ruder wieder in die Hand nehmen.

DIE MARMORBÜSTE NAPOLEONS, die er aus Paris mitgebracht hatte, stellte er in sein Arbeitszimmer am Ballhausplatz. Weniger sich selber als seinen Besuchern wollte er den Protektor seiner Politik vor Augen stellen. Von ihm und vor ihm geschützt, ging er daran, auf die Beseitigung dieses Protektorats hinzuarbeiten.

Wie in Preußen, so waren auch in Österreich dazu Reformen notwendig, was dortzulande schon schwer genug fiel und hierzulande fast unmöglich schien. Jedes, auch das kleinste Zugeständnis, das man dem modernen Geiste machte, konnte nicht nur, wie in jeder Monarchie, den Monarchen schwächen, sondern auch, in diesem Vielvölkerreich, die Monarchie zersetzen.

Metternich, der Diplomat, verstand von Administration noch wenig, doch es war ihm klar, daß in dieser Situation Außenpolitik und Innenpolitik einander bedingten. Er hatte sich mit dem Empereur liiert, um Österreich eine Pause zur Sammlung seiner Kräfte zu verschaffen, und er konnte sich vom Empire nur lösen, wenn diese Gelegenheit nach Kräften genutzt worden war.

Dabei dachte er nicht an neue Antriebskräfte, wie sie von seinem Vorgänger Stadion mobilisiert worden waren: die Ideen von staatsbürgerlicher Freiheit und nationaler Brüderlichkeit, mit denen man – wie Metternich meinte – kaum den aus der Revolution hervorgegangenen Napoleon stürzen, eher die Verbrüderung der Revolutionäre aller Länder erreichen könnte. Der Staatsmann des Ancien régimes wollte nur die alte Staatsmaschine überholen, sie reinigen und ölen, effizienter machen. Er dachte im Grunde nicht an Reformen, sondern an Reorganisation.

Wenn er – ähnlich wie Stein in Preußen – die Kabinettsregierung, das heißt die Ratgeber des Monarchen im Küchenkabinett, auszuschalten suchte, dann wollte er damit weniger – wie Stein – ein Ministerkollegium stärken, als seine Position als allmächtiger Minister befestigen. Er drang damit beim Monarchen nicht durch, der ihm seinen ohnehin schon beträchtlichen Einfluß nicht noch versiegeln und verbriefen wollte.

In der Wirtschafts- und Finanzpolitik beschränkte sich sein Beitrag auf den Versuch, durch seine Außenpolitik dem abgebrannten Österreich Kredit zu verschaffen. Der Staatsbankrott konnte nicht aufgehalten werden. Die Staatsschuld war von 440 Millionen Gulden im Jahre 1806 auf 1060 Millionen Gulden im Jahre 1811 gestiegen, der Barschatz im selben Zeitraum von 13 auf 6 Millionen Gulden gesunken. Durch das Finanzpatent vom 15. März 1811 wurden die Bankozettel eingezogen und durch Einlösescheine von einem Fünftel des Nominalwertes ersetzt; schließlich war das Papiergeld nur noch ein Siebzehntel wert. Metternich nannte das eine »Finanzrevolution«, denn für ihn war alles Revolution, was gegebene Werte umwertete und bestehende Rechte antastete.

Überdies fehlte Geld für ein schlagkräftiges Heer, das er sich wünschte, weil es als Machtfaktor zählte und als Ultima ratio eingesetzt werden konnte. Er überschätzte dieses Mittel nicht, ordnete es dem Primat der Politik unter – der Politik des Monarchen und seines Ministers. Deshalb wollte er keine Heeresreform à la 1809, keinen Milizgeist und keine Landwehr, lediglich eine Reorganisation des stehenden Heeres.

Außenminister Metternich ging nicht so weit wie Finanzminister Wallis, der Militärausgaben mit der Begründung kürzte, Österreich wäre ohnehin in den nächsten zehn, vielleicht dreißig Jahren nicht imstande, an einen Krieg zu denken. Aber er wollte seinem Lande so lange wie möglich und mit allen möglichen Mitteln den Frieden erhalten.

Dabei gab er sich keinen Illusionen hin. Davon – wie er Kaiser Franz im Januar 1811 erklärte – müßte man nach wie vor ausgehen: »Der monstruöse Zweck einer Alleinherrschaft über den Kontinent war und ist der seinige.« Diesen Weg hätte der Empereur vor Augen: »Es wird wohl kein Zweifel mehr übrig bleiben, daß Napoleon erst über die Ruinen Österreichs und Preußens einst zu dem Zurückdrängen Rußlands in die Wüsten Asiens schreiten wollte.« Preußen war bereits eine Ruine, Österreich war nahe daran gewesen, zu zerfallen, wenn Metternich nicht eingegriffen hätte. »Die Vermählung des französischen Kaisers mit der erhabenen Tochter Eurer Majestät gab jedoch dem ganzen eine nicht vorherzusehende neue Richtung.«

Der Zusammenstoß zwischen Frankreich und Rußland war dadurch nicht zu vermeiden. »Ich werde Krieg mit dieser Macht haben aus Gründen, die jenseits der menschlichen Einflußnahme stehen, denn sie liegen in der Natur der Dinge selbst«, hatte Napoleon zu Metternich in Paris gesagt. Und ihm zu verstehen gegeben, daß dann das Land seines Schwiegervaters an seine Seite zu treten hätte.

Neutralität wäre natürlich das Naheliegende für das geschwächte Österreich und seinen friedlich gestimmten Außenminister gewesen, »möglichste Fernhaltung von irgendeiner Katastrophe (und jeder neue Krieg führt zu einer solchen)«. Aber das würde nicht möglich sein. Man habe zu Napoleon A gesagt und müsse B sagen und Alexander absagen, ohne das Ja zu kräftig und das Nein zu unbedingt auszusprechen.

Die Russen konnten ohnehin nicht glauben, daß das letzte Wort schon gesprochen sei. Von Vater Metternich hatten sie bereits eine halbe Zusage erhalten, die Sohn Metternich zwar offiziell zurücknahm, doch inoffiziell im Raume stehen ließ. Nun griffen sie zu dem probatesten Mittel, das Monarchisten, Legitimisten zumal, in diesen Zeiten zur Verfügung stand: Sie offerierten eine Eheverbindung zwischen den Familien Romanow und Habsburg – in der Erwartung, daß das, was die altehrwürdigste Dynastie Europas dem aus der Revolution emporgestiegenen Nouveau Riche zugestanden hatte, sie dem mit ihr in konservativem Geiste übereinstimmenden Russischen Reich nicht gut abschlagen könnte.

Zunächst dachte man in Petersburg an eine Heirat der Großfürstin Anna, der Schwester des Zaren, die dieser Napoleon nicht hatte geben wollen, mit dem österreichischen Kronprinzen Ferdinand. Metternich fiel es nicht schwer, diesen Gedanken abzutun. Der Siebzehnjährige sei noch zu jung und überdies Epileptiker, bedeutete er den Russen. Seinen Kaiser überzeugte er mit dem Hinweis, daß sich Österreich den Affront Frankreichs, seinen Thronfolger mit der Napoleon verweigerten Russin zu vermählen, nicht leisten könnte.

Schwieriger war die Ablehnung des zweiten Aufgebotes: eine Verheiratung der Prinzessin Amalie von Baden, der Schwägerin Alexanders I., der Schwester der Zarin, mit Erzherzog Karl, dem Bruder Franz' I. Auch diese prorussische Verbindung wußte Metternich zu vereiteln, zumal er dem Hochmütigsten aller Habsburger, der auf den Minister ganz von oben herabsah, selbst diese mehr ehrgeizige als reizvolle Person nicht gönnte.

Petersburg war ungehalten über Wien im allgemeinen und über den Herrn am Ballhausplatz im besonderen. Vergebens hatte man gehofft, daß zwei schöne Parteigängerinnen Rußlands ihn zu bezirzen vermöchten: Katharina Bagration, die alte Freundin, und Wilhelmine von Sagan, die neue Freundin. Doch die Frauen wollten das Politische nicht so weit treiben, daß das Persönliche darunter leiden könnte. Und der Frauenliebling wußte die Passion dort zu zügeln, wo die Ambition begann.

Die höchstgestellte Freundin der Russen, die erbittertste Feindin der Franzosen und die gefährlichste Gegnerin des Außenministers war und blieb Kaiserin Maria Ludovika. Sie besaß beträchtlichen Einfluß, weniger bei ihrem Gemahl, dem sie schon zu kränklich und zu quenglig war, als bei Höflingen, die sich von Metternich übergangen, und bei Hofdamen, die sich von ihm nicht beachtet fühlten. Helfershelfer war ihr Schwager, ein Bruder ihres Mannes: Erzherzog Joseph, Palatin in Ungarn, Stellvertreter des Kaisers im Lande der Stephanskrone, der mit einer Tochter des Zaren Paul I. verheiratet gewesen war und Napoleons Triumph von 1809 nicht zu verwinden vermochte.

Die russische Partei konnte Metternich Steine und Steinchen in den Weg legen, aber ihn nicht daran hindern, ihn zu Ende zu gehen – bis zum Abschluß eines Bündnisvertrages mit Frankreich. Am 14. März 1812 vereinbarten die Kontrahenten, »weil für immer Freundschaft, aufrichtige Vereinigung und Allianz zwischen Seiner Majestät dem Kaiser von Österreich und Seiner Majestät dem Kaiser der Franzosen bestehen soll«, sich »einander wechselseitig Beistand zu leisten, im Falle der eine oder andere angegriffen oder bedroht werden sollte«.

Das klang, als wollten sich beide gegen einen russischen Angriff schützen – konkret ging es jedoch um die Zustimmung und eine Hilfeleistung Österreichs für den französischen Angriff auf Rußland, der beschlossene Sache war. Zu diesem Behuf verpflichtete sich Franz I., ein Hilfskorps von 30 000 Mann – 24 000 Mann Fußvolk, 6000 Reiter und 60 Kanonen – in Galizien bereitzustellen, als Teil der Grande Armée, die Napoleon I. auf dem ganzen von ihm beherrschten Kontinent zusammentrommelte.

»In ganz Österreich gibt es nur den Kaiser und mich, die mit diesem Bündnis einverstanden sind«, hatte Metternich erkannt und auf Geheimhaltung gedrungen. Doch seine Gegner in Wien wußten Bescheid und bald darauf der Zar in Petersburg. Der Russe tobte, und die Russenfreunde lamentierten. Die Revanchisten wollten und die Legitimisten konnten es nicht verstehen, daß Metternich eben seine Meisterprüfung als Staatsmann bestanden hatte.

Alle Überlegungen eines österreichischen Außenministers hatten von der Geographie seines Landes auszugehen: In der Mitte Europas gelegen, konnte es dem Flankendruck der Flügelmächte, Frankreich und Rußland, nur in zwei Fällen widerstehen: Erstens, wenn es – wie vor 1789 oder nach 1815 – ein europäisches Staatensystem unter seiner maßgeblichen Mitwirkung gab, in dem die Machtgewichte gegeneinander aufgehoben waren. Zweitens, wenn es mit dem Stärkeren und Gefährlicheren koalierte, was 1812 zweifellos Frankreich war.

Gegenwärtig und auf absehbare Zeit war Österreich mehr von Frankreich als von Rußland bedroht. In der Zukunft könnte und würde das anders sein. In Frankreich schien der Expansionsdrang an die Person Napoleons geknüpft zu sein, in Rußland in der Natur dieser Macht zu liegen. Und von der Ausdehnung Rußlands war und blieb Österreich unmittelbar betroffen, das eine gemeinsame Grenze mit ihm hatte und Interessengegensätze auf dem Balkan, der durch den Verfall der Türkei ein Objekt der zugreifenden Großmächte wurde.

Wenn es um machtpolitische Vorteile ging, würde der Zar kaum auf ideologische Gemeinsamkeiten Rücksicht nehmen. Das war ein Grund für Metternich, auch im Verhältnis zum konservativen Rußland die Realpolitik der Prinzipienpolitik überzuordnen, so wie er in den Beziehungen zum napoleonischen Frankreich die Prinzipienpolitik der Realpolitik unterordnete.

Das Grundsätzliche vergaß der Mann des 18. Jahrhunderts nicht. Die moralische Kraft der Habsburgermonarchie – erklärte er Gentz – beruhe darauf, daß die Welt sie als den Zentral- und Sammelpunkt alles dessen ansehe, was noch an alten Prinzipien, alten Formen und alten Gefühlen übriggeblieben sei. Doch der Staatsmann müsse, ohne einen Augenblick die Prinzipien zu opfern, die Notwendigkeit erkennen, nach Zeit und Ort die politischen Maßnahmen je nach den Ereignissen und den Erfordernissen jeder besonderen Epoche zu modifizieren.

In dieser Zeit dominierte das Reich Napoleons, war Österreich durch die Ereignisse geschlagen und geschwächt, mußte es mehr denn je den Erfordernissen seiner Mittellage Rechnung tragen, dem Zweifrontendruck begegnen. Das war das A und O des österreichischen Außenministers wie des österreichischen Generalstabschefs, damals des fünfundvierzigjährigen Feldmarschalleutnants Radetzky, der mit Metternich im Grundsätzlichen wie in der Methode übereinstimmte: Einen Zweifrontenkrieg zu vermeiden, sei »das wesentliche Ziel der österreichischen Staatsweisheit«.

Das Beste, was Österreich geschehen konnte, war die Wiederherstellung des alten Staatensystems. Daran dachte Metternich stets, dahin galt es – wie es der von ihm geschätzte Alexander von Humboldt formulierte – »eine Linie zu ziehen, niemals aus dem Auge zu verlieren und so zum Ziele zu gelangen«. Auf dem Höhepunkt des französischen Empire lag dieses Ziel nicht in Reichweite, und um es nicht aus dem Auge zu verlieren, sich ihm wenigstens etwas zu nähern, zumindest sich nicht von ihm zu entfernen, konnte die gerade Linie zeitweise nicht eingehalten werden, mußten Seiten- und Umwege eingeschlagen werden – krumme Wege, wie es jenen schien, die ohne Rücksicht auf Verluste auf das Ziel losstürmen wollten.

Das Schlimmste, was Österreich passieren konnte, war ein Zusammengehen Frankreichs und Rußlands. Diese Gefahr war 1807 durch die Entente von Tilsit beschworen worden. Inzwischen hatte sie sich verringert, aus Gründen, die in der Sache selber lagen. Doch Metternich hatte nachgeholfen, wo er konnte und wenn es möglich war. Durch Napoleons Entschluß zum Rußlandfeldzug war diese Gefahr gebannt und eine Chance gegeben, die der Außenminister gleicherweise wie der Generalstabschef sah: Für das Österreich nach 1809 – so Radetzky – könne nur das erhofft werden, was es »als Mittelmacht in jedem Streit zwischen beiden Kolossen Frankreich und Rußland, wo es den Ausschlag gibt, erwarten kann«.

Noch konnte Österreich nicht das Zünglein an der Waage spielen, aber schon jetzt redete und handelte Metternich so, daß diese

Möglichkeit offen blieb. »Das Jahr 1812 wird jenes einer größeren Umwälzung sein, als alle früheren waren«, erklärte er Kaiser Franz. Napoleon »bestehe den Kampf oder unterliege, das eine sowie das andere verändert die ganze Lage der Dinge in Europa«. In einer solchen Situation – meinte Metternich – bliebe dem Staatsmann wie dem Arzt nichts anderes übrig, als abzuwarten, wie die Dinge sich entwickelten und im geeigneten Moment den Eingriff zu wagen beziehungsweise die Initiative zu ergreifen.

Am günstigsten würde es verlaufen, wenn sich Frankreich und Rußland so ineinander verbissen und gegenseitig so schwächten, daß jede Seite an der Unterstützung Österreichs zu dessen Bedingungen interessiert sein müßte, Wien respektive Metternich vielleicht sogar als Schiedsrichter angerufen würde.

Doch das schien im Jahre 1812 zu schön, um wahr werden zu können. Daß Rußland aus eigener Kraft Frankreich besiegen könnte, war wenig wahrscheinlich, am wahrscheinlichsten jedoch, daß Napoleon wiederum triumphieren würde. »Nach vornhinein zu berechnenden, aus früheren Erfahrungen, besonders auf jene der letzten Zeit gestützten Probabilitäten spricht aller Anschein unleugbar für französische Siege.«

In dieser Situation mußte Österreich eine Allianz mit Frankreich gegen Rußland schließen – aber Metternich schloß sie so, daß Österreich als gleichberechtigter Partner dastand, sein militärischer Beitrag gering blieb, von der politischen Gegenleistung übertroffen wurde, bei einem Triumph Napoleons nicht nur Sicherheit vor dem Sieger, sondern auch Gewinn durch den Sieg in Aussicht stand – und alle anderen Möglichkeiten nicht verbaut waren.

Preußen hatte als Satellit Heeresfolge zu leisten; sein Kontingent war in die Grande Armée integriert. Österreich stellte als Partner eine Koalitionsarmee unter einem österreichischen Befehlshaber, der unmittelbar Napoleon unterstellt war.

Gegen Rußland sollte Österreich doppelt abgesichert werden. Der Türkei wurde ihr europäischer Besitzstand verbürgt, Rußland der Balkan versperrt. Polen sollte ohne das österreichische Galizien wiederhergestellt werden, doch die Habsburgermonarchie die Möglichkeit haben, ihr polnisches Gebiet gegen Illyrien einzutauschen, womit sie zwei Vorteile auf einmal hätte haben können:

wieder den existenzwichtigen Zugang zum Mittelmeer, und durch ein starkes Polen ein existenzsicherndes Bollwerk gegen den Osten. Durch eine Wiederherstellung Polens – so Generalstabschef Radetzky – verlöre Rußland »die Frucht der Anstrengungen eines ganzen Jahrhunderts..., fast allen Einfluß auf die Verhältnisse Europas, und das hergestellte Polen wird Rußlands geborener und natürlicher Feind«.

Auch Preußen, der deutsche Rivale Österreichs von gestern und sicherlich auch von morgen, sollte bezahlen. Nach gewonnenem Rußlandfeldzug hätte es Schlesien, das es ein halbes Jahrhundert vorher geraubt hatte, an Österreich zurückgeben müssen. Das wäre zweifellos eine Schwächung der deutschen Position Preußens, vielleicht aber eine Stärkung der Stellung Europas gewesen: Hätte der Hohenzollernstaat – was anvisiert war – als Entschädigung das Baltikum erhalten, wäre der russischen Expansion auch im Nordosten ein Riegel vorgeschoben worden.

Metternich hatte sich aus österreichischen wie europäischen Interessen – die er zu identifizieren begann – für das neue französische Kontinentalsystem entschieden. Dennoch behielt er die russische Karte in der Hand, um sie im Falle einer Niederlage des Zwangseinigers Europas für die Wiederherstellung des alten europäischen Staatensystems ausspielen zu können.

»Wir sind nur Hilfeleister im künftigen Krieg und keine Hauptteilnehmer«, ließ er Sankt Petersburg wissen. Und: Das Hilfskorps werde auf keinen Fall verstärkt werden, unter Umständen gar nicht zum Einsatz kommen, jedenfalls felddienstmäßig ausgebildet werden, was vielleicht eines Tages dem Kampf für die alte Ordnung – die ihm im Grunde seines Herzens lieber sei als die neue – zugute kommen könnte.

Wenn der Zar solche Versicherungen nicht von vornherein zurückwies, dann deshalb, weil er wußte, daß Metternich mit seiner profranzösischen Politik in Österreich fast allein stand, und weil er diesem Gaukler, als den ihn die prorussische Partei hingestellt hatte, ein Doppelspiel durchaus zutraute – ein Beweis dafür, daß einem Glückskind selbst politische Gegner von Nutzen sind. Und das Wasser stand dem Zaren bis zum Hals, weswegen er nach jedem Strohhalm griff. »Da habe ich nun glücklich ganz Europa gegen mich«, klagte Alexander einem Österreicher. »Die Partie ist etwas ungleich und Ihr seid es, die die letzte Hand daran legt.«

In Dresden ließ Napoleon alle Figuren antreten, mit denen er den Zaren schachmatt setzen wollte. Bei dieser Entrevue war der Kaiser von Österreich dabei, und sein Minister Metternich, dem er es verdankte, daß sich die Dinge seit Tilsit und Erfurt so grundlegend zu seinen Gunsten verändert hatten. Beide Kaiser zeigten sich mit ihm zufrieden: Franz I., der seine Tochter Marie Louise, das Unterpfand der Allianz, freudig wiedersah und für glücklich verheiratet hielt. Und Napoleon I., der – wie der französische Ohrenzeuge Caulaincourt berichtete – »damals – zum ersten und vielleicht zum letzten Male – viel Gutes über Herrn von Metternich sagte«.

Der eben neununddreißig gewordene Außenminister genoß seinen Erfolg in der Stadt, wo er vor einem Jahrzehnt seine diplomatische Laufbahn begonnen hatte. Und er erwartete, daß er weiterhin Erfolg haben würde: Rußland, der östliche Feind Österreichs, würde geschlagen, »auf hundert Jahre zurückgeschlagen« werden. Und Frankreich, der westliche Feind Österreichs, wäre vielleicht so geschwächt, daß er auf seinen Alliierten Rücksicht nehmen müßte, ob er wollte oder nicht.

Der Rheinländer Metternich, der mehr zum Westen als zum Osten neigte, marschierte im Geiste gegen Rußland mit, dachte ähnlich wie der Franzose Napoleon: »Europa hat nur einen Feind, das ist der russische Koloß. Ich allein kann ihn und seine Flut von Tataren aufhalten, gelingt es mir aber nicht, wird er der wahre Erbe Europas sein.«

Napoleon gelang es nicht. Wenn die Flut jedoch – bis auf weiteres – eingedämmt werden konnte, dann vor allem durch Metternich. Er überstand die Niederlage seines französischen Alliierten im Jahre 1812 und widerstand dem russischen Alliierten von 1813, als dieser nach dem gemeinsamen Sieg über Napoleon ihn einseitig zu seinen Gunsten auszubeuten suchte.

Koalition gegen Napoleon

Nach Russland marschierten 600 000 Mann, das größte Heer, das die Welt bisher gesehen hatte, eine europäische Armee, denn fast alle Völker mußten dem Herrn des Kontinents Heeresfolge leisten.

Die Bulletins, die vom zügigen Vormarsch berichteten, verwunderten den österreichischen Außenminister nicht. Wer hätte auch der Grande Armée und ihrem großen Feldherrn widerstehen können? Schon begann sich Metternich als Mitsieger zu fühlen. Und hielt es an der Zeit, die österreichischen Gegner mit seinen Mitteln ebenso zu Paaren zu treiben wie Napoleon die russischen Feinde mit seinen Waffen.

Er kannte die Russenlober und Metternichkritiker in Österreich, wußte genau, was sie dachten und taten, denn er ließ alle wichtig erscheinende Post – auch und gerade von Mitgliedern des Erzhauses – interzipieren. Das war ein vornehmes Wort für eine weniger vornehme Sache. Agenten, die in den Postämtern in ihren sogenannten Logen saßen, fingen Briefe ab, fertigten Kopien und leiteten diese an die Staatskanzlei. Dabei entwickelten sie eine derartige Geschicklichkeit beim Entsiegeln und Wiederversiegeln des Kuverts, daß die Empfänger von der Interzeption nichts merkten.

Wissen ist Macht, und Metternich, der immer mehr zu wissen bekam, wurde immer mächtiger. Und da er den Kaiser nicht immer zum Mitwisser machte, ihm nur das zu lesen gab, was er für angebracht hielt, gewann er auch immer mehr Macht über den Monarchen.

Er hatte so viel Material gesammelt, daß er die beiden Hauptgegner, Kaiserin Maria Ludovika und Erzherzog Joseph, mit einem Schlag erledigen zu können gedachte. Er legte dem Kaiser ausgewählte Interzepte vor, durch die er den Eindruck gewinnen sollte, daß seine Frau und sein Bruder nicht nur in politischer Opposition, sondern auch in persönlicher Liaison verbunden seien. Um nachzuhelfen, betonte er: »Das ganze Publikum in Wien und besonders jenes in Preßburg sprach von einem bestehenden Liebesverständnis zwischen Ihrer Majestät und dem Erzherzog-Palatin.«

Selbst in dieser Angelegenheit suchte er dem Monarchen vorzuschreiben, wie er sich zu verhalten habe. Gegenüber seiner Frau: »Eure Majestät dürfte hier die Frage anbringen: Wie Allerhöchstdieselben einen Ihrer Untertanen ansehen müßten, welcher sich in ein ähnliches Verhältnis mit einem Ihrer Länderchefs gesetzt haben würde? Hierauf die Interzepte mit der Versicherung der Verzeihung vernichten und zugleich Ihrer Majestät befehlen, alle Korrespondenz mit dem Palatin einzustellen. Eure Majestät versichere zugleich, daß alles vergessen sei.«

Und folgendermaßen habe er gegen seinen Bruder einzuschreiten: »Allerhöchstdieselbe dürften dieses Folgende an des Herrn Erzherzog Palatinus, königliche Hoheit, erlassen: Euer Liebden! Meine Regentenpflicht fordert, daß ich mich in der Kenntnis der Schritte meiner Untertanen und Diener erhalte. In der Anlage findest Du ein Schreiben, welches ich nie von einem meiner Brüder und einem der ersten Diener des Staates erwartet hätte. Sein Inhalt spricht dem Schreiber selbst das Urteil und ich enthebe Dich jeder Verteidigung.«

In diesem Falle handelte der Kaiser nicht ganz so, wie es der Minister haben wollte. Er ließ zwar Maria Ludovika weiter überwachen, wußte aber von vornherein, daß dabei – was das Persönliche betraf – kaum Kompromittierendes herauskommen konnte. Schon hatte der Gatte sich eine Maitresse zulegen müssen, weil die kränker und kränker werdende Gattin ihren ehelichen Pflichten nicht mehr nachzukommen vermochte.

Damit hatte er sich abgefunden, doch es verdroß ihn, wenn er in einem ihrer abgefangenen Briefe – an eine Freundin – lesen mußte, daß ihr die ehelichen Pflichten von Anfang an eine Last gewesen seien. »Ich habe mich ihnen immer unterworfen, wobei ich die Neugier und die Eitelkeit unserer Mutter Eva verfluchte, die der Urgrund für all dies war. Wenn ein gewisser guter, kleiner Mann, dessen Name mit einem A (Amor) beginnt, nicht vorhanden ist, dann ist es ein schweres Joch.« Aber das war schon Imperfekt, lohnte die Mühe nicht, sie nachträglich zurechtzuweisen.

Auch mit dem Erzherzog-Palatin verfuhr der Kaiser glimpflich. Er schrieb den von Metternich konzipierten Brief nicht, intervenierte eher zurückhaltend. Ein Interzept – der abgefangene Brief Josephs an die Zarin-Mutter Marie Feodorowna – hatte ihm zu denken gegeben: »Unser ausgezeichneter Souverän« sei »durch falsche Ratschläge« verleitet worden, sich in »Angelegenheiten hineinzuverpflichten, daß er sich gefangen sah, ohne dessen auch nur gewahr zu werden«. Mit der Kaiserin und den Erzherzögen sei er, Joseph, peinlich berührt, »uns für eine fremde Sache gegen unseren natürlichen Verbündeten kämpfen zu sehen«, und er werde alles in seiner Kraft Stehende tun, »neue Fehler zu verhindern«.

Inzwischen hatte sich in Rußland das Blatt gewendet, was die Opposition ermunterte, den Kaiser verunsicherte und den Minister beunruhigte, der mit dem sicheren Sieg Napoleons eine glänzende Rechtfertigung seiner Außenpolitik erwartet hatte.

Doch immer mehr schlechte Nachrichten sickerten durch die französische Zensur, schwollen zu Hiobsbotschaften an: der Brand von Moskau, der Rückzug der zusammengeschmolzenen Reste, die der russische Winter aufrieb, schließlich – am 3. Dezember 1812 – das 29. Bulletin der Grande Armée, das feststellte, daß es diese nicht mehr gab, die Gesundheit Seiner Majestät jedoch nie besser gewesen sei.

Am 18. Dezember, gegen Mitternacht, war Napoleon wieder in Paris, mit geröteten Wangen, den Spuren leichter Erfrierungen, und mit eisiger Miene, voll verhaltener Wut über die Niederlage, und dem ausgesprochenen Willen, sich mit ihr nicht abzufinden. Sofort ging er daran, ein neues Heer aufzustellen, wozu er von Österreich mehr als einen Obolus erwartete.

Metternich geriet in die Zwickmühle. Käme er Napoleon entgegen, was in der Konsequenz seiner bisherigen Politik gelegen hätte, riskierte er seinen Posten, den schon jetzt die russische Partei forderte, und gefährdete die Position seines Landes, falls die Russen in ihrem Siegeszug nicht an der Grenze ihres Landes Halt machen sollten. Käme er dem Zaren entgegen, der Kaiser Franz beschwor, an seine Seite zu treten und »der Retter Europas und der gesamten Menschheit« zu werden, setzte er nicht nur seine persönliche, sondern auch die Existenz Österreichs aufs Spiel, falls die Franzosen wieder Oberwasser bekommen und die Oberhand behalten sollten.

Der Löwe Napoleon war zwar verwundet, aber Metternich traute ihm noch manchen Prankenschlag zu, und je mehr man ihn in die Ecke drängte, desto gefährlicher konnte er werden. Sein Jäger Alexander schien mehr Begeisterung als Kraft zu haben; nicht durch seine Armee und sein Talent war die Grande Armée geschlagen worden, sondern durch die Weite des Raumes und die Gewalt der Elemente. Und Preußen, sein präsumptiver Jagdgehilfe, war halbiert, seine Armee dezimiert, und nicht sein König, der Zauderer Friedrich Wilhelm III., sondern ein auf eigene Faust handelnder Soldat, Generalleutnant von Yorck, war mit den Resten seines Hilfskorps zu den Russen übergetreten.

Andererseits: Napoleons Satelliten waren erschöpft, und selbst die Grande Nation hatte Kriege satt, die nicht mehr Größe und Ruhm, sondern nur noch Blut und Tränen eintrugen. Rußland konnte Menschenmassen mobilisieren, und der »Heilige Krieg«, den der Zar dem französischen Luzifer erklärt hatte, vermochte eine Kampfstimmung zu entfachen, wie sie Kreuzzügen eigen war. Und Preußen hatte aus der staatlichen Not eine militärische Tugend gemacht, sein Heer reformiert, das zwar viel kleiner, aber vielleicht schlagkräftiger als die Söldnerarmee Friedrichs des Großen war.

Österreich jedoch, das in der Mitte lag und in die Klemme geriet, war zu schwach, um sich allein zu behaupten und – zumindest vorerst – nicht stark genug, um sein Gewicht ausschlaggebend in die Waagschale der einen oder anderen Seite zu werfen. Die Kassen waren leer, das Heer zu klein und nicht einsatzbereit. Es hatte Mühe genug gekostet, die 30 000 Mann des Hilfskorps aufzubringen, wovon nur noch die Hälfte übrig war – die man sich immerhin durch eine mit den Russen abgeschlossene und von den Franzosen hingenommene Waffenstillstandskonvention zur Verfügung zu halten verstanden hatte.

Der Sturz von 1809 hatte in Österreich nicht den gleichen Willen wie in Preußen nach dem Fall von 1806 erweckt, durch die ureigene Kraft des Volkes – auf die Preußens Reformer setzten –

wieder hochzukommen. Denn in Österreich gab es genau genommen kein Volk, sondern viele Völker, und ein Appell an Volkstum und Nationalität wäre einem Aufruf zur Selbstaufgabe des Vielvölkerreiches gleichgekommen.

Das war nicht der geringste Grund für Metternich, sich zurückzuhalten. Auch in französischer Form waren die Ideen von persönlicher Freiheit, staatsbürgerlicher Gleichheit und nationaler Brüderlichkeit gefährlich genug. Immerhin waren sie in Form gebracht, von Kaiser Napoleon, der auch weiterhin dafür stehen würde, daß sie in Ordnung und Disziplin gehalten blieben.

Würden aber Alexander I. und Friedrich Wilhelm III. die nationalen und demokratischen Geister wieder loswerden, die sie gerufen hatten – der Zar seinen Propagandisten Stein, der nicht kaiserliche Alleinherrschaft, sondern bürgerliche Selbstverwaltung im Sinn hatte. Und der König die »Häupter der Sekten«, die sich – wie der österreichische Gesandte berichtete – »unter der Maske des Patriotismus« der Zügel der Regierung bemächtigen wollten? Österreich jedenfalls konnte und Metternich wollte sich nicht in diesen Sog begeben, in diesen Strudel hineinreißen lassen.

Der Staatserhalter hatte vorsichtig und der Staatsmann weitsichtig zu sein: Abwarten, wer sich als der Stärkere und wer sich als der Schwächere erwies, oder, noch besser, bis sich herausstellte, daß keiner ohne die Hilfe des Dritten mit dem anderen fertig zu werden vermöchte. Und zuwarten, bis die eine oder die andere Seite, am besten beide Seiten den Neutralen umwarben, sich gegenseitig überboten – und er im günstigsten Moment der meistbietenden Partei den Zuschlag geben könnte.

Das Ziel stand fest – die Wiederherstellung Österreichs in seinem alten Umfang und in seiner alten Macht. Doch der Weg blieb offen. Es könnte friedlich erreicht werden – für Metternich die beste Lösung –, durch eine Friedensvermittlung Österreichs zu seinem Preis und mit ihm als Gewinner. Oder es könnte kriegerisch erreicht werden – für Metternich die zweitbeste Lösung –, wofür er zwei Möglichkeiten sah: Beitritt zur antifranzösischen Koalition unter seiner Maßgabe und seiner Führung – oder Kriegsbündnis mit Frankreich, unter der Bedingung, daß die bisherige Societas leonis in eine Sozietät von Gleichberechtigten umgewandelt würde, mit Napoleon und Metternich als Soziussen.

Noch war es für eine Option zu früh. Temporisieren, die Dinge liegen, die Zeit arbeiten lassen, bis zur Wiedervorlage im richtigen Augenblick – was er so gerne tat, mußte er jetzt tun. Vorerst schien die Staatsraison geradezu Entschlossenheit zur Unentschlossenheit zu gebieten. Das galt jedoch nur für die Außenpolitik. In der Innenpolitik mußte Metternich entschlossen handeln: gegen seine Gegner, die den Minister stürzen und dessen Politik umstürzen wollten.

Kaiserin Maria Ludovika hatte er ausmanövriert, Erzherzog Joseph in die Ecke gedrängt. Blieb Erzherzog Johann, ein weiterer Bruder des Kaisers, den sein Hang zur Volkstümlichkeit in die Nähe der Volkstümelei rückte. Er war das Haupt des sogenannten Alpenbundes, der im Schilde führte, was Metternich am zuwidersten und für Österreich lebensgefährlich war: eine Volkserhebung gegen Napoleon, den fremden Tyrannen, und gegen Metternich, den Geßler im Lande.

Schon einmal hatte die Nationalromantik, von Nichtösterreichern nach Österreich gebracht, die Monarchie an den Rand des Abgrundes bewegt – 1809, als Stadion sich von ihr in einen Krieg hineintreiben ließ, der nicht zu gewinnen war. Im Frühling 1813 war sie in Preußen erneut aufgeflammt, von Staatsautoritäten geschürt, die anscheinend nicht merkten, daß dieses Feuer nicht nur das Gebäude des Empire, sondern auch das eigene Haus, das man zu restaurieren gedachte, in Brand setzen könnte.

In Österreich konnte und wollte Metternich derartige Nationalromantiker nicht dulden, auch wenn sie in Lederhosen auftraten, und schon gar nicht in diesem kritischen Moment. Wie so vieles, so erfuhr er auch, daß am Ostermontag, dem 19. April 1813, das Volk in Tirol aufstehen, das Volk in Salzburg und Vorarlberg, in Kärnten und in der Steiermark mitreißen und wie eine Lawine von den Bergen in das österreichische und italienische Flachland herabdonnern sollte.

Metternich stoppte schon die ersten Schneebälle, ließ die Rädelsführer – in der Nacht vom 8. auf den 9. März – festnehmen, darunter den Direktor des Haus-, Hof- und Staatsarchivs, Joseph von Hormayr, der sich später als Historiker an ihm nachhaltig rächte. Den Erzherzog konnte der Minister nicht fassen. Er leistete Abbitte, und Metternich mußte sich mit der Annahme begnügen, daß er momentan parieren würde, »ohne aber seine Tendenz nach ähnlichen seinem Geiste Spielraum lassenden Unternehmungen zu verhehlen«.

Bei dieser Gelegenheit entledigte sich Metternich des britischen Agenten John Harcourt King, der nicht nur Österreich in das antinapoleonische Lager locken, sondern auch ihm seine Freundin Wilhelmine von Sagan abspenstig machen wollte. Als Sohn des Earl of Kingston standen ihm alle Türen offen, aber sein irisches Temperament war einer diplomatischen Laufbahn im Wege gestanden, hatte jedoch Erfolge bei Frauen gefördert, was Klemens kaum gestört hätte, wenn nicht eine ihm immer lieber werdende Freundin darunter gewesen wäre – damals in Dresden und jetzt wieder in Wien.

Die Abneigung beruhte auf Gegenseitigkeit. Metternichs »ganzer Ehrgeiz ist es, zum Friedensstifter in Europa auserkoren zu werden, und zwar aus keinem anderen Grund als dem, seiner Eitelkeit zu schmeicheln«, berichtete King nach England, das lange Napoleon standgehalten hatte und nun unbedingt eine Koalition zu seinem Sturze zustandebringen wollte. Deswegen versuchte King – primär aus Geltungsbedürfnis, wie Metternich behauptete – in Österreich Unruhe zu stiften, es mit Gewalt in einen Krieg gegen Frankreich zu treiben. Er versprach den Verschwörern des Alpenbundes 20 bis 30 000 Pfund Sterling und die Unterstützung der britischen Flotte in der nördlichen Adria.

Metternich, der schon einiges wußte, wollte alles wissen. Er ließ Kings Kurier, der auf dem Wege nach Rußland war, von staatsbediensteten Straßenräubern überfallen und ausplündern. Aus den unter den Wagenpolstern versteckten Papieren ergaben sich letzte Aufschlüsse über das Ausmaß der Verschwörung; der Alpenbund konnte zerschlagen und der Rivale abgeschoben werden. In seinem letzten Bericht nach London resümierte King mit Bedauern, daß der österreichische Außenminister »die Hoffnung auf einen allgemeinen Frieden noch nicht aufgegeben habe«.

Inzwischen war die Zeit verstrichen, in der man die österreichischen Interessen am besten durch Stillhalten hatte vertreten können. Auch in der Außenpolitik mußte nun gehandelt werden, und Metternich versuchte es mit dem ersten Akt seines Szenariums: der diplomatischen Friedensintervention bei den kriegführenden Parteien – einem Balanceakt, keinem dramatischen Auftritt.

Schon war auf den Friedfertigen ein Attentat geplant gewesen, von russischer Seite, wo man annahm – wie ein Eingeweihter verraten hatte –, daß Franz I. sich Alexander I. zuwenden würde, wenn Metternich beseitigt wäre. Dieser sagte dies sogleich dem französischen Botschafter, damit Napoleon nicht vergaß, wer der Feind seines Feindes und damit sein Freund sei, und ein ihm gewogener Friedensvermittler. Dabei verschwieg er, daß er auch in Rußland und in England für den Frieden werben ließ, wobei seine Unterhändler auch dort mit Bekundungen der Zuneigung nicht geizten.

Ohne Finassieren ging es nicht, die Realitäten verlangten es, und das angestrebte Ideal, der Frieden, war Rechtfertigung genug. Selbst ein Freund wie Gentz verstand die Kreuz- und Querzüge nicht mehr, und die Feinde werteten sie als Winkelzüge eines Winkelpolitikers. Selbst Metternich schien dieses Hin und Her, zumindest physisch, zu überfordern: Er wurde krank, lag im Bett, während Frühlingsstürme über Europa brausten.

Am 28. Februar 1813 hatten Alexander I. und Friedrich Wilhelm III. das Bündnis von Kalisch geschlossen, das Metternichs Mißtrauen gegen Rußland wie Preußen nur steigern konnte: Gemeinsam wollten sie in den Krieg gegen Frankreich ziehen und als Siegespreis ein um Polen vergrößertes Rußland und ein um Sachsen vergrößertes Preußen erringen. Und in die Kalischer Proklamation des russischen Oberbefehlshabers Kutusow hatte ein deutscher Mitarbeiter des Freiherrn vom Stein ein weiteres Kriegsziel hineingeschrieben, das Metternich erschaudern ließ: eine deutsche Nationalverfassung, und der deutsche Fürst, der sich ihr widersetze, werde »der verdienten Vernichtung durch die Kraft der öffentlichen Meinung und durch die Macht gerechter Waffen« anheimgegeben.

Russische Expansion, preußische Resurrektion und deutsch-nationale Revolution – das war Grund genug für den österreichischen Außenminister, selbst vom Krankenlager aus seine Friedensbemühungen zu verstärken. Und Kaiser Franz war so besorgt, daß er sich von seinem Kabinett in der Hofburg an das Bett in der Staatskanzlei herüberbemühte, um die Gegenzüge Metternichs in Erfahrung zu bringen.

Sichtbare Erfolge hatte er nicht vorzuweisen. Der Zar ließ wissen, daß er im Prinzip für den Frieden sei, sicher mit einem wiederhergestellten Österreich und viellcicht sogar mit einem in seinen »natürlichen Grenzen« – Rhein, Alpen, Pyrenäen – belassenen Frankreich. Aber ihm müsse konkret gesagt werden, wie ein solcher Frieden geschlossen werden könnte, und was Österreich zu tun gedächte, wenn er nicht zustandekäme.

England war grundsätzlich dagegen. Die Zeit sei gekommen, dem waidwunden Napoleon den Fangstoß zu versetzen – mit militärischer Hilfe Österreichs, das in diesem Falle mit englischen Hilfsgeldern rechnen könnte, ähnlich wie Schweden, mit dem es eben einen Vertrag geschlossen hatte: Subsidien gegen Truppen.

Napoleon war weiterhin der Meinung, daß das Empire der Frieden sei und das Land seines Schwiegervaters ein Bestandteil dieses Friedenssystems bleiben müßte. Fürst Karl Schwarzenberg, den Metternich nach Paris gesandt hatte, in der Annahme, er würde dort genau so geschickt operieren wie als Befehlshaber des Hilfskorps in Rußland, erreichte nichts. Er bekam kein Wörtchen über Friedenskonzessionen zu hören, nur das Wort Napoleons, er werde mit seinem neuen Heer von 180 000 Mann die Friedensbedingungen diktieren.

Schon schien es, als würde ihm dies wiederum gelingen. Wie in seinen besten Zeiten fuhr er wie der Blitz in die Russen und Preußen, schlug sie am 2. Mai 1813 bei Großgörschen, am 20. und 21. Mai bei Bautzen, stand in Sachsen und Schlesien, vor der böhmischen Haustüre Österreichs.

Metternich beließ es nicht bei der Genugtuung, daß seine Politik des Temporisierens und Lavierens die einzig richtige gewesen sei. Er wußte, daß es an der Zeit war, deutlicher zu werden, nachdrücklicher den Frieden anzustreben. Und daß bald die Zeit kommen könnte, die Eindeutigkeit verlangte, eine Entscheidung für den Krieg auf der einen oder der anderen Seite.

NACH BÖHMEN, näher zu den kriegführenden Parteien, begab sich der Friedensvermittler in den ersten Junitagen des Jahres 1813. Er war in Begleitung des Kaisers, und zwar in des Wortes doppelter Bedeutung: Der Monarch brauchte den Minister zum Verhandeln und der Minister den Monarchen zum Genehmigen.

Ihr Hauptquartier wurde Schloß Gitschin, und das war, was die Bequemlichkeit betraf, keine gute Wahl. Metternich mußte seinen Koch nachkommen lassen; als Auslauf hatte er nur einen vom unaufhörlichen Regen triefenden Garten mit aufgeweichten Wegen. Und er war im Schloß gegenüber der Kapelle untergebracht, »wo man unglücklicherweise, seit wir hier sind, die Orgel stimmt. Ich höre oft eine ganze Stunde lang immer den gleichen Ton, einmal hoch und einmal niedrig«, schrieb er nach Hause. »Auch läutet man auf etwa zehn Klafter von meinen Ohren mit zwei dicken Glocken, die Kochkesseln gleichen. Und ich sitze mit meiner Politik inmitten von alldem.«

Einen Vorteil hatte Gitschin: Es lag strategisch günstig, zwischen den Hauptquartieren Napoleons I., Alexanders I. und Friedrich Wilhelms III. »Zwei Kaiser und ein König auf 25 Meilen von hier, 300 000 Mann Truppen ebenso weit und 100 000 in unmittelbarer Nähe. Wenn man dann denkt, daß sich unter diesen Kaisern der gute Napoleon befindet und das gesamte Weltall auf sie blickt, daß achtzig Millionen Menschen ihr Heil von Gitschin erwarten und ich mir, wenn ich mit dem Kaiser spazieren gehe, sage, daß dieses Glück uns als unsichtbarer Dritter begleitet, da gibt es etwas zu denken!«

Wieder einmal hatte er das Gefühl, »ganz Europa auf seinen Schultern zu tragen«, und tatsächlich trug er mehr als andere die Verantwortung, ob es Frieden oder Krieg geben würde.

Es war so gekommen, wie er es erwartet hatte. Die kriegführenden Parteien hatten erkannt, daß keine ohne die Unterstützung Österreichs die andere überwinden und beide ohne die Vermittlung Österreichs sich nicht vergleichen könnten. Am 4. Juni 1813 hatten sie einen Waffenstillstand bis zum 20. Juli geschlossen. Beide Seiten wollten die Frist nützen, entweder unter besseren Voraussetzungen den Kampf wieder aufzunehmen oder einen Frieden zu günstigeren Bedingungen zu bekommen – und zu beidem brauchten beide das Potential Österreichs und die Potenz seines Außenministers.

Für Metternich war die Stunde gekommen, in der er von der Phase der diplomatischen Friedensintervention zur Phase der bewaffneten Friedensvermittlung übergehen konnte. Die Friedenspolitik mußte verstärkt werden, und das Instrument dafür stand endlich zur Verfügung: eine respektable Armee.

Unter dem Oberbefehl des Fürsten Karl Schwarzenberg formierte sich in Böhmen eine »Observationsarmee« von 120 000 Mann. Generalstabschef Radetzky, der im März – als man noch zu wenig Soldaten, Stiefel und Gewehre hatte – die Aufstellung einer entsprechenden Armee als Voraussetzung der Vermittlung eines dauerhaften Friedens angesehen hatte, äußerte nun, ein solcher Zustand könne nur durch den Einsatz dieser Armee an der Seite Rußlands und Preußens gegen Frankreich erlangt werden.

Soweit war der Außenminister noch nicht, konnte und durfte er nicht sein. Er mußte bis auf weiteres auf der Friedenslinie operieren, wollte er nicht die bisher gewonnenen und die in Aussicht stehenden Vorteile für Österreich aufs Spiel setzen. Ein allgemeiner Frieden, der alle befriedigte und ihn noch ein bißchen mehr, war und blieb das ideale Ziel. Und realiter hatte er immer noch Napoleon zu fürchten, Alexander zu mißtrauen und auf den guten Kaiser Franz Rücksicht zu nehmen.

Der Habsburger war nicht nur ein Zauderer, sondern auch ein Skrupulant. »Z'erscht will i von Napoleon d'Allianz z'ruckhaben«, sagte er zu Metternich; »derweil kann ich mich in alle Sättel richten; z'erscht bringen's mir d'Allianz z'ruck!« Der Monarch war nicht der Mann, der mir nichts, dir nichts einen Vertrag brach. Ein solcher hatte, wenn er nicht mehr zweckmäßig erschien, in aller Form und in gegenseitigem Einvernehmen gelöst zu werden. So skrupulös war der Außenminister nicht, aber er mußte diese Haltung respektieren, und vielleicht wollte er es auch, denn es war die Honorigkeit einer Zeit, die er zu erhalten suchte.

Den Zaren hielt er nicht für so ehrenfest. Das Verhalten Alexanders bei der Ermordung seines Vaters Paul war moralisch zweifelhaft, und sicherlich würde er sich in dubio für die Machtinteressen Rußlands und nicht für die Prinzipien Europas entscheiden. »Schrecklich rosig, fast wie ein Pudding«, kam Alexander einer Engländerin vor, und was für diese eine Kritik an seiner Erscheinung, war für Metternich ein Kriterium seines Charakters.

Sie mußten vor ihm auf der Hut sein – Österreich im allgemeinen, dem Alexander, Hand in Hand mit Napoleon, 1809 ein Stück Galizien genommen hatte, und dessen Außenminister im besonderen, der 1812 an der Seite Napoleons gegen Alexander gezogen war.

War denn dieser Zar überhaupt – wie er und seine preußischen Propagandisten behaupteten – zum Befreier Europas berufen? Sein halborientalischer Despotismus war nur unvollständig vom Firnis der Zivilisation überzogen, und seine Kosaken schienen die östliche Steppe nach Westen ausbreiten zu wollen. In Schlesien seien die Russen »wahre Verwüster«, bemerkte Wilhelm von Humboldt.

Preußen war immerhin der Verbündete Rußlands, so etwas wie ein Juniorpartner. Auch und gerade deshalb traute ihm Metternich nicht – ob es nun, wie 1795, die Koalition gegen Frankreich im Stich lassen, oder – was wahrscheinlicher war – im Verein mit dem großen Bruder im Osten die Koalitionspartner ausstechen würde.

Alarmierend war, daß die königlichen wie kaiserlichen Fahnen in den deutsch-nationalen Wind erhoben wurden, den Preußen wie Russen für einen Rückenwind hielten, der sie vorwärts treiben sollte, gegen die Franzosen und – wenn es nicht anders ging – auch gegen die Österreicher, falls diese ihre angeblichen Pflichten gegenüber Europa wie Deutschland vergessen sollten.

Die Mesalliance von europäischem Konservativismus und deutschem Nationalismus verkörperte der preußische Exminister Freiherr vom Stein. Im Gefolge der Russen wieder nach Deutschland gekommen, benutzte er den Waffenstillstand mit Napoleon, um Krieg gegen Metternich zu führen, den Österreicher, den er beinahe noch mehr haßte als den Franzosen.

Stein war ein Moralist, dem Menschliches – Allzumenschliches keineswegs fremd war, das er aber in einen Tugendmantel zu hüllen verstand. Metternich verschwendete daran keine Mühe, was Stein schon persönlich gegen ihn aufbrachte und erst recht politisch; denn er glaubte, am Österreicher einen Pferdefuß wahrgenommen zu haben.

»Unmoralisch und doppelsinnig« kam ihm Metternich vor, manchmal wie ein Verräter, immer als ein Verhinderer des Triumphes des Guten über das Böse. Stein konnte es nicht fassen, daß sich Russen und Preußen »von einem eitlen, pfiffigen, leichtsinnigen, flachen Metternich« zu Unterhandlungen verleiten ließen, »die entweder unnütz sind oder einen schändlichen oder verderblichen Frieden zur Folge haben«. Einem solchen »sich zu widersetzen und laut die Schwachköpfe oder Schiefköpfe, die dazu raten, anzugreifen, ist die Pflicht jedes braven Mannes«.

Direkt konnte der Exminister nicht den Minister angehen, der ihn auch gar nicht beachtete, auf seine Weise den für ihn richtigen Weg verfolgte, und sich dabei nicht um Einwände der Russen und Preußen kümmerte, und schon gar nicht um die Einsprüche deutscher Patrioten, die freilich immer lauter und eindringlicher einen totalen Krieg forderten – nicht den Kabinettskrieg der verbündeten Staaten, unter Einschluß Österreichs, gegen Frankreich, sondern den Volkskrieg gegen den Erbfeind.

Selbst im österreichischen Lager ging dieser Geist um, den Metternich für einen Ungeist hielt. Militärs drängten zum Kriegseintritt an der Seite Rußlands und Preußens. Erzherzog Johann, der verhinderte Alpenbündler, stieß wieder ins Horn: »Nur jetzt keinen Frieden von seiten der Alliierten, keinen Stillstand; denn Napoleon will Zeit gewinnen, und diese muß man ihm nicht lassen!« Ein Anonymus veröffentlichte einen Aufruf an Kaiser Franz:

> »Auf, der Zerstörer sammelt neue Heere,
> Den Frieden kennt und wünscht er nicht wie wir,
> Franciscus, auf, jetzt gilt es Deine Ehre,
> Die Augen aller Deutschen schaun nach Dir.
> Du sollst nicht dulden, daß im Übermute
> Des Wütrichs Deutschland neuerdings erblute.
>
> Zum Kampf, so lang auf unserm deutschen Lande
> Noch einen Finger drückt Napoleon –
> Franciscus, auf, Dich binden keine Bande,
> Das Vaterland hat keinen Schwiegersohn.
> Auf! Eh' der Herr Dich mahnt in seinem Grimme,
> Auf, Deines Volkes Stimm ist Gottes Stimme.«

Es war für Metternich nicht leicht, unter so vielen Hitzköpfen einen klaren Kopf zu behalten. Doch Wilhelm von Humboldt hatte dies von ihm kaum anders erwartet: »Einer seiner beliebtesten Gesprächsgegenstände ist es, gegen Exaltation und Enthusiasmus zu deklamieren, und, so oft er über bestimmte Fälle räsoniert, immer habe ich ihn nur die Vorteile oder Nachteile erörtern hören, welcher dieser oder jener Entschluß bieten kann.« Er selber erklärte, er habe der »Göttin Vernunft« zugeschworen, »deren Kult so leicht scheint und doch der schwerste von allen ist«.

Die Vernunft gebot die Friedensgewinnung, die Staatsraison die Friedensvermittlung. Das fiel besonders schwer, da eine andere Göttin, der er sehr zugetan war, als Preis ihrer Gnade eine Preisgabe der Vernunft, die Hingabe an die antinapoleonische Sache verlangte – Wilhelmine von Sagan, deren Herz nicht minder für die Politik des Zaren als für die Person ihres Klemens schlug.

Diese Versuchung war nicht die geringste. Das Frühjahr 1813, in dem die nationalen Gefühle erwachten, war für den Vierzigjährigen ein Liebesfrühling. Die schöne Kurländerin, seit langem ein Flirt, seit kurzem eine Liebschaft, wurde die große Liebe, vielleicht die größte seines Lebens, in der er alle Gefühle anlegte, die er in die Politik nicht stecken wollte.

Wilhelmine war mit Zweiunddreißig auf dem Höhepunkt ihres Lebens, eine vollerblühte Frau, mit Erfahrungen, die sie interessant machten und ihr eine gewisse Sicherheit gaben, auch die Zukunft bestehen zu können. Unter den vier Prinzessinnen von Kurland, Sterne am Firmament der Salons und Ballsäle, war sie der schönste und der funkelndste – eine Blondine mit braunen Augen und viel Esprit.

Sie war die älteste Tochter des Herzogs Peter von Kurland, dessen baltisches Territorium bei der dritten polnischen Teilung russisch geworden war. Er retirierte westwärts, kaufte das Fürstentum Sagan im preußischen Schlesien, wo er das Leben auf großem Fuße fortsetzte, seine Frau Dorothea vernachlässigte und seine Töchter verwöhnte, ohne sie – doch das war zeitüblich – ihrer Begabung entsprechend erziehen zu lassen.

Als er im Jahre 1800 starb, hinterließ er ihnen ein riesiges Vermögen, was ihnen Unabhängigkeit verschaffte, aber nicht unbedingt Bewegungsfreiheit; denn sie waren als Partien so begehrt, daß sie ständig von Freiern umlagert waren. Wilhelmine wollte alles haben, bekam ein Kind – ihr einziges – von dem schwedischen Baron Armfelt, heiratete den französischen Prinzen Rohan-Guémenée, dann den russischen Fürsten Trubetzkoj, zog es schließlich vor, ledig zu bleiben, das heißt völlig ungehindert ihre Liebhaber engagieren und entlassen zu können – unter dem Namen Herzogin von Sagan, dem vom Vater geerbten Titel.

Ihre Liebhaberei war die Politik, die sie direkt mitgestalten hätte können, wenn sie ein Mann gewesen wäre, die sie indirekt zu beeinflussen suchte, mit den Waffen, die einer Frau wie ihr zur Verfügung standen. In Klemens Metternich fand sie beides: ein taugliches Subjekt als Liebhaber und ein vielversprechendes Objekt ihrer Liebhaberei.

Klemens seinerseits schätzte nicht nur ihre persönlichen Reize, sondern auch ihr politisches Interesse. »Wärest Du ein Mann, dann wärest Du mein Freund. Wir würden gemeinsam Großartiges leisten und viel Erfolg haben. Du wärest Botschafter und ich Minister – oder umgekehrt.« Lieber war sie ihm natürlich als Geliebte, die auch die politische Grundhaltung mit ihm teilte, einen Kult, wie sie bekannte, mit allem Alten trieb, »angefangen von unseren sehr ehrwürdigen gesellschaftlichen Institutionen bis zu meinem an den Ellbogen durchgescheuerten, wattierten Schlafrock«.

Es war ein Akkord im Prinzipiellen mit Dissonanzen in der Praxis. Die Sagan war stets pro-russisch gewesen, und nicht nur, weil sie einen beträchtlichen Teil ihrer Einkünfte aus Rußland bezog, sondern weil dieser materielle Vorteil aus dem Feudalismus mit ihrer ideellen Vorliebe für den Konservativismus gepaart war. Nun lag ihr daran, einen Gleichklang mit ihrem zwar prinzipiell gleichgestimmten, doch politisch disharmonierenden Freund herzustellen, ihn für die antinapoleonische Koalition zu gewinnen und ihn damit gleichsam zu seinem eigenen Selbst zurückzuführen.

Überdies hatte ihr der Zar einen entsprechenden Wink gegeben. So verfügte sie sich nach ihrem Landsitz Ratiboržitz in Böhmen, das für eine Vermittlung goldrichtig lag – zwischen Schloß Gitschin, wo Metternich weilte, und Schloß Opočno, wo man Alexander erwartete. Gentz war mit nach Ratiboržitz gekommen, ließ es sich in dem »kleinen Paradies, das die Herzogin von Sagan zum Himmel macht«, gut gehen und wußte sich Metternich nun auch noch als Postillon d'amour unentbehrlich zu machen.

»Seien Sie versichert, daß ich oft an Sie dachte und stets mit der aufrichtigsten Freundschaft – ohne zu vergessen, daß nichts auf der Welt Sie in meinen Augen anziehender machen würde, als wenn Sie der größte Feind jenes Mannes wären, welcher der

Feind aller ist. Adieu, lieber Klemens, ich erwarte Sie, bald, bald – hier, wenn es möglich ist, wenn es aber absolut unmöglich ist, dann wo immer Sie mir Rendezvous geben wollen.« Das war das erste Locken der Sirene, das von Ratiboržitz nach Gitschin tönte. Klemens verstopfte sich keineswegs, wie Odysseus, die Ohren, band sich nicht fest, sondern fuhr zu ihr hin.

Er kannte die Gefahr, liebte sie und war überzeugt, darin nicht umzukommen. Auch störte ihn kaum, daß Wilhelmine primär der Politik wegen seine Nähe suchte, aus Liebe aber wegen eines anderen nach Böhmen gekommen war. Bei den Merveldt-Ulanen in Pardubitz stand ihr derzeitiger Favorit, Alfred Fürst zu Windisch-Graetz. Der nachmalige Feldmarschall, der 1848 die Wiener Revolutionäre zu Paaren treiben sollte, entstammte einem der großen und reichen Geschlechter Österreichs, war konservativ und pro-russisch bis auf die Knochen, und Sechsundzwanzig, vierzehn Jahre jünger als Klemens.

Am Doppelspiel schien Metternich in der Liebe wie in der Politik Gefallen zu finden. Waren Liaisonen nicht wie Allianzen, an die man sich nie mit Haut und Haaren band, die man schloß und wieder löste, zu Tripelallianzen oder Quadrupelallianzen erweiterte, oft mit einer Reservation, einem ausgesprochenen Vorbehalt, immer mit einer Reservatio mentalis, einem geheimen Vorbehalt?

Wenn ihn Wilhelmine stärker zu fesseln begann, als er es gewohnt war, und er sich stärker fesseln ließ, als er beabsichtigt hatte, dann mochte das – was ihn betraf – an zwei Gründen gelegen haben. Mit Vierzig stand er – wie er später einer anderen Freundin auseinandersetzte – im Hochsommer seiner sexuellen Kraft, den Herbst vor Augen. Mit Vierzig glaubte er auch im Zenit seiner politischen Bedeutung zu stehen, als Schiedsrichter zwischen Frankreich und Rußland, als Herr über Krieg und Frieden. Und da Politik und Liebe für ihn so etwas wie kommunizierende Röhren waren, entsprach die Hochstimmung hier der Hochleistung dort.

Es war seiner Doppelnatur gemäß. Verstand und Gefühl schienen fast unvermittelt nebeneinander zu stehen; jedenfalls hatte er den ersten für die Staatsaktionen und das zweite für die Liebesaffären reserviert. Wenn er ein ganzes, volles Menschenleben leben wollte, hatte er in jedem Bereich ein Maximum zu erfüllen, um insgesamt ein Optimum zu erreichen.

Das Jahr 1813 war ein Gipfeljahr, in der Politik wie in der Liebe. Die Duplizität der Ereignisse brachte eine Potenzierung des Erfolgs: Metternich wurde der erste unter den Staatsmännern Europas, Klemens der Geliebte einer der begehrtesten Frauen der Welt.

Es war ein Kontrastprogramm. Der Diplomat benützte Worte, um Absichten zu verschleiern, der Außenpolitiker behielt klaren Kopf, rechnete kühl, redete wenig und handelte überlegt, der Staatsmann manövrierte sich in die Mitte des Netzes, »wie meine Freundinnen, die Spinnen, die ich liebe, weil ich sie so oft bewundert habe«. Der Liebhaber andererseits trug das Herz auf der Zunge, offenbarte sein Innerstes, zeigte Bescheidenheit und Demut, ja Unterwürfigkeit und Wehleidigkeit, ein Gefangener, kein Fänger; er griff zu überschäumenden Worten, um überbordende Gefühle auszudrücken, schrieb die empfindsamsten Liebesbriefe seines Lebens.

Beispielsweise am 6. Juli 1813: »Meine liebe W., vergessen Sie mich nicht; behalten Sie mich immer ein wenig im Angedenken und sagen Sie sich, daß ich Sie aus tiefstem Herzensgrund liebe und, ach!, viel mehr als ich es zum Wohle dieses armen Herzens und der Situation, in der wir uns befinden, tun sollte!« Oder am 12. Juli 1813: »Ich hätte mich nie in diesen schrecklichen Schlingen verstricken sollen; dies sage ich mir – j'ai raisonné; doch wer gegen das Herz ankämpft, bietet vergebens Vernunftgründe auf... Eine Minute mit Ihnen, und ich glaube Raison zu besitzen – einige Tage ohne Sie, und ich fühle nichts als meinen Schmerz... Warum wurden Sie, die mir nichts war, für mich alles?«

»Ich schreibe, schreibe, schreibe und werde bald so viel Federn abgenützt haben, als alle böhmischen Gänse zu liefern imstande sind.« Schriftlich hatte er unaufhörlich sich selbst und anderen seine Existenz zu bestätigen, der Staatsmann in diplomatischen Noten und politischen Kommentaren, der Privatmensch in Billets doux an seine Geliebte und in Lebenszeichen an die Ehefrau.

Auch Lorel erhielt laufend Post aus Böhmen, Berichte eher als Bezeugungen, als wollte er durch gleichzeitige Bekundungen des Subjektiven hier und des Objektiven dort ständig sein inneres

Gleichgewicht ausbalancieren. Er tat und schrieb nichts ohne Absicht. Seine Briefe an Wilhelmine dienten der Werbung um eine Geliebte und für den Liebhaber; seine Briefe an Lorel, zum Herumzeigen in Wien bestimmt, sollten seine Politik als die einzig richtige und den Politiker als den einzig wichtigen hinstellen.

»Ich führe ein Leben, ma bonne amie«, so Metternich an seine Frau, »bei dem ich ein Bedürfnis nach Ruhe empfinde, wie ich es Dir nicht schildern kann. Immer zwischen Frankreich und den Alliierten, genötigt, an einem Tag Französisch zu sprechen und Russisch am nächsten, muß ich mich dazu all meinen österreichischen Angelegenheiten widmen.« In fünfzehn Tagen habe er nie vier Stunden nacheinander im Bett verbracht. Dennoch: »Ich werde dieses Schicksal segnen, das mir zuteil wurde, wenn es mir gelingt, Europa zu befrieden.« Sicher war er sich da nicht. »Wenn Gott mir hilft, werde ich gute Aussichten haben, alles binnen kurzem zu Ende zu bringen; wenn nicht, dann komme Wohl oder Wehe, die Würfel sind gefallen; und ich werde den Hut über die Augen ziehen, damit ich nicht um mich blicken muß, sondern nur geradeaus.«

Außer Metternich wollte eigentlich niemand den Frieden, bemerkte Gentz. Immerhin war es dem Österreicher gelungen, Russen und Preußen zu einer Hinnahme der an die Franzosen zu stellenden Friedensbedingungen zu bewegen: Auflösung des unter französischer Oberhoheit stehenden polnischen Herzogtums Warschau; Wiederherstellung Preußens, »möglichst« in den Grenzen von 1806; Unabhängigkeit der Hansestädte; Auflösung des Rheinbundes; Rückgabe Illyriens an Österreich. Für sein eigenes Land forderte Metternich am wenigsten, ein Beweis dafür, wieviel ihm am Frieden gelegen war.

Der Preis, den er Russen und Preußen für ihr Entgegenkommen an seine Friedenspolitik entrichten mußte, behagte ihm nicht: Beitritt zur Kriegskoalition, falls Napoleon die Friedensbedingungen ablehnen sollte. Eine solche Übereinkunft sei »im Grunde entweder überflüssig an sich oder unverträglich mit unserer Haltung als Vermittler«, kritisierte er. »Was würden die Verbündeten sagen, wenn sie erführen, daß wir mit dem französischen Kabinett solch ein Abkommen unterhandelten?«

Kein Wunder, »daß der Kaiser der Franzosen«, wie Metternich

bemerkte, »viel Unruhe darüber zeigt, welche Partei wir nun ergreifen werden.« Das überraschte ihn nicht, und es befriedigte ihn, daß endlich auch Napoleon nach dem Vermittler verlangte: Der österreichische Außenminister möge, »sobald es seine Angelegenheiten erlauben«, ins kaiserliche Hauptquartier nach Dresden kommen.

»Ich brauche Ihnen nicht zu sagen, wie glücklich mich diese Reise macht. Ich komme wie der sprichwörtliche Mann Gottes, der die Last der Welt trägt!« Dies schrieb er Wilhelmine von Sagan nach Ratiboržitz, wo – wie er wußte – der Zar weilte. Es war für ihn ein doppelter Triumph: der Geliebten zu zeigen, was für ein Mann er war, und dem Russen zu bedeuten, daß er es auch mit dem Franzosen könnte.

NAPOLEON, das hatte der Österreicher in Paris gelernt, pflegte seine Gespräche wie seine Schlachten mit massiven Angriffen zu eröffnen. Das war auch diesmal so, am 26. Juni 1813 im Palais Marcolini in Dresden, wenn man der lange danach niedergeschriebenen Darstellung seines Kontrahenten Glauben schenken möchte.

»Sie wollen also den Krieg? Gut, Sie sollen ihn haben. Ich vernichtete die Preußen bei Lützen, ich schlug die Russen bei Bautzen; auch Sie wollen an die Reihe kommen. Es sei! In Wien sehen wir uns wieder!«

Sein Gegenüber ließ sich nicht überrumpeln: »Europa kann sich nicht mit den Plänen abfinden, die Sie bis jetzt verfolgt haben. Die Welt braucht den Frieden. Um diesen Frieden zu sichern, müssen Sie in die mit der allgemeinen Ruhe zu vereinbarenden Machtgrenzen zurückkehren, oder aber, Sie werden unterliegen. Heute können Sie noch Frieden schließen, morgen dürfte es zu spät sein.«

Napoleon fuhr ihn an: »Was will man denn von mir? Daß ich mich entehre? Nimmermehr. Ich werde zu sterben wissen, aber ich trete keine Handbreit Bodens ab. Eure Herrscher, geboren auf dem Thron, können sich zwanzigmal schlagen lassen und doch immer wieder in ihre Residenzen zurückkehren; das kann ich nicht, ich, der Sohn des Glücks! Meine Herrschaft überdauert den

Tag nicht, an dem ich aufgehört habe, stark und folglich gefürchtet zu sein... Ich habe zwei Schlachten gewonnen, ich werde nicht Frieden schließen.«

Metternich entgegnete: »Mein Kaiser hat den Mächten seine Vermittlung, nicht seine Neutralität angetragen. Rußland und Preußen haben die Vermittlung angenommen, an Ihnen ist es, sich heute noch zu erklären. Sie werden das annehmen, was ich Ihnen soeben angeboten, und wir werden einen Zeitraum für die Dauer der Unterhandlungen festsetzen; Sie werden es verweigern, und der Kaiser, mein allergnädigster Herr, wird sich als frei betrachten in seinen Entschlüssen und seiner Haltung. Die Lage drängt, die Armee muß leben; in kurzem sind 250 000 Mann in Böhmen.«

Angriff, Gegenangriff, Stellungskampf – es dauerte neun Stunden lang, bis zum Finale. Napoleon warf seinen Hut, den er bisher in der Hand gehalten hatte, zu Boden. »Ich blieb ganz ruhig, stützte mich an die Ecke einer Konsole zwischen den beiden Fenstern.« Napoleon ging im Zimmer auf und ab, hob beiläufig seinen Hut auf, begleitete Metternich bis an die Tür des Salons. »Die Hand auf die Türklinke des Türflügels legend, sagte er zu mir: ›Wir sehen uns doch wieder?‹ – ›Zu Befehl, Majestät‹, war meine Antwort, ›aber ich habe keine Hoffnung, den Zweck meiner Mission zu erreichen.‹ – ›Nun wohl‹, entgegnete Napoleon, indem er mir auf die Schulter klopfte, ›wissen Sie, was geschehen wird? Sie werden nicht Krieg mit mir führen.‹ – ›Sie sind verloren, Sire‹, rief ich lebhaft aus, ›Sie gehen Ihrem Untergang entgegen; als ich kam, ahnte ich es, jetzt beim Gehen weiß ich es.‹«

Welch ein welthistorisches Drama, welch ein schicksalhafter Dialog zwischen den zwei Hauptfiguren, welch ein entscheidender Moment im Niedergang Napoleons und im Aufstieg Metternichs – wenn es sich tatsächlich so abgespielt hätte. Sein Gedächtnis war beim Schreiben der Memoiren kaum getrübt gewesen. Es war die Erinnerung an die folgenden Ereignisse, die zum Sturze Napoleons führten, die es ihm opportun erscheinen ließ, es so hinzustellen, als sei er zumindest seit Dresden eindeutig gegen Frankreich und für die Koalition gewesen.

Die Wahrheit hätte ihm besser zu Gesicht gestanden. Denn immer noch war er um Vermittlung eines für beide Seiten annehmbaren Friedens bemüht und nicht ohne Hoffnung, den Konflikt schiedlich lösen zu können. »Ich schmeichle mir«, schrieb er am 2. Juli 1813, wenige Tage nach der Dresdner Unterredung seiner Tochter Marie, »daß wir Frieden haben werden, besonders mit Rücksicht auf die ersten moralischen Siege, die ich über den Kaiser davongetragen habe.«

Der Franzose konnte nicht umhin, von diesem Österreicher beeindruckt zu sein. »Metternich ist gut trainiert«, sagte er zu Caulaincourt. »Er hat seine Lektionen in Paris gut gelernt. Er ist wirklich ein guter Staatsmann geworden.« Napoleon ließ ihn nicht mit leeren Händen heimkehren. Er gab Österreich – wie es Kaiser Franz wünschte – die Allianz zurück, akzeptierte seine Vermittlerrolle zwischen den Parteien, erklärte sich mit der Einberufung eines Friedenskongresses auf den 10. Juli nach Prag und einer Verlängerung des Waffenstillstandes bis zum 10. August einverstanden.

Kaiser Franz war es so recht. »Ihnen habe ich großenteils den jetzigen ruhmvollen politischen Zustand meiner Monarchie zu verdanken, ich rechne auch auf Sie in meinen Bestrebungen, ihn zu erhalten. Friede, dauerhafter Friede ist gewiß das für jeden redlichen Mann erwünschteste, um so mehr für mich, dem das aus einem Krieg entstehende Leiden so guter Untertanen, so schöner Länder, an denen ich mit Leib und Seele hänge, am schmerzlichsten fällt.«

Frieden – für Zar Alexander I. war er weniger erwünscht, vielleicht weil er wußte, daß sich der Krieg nicht mehr in seinem Land abspielen würde, aber auch für König Friedrich Wilhelm III., der lieber ein verheertes, als gar kein Land zurückhaben wollte.

In Abwesenheit Metternichs war am 27. Juni die – geheime – Konvention von Reichenbach unterzeichnet worden, in der sich Österreich verpflichtete, an der Seite Rußlands und Preußens in den Krieg gegen Frankreich zu ziehen, wenn Napoleon die alliierten Friedensbedingungen nicht annehme. Davon waren Russen und Preußen ausgegangen, deshalb hatten sie die Vermittlung der Österreicher hingenommen.

Nun brachte Metternich aus Dresden ein Jein zurück, die eigenmächtig vereinbarte Friedenskonferenz, den selbstherrlich verlängerten Waffenstillstand, einen weiteren Aufschub der Aufnahme der Kampfhandlungen, die man lieber heute als morgen wieder begonnen hätte, aber ohne Österreich nicht mit Aussicht auf Erfolg führen konnte.

Vorerst fielen sie über Metternich her: Der Zar, der Verrat witterte, den Östereicher »nichts als einen Lakaien Napoleons« nannte. Der Freiherr vom Stein, der meinte, Metternichs »Politik bietet den Ratschlägen des Menschenverstandes Hohn«; auf ihn träfe das Wort des Mephisto in Goethes *Faust* zu: »Ein Kerl, der finassiert,/ ist wie ein Tier, auf dürrer Heide/ von einem bösen Geist im Kreis herumgeführt/ und ringsumher liegt schöne grüne Weide.« Wilhelmine übernahm die Rolle des guten Geistes, der Klemens auf die richtigen Gefilde geleiten sollte.

Metternich stöhnte über die »schweren Stunden in Ratiboržitz«, behielt aber seine beiden Karten fest in der Hand. Die eine – die Dresdener Konvention mit den Franzosen – brauchte er für einen Frieden zu österreichischen Bedingungen, die andere – die Reichenbacher Konvention mit Russen und Preußen – für den Krieg, der, wenn er schon nicht vermieden werden könnte, unter österreichischer Führung stehen sollte.

Die eine Karte ausspielen und die andere nicht ablegen – es war die Politik, die Österreich wieder nach oben geführt hatte und noch weiter nach oben führen sollte. »Wir haben auf diese Weise in weniger als vier Jahren die erste Stelle in Europa wieder errungen«, erklärte er seinem Monarchen. »Diese Wahrheit ist mir zu einleuchtend, als daß ich den Satz nicht als gänzlich ausgemacht annehmen muß, daß Eure Majestät, im Falle Frankreich die Friedensbasen nicht annehmen sollte, Ihrem Worte treu bleiben und Ihre Rettung im engsten Anschließen an die Alliierten suchen werden.«

Vor dem Krieg graute ihm noch mehr, seit er in Dresden mit seinen Folgen konfrontiert worden war. »Du hast keine Idee von dem Elend und den Schrecknissen, die hier herrschen«, berichtete er seiner Frau. »Die letzten Schlachten kosteten die Franzosen über 80 000 Tote und Verwundete. Jedes halbwegs geeignete Haus wurde in ein Lazarett verwandelt. Wahrscheinlich gibt es in Dresden und den Vororten noch immer mindestens 25 000 Verwundete und Kranke.«

Was war aus dem Rokoko-Paradies geworden, wie er es erlebt und genossen hatte! Er erinnerte sich an den Japanischen Garten, wo die »schönsten Rosen der Welt« wuchsen. »Ich trat für einen Moment ein und hätte weinen mögen über die stetigen Umwälzungen, die man die Geschichte der Reiche nennt.«

Eine neue schien bevorzustehen, Mars wieder einmal in die Speichen zu greifen. Napoleon – auch das war ihm in Dresden aufgegangen – war eben doch ein Mann des Säbels, nicht des Floretts; ein Parvenu, der nicht wie ein Politiker des Ancien régime strukturiert und deshalb kalkulierbar war; ein Militär, der auch in aussichtsloser Lage den Kampf wagen würde, weil dies das Element seines Lebens und eine nicht ungewöhnliche Art des Sterbens war; ein Hasardeur, dem es nichts ausmachte, wenn andere seine Spielschulden bezahlten, ein Dämon, der, wenn er nicht mehr die Welt beherrschen konnte, sie in seinen Untergang mit hineinziehen wollte.

Vielleicht hatten seine Feinde nicht unrecht, die ihn so sahen und deshalb vernichtet sehen wollten, und mit ihm das aus Kriegen entstandene Imperium und das der Revolution entsprungene System. Russen und Preußen dachten so, deutsche Patrioten und auch österreichische Militärs wie Radetzky, der Generalstabschef der nun in Böhmen kampfbereit stehenden kaiserlichen Armee: »Bietet also Österreich zu irgendeiner Ausgleichung die Hand, wodurch Napoleon seinen Einfluß auf Deutschland und Italien behält, so unterschreibt es sein Todesurteil. Es begeht einen politischen Selbstmord. Nur Krieg in diesem letzten so glücklichen Moment gibt Österreich die Hoffnung, seine Unabhängigkeit wieder zu erringen.«

Die österreichischen, russischen und preußischen Generäle benahmen sich bereits wie Kriegskameraden, hatten einen gemeinsamen Operationsplan ausgearbeitet, der die Handschrift Radetzkys trug. Während Napoleon, nach einigem Hin und Her, Armand Caulaincourt, der nicht für Krieg, sondern für Frieden war, nach Prag entsandte, wartete Rußland nur mit dem Baron Anstett, Preußen immerhin mit Wilhelm von Humboldt auf, der indessen auch kein Hehl daraus machte, daß er die vom österreichischen Außenminister bescherten Unterhandlungen nur für Zeitverschwendung hielt. Dessen Gesellschaft empfand er als angenehm:

Metternich höre immer zu, gehe stets auf den anderen ein, sei nie unbillig.

»Wir warten ›immer‹ der Dinge, die da kommen sollen«, schrieb Metternich am 16. Juli 1813 aus Prag seiner Tochter Marie. »Dieses ›immer‹ wird aber bald sein Ende haben, doch glaube ich nicht, daß irgend jemand auf der Welt, ausgenommen der liebe Gott, der uns nicht in sein Geheimnis einweiht, weiß, wie das ausgehen wird. Wenn es doch zum Kriege kommt, so sage Mama, sie soll auch dann ruhig bleiben. Die Dinge prägen sich so scharf aus, daß es schwierig wäre zu entscheiden, wem das bessere Spiel zufallen wird; die Zeit aber, die wir gewonnen haben, versetzt uns in eine sehr gute Lage.«

Noch am 26. Juli war für ihn nichts entschieden. »Werden wir Krieg haben oder nicht?« schrieb er seinem Vater. »Niemand kann vor dem 10. August (dem Ablauf des Waffenstillstandes) diese Frage entscheiden. Ich sage dieses ›niemand‹ und beziehe Napoleon darin ein. Aber soll geschehen was will, ich werde meine Pflicht getan haben und wenn ich alle Friedensmöglichkeiten erschöpfe, so wird es deswegen nicht weniger sicher sein, daß der Krieg mit Erfolgsaussichten geführt wird, die weit über alles hinausgehen, was Du Dir vorstellen kannst.«

Er kostete es aus, im Mittelpunkt zu stehen, die Hauptrolle zu spielen, die Initiative zu haben, eine Alternative zu behalten, jeder Eventualität gewachsen zu sein. Die Franzosen mußten jeden, der bei ihnen anklopfte, zu ihm weiterschicken, die Russen und Preußen hatten sich damit abzufinden, daß der Österreicher Regie führte, ihnen kleine Auftritte zugestand und den großen Auftritt vorenthielt.

Und Wilhelmine war in Prag, bewunderte den Spieler, was ihn beflügelte, und suchte das Spiel zu beeinflussen, was ihn kaum beeindruckte. Dennoch ging es zu ihren Gunsten aus, weil Napoleon nicht die Rolle übernehmen wollte, die Metternich ihm zugedacht hatte. Der Franzose taktierte hinhaltend, um seine Rüstungen zu vollenden, machte Metternich persönlich Avancen, doch der von ihm vertretenen Sache des Friedens keine Konzessionen. Schließlich mußte ihn der Österreicher ultimativ auffordern, die schon lange auf dem Tisch liegenden Friedensbedingungen – von der Auflösung des Herzogtums Warschau und des Rheinbundes bis zu einer Restitution Preußens und der Rückgabe Illyriens – endlich anzunehmen.

Das Ultimatum lief in der Mitternachtsstunde des 10. August ab. Im Palais Schönborn, der Residenz des Außenministers, hatten sich Schwarzenberg, Gentz und Anstett eingefunden, und Wilhelmine mit Alfred Windisch-Graetz, den sie immer noch und ohne Hintergedanken liebte. An diesem Abend dachte sie primär an ihren politischen Favoriten, dem nun nichts mehr anderes übrigblieb, als die von ihr favorisierte Politik zu vertreten. Denn der mitternächtliche Glockenschlag verklang, ohne daß eine Antwort von Napoleon eingetroffen war. Wilhelmine reichte Metternich die Feder, mit der er die vorbereitete Note unterschrieb, »daß Österreich dem russisch-preußischen-englischen Bündnisse beitrete und mit den Verbündeten an den neu beginnenden Feindseligkeiten teilnehmen werde«.

Es war die Kriegserklärung. »Nur wir beide wollten Frieden stiften«, sagte er beim Abschied zu Caulaincourt, und dessen Sekretär Broglie sah Metternich »von tiefen patriotischen und persönlichen Besorgnissen« erfüllt: »Seine Augen waren feucht, seine Hände zuckten nervös, Schweiß stand ihm auf der Stirne.« Seiner Frau schrieb er: »Bete, daß alles sich zum Guten wendet. Ich erwarte nichts mehr zu hören als Kanonen, und nichts zu sehen als Gefallene und Sterbende.«

Prag, die Goldene Stadt, kam ihm nun wie ein russisches Militärlager vor; »man begegnet hier nur Kosaken und bärtigen Gesichtern«. In Böhmen stießen 75 000 Russen und 50 000 Preußen zu den 125 000 Österreichern. In Schlesien standen 60 000 Russen und 40 000 Preußen, in Norddeutschland 75 000 Preußen, 30 000 Russen und 25 000 Schweden. Insgesamt stellten die Alliierten 500 000 Mann ins Feld, gegen 450 000 Franzosen und Rheinbündler. Das Reservoir der Verbündeten war größer; allein Österreich stellte bis Jahresende 300 000 Mann.

Zunächst hielten sich die Streitkräfte ungefähr die Waage, und auch die Erfolge und Mißerfolge in den ersten Kämpfen. Am 26. August siegte der Preuße Blücher an der Katzbach in Schlesien, am selben Tag verlor der Österreicher Schwarzenberg die Schlacht bei Dresden, was er am 29. und 30. August durch den Sieg bei Kulm und Nollendorf wettmachte.

»Vor zwei Tagen haben wir ein Tedeum gehabt«, schrieb Metternich am 4. September seiner Tochter Marie. »Eine schöne und rührende Zeremonie, 30 000 Mann in einem ungeheuren Rechteck zu sehen, das aus den gleichen Männern gebildet ist, die Tags vorher dem Tode entronnen sind, während sie dieser vielleicht morgen erwartet.« Das Ganze war ihm ungewohnt, ja unheimlich. »Wenn alle Welt uns ähnlen würde, meine liebe Marie, würde es keine Kriege geben. Diese sind eine recht häßliche Erfindung, aber liegen unglücklicherweise in der menschlichen Natur. Inmitten von Tausenden von Toten und Verwundeten siehst Du die Truppen singen und lachen und darüber klagen, wenn drei Tage ohne Schlacht vergehen.«

Krieg paßte nicht in sein gepflegtes Weltbild und nicht zu seiner gewohnten Lebensweise. »Diese Lager und das Treiben in ihnen sind mir ein Greuel. Ich bin für sanfte, friedliche Freuden und Zerstreuungen geboren und verabscheue alles, was mich ihnen entzieht.« Das schrieb er seiner Frau und verschwieg, daß dieses Vagabundieren auch Vorzüge hatte. In Laun, zwischen Prag und Teplitz, traf er sich mit Wilhelmine, verbrachte eine Nacht mit ihr.

Gentz, von dem sie sich auf seinen Wunsch begleiten ließ – »denn es ist nötig, auf den Überlandstraßen nun einen Mann bei sich zu haben, so wenig Mann unser guter Gentz auch sein mag« –, der gute Gentz resümierte: »In solcher Stimmung, so wohl, so schön, so voll fester und ruhiger Hoffnung sah ich ihn nie. Auf seinem Gesicht stand der glückliche Ausgang des Krieges ganz unverkennbar geschrieben.«

Es war nicht nur die Freude über die Erfüllung seiner Liebe, sondern auch der Stolz auf seine politische Leistung, die ihn so zuversichtlich machten. Gentz fand letzteren eher untertrieben: »Im Sonnenschein der Gesundheit und Stärke seines Staates mit ausgebreiteten Mitteln oder unbeschränkter Macht auf dem Weltschauplatz eine Rolle zu spielen, ist für den, der einmal begriffen hat, mit welcher geringen Portion Weisheit die Welt regiert wird, so schwer nicht; aber von allen Seiten beengt und von allen Seiten von widerstrebenden Elementen und tausendfältigen Hindernissen umringt, ein von Wind und Wetter zwanzig Jahre lang geschlagenes Schiff durch Klippen und Untiefen wieder aufs hohe Meer zu ziehen – diese Kunst ist nur wenigen gegeben.«

Metternich hatte dies gekonnt. Er habe 1809 die Leitung eines armen und verfallenen Österreichs übernommen, erklärte er selber. Von allen Seiten verdächtigt, habe er nur ein Ziel vor Augen gehabt: sein Land wieder zu erheben und der Welt den Frieden zu bringen. Das erste war ihm 1813 geglückt, das zweite vorerst mißglückt; es sollte ihm aber 1815 gelingen.

Er hatte das Schiff Austria nicht nur wieder in freies Fahrwasser gebracht, sondern es auch an die Spitze der alliierten Schiffe gesteuert, einer Kriegsflotte zunächst. »Ich werde für einige Zeit der Minister Europas sein«, hob er hervor. »Es gibt nur ein Kabinett, und ich habe den Vorsitz.« Das habe er durch seine ebenso abwägende und abwartende wie beharrliche und zielbewußte Außenpolitik erreicht: Rußland leite Preußen, Österreich leite Rußland und somit beide.

Metternich fühlte sich als Premier Europas und als Kriegspremier beinahe auch als Generalissimus. Er hatte den österreichischen Feldmarschall Schwarzenberg, den Befehlshaber der böhmischen Hauptarmee, als Oberbefehlshaber der alliierten Armeen durchgedrückt. Und verlangte von ihm, daß er sich gegen die anderen Generäle wie er gegen die anderen Minister durchsetze: »Das wichtigste ist, in den militärischen Dispositionen die bestimmteste Sprache zu führen und gegen jedermann den Grundsatz aufrecht zu erhalten, den wir unsererseits dem Kaiser Alexander gegenüber betonen und der darin besteht, daß jene Macht, die 300000 Mann ins Feld stellt, die erste ist, während die übrigen nur Hilfsmächte sind.«

Der erste Minister der ersten Macht fixierte die Kriegsziele für alle: Die napoleonische Gewaltordnung müsse beseitigt und die alte Friedensordnung wiederhergestellt werden; Europa dürfe nicht mehr von einem Staat beherrscht, sondern solle im Gleichgewicht seiner Staaten gehalten werden. Bereits in Metternichs Instruktionen für Schwarzenberg vom März 1813 war dieses Kontinentalsystem konturiert: Ein nicht zu schwaches Frankreich und ein nicht zu starkes Rußland zu beiden Seiten, das wiederhergestellte Österreich und das wiederhergestellte Preußen in der Mitte – Barrieren und Bindeglieder zugleich.

Zu seinen Kriegszielen gehörte nicht, wie es deutsche Napoleonhasser und Welschenfresser verlangten, eine empfindliche

Schwächung Frankreichs – sein Gleichgewichtssystem hätte dann nicht funktionieren können. In seine Staatenordnung paßte nicht, wie es deutsche und italienische Patrioten forderten, ein deutsches Nationalreich und ein italienischer Nationalstaat; sein Friedenssystem wäre dadurch in Frage gestellt worden.

Ein Krieg zur Befreiung von der napoleonischen Universalmonarchie war zu führen, nicht ein Freiheitskrieg gegen die monarchische Herrschaft und die feudale Gesellschaft, wie es den Jakobinern aller Länder vorschwebte. Im Gegenteil: Mit Napoleon sollte die Französische Revolution, der er entstammte, besiegt werden, mit seinem Imperium alles oder doch das meiste verschwinden, was an revolutionären Ideen realisiert worden war. Und nicht nur in Frankreich selber, sondern überall dort, wo es – wie im rheinbündischen Deutschland oder im trikoloren Italien – von den Franzosen eingeführt oder – wie in Preußen – zur Überwindung der Fremdherrschaft übernommen worden war.

Einen Staatenkrieg alten Stils und nicht einen Volkskrieg neuer Art wollten auch Zar Alexander und König Friedrich Wilhelm. Aber sie hatten weniger Skrupel, die nationalen und demokratischen Pferde vor ihre Wagen zu spannen, und kaum Zweifel, sie nach Erreichen des Zieles wieder ausspannen zu können. Und beide waren vom Sacro egoismo ihrer Staaten getrieben: Der Russe wollte sein Reich nach Westen ausdehnen, der Preuße wollte seine Monarchie nicht nur wiederherstellen, sondern auch vergrößern.

Sie kollidierten mit den Kriegszielen Metternichs. Er konnte keine russische Übermacht in Europa und keine preußische Vormacht in Deutschland dulden – die Sicherheit Österreichs und das friedenssichernde Gleichgewicht auf dem Kontinent wären gefährdet gewesen. Und er hatte sich gegen den im russisch-preußischen Aufruf von Kalisch enthaltenen Appell an die nationalen und demokratischen Kräfte zu wenden; denn das habsburgische Vielvölkerreich konnte derartiges kaum verkraften, und nicht nur die Monarchie in Österreich, sondern in ganz Europa mußte dadurch gefährdet werden.

Primär deswegen hatte er sich an die Spitze der Koalition gesetzt: Als ihr Premier wollte er die Interessen und die Prinzipien Österreichs, die er mit den Interessen und Prinzipien Europas gleichsetzte, für alle durchsetzen. Das mußte ihn in Konfrontation mit den Machtinteressen Rußlands und Preußens und in Konflikt mit den nationalen und demokratischen Ideologien bringen – jetzt schon, da der gemeinsame Feind, das napoleonische Frankreich, noch gar nicht besiegt war, und erst recht später, als nach gewonnenem Krieg eine Friedensordnung in seinem Sinne gefunden und erhalten werden sollte.

Im Sommer 1813, kurz nach Kriegsausbruch, war ihm das noch nicht bewußt, hatte er es zweifellos verdrängt, durch eine die große Leistung noch übertreffende Befriedigung, der Beste gewesen und der Erste geworden zu sein. »Europa wird gerettet werden und ich schmeichle mir, daß man mir schließlich nicht gerade das schwächste Verdienst daran zubilligen wird.«

Schon fühlte er sich als Sieger über Napoleon: »Alles beweist, daß die Stunde geschlagen hat und meine Sendung, allem Übel ein Ende zu machen, durch Verfügung des Himmels festgelegt ist.«

Bei Leipzig wurde Napoleon geschlagen. Die Völkerschlacht, die weniger für die Völker als für die Monarchen ausgefochten wurde, begann am 16. Oktober 1813, das Völkerschlachten, das fast 100 000 Tote und Verwundete kostete, dauerte drei Tage, endete mit einer vernichtenden Niederlage der Franzosen und dem Rückzug der Reste in Richtung Rhein.

»Wir haben die Schlacht der Welt gewonnen«, kommentierte Metternich. Wie in Wagram stand er wieder auf dem Feldherrenhügel, nun nicht mehr allein mit Kaiser Franz, sondern neben den drei verbündeten Monarchen, die er für den militärischen Triumph politisch zusammengeführt hatte.

Leicht war es nicht gewesen, sie zusammenzuhalten. Die größten Schwierigkeiten machte der Zar, der sich für den Größten hielt, als Staatsmann, als Feldherr und auch – worüber sich Klemens besonders mokierte – als Liebhaber. Alexander I. konnte es nicht verwinden, daß er von Metternich in allen drei Rollen überspielt worden war. Er hatte Wilhelmine an die Liebesfront geschickt, ohne damit zu rechnen, daß sie sich ernstlich in Klemens verlieben könnte. Er hatte geglaubt, in der Koalition die Österreicher wie die Preußen behandeln zu können, und mußte sich nun

Klemens Wenzel Lothar Fürst von Metternich beim Einmarsch in Frankreich 1815.

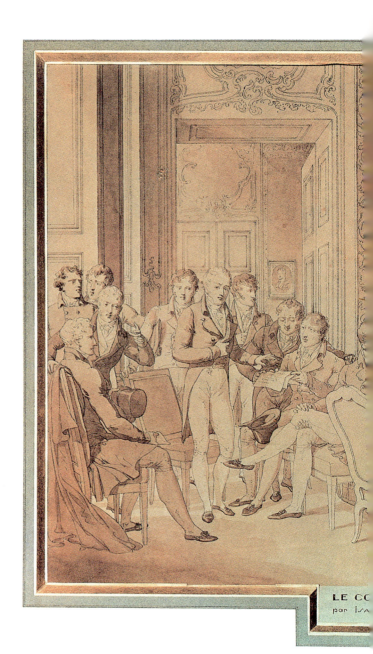

LE CO
par Isa

Die Staatsmänner des Wiener Kongresses.

Klemens Wenzel Lothar Fürst von Metternich.

eingestehen, daß er von Metternich manipuliert worden war. Nicht einmal die Genugtuung, wenn schon nicht der Primus in der Politik, dann wenigstens der Oberfeldherr zu sein, hatte er ihm gelassen, auch keinen russischen General, sondern den österreichischen Feldmarschall dazu bestimmt.

Die Mißklänge waren programmiert, die Antworten auf die Fragen, wie und wozu der Krieg geführt werden sollte, konnten nicht einmütig sein. »Die Koalition«, bemerkte Gentz, »ist ein schwaches, morsches, schlecht zusammengefügtes Gebäude, an welchem kaum zwei Stücke gehörig ineinanderpassen.« Die Furcht vor Napoleon und die Notwendigkeit, ihn zu besiegen, hielt es zusammen – und die diplomatische Kunst Metternichs.

Er mußte sie bereits aufbieten, als es galt, den Feldzugsplan, der den Sieg bei Leipzig brachte, durchzusetzen und auszuführen. Russen und Preußen konterkarierten ihn nicht zuletzt deshalb, weil er von einem Österreicher, dem Generalstabschef Radetzky, stammte und sozusagen die Fortsetzung der Diplomatie Metternichs mit militärischen Mitteln war.

Der im sächsischen Dreieck stehende, immer noch starke und gefährliche Napoleon konnte nicht frontal angegriffen werden. Die drei alliierten Armeen sollten von Böhmen, Schlesien und von Norden her operieren. Diejenige, die von Napoleon angegriffen würde, müßte zurückweichen, die anderen müßten vorgehen, und so weiter und so fort – bis Napoleon durch das ständige Hin und Her zermürbt wäre, sich verausgabt hätte, der Kreis immer enger gezogen, das Kesseltreiben zur Kesselschlacht werden könnte, zur Vernichtungsschlacht.

Das wäre bei Leipzig auch gelungen, wenn die Russen nicht den Plan der Österreicher durchkreuzt hätten, der die Aufstellung der Hauptarmee im Westen vorsah, um den Franzosen den Rückzugsweg zu versperren. Aber auch so war der Sieg noch entscheidend genug: Die letzte große Armee Napoleons war zerschlagen, Deutschland konnte bis zum Rhein befreit werden.

Auch Metternich feierte, vor allem sich selbst. »Was für Sensationen habe ich in diesen Tagen erlebt! Die Welt hat sich vor meinen Augen erneuert, meine kühnsten Träume wurden wahr, meine politische Existenz gewinnt doppelten Wert. Ich habe mein Ziel erreicht, im Galopp...« Aber er bedauerte auch die Opfer, die dafür zu bringen waren: »Nur Tote, Sterbende und Verstümmelte zu sehen, bei jedem Schritt Bedacht nehmen zu müssen, daß man nicht auf einen Leichnam steigt, aller Freuden des Lebens beraubt zu sein – wenn nicht etwas Erregendes in der Gefahr an sich läge, wüßte ich nicht, wie man das alles ertragen könnte.«

Der Rokokokavalier war wie Cherubin in Mozarts *Hochzeit des Figaro* in den Krieg gezogen, und die Aussicht, auf leises Flehen und süßes Kosen verzichten zu müssen, hatte er schon als schmerzlich genug empfunden. Nun wurde er mit den Schrecken des Krieges konfrontiert, was seine subjektive wie objektive Vorliebe für den Frieden nur bestärken konnte.

Er hielt wenig davon, daß es süß und ehrenvoll sei, für das Vaterland zu sterben. War es nicht sinnlos, einen jungen Dichter wie Theodor Körner in den Krieg ziehen und den Soldatentod finden zu lassen? »Ich wünschte, es bestünde ein Gesetz, daß jeder einzelne, der durch ein großes Talent ausgezeichnet ist, nicht den verhängnisvollen Zufällen der Schlacht preisgegeben werden dürfe. Körner, der soviel verhieß, war nicht mehr von Nutzen als irgendein Dummkopf.« Dies wiederum war entsetzlich elitär, noch à la Ancien régime und schon nach Art einer neuen Bildungsaristokratie. Der preußische Humanist Wilhelm von Humboldt widersprach: Jeder Mann habe die Pflicht, sein Vaterland zu verteidigen. »Äschylus würde es sehr sonderbar gefunden haben, wenn man ihn hätte hindern wollen, bei Marathon zu kämpfen.«

Humboldt mußte sich auch über Goethe wundern, den er für einen Mitbürger desselben geistigen Reiches gehalten hatte. »Der Freiheitssinn und die Vaterlandsliebe, die man aus den Alten zu schöpfen meint, wird in den meisten Leuten zur Fratze«, meinte der Olympier, der Wert darauf legte, daß sein Sohn nicht gegen die Franzosen kämpfe, und nach Leipzig erklärte: »Franzosen sehe ich nicht mehr und nicht mehr Italiener, dafür aber sehe ich Kosaken, Baschkiren, Kroaten, Magyaren, Kassuben, Samländer, braune und andere Husaren. Wir haben uns seit einer langen Zeit gewöhnt, unsern Blick nur nach Westen zu richten und alle Gefahr von dorther zu erwarten; aber die Erde dehnt sich auch noch weithin nach Morgen aus.«

Auf dem Weg an den Rhein sprach Humboldt in Weimar bei Goethe vor, fand ihn zwar ohne das Kreuz der Ehrenlegion, das er noch beim Einzug der Österreicher angelegt hatte, »allein die Befreiung Deutschlands hat noch bei ihm keine tiefe Wurzel geschlagen«. Er blieb von Napoleon fasziniert, von der Pax Napoleonica beeindruckt, stellte Humboldt vor, »daß er sich an den vorigen Zustand einmal gewöhnt habe, daß alles da schon in Ordnung und Gleis gewesen sei«.

Auch deswegen verstanden sich Metternich und Goethe besser. Der Minister hatte Wilhelmine gebeten, ihm den ersten Teil von *Dichtung und Wahrheit* ins Feld zu schicken, was sie besorgte, samt einer Leselampe und einer Samtkappe. Am 26. Oktober 1813 unterbreitete der Politiker dem Dichter, den »die Umwälzung bedrängte und fast vernichtete, so daß der Verstand vergebens sich anstrengt, um auszusinnen, wie hieraus eine neue Gestaltung der Dinge sich ergeben möchte«, seine Vorstellungen für eine Neuordnung im alten Sinne.

Goethe schätzte sich glücklich, »teilzunehmen an den Ansichten solcher Männer, die das ungeheure Ganze leiten«, äußerte sich über den Plan befriedigt und über den Planer begeistert: »Er gehört zu den Personen, die auf den obersten Stufen des irdischen Daseins der höchsten Bildung teilhaftig geworden und deren Eigenschaften uns die tröstliche Versicherung einflößen, daß Vernunft und Menschlichkeit die Oberhand behalten und ein klarer Sinn das vorübergehende Chaos bald wieder regeln wird.«

Kaiser Franz war ähnlicher Meinung, wenn er sich auch nicht so tiefsinnig und wohlformuliert auszudrücken vermochte. Aber er konnte ihn nicht nur mit Worten, sondern auch mit einer Ernennung auszeichnen: Der Monarch erhob seinen Minister in den erblichen österreichischen Fürstenstand.

Feldmarschall Schwarzenberg hatte ihn nach Leipzig darum gebeten. »Erlauben Euer Majestät mir die alleruntertänigste Bemerkung, daß um diesem Tage seinen vollen Glanz zu geben, Euer Majestät dem Grafen Metternich ein öffentliches Merkmal Ihrer Gnade und Zufriedenheit gewähren sollen.« Das sei auch deshalb angebracht, weil selbst im eigenen Lande die Verdienste des Außenministers um die Sache Österreichs und Europas nicht richtig gewürdigt würden, der Allgemeinheit gezeigt werden müßte, »daß nun dem, von vielen verkannten, zweckmäßig geleiteten politischen Gange allgemeine Gerechtigkeit widerfährt, durch ihn allein diese Ereignisse herbeigeleitet wurden und am 18. Oktober bei Leipzig ihm die Krone aufgesetzt ward«.

Vielleicht hatte der Graf Metternich dem Fürsten Schwarzenberg einen entsprechenden Wink gegeben. Sie verstanden sich, hatten beide gegen ein »voreiliges Urteil« anzugehen – der Außenminister, dem schon vor Leipzig vorgeworfen wurde, er sei nur mit halbem Herzen bei der anti-napoleonischen Sache, und der Oberbefehlshaber, dem auch nach Leipzig noch vorgehalten wurde, er würde Napoleon nur mit halber Kraft bekämpfen.

Sicher ist, daß Metternich in Wien, wo seine Intimfeinde saßen, um ein Zeichen der Anerkennung bemüht war. »Nun spricht sicher alles für den Krieg, für mich, für Schwarzenberg«, schrieb er Hudelist, dem Platzhalter am Ballhausplatz. »Ich wünschte, daß die Stadt Wien etwas für mich und Schwarzenberg täte, z. B. ein Bürgerdiplom – irgend etwas Auffallendes, weil dieses doch immer auf den Geist wirkt. Das Vienna salvata ist doch etwas wert. Sehen Sie zu, ob Sie den Gedanken sub rosa anbringen können.«

Er erhielt das Bürgerdiplom ebenso wie den Fürstenstand, »der Retter des Vaterlandes und Europas«. Es war eine große Genugtuung für ihn, und selbst in der kleinen Geschichte, die er überall erzählte, schwang sie mit. Sein Kammerdiener Giroux habe ihn, nachdem er gefürstet worden war, bei der Morgentoilette gefragt: »Ziehen Euer Durchlaucht heute den gleichen Frack an, den Euer Exzellenz gestern getragen haben?«

Durchlaucht brauchten diese Würde nicht nur als Würdigung ihrer bisherigen, sondern auch als Rückhalt ihrer künftigen Politik, die kaum leichter durchzusetzen sein und nicht weniger verkannt werden sollte.

»Über den Frieden werden wir mit Napoleon sprechen, sobald er am Rhein steht«, hatte er am Abend der Völkerschlacht gesagt. Das mußte den Widerspruch derjenigen hervorrufen, die keinen Friedensschluß, sondern einen Vernichtungskrieg wollten. Dazu gehörte auch der österreichische Generalstabschef Radetzky, der die Friedfertigen aufforderte, »den Rhein sofort zu passieren und so mit vereinten Kräften so tief wie möglich in das Innere Frankreichs vorzudringen«.

Napoleon hatte sich im November 1813 über den Rhein zurückgezogen. Die Alliierten waren ihm bis dahin gefolgt, viel zu langsam, wie es Russen und Preußen dünkte, in einem Tempo, das Metternich der Politik angemessen schien, die er weiterhin verfolgen wollte: den Frieden gewinnen mit einem Frankreich, das nicht so geschwächt wäre, daß Österreich und Europa den Frieden gegen ein zu starkes Rußland und ein zu übermütiges Preußen verlieren würden.

Hintereinander trafen sie im November in Frankfurt ein, als wollten sie demonstrieren, daß sie getrennt zu marschieren gewillt waren. Einer Ruhepause waren sie alle nicht abgeneigt: der russische Zar, der ein bequemes Winterquartier zu schätzen wußte; der König von Preußen, den es nicht in das Land der Sansculotten zog; der Kaiser von Österreich, der endlich wieder zum Violinspielen kam.

Metternich hatte sich auf ein Wiedersehen mit einer Stätte der Vergnügungen seiner Jugend gefreut, mußte jedoch feststellen, daß Frankfurt sich zwar nicht verändert hatte, aber seine Ansprüche gewachsen waren. Die Bürgerstadt hatte buchstäblich keinen Platz für feudale Feste. Für einen Ball war notdürftig ein Theatersaal hergerichtet worden, »das Parkett etwas gehoben, aber der so entstandene Tanzboden sah nicht wenig einem frisch geackerten Felde ähnlich. So gab es gleich beim ersten Walzer auf einmal und am selben Fleck fünf zu Boden gefallene Paare. Unter diesen zehn Individuen fand sich auch Graf Paar, auf welchen ein dickes Fräulein zu liegen kam, die so allem Volk ihre Geheimnisse verriet.«

Es war nicht aufregend. Die Bürgerdamen benützten die seltene Gelegenheit zu zeigen, was sie hatten, gingen in Samt und Seide, behängten sich mit Schmuck, suchten es der höfischen Gesellschaft gleichzutun. Selbst der Gattin des Bankiers Moritz Bethmann, in deren Salon tout le monde verkehrte, wollte dies nicht ganz gelingen. »Frau Bethmann ist sehr schön und muß es wohl sein, denn sie besitzt genau meine Nase. Als ich sie das erstemal sah, gab es nur einen Aufschrei im ganzen Saale über die äußerste Ähnlichkeit dieses vorspringenden Teiles unseres Wesens. Sie ist die Nichte des Herrn von Cornelius aus Amsterdam und spricht französisch wie eine kleine holländische Kuh.«

Er langweilte sich so sehr, daß er seiner Frau nach Wien schrieb: »Hätte ich vorausgesehen, daß wir so lange in Frankfurt bleiben werden, dann hätte ich Dich gebeten, mit Marie und Viktor (den ältesten Kindern) hierher zu kommen.« Jedenfalls hätte er gerne Wilhelmine hier gesehen, deren Briefe aus Prag ihm andeuteten, was er davon gehabt hätte: »Sie haben mein Herz erobert, wie Sie die Welt eroberten.«

»Mon amie et l'Europe, l'Europe et mon amie« – das seien die beiden Angelegenheiten, die sein Denken und Fühlen beherrschten, schrieb er ihr. Er variierte das Thema in den fast täglich an sie abgehenden Briefen, die mit »C« – für Clemens – rot gesiegelt waren. Zum Schreiben kam er meist erst um Mitternacht. So sehr der Kavalier sich auch langweilte, so sehr war der Staatsmann gefordert. »Ich ersticke fast in Obliegenheiten und Konferenzen«, schrieb er seiner Frau, »sodaß ich Frankfurt verfluche.«

Der Genius loci des Wahlorts und der Krönungsstadt der römisch-deutschen Kaiser machte ihm zu schaffen. Von ihm beflügelt waren die Nationalromantiker, die das von Napoleon gestürzte Reich wiederaufrichten wollten. Ihr Anführer war der Reichsfreiherr vom Stein, dem sogar Metternichs alter Lehrer, Niklas Vogt, Gefolgschaft leistete, sich zu dem Gutachten verstieg: Nach den Reichsgesetzen könnte auch Stein zum deutschen Kaiser gewählt werden.

Stein selber wollte den Habsburger Franz küren, dem 1792 in Frankfurt die Kaiserkrone aufgesetzt worden war, die er auf Geheiß Napoleons 1806 hatte niederlegen müssen. Metternich war dabei gewesen, doch nur die junge Luise, die spätere, inzwischen verstorbene Königin von Preußen hatte einen Eindruck hinterlassen. Auch die begeisterten Erinnerungen Goethes an die Kaiserkrönung Josephs II. im Jahre 1765, die er eben in *Dichtung und Wahrheit* gelesen hatte, vermochten den bisherigen Reichsgrafen und nunmehrigen österreichischen Fürsten nicht von seiner Meinung abzubringen, daß das Heilige Römische Reich Deutscher Nation passé war und die Zukunft einem deutschen Staatenbund als Bestandteil der europäischen Staatenordnung gehörte.

Dazu hatte er, unter Zischen und Pfiffen der Reichspatrioten, bereits den ersten Akt über die Bühne gebracht. Die Auflösung des Rheinbundes gehörte zwar zu den Kriegszielen der Alliierten, aber bereits am 9. September 1813 war in den Bündnisverträgen von Teplitz festgelegt worden, daß die ehemaligen Rheinbund-Staaten keinen neuen Protektor, auch nicht in Gestalt eines deutschen Kaisers, bekommen sollten. Mit ihrer staatlichen Souveränität sollte ihre territoriale Integrität unangetastet bleiben, ihnen also nicht – wie es Stein vorschwebte – die durch Säkularisationen und Mediatisierungen gewonnenen Gebiete wieder abgenommen werden.

Diesem Kriegsziel hatte Metternich bereits zu Kriegsbeginn vorgegriffen, durch den am 8. Oktober 1813 in Ried geschlossenen Vertrag zwischen Österreich und Bayern. Das Königreich von Napoleons Gnaden trat aus dem Rheinbund aus, der Koalition gegen Frankreich bei – gegen Zusicherung der Erhaltung der Unabhängigkeit und des Besitzstandes.

Das war ein Beispiel für alle deutschen Fürsten, die gegen den eigenen Kaiser und das eigene Reich groß und durch den fremden Kaiser und das fremde Reich noch größer geworden waren. Sie folgten ihm, bis auf den König von Sachsen, der den Anschluß verpaßt hatte, fanden sich im alliierten Lager ein, viele persönlich in Frankfurt, wo sie von Metternich mit offenen Armen empfangen wurden.

Sie waren ihm mehrfach willkommen: als Mitglieder seines Staatenbundes, als Gegengewichte gegen ein Übergewicht Preußens und Rußlands, als Mitträger der Kriegslasten und als Mitbefürworter eines Friedens mit Napoleon, dem sie als bisherigem Wohltäter und als künftigem Friedenspartner nicht zu weh tun wollten.

Hatten die Alliierten in ein paar Monaten nicht alles erreicht, was sie sich bei Beginn des Feldzuges vorgenommen hatten? Napoleon war über den Rhein zurückgeworfen, Frankreichs Herrschaft über Mitteleuropa gebrochen. Österreich und Preußen konnten in alter Größe und neuem Glanz wiederhergestellt werden. Rußland war weiter nach Westen vorgedrungen, aus Europa nicht mehr wegzudenken.

In Frankfurt fiel es Metternich nicht allzu schwer, die Monarchen davon zu überzeugen, daß sie sich damit zufrieden geben und Frieden schließen könnten. Sie genehmigten sein Angebot und seine Bedingungen an Napoleon: Dem französischen Kaiserreich würden die vom Rhein, den Alpen und den Pyrenäen gezogenen »natürlichen Grenzen« garantiert, wenn es sich, nachdem es aus Deutschland herausgeworfen worden war, aus Italien, Spanien und Holland zurückzöge.

Der diplomatischen Demarche ließ Metternich ein Manifest an die Franzosen folgen. Die Alliierten führten nicht gegen Frankreich Krieg, sondern gegen jene »Übermacht, welche der Kaiser Napoleon zum Unglück von Europa und von Frankreich nur allzulang außerhalb der Grenzen seines Reiches ausgeübt«. Die Alliierten wünschten, »daß Frankreich groß, stark und glücklich sei, weil die französische Macht, groß und stark, eine der Hauptgrundlagen des europäischen Staatengebäudes ist«. Und: »Die verbündeten Mächte bestätigen dem französischen Reiche eine Ausdehnung des Gebiets, wie sie Frankreich nie unter seinen Königen gehabt, weil eine tapfere Nation deshalb nicht herabsinkt, weil sie nun auch Unfälle in einem hartnäckigen und blutigen Kampfe erfahren, in welchem sie mit gewohnter Kühnheit gefochten.«

»Ich habe mein Herz hineingelegt, und Dummköpfe werden es vielleicht zu maßvoll finden. Mögen sie reden, wenn ich nur Frieden machen kann.« Seit Leipzig trug er dieses Vorhaben mit sich: »Während des Winters werde ich Frieden machen, wenn Gott mich erhält und Napoleon nicht völlig von Sinnen ist.«

Er war es. Der Soldatenkaiser stellte wie immer und jetzt erst recht sein Schicksal auf des Säbels Schneide. Er ließ den Friedensvermittler ein zweites Mal vor der Türe stehen – der Kritik der Monarchen ausgesetzt, die sich zu diesem letzten Versuch hatten überreden lassen, den Schmähungen der deutschen Nationalisten ausgeliefert, die mit Napoleon zugleich Frankreich schlagen wollten, und denen es nichts auszumachen schien, wenn sie dabei als tapfere Helden sterben sollten.

Der Krieg mußte weitergehen, doch Metternich wollte ihn so weiterführen, daß ein Rückzug auf den Frieden stets möglich blieb. Dem entsprach der Operationsplan. Russen und Preußen wünschten geradewegs auf Paris loszugehen. Die Österreicher setzten ihre Strategie durch: Die Schlesische Armee unter dem preußischen General Blücher sollte frontal nach Lothringen vormarschieren, die Nordarmee unter dem preußischen General Bülow von den Niederlanden nach Nordfrankreich vorstoßen, die Hauptarmee unter dem Österreicher Schwarzenberg durch die Schweiz auf das Plateau von Langres vorrücken, zur Wasserscheide zwischen Mittelmeer und Atlantik, in die geographische Mitte Frankreichs.

Das in Sachsen gegebene Erfolgsstück, das mit dem Triumph von Leipzig geendet hatte, sollte in Frankreich wiederholt werden. Erster Akt: Einzug der drei Armeen von drei Seiten. Zweiter Akt: Zurückweichen der Armee, gegen die sich der auf der »inneren Linie« operierende Napoleon wendet, Vorgehen der beiden anderen – und vice versa. Dritter Akt: Das Hin und Her strapaziert die Nerven, verringert die Kräfte und vermindert den Spielraum Napoleons. Vierter Akt: Zug um Zug kommen die Alliierten näher, ziehen den Ring um die Franzosen enger. Fünfter Akt: Die Schlinge wird zugezogen, die Entscheidungsschlacht geschlagen, der Krieg gewonnen.

Auch dieser Feldzugsplan trug die Handschrift des österreichischen Generalstabschefs, war jedoch deutlicher als derjenige von 1813 als militärische Handreichung für die politische Strategie des österreichischen Außenministers gedacht. Solange die Alliierten in Frankfurt verweilt hatten, war Napoleon starrsinnig geblieben. Wenn sie nun, an Zahl überlegen, in Frankreich einrückten, würde er sich vielleicht anders besinnen. Dazu wollte ihm Metternich Bedenkzeit und Spielraum lassen.

Deswegen sollte die Koalition nicht zu schnell und nicht direkt auf Paris losmarschieren, sondern bedächtig und umsichtig vorgehen – nicht auf die Hauptstadt, die Napoleon mit dem Mut der Verzweiflung hätte verteidigen müssen, sondern, die Hauptarmee, auf das Plateau von Langres, in eine weitere, bessere und letzte Verhandlungsposition.

Das sei keine Umfassungsstrategie, sondern eine Umarmungsstrategie, murrten preußische Generäle. Dieser Metternich sei kein Koalitionär, sondern immer noch ein Kollaborateur, schimpften deutsche Nationalisten. Der Zar zeigte plötzlich Skrupel: Man dürfe nicht durch die Schweiz nach Frankreich vorstoßen, die Neutralität der Eidgenossenschaft verletzen, die ihm von seinem Schweizer Erzieher Laharpe als Urkanton der Menschlichkeit ans Herz gelegt worden sei. Es war ein ideologischer Vorwand für ein machtpolitisches Interesse: Alexander wollte schnurstracks nach Paris marschieren, als erster da sein, Napoleon vom Thron herabholen und seinen Kandidaten daraufsetzen: Bernadotte, den französischen Exmarschall, schwedischen Kronprinzen und Russenfreund.

Auseinandersetzungen hatten sie bereits gehabt, nun kam es zum Zusammenstoß zwischen dem Russen, der für sich die Hegemonie erstrebte, die man gemeinsam den Franzosen streitig machte, und dem Österreicher, der das im Interesse seines Landes wie ganz Europas zu verhindern hatte. Zwischen Metternich, dem meist klar war, was er wollte, wenn er es auch nicht immer zu erkennen gab und oft auf Umwegen zu erreichen suchte – und Alexander, der auch Verschwommenes mit Entschiedenheit vertrat und Hinterhältiges in der Haltung eines Ehrenmannes durchzusetzen suchte.

Metternich ließ den Vorwand nicht gelten. Die Schweiz war zu dieser Zeit nicht die Eidgenossenschaft Wilhelm Tells, sondern ein Satellitenstaat unter französischen Geßlern. Der Österreicher stellte das Vorhaben des Russen bloß und trat ihm entgegen, dem Imperialismus wie dem Revanchismus: »Kaiser Alexander glaubt es Moskau schuldig zu sein, die Tuilerien in die Luft zu jagen. Sie werden nicht in die Luft gejagt werden.«

Metternich stellte Alexander I. vor ein Fait accompli. Bereits am 20. und 21. Dezember 1813 überschritten österreichische Truppen den Hochrhein zwischen Schaffhausen und Basel, begannen ihren Marsch durch die Schweiz nach Frankreich. Der Zar durfte den Anschluß nicht verlieren. Die Russen der Hauptarmee folgten am 13. Januar 1814, nachdem die Russen der Schlesischen Armee zusammen mit den Preußen am 1. Januar über den Rhein bei Mannheim und Kaub gegangen waren.

Als einer der verbündeten Monarchen habe er nachzugeben, vermöge er ihm nichts mehr zu sagen, erklärte der Zar dem österreichischen Außenminister. »Aber als Mensch erkläre ich Ihnen, daß Sie mir eine Kränkung zufügten, die Sie nie gutmachen können.«

Metternich versäumte es nicht, der Russophilin Wilhelmine mitzuteilen, daß er mit ihrem Kaiser fertig geworden sei: »Ich, der ich einen Zwist mit ihm riskierte und im Fall eines Fehlschlags einen Zwist mit Europa – dennoch wagte ich es, alles auf mich zu nehmen. Jede Stunde, jede Minute zählte – die Welt knirschte in den Angeln.«

Er trage »wie Atlas Europa auf seinen Schultern«, schrieb ihm die stolze Mutter. Er fand das zutreffend, wenn auch die Lasten, die damit verbunden waren, wenig zuträglich: »Die neunte Nacht schon bin ich nicht vor fünf oder sechs Uhr morgens zu Bett gegangen und stehe um acht oder neun Uhr auf«, schrieb er am 22. Dezember 1813 seiner Frau aus Freiburg im Breisgau, unmittelbar nach dem Rheinübergang der Österreicher. »Wenn das so weitergehen sollte, könnte ich es nicht aushalten.«

Es ging so weiter, für den »Premierminister der Koalition«, der eine Riesenaufgabe zu lösen hatte: die Alliierten gleichzeitig zusammen- und auseinanderzuhalten, vorwärtszubringen und zurückzuhalten, den Krieg zu gewinnen und den Frieden nicht zu verlieren.

FRANKREICH war kaum betreten, da dachte er bereits daran, wie man es wieder verlassen könnte. »Le petit homme« – so nannte er jetzt Napoleon – »ist in äußerst schwieriger Situation«, schrieb er seiner Frau am 9. Januar 1814. »Wir werden im Februar oder März Frieden haben.«

Die Strapazen des Feldzuges, kaum begonnen, meinte er schon nicht mehr aushalten zu können. Es war Winter, die Jahreszeit, in der man ohnehin nicht gerne Krieg führte. Die Kälte drang in die Kutschen, in denen die Monarchen und ihre Minister dem Heerwurm folgten. Die notdürftigen Quartiere waren kaum geheizt, und wenn, durch einen offenen Kamin, an dem man vorne fast geröstet wurde, ohne hinten warm zu werden. Zum Essen gab es wenig, und selbst an Wein mangelte es. Die Franche-Comté war nicht die »douce France«, die er in Erinnerung hatte. Die kargen landschaftlichen Reize waren vom Leichentuch des Schnees bedeckt, die Ortschaften trostlos, ihre Bewohner trugen Holzschuhe, und Wölfe tauchten auf.

»Krieg ist eine häßliche Sache, besonders wenn man ihn mit 50 000 Kosaken führt«, stöhnte Metternich. Selbst der Freiherr vom Stein, der als Leiter der Kriegsverwaltung in den besetzten Gebieten dabei war, beklagte sich bei seinen russischen Gönnern, daß Kosaken und Baschkiren »große Ausschreitungen begingen, sogar Kinder von zehn bis fünfzehn Jahren gestohlen« hätten.

Es war nicht leicht, zu unterscheiden, wer nun Freund oder Feind im Kampf um Europa war: die Franzosen, die sich gegen die Invasion aus dem Osten wehrten, oder die Russen, die ihre Art von Befreiung praktizierten, oder Generalfeldmarschall Blücher, der »unter beispiellosem Champagnersaufen« den preußischen Wotan spielte. Dem österreichischen Außenminister ging es ähnlich wie seinem französischen Kammerdiener, der einen nicht identifizierbaren Krieger ansprach: »Bist du einer von uns oder einer von euch?«

»Ein Ende machen, und das ruhmvoll«, meinte Metternich, »das Wünschenswerte und Nützliche erlangen, ohne es in Paris zu suchen, oder nach Paris gehen, wenn man das Notwendige nicht erlangen kann. Dies ist meine ganze Politik.« Den notwendigen Frieden zu den Österreich erwünschten und Europa nützlichen Bedingungen hoffte er zu bekommen, ohne daß der Krieg bis zum äußersten getrieben, die französische Hauptstadt erobert und Napoleon gestürzt werden müßte. Deshalb hatte er den Oberkommandierenden Schwarzenberg angewiesen, nicht zu schnell und nicht zu weit zu marschieren: »Gehen Sie vor, aber mit Bedacht.«

Der militärische Compagnon seiner politischen Friedensstrategie hatte verstanden. Ende Januar hielt er in Chaumont, einen Tagesmarsch von Langres in Richtung Paris entfernt. »Hier sollen wir Frieden machen, das ist mein Rat, jede Vorrückung nach Paris ist in höchstem Maße unmilitärisch«, erklärte Schwarzenberg, »aber der Kaiser Alexander hat wieder einen seiner Anfälle von sublimer Hanswursterei, die ihn so oft überkommen.«

Dem Zaren pressierte es nach Paris, aus Lüsternheit, wie Schwarzenberg vermutete, aus russischem Interesse, wie Metternich wußte. Er hatte ihn wiederum zu bremsen, was den Unmut des Monarchen über den Minister steigerte, und dessen ohnehin nicht geringe Auffassung über seine eigene Bedeutung. Es wäre ihm jedoch schwerlich gelungen, wenn er nicht in England einen mächtigen Verbündeten und in Außenminister Castlereagh einen fähigen Helfer gefunden hätte.

»Wir können mit Recht behaupten, daß unser Hauptquartier die Welt geworden ist«, kommentierte Metternich »diese in den Annalen Englands unerhörte Sendung des dirigierenden Staatsoberhauptes« auf den Kontinent, in das Lager der Alliierten, in das vom österreichischen Außenminister geleitete Kabinett der Koalition. Die Genugtuung darüber war mit der Gewißheit verknüpft, »daß von den ersten Stunden der Unterhaltung mit ihm das Heil der Sache im gegenwärtigen Gange abhängig wird. Redet er so vollkommen irre wie andere, dann müssen wir andere Maßnahmen ergreifen.«

Henry Robert Stewart Castlereagh, Marquis von Londonderry, erschien in blauem Rock und roten Kniehosen, »wie ein Prälat von 1780«, und er redete auch so: für Gott und England, gegen die Französische Revolution, die den ersten für abgesetzt erklärt hatte, und gegen die französischen Imperialisten, die das zweite geschädigt hatten und strafen wollten. Dieser Gentleman von Mitte Vierzig war ein unbedingter, doch nicht unbeweglicher Tory, gewissermaßen ein insularer Bruder der kontinentalen Kavaliere und Konservativen.

»Lord Castlereagh hat alles – Liebenswürdigkeit, Schlauheit, Mäßigung. Er ist mir in jeder Weise angenehm, und ich bin sicher, er denkt auch so über mich.« Er mochte ihn persönlich und brauchte ihn politisch: »Wir waren über die Dummheit einer gewissen Person derselben Meinung, und ich befürchte von ihm kein Abschweifen mehr.« Gemeinsam gingen der Österreicher und der Brite daran, die Extravaganzen Alexanders und die Ambitionen Rußlands zu zügeln.

»Ich komme mit ihm aus, als hätten wir unser ganzes Leben zusammen verbracht«, erklärte Metternich, und Castlereagh: Man schreibe seinem Kollegen mehr Mängel zu, als er besitze. Die wenigen, die noch zu beanstanden waren, wurden von den im englischen Interesse liegenden Vorzügen mehr als aufgehoben. Der Österreicher, der die Hegemonie Frankreichs beseitigen und eine Hegemonie Rußlands verhindern wollte, war der gegebene Partner des Engländers, dem an einer Balance of powers auf dem Kontinent gelegen war. Und umgekehrt: Großbritannien, das in der Gestalt Castlereaghs wie Deus ex machina in das Koalitionsdrama trat, war für Österreich ein notwendiger Part des angestrebten Gleichgewichtssystems.

Dieser Engländer, lobte Metternich, benehme sich wie ein Engel. Und er fand es nicht unnatürlich, daß dieser Schutzengel sich nicht mit Stoßgebeten begnügte, sondern Opfergaben verlangte.

Der Österreicher, der – wenn schon Napoleon nicht zu halten sein sollte – gerne eine Regentschaft der Österreicherin Marie

Louise gesehen hätte, fügte sich der englischen Forderung nach einer Wiedereinsetzung der Bourbonen. Der Kontinentaleuropäer, der Frankreich so glimpflich wie möglich davonkommen lassen wollte, billigte ihm nun nicht mehr die »natürlichen Grenzen« zu, immerhin noch die Grenzen des französischen Königreiches von 1792. Auch das war ein Zugeständnis an England, das auf der Festlandseite der Straße von Dover möglichst wenig Großmachtgebiet haben wollte – was hieß, daß nicht nur Frankreich, sondern auch Österreich auf die Niederlande zu verzichten hatten.

Noch hatte Napoleon eine Chance, und sein Außenminister suchte sie zu nützen. Armand de Caulaincourt, ein Marquis aus altem Hause und Herzog von Vicenza von Napoleons Gnaden, war wie dazu geschaffen, durch Verhandlungen mit den alten Mächten dem Kaiser der Franzosen Krone und Reich zu erhalten – was für Metternich selbst noch in diesem Moment die bevorzugte Lösung gewesen wäre.

Er kannte und schätzte Caulaincourt, der im Juni 1813 den Waffenstillstand geschlossen, bereits in Dresden für einen Friedensschluß eingetreten war und mit ihm darüber in Prag verhandelt hatte. Damals war Caulaincourt von Napoleon zurückgepfiffen worden – würde er ihn nun, da ihm das Wasser bis zum Halse stand, gewähren lassen?

In Châtillon-sur-Seine, unweit von Langres und Chaumont, wartete Caulaincourt auf die Unterhändler, die nicht kommen und nicht kommen wollten. Metternich und Castlereagh hatten erst die Einwände des Zaren, die sich durch den alliierten Sieg bei La Rothière versteift hatten, aus dem Wege zu räumen.

Endlich konnte Caulaincourt die alliierten Unterhändler begrüßen. Metternich war nicht dabei, weil er auf den Zaren aufpassen mußte, und Castlereagh zog sich bald zurück, weil er dabei den Österreicher nicht allein lassen wollte. Es blieb die zweite Garnitur: der Österreicher Stadion, der nur widerwillig die Weisungen seines Ministers befolgte; der Russe Razumowsky, ein Kriegskurier des Zaren; der Preuße Humboldt, der sich – wie sein König – am russischen Vordermann ausrichtete, aber die Tuchfühlung zum österreichischen Nachbarn nicht verlieren wollte. Und drei Engländer, die sich untereinander nicht einig waren.

Dabei konnte nichts herauskommen. Alexander nahm dies als

Beweis, daß er recht gehabt hatte, und ließ am 9. Februar die Verhandlungen, die am 5. Februar begonnen hatten, auf unbestimmte Zeit vertagen.

Metternich und Castlereagh mußten wieder an die innere Front. Der Zar überraschte sie mit einer neuen, geradezu revolutionären Idee: Im eroberten Paris sollte eine Volksversammlung zur Wahl des künftigen Herrschers Frankreichs einberufen werden. Wenn er so weitermache, erklärte ihm Metternich, werde der Kaiser von Österreich einen Separatfrieden schließen und seine Truppen abziehen. Die Auseinandersetzung, die folgte, ließ das Rencontre zwischen Metternich und Napoleon in Dresden wie einen Wortwechsel unter Freunden erscheinen.

Dieser 14. Februar 1814 sei der schwerste Tag seines Lebens gewesen. Am Abend war Metternich erschöpft bis »zum Umfallen vor diplomatischer Müdigkeit, die fast so schlimm ist wie die des Soldaten«. Aber er hatte sich durchgesetzt. Der Zar, der sich mehr echauffierte, rascher verausgabt war und schneller umfiel, stellte die Eroberung der Hauptstadt zurück, schob die Thronfrage auf, willigte in die Wiederaufnahme der Friedensverhandlungen ein.

Alle Mühe, Not und Sorge sei »reichlich durch das Resultat meiner schlaflosen Nächte und mit Arbeit überladenen Tage kompensiert«, erklärte der Österreicher erleichtert. »Wir stehen uns so, daß der Kaiser Alexander uns die Direktion der Militärsache ganz – mir die politische Frage überläßt und daß aus uns und dem britischen Kabinett eine Vereinigung entsteht, wie sie sicherer nie gedacht werden konnte.« Er klopfte sich selber auf die Schulter: »Ich werde mit Argumenten auftreten, welche auch die Tollsten der Zeit – nur glatte Narren nicht – überzeugen sollen, daß wir in Krieg und Frieden recht haben.«

Es war nicht allein seine Überzeugungskraft gewesen, die Alexander zum Einlenken – bis auf weiteres – brachte. Der preußische Staatskanzler Hardenberg hatte in dieser Frage mit Metternich und Castlereagh gestimmt, mit denen er, auch ein Diplomat des Ancien régime, noch öfter übereingestimmt hätte, wenn er nicht auf den großen russischen Bruder und auf jene preußischen Brüder hätte Rücksicht nehmen müssen, die Metternich – etwas übertrieben – »eine Horde Hirnloser« nannte, »die glauben, Talent sei nur auf der Schwertspitze zu finden«.

Eben hatten sie sich verrannt, nicht zuletzt deshalb, weil sie nicht glauben wollten, daß die Österreicher nicht nur mit ihren Friedensvorstellungen, sondern auch mit ihren Kriegsplänen recht hatten.

Blücher, der – wie Schwarzenberg meinte – nicht schnell genug in das Pariser Palais Royal, an die Spieltische und in die Bordelle kommen konnte, hatte sich nicht an Radetzkys Operationsplan gehalten. Der »Marschall Vorwärts« war vorgeprescht, hatte dabei seinen Heeresverband auseinandergezogen und seine Flanke unbedeckt gelassen. Napoleon, der immer noch zu kommen, zu sehen und zu siegen verstand, schlug Blüchers vereinzelt marschierende Korps in fünf Treffen, vernichtete ein Drittel seiner Armee und warf Schwarzenbergs isoliert dastehende Hauptarmee zurück.

Die Alliierten waren auf dem Rückzug, was die Verhandlungsbereitschaft der Russen förderte, nicht aber diejenige der Franzosen. Auf dem am 17. Februar wieder eröffneten Friedenskongreß von Châtillon bestand Caulaincourt auf Weisung seines Kaisers auf den »natürlichen Grenzen«, wie sie noch in Frankfurt von den Alliierten angeboten worden waren. Napoleon glaubte mit seiner militärischen Taktik »Getrennt marschieren, gemeinsam schlagen« auch auf politischem Terrain siegen zu können. Er wandte sich direkt an seinen Schwiegervater und dessen frankreichfreundlichen Minister: Ob sie nicht mehr bedächten, wie gefährlich Rußland und habsüchtig England wären?

Das war zu grob gesponnen, als daß Metternich daran hätte anknüpfen können. Überhaupt schien er seine Gewandtheit eingebüßt zu haben. Die letzte Auseinandersetzung mit Alexander hatte ihn mehr mitgenommen, als er es in der ersten Siegesstimmung wahrzuhaben vermochte.

Das Leben im Felde strapazierte ihn, »die infernalische Kälte, nur durch den Rauch gemildert, den man mit dem Messer schneiden könnte«, das Ungewohnte und das Unordentliche, das er nicht ausstehen konnte, und das Leid, das nicht in sein Weltbild paßte. »Wenn ich wieder daheim bin«, schrieb er seiner Frau, »werde ich mein Zimmer drei Monate nicht verlassen.«

Sein Amt war zum ambulanten Gewerbe geworden. Er hatte zwischen den Hauptquartieren hin- und herzupendeln, bei Tag und Nacht, durch Wetter und Wind, auf den Straßen der Champagne, die durch die Überbeanspruchung durch Freund und Feind fast unpassierbar geworden waren. Einmal verfuhr er sich, geriet zwischen zurückweichende Alliierte und nachstoßende Franzosen, war vierzig Stunden unterwegs, ohne warmes Essen und hinreichend Schlaf, halbtot vor Kälte und Angst.

Sie würden ihn ziemlich gealtert finden, schrieb der äußerlich wie innerlich Derangierte seiner Frau wie seiner Geliebten. Er versuchte, sich den Kummer von der Seele zu schreiben, was nur seine Arbeit vermehrte, ohne seine Sorgen zu verringern. Bei Lorel fand er immerhin Trost und Zuspruch, während ihn Wilhelmine mit ihren Launen quälte, noch mehr belastete, sogar eifersüchtig machte – ein Zeichen dafür, wie sehr er verunsichert war.

Die glühendsten Feldpostbriefe schrieb Wilhelmine nicht an ihn, sondern an Alfred Windisch-Graetz. In beider Abwesenheit – vernahm er aus Wien – tröstete sie sich mit dem jungen englischen Diplomaten Frederic Lamb. Und in der Offiziersmesse von Troyes brüstete sich ein junger Russe, Alexander Obreskoff, in Prag habe sich die Herzogin von Sagan nicht nur um seine Wunden, sondern auch um gewisse Bedürfnisse gekümmert, die trotz seiner Blessuren sehr ausgeprägt gewesen seien.

»Obreskoff, der mit Dir während seines Prager Aufenthaltes in intimster Beziehung stand«, zeige im ganzen Simanoffskyschen Regiment eine Börse und einen Brief herum, die er angeblich von ihr erhalten hätte – »und dies von einer Frau, die während der Monate unserer Beziehung – einer Beziehung, die mein ganzes Sein ausfüllte – sich aus ich weiß nicht welchem mißverstanden Feingefühl weigerte, mir die Freude zu gestatten, das ›Sie‹ mit dem ›Du‹ zu vertauschen.«

Dieses und jenes schrieb er ihr: »Wie die Dinge liegen, kann ich Dich nur inständig bitten, daß Du Dich nicht auch mit diesem albernen Lamb ins Gerede bringst.« Sie stritt alles ab, verlangte Beweise, spielte die Beleidigte, ließ ihn – wie immer – im ungewissen. »Mein Freund, Du mußt mich nicht nur mit all den Unvollkommenheiten lieben, die Du an mir kennst, sondern noch mehr mit all jenen, die Du nicht kennst.« Wenigstens gewährte sie ihm nun, aus der Distanz, das »Du«.

Das Glück schien ihn verlassen zu haben, und er reagierte wie ein Glückskind, welches das nicht zu fassen und kaum zu ertragen verstand: mit Selbstmitleid und Selbstzweifel. Unglück in der Liebe und kein Erfolg in der Politik – in beiden kommunizierenden Röhren war sein Selbstvertrauen auf einen Tiefpunkt gesunken.

Doch schon stieg es wieder, in beiden für ihn wesentlichen Bereichen. Wilhelmine versicherte ihm: »Die Liebe hat alles in ihrer Macht, sie bewirkt, daß Du mein Geschick mit dem Deinigen verbandest, so wie die Vorsehung Dein ganzes Sein dem des Universums verschwisterte.« Auch die Welt konnte auf ihn nicht verzichten, Europa brauchte ihn, die Koalition kam ohne ihn nicht an das Ziel, das er ihr gesteckt hatte: den Krieg baldigst zu beenden, einen dauerhaften, das heißt für alle annehmbaren Frieden zu erreichen.

»Der Krieg ist eine böse Sache. Er besudelt alles, sogar unser Denken. Deshalb arbeite ich für den Frieden, trotz der Proteste von Dummköpfen und Narren. Ich möchte einen raschen und guten Frieden.« Dahin mußte er sowohl Alexander, den inneren Gegner, wie Napoleon, den äußeren Gegner, bringen.

Der Franzose erhielt am 25. Februar 1814 die Aufforderung, sich binnen vierzehn Tagen für die Grenzen von 1792 oder einen Krieg bis zum äußersten zu entscheiden – aber auch die fast wie eine Bitte vorgetragene Mahnung, sein und seines Sohnes Schicksal nicht auf die Lafette seiner letzten Kanone zu stellen, sowie die beinahe familiäre Versicherung, der Kaiser von Österreich wünsche immer noch, die ihm so eng verbundene napoleonische Dynastie zu erhalten.

Der Russe erhielt die Genugtuung, daß die militärischen Operationen, wenn auch mit der in Radetzkys Feldzugsplan vorgesehenen Umsicht, der Schwarzenbergs Temperament entsprechenden Vorsicht und der auf Metternichs Absichten eingestellten Bedächtigkeit weitergingen – was immerhin zum Sieg der Hauptarmee bei Bar-sur-Aube und zum Sieg der mit der Nordarmee vereinigten Schlesischen Armee bei Laon führte.

Überdies half der Österreicher seinem englischen Kollegen, die Koalition in ein regelrechtes Bündnis zu verwandeln – in die Quadrupelallianz. Der Vertrag wurde am 9. März 1814 in Caumont unterzeichnet, von Castlreagh für Großbirtannien, Metternich für Österreich, Nesselrode für Rußland und Hardenberg für Preußen.

Die Kriegsziele waren nun endgültig festgelegt: Zurückweisung Frankreichs in die Grenzen von 1792, Unabhängigkeit Spaniens, der Schweiz, der italienischen sowie der deutschen Staaten, die föderativ zusammengefaßt werden sollten. Zur Erreichung dieser Ziele verpflichteten sich die Partner zur gegenseitigen Hilfeleistung, zu einem Truppenbeitrag von je 150 000 Mann, die Engländer zur Zahlung von 5 Millionen Pfund Sterling an die Kontinentalmächte.

Das Kriegsbündnis war zugleich ein Friedensbündnis. Napoleon behielt die Chance, auf dieser Grundlage Frieden zu schließen, mit der Allianz, nicht mit einem Mitglied separat. Und nach Abschluß des allgemeinen Friedens sollte dieser durch das auf zwanzig Jahre geschlossene Bündnis gesichert werden – gegen einen Angriff des Besiegten, den alle verhindern wollten, aber auch gegen ein friedensbedrohendes Übergewicht eines der Sieger, woran Metternich und Castlereagh gelegen war.

Es war eine Allianz zur Erlangung wie zur Erhaltung der europäischen Sicherheit – ein historisches Ereignis. Doch dies wurde nicht einmal von den Verbündeten richtig gewürdigt, geschweige denn von dem, gegen den sie sich verbündet hatten.

Der Vertrag wurde verschieden interpretiert. Alexander nahm ihn als Kriegswaffe, und er war höchst ungehalten, als Schwarzenberg sie nicht zum Generalangriff gegen Paris einsetzte. Metternich hielt ihn für ein Friedensinstrument, und er war verstimmt, daß die Russen es nicht bei den Verhandlungen in Châtillon benutzen wollten. Es gab wieder Mißtöne, eine dramatische Differenz.

Ob Schwarzenberg angewiesen worden sei, sich nicht zu schlagen, solange noch verhandelt werde, begehrte der Zar am 12. März, um Mitternacht, zu wissen. »Ich habe ihm so geantwortet, daß er mir den Satz nimmer wiederholt hat«, berichtete Metternich. »Daraufhin haben der König von Preußen und alle möglichen Minister angefangen, Verrat zu rufen; daß man Blücher zugrunde gehen lassen wollte, und daß es klar sei, daß wir mit Frankreich im Einverständnis wären; daß wir gerade auf den Rhein zugingen.«

Metternich mußte seinen Kaiser aus dem Bett holen. Die Wogen wurden geglättet: Schwarzenberg erhielt Anweisung, »rein nur die militärische Zweckmäßigkeit«, also nicht eine politische, zu verfolgen. Alexander war mit einer Verlängerung des Ultimatums an Napoleon einverstanden: Frieden nach dem Angebot der Verbündeten oder Krieg mit ihrer vereinten Kraft.

»Sie haben keine Idee davon, was man uns hier im großen Hauptquartier leiden läßt«, schrieb Metternich an Stadion, seinen Vertreter in Châtillon. »Ich kann nicht mehr und der Kaiser Franz ist bereits krank. Sie sind alle verrückt und gehören ins Narrenhaus. Wir werden immer hingestellt, als wollten wir die Monarchie verkaufen, als hätten wir keinen größeren Wunsch, als geschlagen und aufgezehrt zu werden, als ob Österreich die fremde Sklaverei verehrte, kurz als ob wir Dummköpfe wären. Ich glaube aber, daß wir allein nicht verrückt sind.«

Im vorigen Jahr war es ihm schwergefallen, den Krieg zu beginnen, nun hatte er es noch schwerer, den Frieden zu gewinnen. Nach wie vor machte ihm nicht nur Alexander zu schaffen, sondern auch Napoleon, der damals wie heute einen Frieden zu österreichischen – und das hieß für Metternich europäischen – Bedingungen nicht annehmen wollte.

In dresden hatte Napoleon geäußert, sein Kriegsspiel könnte ihm den Thron kosten, doch er werde die Welt unter dessen Trümmern begraben. Nun schien er das Stück zu diesem Ende treiben zu wollen. Napoleon ging auf die immer noch großzügigen Bedingungen der Verbündeten nicht ein, konnte es vielleicht auch nicht, weil eben – wie er schon damals Metternich erklärt hatte – seine Monarchenexistenz mit seinem Schlachtenglück untrennbar verknüpft war.

Metternich machte einen letzten Versuch, den Friedenskongreß von Châtillon, der auf sein Betreiben bereits verlängert worden war, zu einem Ergebnis zu bringen. Nmkh einmal beschwor er Caulaincourt: Mehr als das Frankreich von 1792 könne sein Kaiser nicht bekommen, doch er könnte seinen Thron behalten, wenn er in diesem allerletzten Moment einlenke. Der französische Außenminister wäre nur zu gerne darauf eingegangen, doch er war an die für die Verbündeten unerfüllbaren Gegenbedingungen Napoleons gebunden: Rheingrenze für Frankreich, das Königreich Italien für seinen Stiefsohn Eugène Beauharnais, das Herzogtum Warschau für den König von Sachsen, der in Leipzig gefangen genommen worden war und Freiheit und Land wiederhaben sollte.

Am 19 März 1814 brachen die Verbündeten die Friedensverhandlungen ab. Nun blieb auch Metternich nichts anderes mehr übrig, als den Kaiser Napoleon aufzugeben, ohne Wenn und Aber zum Endkampf anzutreten, einen Siegfrieden anzustreben.

Der Bündnispartner durfte sich nicht länger der Gefahr einer ideologischen Fehlinterpretation und einer machtpolitischen Isolierung aussetzen. Der Europäer mußte schließlich erkennen, daß mit einem napoleonischen Frankreich ein friedenssicherndes Gleichgewicht weder zu erreichen noch zu erhalten war. Der Konservative hatte daraus zu folgern, daß für eine Restauration der Bourbonen »das gute Recht wie die Vernunft, das Interesse Frankreichs wie das allgemeine von Europa« sprächen. Der Österreicher durfte dagegen nicht die Stimme des Herzens und die Ansprüche der habsburgischen Hausraison erheben – für Marie Louise und ihren Sohn.

Metternich wollte jedoch nach der Richtlinie verfahren, »daß Ereignisse, welche nicht gehindert werden können, geleitet werden müssen«. Selbst das noch schien Napoleon demjenigen seiner Gegner, der ihm bis zuletzt die Stange gehalten hatte, verpfuschen zu wollen – diesmal unbeabsichtigt.

Napoleons verzweifelter Versuch, den verbündeten Heeren in den Rücken zu fallen, trieb diese – Schwarzenberg und Blücher, samt Alexander und Friedrich Wilhelm – gegen Paris. Dabei wurde die Etappe abgeschnitten, Kaiser Franz und Metternich, Castlereagh und Hardenberg retirierten nach Dijon, weit weg vom Schuß, aber auch vom Schlußakt, der begonnen hatte, mit Russen und Preußen in den Hauptrollen – ohne den österreichischen Regisseur.

Zunächst schien ihn das kaum zu stören. Er glaubte in ein Paradies gelangt zu sein, aus der verheerten, kahlgefressenen Champagne in das freundliche Burgund, wo Frühling war, Milch und Honig, beziehungsweise die roten und weißen Weine von der Côte d'Or flossen und saftige Braten versechende Rinder aus dem Charollais bereitstanden. »Fast hätte ich den ersten Ochsen umarmt, den ich erblickte«, auch »einen Hahn, zwölf Hennen und eine alte Bäuerin, die mit ihrem Spinnrad an der Schwelle ihres Hauses saß«. Einquartiert wurde er in Dijon bei einer jungen Witwe, die zwei Kinder hatte, über die er nach Hause berichtete: »Sie sind reizend und verbringen den ganzen Tag in meinem Zimmer.«

Das Idyll war beendet, als am 4. April, am Beginn der Karwoche, in Dijon die Nachricht eintraf, daß Alexander I. bereits am 31. März in Paris eingezogen war – in roter Uniform, der Sieger par excellence, Imperator und Volksbeglücker zugleich, von den Parisern und besonders von den Pariserinnen als Befreier begrüßt. Den persönlichen Triumph hätte er ihm noch gönnen können, wenn er nicht hätte befürchten müssen, daß er ihn politisch ausbeuten würde – zum Nutzen Rußlands, zum Schaden Österreichs und Europas.

Der Krieg war jedenfalls aus. »Jetzt ist also alles zu Ende«, meldete er nach Hause; »mit Paris fällt ganz Frankreich.« Und hatte es nicht auch Vorteile, nicht dabei sein zu müssen, wenn Napoleon und Marie Louise gedemütigt wurden? »Der Vater der Kaiserin konnte es zu vermeiden wünschen, eben in dem Augenblicke des Sturzes des Thrones seiner Tochter in Paris zu weilen«, lautete seine Sprachregelung für Wien. »Und doch wird es der Kaiser von Österreich sein, der die Bourbonen einsetzt.«

Um dies zu tun, zumindest dabei zu sein, vor allem aber in dem Bewußtsein, daß der Zar jemanden brauche, »der ihn ein wenig im Zaume hät«, drängte es Metternich nach Paris. Schon hatte Alexander eine Proklamation erlassen, in der er Allmacht wie Großmut demonstrierte, wie ein Volkstribun die französische Nation aufrief, sich selber eine Verfassung zu geben – als hätte man nicht zuletzt deshalb Krieg geführt, um mit dem Nachlaß der Revolution auch den Konstitutionalismus zu beseitigen. »Ein elendes Stück Papier«, fand Metternich und machte sich auf den Weg.

Inzwischen hatte sich in Paris der vielseitige Talleyrand zur Stimme des Volkes erklärt und den Senat bewogen, Napoleon die Krone abzusprechen. Am 6. April 1814 – einen Tag vor dem Reiseantritt Metternichs – entschloß sich der Kaiser, für sich und seine Erben, zur Abdankung. Noch am selben Tag berief der Senat den Bourbonen Ludwig XVIII. auf den Königsthron, vor den sein Bruder Ludwig XVI. in der Französischen Revolution gestürzt worden war. Noch weilte er in England, konnte sich vor Gichtschmerzen kaum bewegen. Inzwischen finassierte Talleyrand und regierte Alexander.

Metternich mußte schleunigst nach Paris. Drei Tage und drei Nächte war er in einer Postkutsche unterwegs – Zeit genug, um seinen Auftritt vorzubereiten und ihn kaum mehr erwarten zu können.

Frieden durch Gleichgewicht

NACH PARIS kam Metternich am 10. April 1814, am Abend des Ostersonntags, als das Wichtigste schon geschehen war. Auf den Boulevards verebbte die Feststimmung, die Spaziergänger gingen nach Hause, in dem beruhigenden Bewußtsein, daß sie, vom Krieg erlöst, friedlich schlafen könnten.

Metternich ließ sich sogleich in die Rue Saint-Florentin kutschieren, zum Hôtel de Talleyrand, dessen Hausherr nun herausstrich, daß es für einen Minister Ludwigs XV. erbaut worden war. Von Napoleon, dessen Außenminister er gewesen war, hatte sich Talleyrand schon lange entfernt, was nicht hieß, daß er den Bourbonen geradewegs entgegengekommen wäre.

Wie Metternich hatte er, bis es nicht mehr ging, eine Regentschaft Marie Louises angestrebt, weil ihm das den Übergang von seiner alten zu einer neuen Existenz erleichtert hätte. Wie der Österreicher hatte er den vom Zaren favorisierten Ex-Marschall Bernadotte abelehnt, der ihm, wie Napoleon, zu sehr nach Blut und Stiefelwichse roch. Und wie Metternich hatte er sich mit der primär von England betriebenen Restauration der Bourbonen abgefunden, freilich – wie Caulaincourt bemerkte – wie ein Mann, »der aus mehr als einem Grund gezwungen ist, ein Mädchen zu heiraten, das er nicht liebt, sondern verachtet«.

Doch eine solche Allianz war für einen Mann, der – wie gesagt wurde – den Mut nicht im Herzen, sondern im Kopfe hatte, weder ungewöhnlich noch unerträglich. Unabdingbar war allerdings, daß er der Herr war und blieb. Von Anfang an mußte er die Zügel in die Hand nehmen, die Rückkehr der Bourbonen leiten und die Zurückgekehrten lenken, zu seinem Ziel: einer Monarchie, in der das Bewährte des Ancien régime wieder aufgenommen und die Errungenschaften von Revolution und Empire nicht abgeschafft wurden, einem Frankreich, das seinen Platz im europäischen Staatensystem einnahm und in dem sein erster Staatsmann Spielraum behielt.

Ohne Vergangenheitsbewältigung ging es nicht. Kaum war er vom Senat zum Präsidenten der Provisorischen Regierung gewählt, ließ er das ihn belastende Material aus dem Archiv des kaiserlichen Kabinetts entfernen und verbrennen; es gab ein großes Feuer. Dann umgarnte er den derzeit Mächtigsten, stellte dem Zaren die Bel étage seines Palais und sich selber zur Verfügung.

Und nun, am Abend des 10. April, begrüßte er Metternich, eine gleichgestimmte Seele und einen ähnlich gesinnten Kollegen, mit dem er kollaborieren und konspirieren konnte – wie damals gegen Napoleon I., welcher der Größte war, so jetzt gegen Alexander I., der sich für den Größten hielt.

Schon das erste Gespräch offenbarte den Gleichklang der Gesinnung und, was wichtiger war, ein Gleichlaufen der Interessen – zunächst bei der Frage, was mit dem entthronten Napoleon geschehen sollte. Alexander hatte ihm Elba als souveränes Fürstentum versprochen, was seine Großherzigkeit, in der er sich gegenwärtig gefiel, bewies und ihn nichts kostete. Die Insel gehörte zum Großherzogtum Toskana, das unter Ferdinand, dem Bruder des Kaisers von Österreich, restauriert werden sollte. Und Frankreich wurde zugemutet, für seinen Ex-Kaiser jährlich 2 Millionen Francs Unterhaltskosten aufzubringen.

Dagegen waren Talleyrand wie Metternich. Der eine wollte kein Geld geben, der andere die Insel nicht hergeben, und beide wollten Napoleon möglichst weit wegschicken, am liebsten auf die Azoren. Und Kaiser Franz ließ verlauten: »Die Insel Elba ist mir nicht recht, denn sie ist für Toskana ein Schaden. Man disponiert für andere mit Gegenständen, die meiner Familie gehören, was man in Hinkunft nicht angehen lassen kann.«

Was über seine Tochter verfügt wurde, mißfiel ihm weniger. Marie Louise wäre am liebsten bei ihrem Gemahl geblieben, doch das war Metternich nicht recht, der sie aus Staatsraison zusammengebracht hatte und nun aus Staatsraison auseinanderbringen mußte. Sie hatte ihre Schuldigkeit getan, die Verbindung mit Frankreich verkörpert, als dies für Österreich nützlich gewesen war. Nun gebot ihr die Pflicht, sie wieder aufzulösen, da sie für Österreich kompromittierend geworden war.

Nicht mehr rückgängig zu machen war indessen, daß aus der Ehe mit Napoleon ein Kind hervorgegangen war, der nun dreijährige Sohn, der auf den Namen Napoleon Franz Joseph Karl getauft worden war und eigentlich Napoleon II. hätte werden sollen. Immerhin konnte Metternich feststellen, daß er den Habsburgern nachgeschlagen war: Er gliche seiner Mutter wie ein Tropfen Wasser dem anderen und habe nichts von seinem Vater.

Gefühle hatte er in diese Staatsaktion nicht investiert, und wenn, dan hätte dies die Sache für Marie Louise nur verschlimmert. Denn sie hatte den Mann, der in ihren Augen ein nichtswürdiger Kuppler war, so offenkundig verachtet, daß sie seine Rachegefühle hätte fürchten müssen. Bei ihrem Vater ging es nicht ohne Gemütsbewegung ab, die aber nicht der unglückseligen Kaiserin, sondern der unglücklichen Tochter galt, auch die Reaktion eines Patriarchen war: Die Frau eines gescheiterten Mannes gehöre samt Kind zurück ins Vaterhaus.

Schließlich war Marie Louise erst zweiundzwanzig, bedurfte einer lenkenden Hand und hatte fast noch das ganze Leben vor sich. Sie erhielt die italienischen Herzogtümer Parma, Piacenza und Guastalla, der Sohn den Titel Prinz von Parma, die junge Fürstin im Grafen Adam Neipperg einen feschen Hofmeister, der sie tröstete und den sie heiratete, nachdem sie ihm am 9. August 1821, drei Monate nach dem Tode Napoleons, einen Sohn geboren hatte.

Im Frühjahr 1814 hatte die Ex-Kaiserin mit dem Ex-Kaiser ins Exil gehen wollen. Das hatte Metternich, im Akkord mit Talleyrand und in Übereinstimmung mit Franz I., zu verhindern gewußt. Elba als Exilort, was allen nicht paßte, mußten sie hinnehmen, weil Alexander I. davon nicht abgehen wollte. Am 11. April unterschrieb auch Metternich den vom Zaren festgelegten Vertrag von Fontainebleau, in dem die Zugeständnisse der Sieger und der Thronverzicht des Besiegten versiegelt und verbrieft wurden.

Marie Louise mit Sohn wurde, wie es Metternich ausdrückte, nach Wien »weggeführt«, Napoleon nach Elba abgeführt, wobei er beinahe umgekommen wäre. Zwischen Avignon und Aix-en-Provence glich seine Fahrt einem Spießrutenlaufen. »Das Volk stürzte sich in Masse auf seinen Wagen und beschimpfte ihn auf jede Weise«, berichtete Metternich, der wieder einmal Anlaß hatte, auf die Wankelmütigkeit der Menge hinzuweisen. Er wäre gesteinigt oder gehängt worden, wenn er nicht eine österreichische Uniform angezogen, sich im Wagen seiner österreichischen Aufpasser versteckt hätte.

In Paris waren die Adler entfernt und durch die Lilien ersetzt worden. Selbst die blühenden Kastanien schienen eine Demonstration in Bourbonenweiß zu sein. In den Theatern »rufen sie mit voller Lautstärke bei jeder Gelegenheit ›Vive le Roi‹, wie sie früher ›Es lebe der gute König Heinrich, Ludwig der Große, der König, die Liberté, der Konvent, das Direktorium, der Erste Konsul, Napoleon und Nieder mit dem Tyrannen‹ gerufen haben«.

Begeistert begrüßten sie ihren neuen König gerade nicht. In Zopfperücke und schwarzsamtenen Podagrastiefeln glich »Ludwig der Ersehnte« einem Gespenst des Ancien régimes. Die Polizei hatte vorsorglich die Blumentöpfe von den Fenstersimsen entfernen lassen. Metternich war peinlich berührt: »Welch ein Kontrast zwischen den düsteren Mienen der Kaiserlichen Garde, die vor und hinter der Karosse einherschritt, und dem Gesicht des Königs, der mit einstudierter Freundlichkeit lächelte – ein Kontrast, der die Stimmung im ganzen Land zu spiegeln schien.«

In den Tuilerien empfing Ludwig XVIII. den österreichischen Außenminister, dem Napoleon auf Elba nachsagte, er habe ihn systematisch zugrunde gerichtet. Im ehemaligen Kabinett des Kaisers, »wo ich so oft mit diesem auf und ab gegangen bin«, humpelte ihm der gichtbrüchige König entgegen. Wenn Korpulenz und Jovialität ausschlaggebend gewesen wären, hätte man ihn für die inkarnierte alte gute Zeit halten können. Und wenn er besser auf den Beinen gewesen wäre, hätte man versucht sein können, mit ihm gemeinsam voranzugehen. Aber er war körperlich wie geistig unbeweglich, ein Bonhomme, von dem vielleicht Gutes, doch kaum Kluges zu erwarten war. Konnte Frankreich mit einem solchen Monarchen Staat machen, und Europa Frieden?

Aber Talleyrand war noch da. Mit Unterstützung Castlereaghs sorgte er dafür, daß die Monarchie eine von England entliehene, doch auf dem Wege zum Festland verwässerte Verfassung bekam: die Charte octroyée mit Pairskammer und Deputiertenkammer, eine Konstitution mit etwas Liberalismus und wenig Parlamentarismus. Hand in Hand mit Metternich ging Talleyrand daran,

Frankreich möglichst unbeschädigt und weitgehend gleichberechtigt in die europäische Staatengemeinschaft zurückzuführen, die kaiserliche Franzosen zerstört hatten und königliche Franzosen wiederaufbauen helfen sollten.

Im preußischen Lager, wo ein Pereat nach dem anderen auf Frankreich ausgebracht wurde, hielt man Talleyrand für einen Bösewicht, der den preußischen Staat um seine Siegesbeute und die deutsche Nation um ihre Einheitshoffnungen betrog. Un Metternich für einen Judas, der seine Verbündeten verriet, für ein paar Silberlinge, mit denen er sich herausputzen und sein Land herausstellen wollte.

Die Revanchisten und Revisionisten verstanden ihn nicht. Man konnte nich beides haben, Rache und Ruhe, Vergeltung und Frieden. Es wäre widersinnig gewesen, im befreiten Europa die alten Gewalten zu stärken und im besiegten Frankreich das wiederhergestellte Königtum so zu schwächen, daß Jakobiner und Bonapartisten eine neue Chance bekommen hätten. Es müßte zu neuen Konflikten und vielleicht noch schrecklicheren Kriegen führen, wenn man dem Nationalismus, den man mühsam genug in Frankreich eingedämmt hatte, in Deutschland und Italien freien Lauf ließe. Und zu spät bemerkte, daß man zwar den französischen Imperialismus beseitigt, aber den russischen Imperialismus gefördert hätte.

Schon immer war er der Meinung gewesen, daß der Frieden nur durch ein Gleichgewicht der europäischen Mächte und ein Übergewicht der erhaltenden Kräfte gewonnen und gesichert werden könnte. Nun, nach einem Vierteljahrhundert Krieg, hatte er endlich die Möglichkeit, eine solche Friedensordnung zu errichten. Dazu brauchte er einen maßvollen Frieden mit dem restaurierten Frankreich, ein ungeschmälertes Gegengewicht gegen Rußland und Preußen, einen unangefochtenen Bundesgenossen der konservativen Allianz.

Talleyrand, dem Anwalt der französischen Interessen, war das recht, und Calstlereagh, dem Fürsprecher einer Balance of powers, kam es zustatten. Der Zar hatte nichts dagegen, weil seine Rolle als Friedensbringer, die er momentan in Paris genoß, eine entsprechende Gabe an Frankreich verlangte und er die Schwierigkeiten, die er mit Verbündeten hatte – vor allem was Polen betraf –, auf den nächsten Akt aufzuschieben gedachte, den vorgesehenen Friedenskongreß in Wien. Und der König von Preußen, der das ganze Sachsen und das linke Rheinufer haben wollte, mußte warten, bis sich der Kaiser von Rußland dazu äußerte.

So kam – nach einem gewissen Gerangel, das die Diplomaten ihrem beruflichen Ansehen schuldig zu sein glaubten – der Friede von Paris zustande, der später »der Erste« genannt wurde, weil er sich nicht als so haltbar erwies, wie es seine Unterzeichner am 30. Mai 1814 erwartet hatten. Die Sieger wie der Besiegte verfolgten damit die Absicht, »der langen Aufregung Europas und dem Unglück der Völker durch einen dauerhaften Frieden, der auf eine gerechte Verteilung der Kräfte unter den Mächten gegründet ist, eine Ende zu machen«.

Das neue Königreich Frankreich mußte keinen Franc Kriegsentschädigung bezahlen und erhielt die Grenzen des alten Königreiches von 1792, mit einer Zugabe von 150 Quadratmeilen und 500 000 Einwohnern (das ehemals päpstliche Aivgnon, das ehemals württembergische Mömpelgard, Grenzgebiete Savoyens und Begliens) und bekam die meisten Kolonien von England zurück. Dieses behielt Malta und die früheren holländischen Kolonien Kapland und Ceylon. Holland ging nicht leer aus, sollte durch die zuerst österreichischen und dann französischen Niederlande entschädigt werden.

Und Österreich erhielt die Lombardei und Venetien in Italien zurück, das – wie es Prinzipien wie Interessen der Habsburgermonarchie verlangten – wiederum nur der geographische Rahmen für souveräne Staaten sein sollte.

Preußen ging fast leer aus. Lediglich die von Napoleon geraubte Quadriga durfte es auf das Brandenburger Tor in Berlin zurückführen, nachdem es – wie Österreich – seine abgetrennten Staatsgebiete zurückgeholt hatte, was eine Selbstverständlichkeit war.

Die deutschen Patrioten, die geglaubt hatten, das alte Reich zurückerobert zu haben, bekamen noch weniger, nur die Absichtserklärung, Deutschland werde aus unabhängigen Staaten bestehen, die durch ein föderatives Band vereinigt seien.

Dieser Pariser Vertrag »hat unsern Feinden den Frieden, uns den Zwist gegeben«, klagte Joseph Görres im *Rheinischen Merkur*, dem Zentralorgan des deutschen Patriotismus. Deutschlands Krone sei zerbrochen und zu Siegelringen seiner Souveräne umgeschmolzen. Und der noch in russischen Diensten stehende Preuße Clausewitz kritisierte: »Bonaparte konnte besiegt werden, aber unser Kleinmut ist unbesiegbar. Stahl und Eisen gestaltet sich unter Vulkans Schlägen, ein zäher Schwamm behält seine Form.«

Letzteres war auf Metternich gemünzt, der nicht einen Diktatfrieden, sondern einen Verständigungsfrieden geschlossen hatte, der Parole »Gott strafe Frankreich!« nicht gefolgt war und die napoleonische Praxis, Land und Leute zu rauben, nicht fortgesetzt hatte. »Wir hätten Frankreich vernichten und ihm eine hohe Buße auferlegen können, für das Leid, das es zwanzig Jahre lang über Europa brachte; wir entschieden uns für eine Regelung, die keinen begründeten Unmut aufkommen läßt.«

Talleyrand sprach dafür Metternich – und sich selber – Anerkennung aus: »Jetzt haben wir endlich den richtigen Frieden. Alles andere war doch nur Schein. Menschen, die Sinn für Politik haben, müssen mit dem Vertrag zufrieden sein.« Er sagte das als Staatsmann, »der ich gewohnt bin, planmäßig zu denken«, als Europäer und natürlich als Franzose: Der Frieden sei »sehr vorteilhaft und auf der Grundlage weitgehendster und ich möchte sagen vornehmster Achtung der Gleichberechtigung aufgebaut, obwohl die fremden Heere noch auf Frankreichs Boden stehen«.

Schon hatte der Rückmarsch begonnen, und es blieb nicht mehr viel Zeit, wie Gott in Frankreich zu leben. Russen berauschten sich nicht nur an den Getränken, sondern auch an den Gesinnungen dieses Landes, was zu fatalen Auswirkungen in der Heimat führen sollte. Ein Preuße wie Blücher mochte zwar keinen Franzmann, doch seine Weine leiden, und von den Spieltischen im Palais Royal war er kaum mehr wegzukriegen. Selbst ein Puritaner und Patriot wie der freiherr vom Stein war nicht vergebens in Paris gewesen: Die Abscheu vor diesem Babylon festigte seine persönliche Moral und seine politische Haltung.

Metternich genoß den Frieden, den er endlich hatte, in der Stadt, wo man dies am besten konnte. Napoleon war weg, doch das, was er geschaffen hatte, um Paris zu einer noch schöneren und großartigeren Stadt zu machen, war geblieben: die Rue de Rivoli, die Madeleine-Kirche, der Pont d'Iéna, den Blücher am liebsten in die Luft gesprengt hätte, um eine Erinnerung an die Schmach von 1806 aus der Welt zu schaffen.

Die Großzügigkeit des Empire, die Metternich während seiner Botschafterzeit geschätzt hatte, war noch da – und manche alte Freundin. Lauretto Junot, die Herzogin von Abrantès, nun Witwe, schickte sich an, ihre Memoiren zu schreiben, was für Klemens ein Grund mehr war, sie fast täglich zu besuchen. Julie Récamier war zwar nicht mehr der »Engel des Empire«, doch immer noch von einer Ehrbarkeit, die er unbegreiflich und sie selber als ungeschickt fand.

Und Wilhelmine von Sagan reiste ihm nach, genauer gesagt, Alfred Windisch-Graetz, den Metternich mit einer Mission in Turin betraute, so daß sie in Paris mit ihm vorlieb nehmen sollte. Bislang hatte er ihr Eifersuchtsszenen gemacht, par distance, die vieles dämpfte, und mit der Chance, daß mancher seiner larmoyanten Ergüsse und manche ihrer mokanten Erwiderungen verloren gingen. Nun würden sie sich direkt gegenüberstehen, und Konfrontationen mußten schlimmer, wenn auch Arrangements angenehmer werden.

Napoleon hatte er besiegt, doch seine Nebenbuhler – außer Windisch-Graetz war da noch Lamb und wer weiß noch wer – vermochte er nicht aus dem Felde zu schlagen, das Herz Wilhelmines nicht für sich allein zu erobern. Der erfolgreiche Premier Europas machte als unglücklicher Kavalier Wilhelmines keine gute Figur; die Wortwaffen des Meisterdiplomaten versagten bei einer Frau, die jüngere Männer verzog; der große Regisseur, der im Staatstheater inszenierte, agierte auf der Kammerbühne als gehörnter Liebhaber wie in einem Lustspiel von Kotzebue.

»Du weißt, meine Freundin, was mich zu Tode quält« ... »Ich fürchte Dich« ... »Es mag wohl sein, daß Du mich nicht liebst – das weiß ich, aber sage mir nie eine Unwahrheit« ... »Mein Lebensgefühl ist eine höchst absonderliche Mischung aus starkem Empfinden und kaltem äußerem Anschein – das eine tötet mich, das andere rettet mich nicht« ... »Es wird eine andere Welt geben, ohne Schmerz, ohne Arbeit, ohne solche entsetzliche Leiden – und der Himmel wird mich dorthin entrücken, nach soviel Gram hienieden« ... »Eines Tages wirst Du mir Gerechtigkeit widerfahren lassen« ... »Ich bedaure es so sehr, Dich eingeladen zu haben, und bin dennoch höchst entzückt.«

Nun war sie da, und er hatte Gelegenheit, ihr zu zeigen, wem sie sich vorenthielt: dem Staatsmann, in dessen Pariser Residenz, dem Palais Sébastiani, Monarchen und Minister sich die Klinke in die Hand gaben, dem Fürsten, der im Mittelpunkt von Empfängen, Diners und Bällen stand, dem Hauptakteur, auf dessen Loge im Theater das Publikum mehr als auf die Bühne zu schauen schien. Wilhelmine war beeindruckt, wollte aber die Konsequenzen auf ihre Weise gezogen wissen: Er könne sich ja scheiden lassen und sie heiraten, damit sie ein solches Leben mit ihm zu teilen vermöchte.

Meinte sie es ernst oder wollte sie ihn nur hinhalten? Denn eine Scheidung von Lorel, der geborenen Kaunitz, Mutter von sieben Kindern, und eine Vermählung mit einer zweimal geschiedenen Frau, Mutter einer unehelichen Tochter, einer allzu freizügigen Frau und einer Parteigängerin des Zaren dazu, kam unter keinen Umständen in Frage.

Unordentlichkeiten im Kleinen mochte er sich leisten, aber keine Unordnung im Großen und Ganzen. Eine Liaison war möglich, doch keine Auflösung der vor Gott und den Menschen geschlossenen Ehe. Im katholischen Österreich, bei einem Kaiser, der päpstlicher war als der Papst, wäre dies das Ende seiner Karriere gewesen, die ihn schon so weit gebracht hatte und noch weiter bringen sollte.

Er müßte Staatskanzler wie ihr Großvater werden, schrieb seine Frau aus Wien. Er schickte aus Paris Anweisungen für eine bessere Ausstattung der Staatskanzlei am Ballhausplatz, »denn ich habe mehr Chanceen, als ich mir wünschen könnte, viele Jahre in diesem Gebäude zu verbringen«.

Lorel wäre gerne nach Paris gekommen, wo sie nun, an der Seite des strahlenden Siegers, mehr glänzen hätte können als seinerzeit neben dem Botschafter eines besiegten Landes. Überdies hatten sie sich beinahe ein Jahr lang nicht gesehen. Der Gatte vertröstete sie auf seine baldige Heimkehr und kaufte für sie – zusammen mit der Sagan – Mitbringsel, schöne Kleider und die neuesten Hüte.

Den Anspielungen der Freundin, unter die Haube zu kommen, wich Klemens aus, und Wilhelmine übertrieb sie nicht. Vorerst wollte sie mit ihm, im Juni 1814, zur Siegesfeier nach England fahren.

Aber London war nicht Paris, Frauen, geschiedene zumal, galten hier wenig, und selbst die Maitresse des Fürsten Metternich war bei Hofe, in der High Society und selbst in der österreichischen Botschaft nicht erwünscht. Klemens bekam Wilhelmines Greiztheit zu spüren und Lobendes über den Nebenbuhler Frederic Lamb zu hören, der sie immerhin mit Lord Byron bekannt machte, dessen Verse ihr aus der Seele gesprochen waren. Wichtiger aber war für sie, ihren Hofknicks machen zu dürfen, was Klemens schließlich ermöglichte, nachdem sie ihm gedroht hatte: »Es liegt an Dir, alles zu arrangieren, sonst werde ich glauben, daß Du mich überhaupt nicht liebst, und ich selber werde Dich viel weniger lieben.«

Dabei hatte er schon genug andere Sorgen. Als Vertreter seines Kaisers, der es – aus gutem Grund, wie sich herausstellte – vorgezogen hatte, das Festland nicht zu verlassen, mußte er, ein Minister nur, hinter den Monarchen, Alexander I. und Friedrich Wilhelm III., zurückstehen. Und als Zivilist hatte er hinter die Militärs zurückzutreten, die von einem Volk, das er für ziviler gehalten hatte, als die Urheber des Sieges gefeiert wurden – Marschall Blücher zumal, der dabei mehr Faust als Kopf gezeigt hatte und jetzt, gleich ihm, von der Universität Oxford den Ehrendoktor des Bürgerlichen Rechts erhielt.

England sei von der Erde so weit wie der Mond entfernt, hatte er behauptet und fand es bestätigt. Schon daß man ein Schiff besteigen mußte, um dorthin zu gelangen, war dem Binnenmenschen unbehaglich, und ungewohnt die Insel mit ihren besonderen Zuständen und eigenartigen Bewohnern. Beim Siegesbankett in der Londoner Guild Hall, wo der Union Jack auf einem halben gebratenen Ochsen aufgepflanzt war, fühlte er sich in das Mittelalter zurückversetzt. Als makabre Zukunftsvision erschien ihm die Vorführung der Raketen des Colonel Congreve in Woolwich, wie »das Losbrechen der Hölle«. Beim Rennen in Ascot gefielen ihm zwar die Pferde, aber nicht die Damen, die er »abschreckend gekleidet« fand.

Immer noch schienen ihm die Engländer nachzutragen, daß er Marie Louise mit Napoleon verheiratet, den Beitritt Österreichs zur Koalition hinausgezögert, vielleicht sogar lieber mit dem kontinentalen Frankreich als mit dem maritimen England gegangen wäre. Eine gewisse Reserve war selbst in der Begrüßung zu spüren, die das Volk, das am entschiedensten gegen Napoleon gewesen war und ihn am ausdauerndsten bekämpft hatte, allen am Siege Beteiligten entgegenbrachte. Auch wenn ihn die Presse als »Volksliebling« bezeichnete, so wußte er doch, daß dem Volke andere lieber waren: der Preußenkönig und sein »Marschall Vorwärts«, vor allem aber der Zar.

Die Engländer an der Spitze wußten, was sie an dem Österreicher hatten. Außenminister Castlereagh schätzte ihn als Person und benötigte ihn zum Ausbalancieren der Mächte, für das europäische Gleichgewicht. Der Prinzregent, der spätere König Georg IV., ein Lebemann von der Statur des John Bull, bewunderte den Kavalier kontinentaler Schule, das französische Savoir vivre und die österreichische Liebenswürdigkeit, nannte ihn »den Klügsten unter den Ministern«.

Metternich tat das Seine dazu, dekorierte den Prinzregenten mit dem Goldenen Vlies, hofierte, charmierte, brillierte, stach immer positiver vom Zaren ab, der sich völlig daneben benahm, den Hof schockierte, die Tories mit liberalen Äußerungen und die Whigs mit konservativen Bekundungen vor den Kopf stieß – und dem Foreign Office die Gefahr eines unberechenbaren Rußlands vor Augen führte.

Einen Barbaren des Nordens, der auch noch den Jakobiner des Südens spielen wollte, nannte der Österreicher den Russen. »Ich sehe, daß der Kaiser Alexander mir etwas antun will, ich werde es ihm zehnfach heimzuzahlen wissen.« Der Zar war auf ihn immer schlechter zu sprechen: »Metternich wird mich feindlich behandeln; er ist es, der alles für Österreich und für einige andere behalten und uns Russen nichts zukommen lassen will.«

Der Russe wollte Polen als Siegesbeute behalten und den Preußen dafür Sachsen geben. Das war der wichtigste Streitpunkt zwischen Metternich und Alexander, denn hinter der persönlichen Abneigung steckte – und das war entscheidend – ein politischer Gegensatz. Würde er auf dem Kongreß in Wien ausgeräumt werden können? Der Österreicher bezweifelte es, denn das war seit Peter dem Großen das Grundgesetz Rußlands: Öffnung nach Westen, Ausdehnung nach Westen.

Schon schien der Zar vollendete Tatsachen geschaffen zu haben: Polen war von russischen Truppen besetzt. Es eilte ihm nicht mit der Erfüllung des Artikels 32 des am 30. Mai 1814 unterzeichneten Friedens von Paris: »Innerhalb zweier Monate werden alle Mächte, welche an dem gegenwärtigen Kriege beteiligt waren, Bevollmächtigte nach Wien schicken, um auf einem allgemeinen Kongreß die Bestimmungen des Vertrages zu vervollständigen.«

Die Minister wollten ihn am 15. August offiziell eröffnen. Dem Zaren war dies zu früh, denn er wollte vorher Petersburg wiedersehen und seine Truppen in Polen inspizieren. Schließlich einigte man sich auf den 1. Oktober, unter zwei Bedingungen, auf denen Metternich und Castlereagh bestanden hatten: Bereits im September sollte in Wien das Verfahren geregelt und inzwischen am Status der besetzten Gebiete, Polens wie Sachsens, nichts geändert werden.

Der Start war verzögert, das Ziel noch weit. Um es nicht zu verfehlen, blieb Metternich noch eine Woche in London, sprach mit Castlereagh Taktik und Tempo ab. In Paris engagierte er dann ein Ballett und den Gesellschaftsmaler Jean-Baptiste Isabey. Um ihn voranzubringen, wollte er den Wiener Kongreß nicht nur arbeiten, sondern auch tanzen lassen, den Frieden festigen und feiern, und den großen und schönen Augenblick im Bilde festhalten, verweilen lassen.

In Wien wurde er am 18. Juli 1814 mit Beethovens »Die Geschöpfe des Prometheus« empfangen – der Österreicher, der den Menschen das Feuer des Friedens brachte, ein Bewahrer und kein Empörer, weshalb er, wenn auch nicht sogleich, von den eigentlichen Jüngern des Prometheus an den Felsen der Kritik geschmiedet wurde. Zunächst überhäufte man ihn mit Lob und Preis, so in der bei seiner Ankunft aufgeführten, von Kinsky komponierten und von Veith gedichteten Kantate »Hymnus an die Sonne«:

>»Erhabner Fürst, sei uns willkommen,
>Du, dem die Klugheit ihren Stab
>Zu unser und der Brüder Frommen
>In die getreue Rechte gab!

> Willkommen uns, der du dem Schwerte
> Vollenden halfst die größte Tat!
> Im Jubelrufe dankt dir nun die Erde
> Für reifen, sichren, festen Rat.
>
> Sieh um dich her! Im Lustgepränge
> Des neuen Glücks ruft Wien dir zu,
> Mit einer Stimme nur die große Menge:
> Ein Pfeiler unsers Staats bist du!

Ein Untergebener übertrieb noch mehr: »Ihnen allein dankt Europa sein Dasein«, lobhudelte der Staatsrat Hudelist. Ein Vertrauter, der Hofrat Gentz, äußerte sich zurückhaltender: »Sollte ihm sein Stern treu bleiben – denn er hält sich für vom Glück begünstigt –, dann wird er wohl imstande sein, sich und Österreich in angemessene Verhältnisse zu bringen.« Das sei bereits erfolgt, meinte der Franzose Joseph de Maistre: »Österreich ist unbegreiflich. Aus einem Abgrund hat es sich mit einem Sprung bis in die Wolken gehoben. Es war wenig angebracht, dem Fürsten Metternich Findigkeit abzusprechen. Man muß sehr viel davon besitzen, um solche Erfolge mit einem geringeren Einsatz zu erreichen, als ihn die anderen gewagt hatte.«

Metternich strich die Danksagungen als Selbstverständlichkeiten ein. Er wußte, was er wert war und geleistet hatte, warum Monarchen und Minister nach Wien und nicht woandershin kamen, ganz Europa sich in seinem Vorzimmer versammelte.

Die Staatskanzlei am Ballhausplatz war entsprechend hergerichtet worden. Er selber hatte neue Möbel in Paris beschafft, wo sie immer noch am geschmackvollsten waren, im Stil des Empire, das er zwar als politisches Gbilde beseitigt hatte, dessen Geist er aber nicht im Widerspruch zu seiner Friedensordnung fand.

Das neue Rom war Wien, nicht mehr Paris. Hier amtierte der nunmehrige Friedensstifter und residierte der ehemalige Kaiser des Heiligen Römischen Reiches Deutscher Nation, das – zumindest theoretisch – eine Friedensfunktion erfüllt hatte. Wien war die Hauptstadt eines Vielvölkerreiches, wo man auf Ausgleich bedacht und auf Verträglichkeit angewiesen war. Sie lag in der Mitte des Kontinents, zur Vermittlung zwischen West und Ost, Nord und Süd berufen.

Wo hätte man die alte gute Zeit besser wiederaufleben lassen können als in dieser Stadt, deren Bewohner als Phäaken galten, lebensfrohe und gastfreundliche Menschen, die immer noch oder schon wieder jene Süße des Daseins genossen, die andere verloren hatten und wiederfinden wollten? Und an welchem Ort hätte man die alten Monarchien sinnvoller wiederherstellen können, als in Wien, wo das Ancien régime schon architektonisch augenfällig war?

Die Kuppel der Karlskirche beschirmte den alten Bund von Thron und Altar. Schönbrunn, das Schloß Maria Theresias, war ein österreichisches Versailles. Die Hofburg, ein Konglomerat von Bauten, glich einem Modell des Staatensystems, das man restaurieren wollte. Die Aelspaläste in der Altstadt erinnerten an die mittelalterliche Begründung der Aristokratie und diejenigen außerhalb der Mauern, in Grün gebettet, an den Genuß, den sie weiterhin davon haben wollte.

»Der Blick auf Wien hat was sehr Heiteres«, bemerkte Carl Bertuch aus Weimar: die weißen Häuser, die roten Dächer, der grüne Kranz der Berge. Ein anderer Kongreßbummler, der Franzose Auguste de la Garde, spazierte durch den Prater, bestaunte den Luxus der Equipagen, die Schönheit der Damen »in Weiß und Rot, wie Blumen in Körben«, die Zufriedenheit der Wiener. »Kein Streit stört diese Menge; ihre Freude ist ernsthaft, aber dieser Ernst kommt nicht aus einer Anlage zur Traurigkeit, sondern hat seinen Grund im sichern Wohlbehagen.« Der Prater war davon erfüllt, Alleen und Wiesen, »welche die Sonne nie bleichen kann«, Kaffeehäuser und Lokale, »in denen das Wiener Volk nach Herzenslust sich seinen musikalischen Neigungen hingeben kann«.

Dies sei die Hauptstadt der musikalischen Welt, betonte der Braunschweiger Ludwig Spohr, der Kapellmeister am Theater an der Wien war. Um sie zur Hauptstadt des nachnapoleonischen Europas zu machen, wurden die Wiener Musiker eingesetzt, vornehmlich der Größte von allen, Ludwig van Beethoven.

Am 23. Mai 1814 – eineinhalb Monate nach dem Sturz Napoleons – wurde im Kärntnertortheater Beethovens Oper *Fidelio* in der zweiaktigen, endgültigen Fassung uraufgeführt. Der »Chor der Gefangenen«, der bei der Premiere in der ersten Fassung 1805, während der Besetzung Wiens durch die Franzosen, aktuelle Bedeutung gehabt hatte, war nur noch Erinnerung.

Am 3. September 1814 komponierte Beethoven einen »Chor auf die verbündeten Fürsten«, vierstimmig, für den Kaiser von Österreich, den Kaiser von Rußland, den König von Preußen und den Prinzregenten von England bestimmt. Er wurde nie aufgeführt, vielleicht deshalb, weil Alexander I und Friedrich Wilhelm III. erst am 25. September eintrafen und der Engländer überhaupt nicht kam. Und weil ihre Unstimmigkeiten offenkundig geworden waren.

Übertönt wurden sie am 29. November 1814 durch die im großen Redoutensaal aufgeführte Kantate für vier Solostimmen, Chor und Orchester, opus 136, der Beethoven den vielversprechenden Titel »Der glorreiche Augenblick« gegeben hatte. Die Monarchen applaudierten, vor allem dem nicht von Beethoven stammenden Text: »Kein Aug ist da, / das seinem Fürsten nicht begegnet. / Kein Herz ist nah, / das nicht sein Landesvater segnet.« Die Kantate wurde noch am 2. und 25. Dezember aufgeführt; dann gab ihr Beethoven den neuen Titel »Preis der Tonkunst«, auch deshalb, weil der »glorreiche Augenblick« nicht so genützt worden zu sein schien, daß die Staatskunst einen Preis verdient hätte.

Denn die zwei Kaiser, vier Könige – außer dem von Preußen die von Dänemark, Bayern und Württemberg –, die zweihundert Fürsten, ihre Minister, Generäle, Hofräte, Adjutanten und Lakaien samt Damen – die Kongressisten schienen nur im Walzer Takt zu halten.

Bisher wurde, nach Art und Weise des 18. Jarhhunderts, Menuett getanzt, mit einer Ernsthaftigkeit, »die fast vermuten ließe, das Vergnügen wäre ihnen bloß anbefohlen«, wie de la Garde in Wien noch beobachten konnte. Aber er gewahrte auch den neuen Tanz, den Walzer, noch nicht im Wirbel eines Lanner oder Strauß, von Komponisten ernster Musik oder dilettierenden Adeligen, doch flott genug, um die Tänzer und den Zuschauer mitzureißen: »Man muß es dort mit ansehen, wie der Herr seine Dame nach dem Takt unterstützt und in dem wirbelnden Laufe hebt, und diese dem süßen Zauber sich hingibt und eine Art von Schwindel ihrem Blick einen unbestimmten Ausdruck verleiht, der ihre Schönheit vermehrt. Man kann aber auch kaum die Macht begreifen, die der Walzer ausübt.«

Auch die Mächtigen schlug er in Bann. Alexander I. tanzte und tanzte, das einzige, was er passabel könne, wie Metternich bemerkte, der sich nicht gerne nach Takten, die er nicht selber gab, bewegte, den Walzer eher als Fortsetzung seiner Taktik, den Kontrahenten mit Reden zu erschöpfen, betrachtete.

Selbst Friedrich Wilhelm III. tanzte mit einer Dame, was sich nicht vermeiden, unter Ausschluß der Öffentlichkeit, wenn es sich machen ließ. Der lange und dürre Castlereagh tanzte, daß man fast die Knochen klappern hörte, und Lady Castlereagh, »bis zum Magen dekolletitert«, trug dabei den Hosenbandorden ihres Gatten um die Stirn. Talleyrand, der Klumpfüßige, glich einem der von de la Garde beschriebenen Zuschauer, die »den Takt und den Rhythmus mit dem Fuße markieren«. Und der gute Kaiser Franz tat nicht einmal das, machte immer ein Gesicht, als ob er nachrechnete, was ihm das alles kosten würde.

Es war, als hätte man den vorrevolutionären Tanz auf dem Vulkan wieder aufgenommen, indessen mit anderem Rhythmus und im Bewußtsein, daß man die Sintflut nicht mehr vor sich, sondern hinter sich hatte.

»Le congrès danse, mais il ne marche pas«, kommentierte der alte Fürst de Ligne, der immer noch da war. »Der Kongreß tanzt, aber er kommt nicht voran.« »Wenn er nur nicht am Ende springt«, fügte eine Dame hinzu. Aber das brüchige Gewebe der Politik war, wie Ligne meinte, so sehr mit verbindenden Festlichkeiten durchsponnen, daß dies niemand annehmen wollte.

Der offizielle Kongreßbeginn war auf den 1. Oktober 1814 festgelegt gewesen, als sich jedoch Schwierigkeiten in der Form wie in der Sache ergaben, wurde er auf den 1. November verschoben. Inzwischen feierte man gemeinsam, in der Erwartung, daß man sich dabei so nahe käme, daß man dann weiterkommen könnte.

Es ließ sich vielversprechend an. Am 2. Oktober war Redoute in der Hofburg, wo man sich in Masken begegnete, unter denen sich – wie de la Garde meinte – »oft politische Kombinationen, Meisterstücke von Intrigen oder Plänen verbargen«, und in diesem Gesellschaftsspiel Domino an Domino gefügt wurde.

Am 6. Oktober gab es ein Volksfest im Augarten, den Joseph II. den Vergnügungen des Volkes von Wien geöffnet hatte, wo die Monarchen nun demonstrierten, daß sie das Wohl der Völker auf ihre Weise im Sinne hätten. »Es lag etwas Patriarchalisches darin, wie sie sich so mitten unter das Volk mischten, das sich um sie drängte«, bemerkte der französische Kongreßberichterstatter. »Eine ungeheure Menge wogte in den Alleen des Augartens, aber keinen Augenblick verleugnete sich ein bewundernswürdiger Ordnungsgeist.« Damen vermißten hinterher so manches Schmuckstück.

Am 18. Oktober wurde der Jahrestag der Völkerschlacht bei Leipzig begangen, auf die man den Frieden, den man jetzt feierte, zurückführen konnte. Zugegen waren alle irdischen Gewalten, die es bewerkstelligt hatten, die Monarchen, die Generäle, Soldaten und Veteranen, und alle lobten Gott, dem man letztendlich die Überwindung des Bösen und den neuen Bund von Thron und Altar berdankte. Die Wandlung kündeten Artilleriesalven an, die Kriegsherren wie der letzte Gemeine knieten nieder, den Segen begleitete eine Friedenshymne.

Der Tag ging nicht vorüber, ohne daß derjenige, dem man das alles auch und nicht zuletzt verdankte, daran erinnerte: Fürst Metternich, der österreichische Außenminister und Vorsitzende des europäischen Kongresses, gab eine Soirée in seiner Villa am Rennweg.

»Mein Fest muß den Glanz von zwanzig Jahren Frieden ausstrahlen«, hatte er sich vorgenommen. Sein Haus war renoviert, »im großen Stil«, denn der Kaiser sollte dafür aufkommen. Ein Ballsaal war angebaut worden, ein Pavillon mit Kuppel, in dem sich tausend Gäste bequem bewegen konnten. Aus Paris hatte er Möbel, Leuchter und Porzellan mitgebracht. Sein Koch war bei französischen Meistern in die Schule gegangen. Für die Livreen der Lakaien hatte er in London Borten und Knöpfe besorgt.

Die Hausfrau trug die Roben, die er bei LeRoi, dem ersten Couturier in Paris, für sie ausgesucht hatte. Der Hausherr sah so aus, wie ihn der englische Maler Thomas Lawrence portraitierte: in goldbesticktem Frack und seidenen Kniehosen, ein rotes Ordensband über der Brust und das Goldene Vlies am Hals, den Kopf durch den hohen Krager noch höher erhoben.

Der Einundvierzigjährige sehe noch aus wie ein junger Mann, fand de la Garde. »Seine Züge waren schön und von vollkommener Regelmäßigkeit; sein Lächeln verführerisch; sein Gesicht drückte Klugheit und Wohlwollen aus; er war von mittlerem

Wuchs, wohlgestaltet, und sein Gang hatte etwas Edles und Elegantes. Beim ersten Anblick war man angenehm überrascht, in ihm einen jener Männer zu finden, welche die Natur reich ausgestattet hatte, um ihnen Erfolg in der Gesellschaft zu sichern.«

Sein Fest am 18. Oktober 1814 wurde ein solcher Erfolg. Die Damen erschienen wie Friedensengel, die dem Friedensstifter huldigen wollten, in Weiß oder Blau, Ölzweige im Haar. Die Monarchen wurden mit einem jener Feuerwerke empfangen, die er im allgemeinen nicht schätzte, »weil nach ihrem Überschwang die Nacht noch lastender erscheint». Doch diesmal war dafür gesorgt, daß sie leuchtend blieb: Bengalisches Feuer im Garten, die Villa angestrahlt, der Ballsaal »hell wie in der Mittagssonne«.

Dieses Fest habe Napoleons Fêten in den Tuilerien in den Schatten gestellt, behauptete der Bankier Jean Gabriel Eynard, Delegierter von Genf. Gräfin Elise von Bernstorff, Gemahling des dänischen Ministers, fand alles vollkommen, sogar den nicht ganz passenden Schluß: »Ein köstliches Wetter begünstigte die Feier so sehr, daß auch als sie, wie alles Schöne auf Erden, ihr Ende erreicht hatte und das Gedränge der Wagen so unerhört war, daß man stundenlang auf sie warten mußte, der Aufenthalt auf der Perrontreppe durchaus nicht die Unbequemlichkeiten einer kühlen Nacht darbot.«

Für den Gastgeber hatte es mit einem Mißklang geendet. Mit einer Schadenfreude, die seiner Abneigung degen den Minister entsprang, aber nicht den Interessen Österreiches entsprach, registrierte ihn Erzherzog Johann: »Ich stand zuletzt hinter ihm, da hatte der russische Kaiser einen Strauß mit Metternich. Er sagte ihm, die Diplomaten bestimmen, und wir Soldaten müssen sich dann zu Krüppeln schießen lassen für sie; das verdroß den anderen; dann merkte der russische Kaiser, daß ich es gehört und wiederholte es.«

Er nahm kein Blatt vor den Mund. »Der Kaiser Alexander äußerte ohne Rücksicht gegen viele Weiber der hiesigen Gesellschaft seine Abneigung gegen Metternich«, bemerkte der zur russischen Delegation gehörende Freiherr vom Stein. »Der alten Fürstin Metternich sagte er: ›Ich verachte jeden Mann, der keine Uniform trägt‹; einer anderen Dame sagte er: ›Sie sollten nicht mit einem Schreiber befreundet sein!‹«

Alexander I., der stets der Erste sein wollte und es protokollarisch auch war, konnte es nicht verwinden, daß ein Minister, und ein nicht-russischer dazu, der politische Leiter des Kongresses war und dies auch den Monarchen zu verstehen gab. »Metternich behandelt die Souveräne etwas zu leicht«, wunderte sich Abbate Giuseppe Carpani, »spricht mit ihnen, ohne sich von seinem Sitz zu erheben, und erlaubt sich einen verletzenden Ton.«

So etwas konnte der Zar nicht vertragen, schon gar nicht von einem Diplomaten, der dem Soldaten, dem russischen vor allem, die Siegerpose nicht zu gönnen und ihn um die Siegesbeute zu prellen schien. Daran änderte auch nichts, daß der Zivilist sich mitunter martialisch äußerte, zum Beispiel, daß er eine große Schwäche für Kanonendonner habe, wo doch jedermann wußte, daß er selbst beim Knall der Champagnerkorken zusammenzuckte.

Und ein solcher Mann hatte mehr Glück bei den Frauen als er! Das ärgerte Alexander am meisten, dem der Kongreßbeobachter Karl von Nostiz attestierte: »Sein Hang für die Frauen spricht sich so deutlich aus, daß die russischen Damen manchmal ungehalten sind über die Aufmerksamkeit, welche ihr Monarch den Wienerinnen bezeugt.«

Näheres berichtete einer der Konfidenten, wie in Österreich die Spitzel hießen, die nun Tag und Nacht strapaziert wurden: Drei Stunden habe der Zar im Boudoir der Fürstin Bagration verweilt. »Ich werde vielleicht binnen kurzem darüber mehr wissen, aber schon jetzt kann ich sagen, daß sie in ihrem Herzen den Triumph über die Herrin von Ratiboržitz und ihre glückliche Rivalin beim ersten Minister genießt, weil sie als erste von dem Kaiser Alexander eine derartige Auszeichnung erfahren hatte.«

Der erste Minister war Metternich, die Herrin von Ratiboržitz die Herzogin Wilhelmine von Sagan, dessen große Liebe, die Fürstin Bagration eine alte Liebe, und der Liebhaber am Zuge der Zar, der seines Triumphes nicht froh wurde, weil in Boudoirs, an denen er anklopfte, Klemens schon dagewesen war, die Bagration ihm nur deshalb öffnete, weil der andere nicht kam, und das, was ihr Alexander zu sagen hatte, mit gemischten Gefühlen anhörte: »Metternich hat Sie nie geliebt, weder Sie noch die Sagan. Er ist ein kalter Mensch, glauben Sie mir; er liebt weder die eine noch die andere; er ist ein Wesen mit Fischblut; können Sie denn diese Gestalt aus Gips nicht sehen?«

So wollte es ein Konfident vernommen haben. Die »Vorfallenheiten privater Natur«, wie solche Berichte überschrieben waren, wurden für Metternich eine zweischneidige Sache. Wenn sie andere betrafen, mochten sie ihn amüsieren, konnten sie politisch ausgeschlachtet werden. Immer mehr war aber über ihn zu lesen, was andere belustigte und gegen ihn verwendet wurde.

»Die Fürstin Bagration, um sich der Vernachlässigung wegen an Metternich zu rächen, erzählt alles, was sie weiß und nur je gehört hat und was gegen Österreich ist.« Er konnte es verschmerzen, wenn die Bagration, die an ihm wie eine Klette gehangen hatte, an einem anderen haften blieb. Es mußte ihn jedoch bedrücken, daß sich der Zar zwischen ihn und die Sagan zu drängen begann, Wilhelmine sich ohnehin von ihm abwendete und im Kongreßklatsch und in den Konfidentenberichten sein Image als unentwegter Gewinner getrübt wurde.

Wie man höre, so ein Agent, »weiß Metternich vor Liebe und beleidigter Eitelkeit sich nicht zu fassen; er verliert jeden Vormittag, indem er nie vor 10 Uhr früh das Bett verläßt und, kaum angezogen, zur Sagan seufzen geht, 5 bis 6 Stunden, behält kaum so viele Zeit, um unter 40 Menschen, die jeden Tag ihn zu sprechen haben, kaum drei bis vier vorzulassen.«

Und so weiter: »Fürst Metternich sucht sich jetzt über die von der Herzogin von Sagan ihm zugefügten Mißhandlungen zu zerstreuen, ist gestern abends gar nicht mehr bei ihr gewesen und macht anhaltend der Julie Zichy den Hof; jedermann, dem das Wohl der Monarchie am Herzen liegt, freut sich darüber; weil niemand so intrigant wie die Herzogin ist und ihn so viele Zeit verlieren gemacht hat; er war wirklich das Gelächter aller jungen Leute, wovon er doch jeden unendlich übersieht.«

Sie machten sich über etwas lustig, was ihm die Kongreßfreuden vergällte: das langsame Sterben seiner großen Liebe, das ihm, wenn schon nicht sein Herz, so beinahe sein Selbstbewußtsein gekostet hätte.

Im Sommer schien sie noch einmal aufgeblüht zu sein. Sie war zu ihm gekommen, wie er es verlangt hatte, und versicherte ihm, fortan werde sie ihn und nur ihn lieben. Obschon sie dies sozusagen wie eine diplomatische Demarche vorbrachte, nahm er es, in der Liebe weit unvorsichtiger als in der Diplomatie, für gegeben und gewährt. Und fiel aus allen Wolken, als sie ihn nach einiger Zeit, die sie ihm zur Entfaltung seines Hochgefühls gelassen hatte, wieder fallen ließ, diesmal für immer.

»Ein Verhältnis – ein Traum, der schönste meines Lebens, ist verschwunden.« Und: »Du bist es, die mir mehr Leid zufügte, als das ganze Universum je an mir gutzumachen vermöchte – Du hast meiner Seele alle Zufluchten geraubt; Du hast meine Existenz gefährdet in einem Augenblick, da mein Geschick mit Fragen verbunden ist, welche die Zukunft ganzer Generationen entscheiden.«

Das System der kommunizierenden Röhren funktionierte nicht mehr: Während er in der Politik hochstieg, stürzte er in der Liebe; er war aus dem Gleichgewicht gebracht. Mehr als sein Herz war sein Stolz getroffen, und sie wühlte noch in den Wunden eines Mannes, der selber wußte, daß er seine besten Jahre hinter sich hatte: »Über eine herzliche Freundschaft hinaus blieb in mir alles still. Selbst dieser Mißlichkeit wäre abzuhelfen gewesen – wenn ich in Dir statt soviel Leidenschaft mehr Geschick gefunden hätte. Du wirst gewiß verstehen, daß ich dies nur mit Bedauern und nicht als Vorwurf sage.«

»Ich tauge zu nichts mehr«, klagte er und schickte ihr zwei Vasen aus Lava, Symbole einer Liebe, die wie ein Vulkan ausgebrochen und nun erkaltet war. Warum nur hatte sie mit ihm gebrochen? Es mußte ihr längst klar geworden sein, daß er sich nicht scheiden lassen konnte. Alfred Windisch-Graetz war wieder auf der Bildfläche erschienen, als ordensgeschmückter Kürassieroberst, jung, stark und unkompliziert, ein Sieger par excellence, der sie im Sturme nahm. Aber ihn, den Sproß eines Mesalliancen unzugänglichen Fürstenhauses, durfte sie nicht heiraten.

Oder war es ihre unbändige Lebenslust, die sie von Liebhaber zu Liebhaber trieb, wie er Jahre später behauptete, als seine Enttäuschung in Ungalantheit umgeschlagen war? »Sie sündigt siebenmal am Tag, benimmt sich wie eine Irre und hat Liebesabenteuer, wie man zu Mittag ißt«, diese höchst sonderbare Frau. »Sie will immer das, was sie nicht tut, und tut, was sie nicht tun will.«

Oder hatte ihn die Herzogin »dem Zaren geopfert«, wie er unmittelbar danach argwöhnte? Sie hatte schon immer – was er nur zu genau wußte – ein Faible für die Russen und für diesen Russen gehabt. Das Wohlergehen ihrer unehelichen Tochter, an der sie hing, schien von seinem Wohlwollen abzuhängen. Und sie hatte, woran ein Konfident erinnerte, einen nicht unbeträchtlichen Teil ihres Vermögens in Rußland.

»Alexander, aus eifersüchtigem Groll gegen Metternich, hatte diesen Geldangelegenheiten eine Menge Hindernisse in den Weg gelegt. Die Herzogin suchte daher um eine Audienz beim Kaiser an, konnte aber nie dazu gelangen. Da nun ihre Sachen immer schlimmer zu stehen kamen, so ließ ihr Alexander durch dritte Hand sagen, daß nur ein förmlicher Bruch mit Metternich ihren Angelegenheiten bei Alexander eine günstige Wendung geben könne. Die Herzogin befolgte nun diesen Rat und behandelte Alexander bei jeder Gelegenheit vorzugsweise und würdigte Metternich kaum eines Blickes. Nun verlangte nach einiger Zeit die Fürstin in Gegenwart Metternichs eine Audienz bei Alexander, worauf er erwiderte: ›Von einer Audienz kann nicht die Rede sein. Ich werde morgen zu Ihnen kommen.‹ Nun war Metternich furios und ging zur Herzogin Sagan, ihr Vorwürfe über ihr Betragen zu machen, wurde aber abgewiesen.«

Beide gelangten zu ihr zu Fuß, der Zar über eine Hintertreppe in der Hofburg, der Minister mit ein paar Schritten vom Ballhausplatz. Wilhelmine von Sagan wohnte in der Schenkenstraße, im Palais Palm, Flur an Flur mit Katharina Bagration. Deren Appartement wurde das »russische Hauptquartier« genannt, dem nun das ihre, das bisher als »österreichisches Hauptquartier« bezeichnet worden war, angegliedert zu werden schien.

Die Wege der Liebhaber kreuzten sich, und die Ziele ihrer Politik. Ein Zusammenstoß war unvermeidlich. Er wurde die Sensation des Kongresses. Am 24. Oktober hatte Alexander »mit Metternich eine Unterredung, bei der er, wie als ganz gewiß erzählt wird, diesen Minister in einer so hochfahrenden Weise behandelt, sich so starker Ausdrücke gegen ihn bedient hat, daß es selbst einem Bedienten gegenüber unerhört gewesen wäre«, berichtete Talleyrand. »Als Metternich von dieser Unterredung kam, befand er sich in einer solchen Verfassung, wie er von den ihm Nahestehenden noch nie gesehen wurde.« Der Minister, fügte der schwedische Geschäftsträger Hegardt hinzu, sei »so bestürzt gewesen, daß er, aus dem Zimmer sich zurückziehend, nur mit Mühe die Tür fand«.

Er könne allen Unsinn, den der Zar in der zweistündigen Unterredung vorgebracht habe, nicht wiedergeben, meldete Metternich seinem Kaiser. »Sie erinnerte mich sowohl in Form als Ausdruck an die vielen früheren, welche ich mit Kaiser Napoleon hatte.« Von einem »gewaltigen Strauß« sprach Erzherzog Johann und verwies auf die politischen Motive: »Alexander ist einmal erpicht auf Polen; er läßt sich nichts einreden und geht darinnen unaufgehalten fort. Metternich stellte ihm vor, wie er als Friedensgeber jetzt eben in die Grundsätze Napoleons trete, allein er schützte sein Interesse und endlich seinen Willen vor; da ist nichts mehr zu sagen. Er warf Metternich vor, er sei der einzige, der sich ihm widersetze...«

Was er sich herausnahm, war schon unerhört. Ein Fürst nur, konkurrierte er mit einem Kaiser in der Liebe. Ein Minister nur, konterkarierte er die Politik eines Monarchen, und das in einem Moment, wo er selber das monarchische Prinzip zum Grundgesetz der neuen alten Ordnung erklärte: »Den Fürsten steht es allein zu, die Geschicke der Völker zu leiten, und die Fürsten sind für ihre Handlungen niemand außer Gott verantwortlich.«

Aber dieses Prinzip glich einem Paravent, hinter dem er seine Praxis, Monarchen zu leiten, verbarg, was ihm bei seinem eigenen nicht schwerfiel. Er kannte sie zu genau, als daß der Staatsmann ihnen die Zügel überlassen und der Mann vor ihnen Respekt gehabt hätte: »Wenn Du wüßtest«, bekannte er einer Freundin, »wie ich die Bewohner der hohen Regionen beurteile, würdest Du mich ganz und gar für einen Jakobiner halten. Ich habe so viele Ereignisse, Sachen und Menschen gesehen und kam mit einer solchen Menge von Bewohnern dieser Regionen zusammen, daß ich genau weiß, wie es mit ihnen bestellt ist.«

Er fühlte sich ihnen überlegen. »Der Himmel hat mir ausgezeichnete Augen beschert, ein feines und unbestechliches Ohr, schlichtes und unbeirrbares Taktgefühl. Ich sehe, was sich wirklich begibt, vernehme, was wirklich geredet wird, und fühle, was sich begibt.« Er kannte angeblich keine Furcht: »Gefahr ruft bei mir die Tat; nie bin ich stärker als in Stunden, wo Kraft entfaltet werden muß.«

Er würde sicherlich auch mit Alexander fertig werden. »Ich habe viele Gegner zur Strecke gebracht und mehr noch in die Flucht geschlagen. Der Vernunft, der schlichten, einfachen Vernunft, wohnt eine unermeßliche Kraft inne. Ich weiß auch im hitzigsten Kampf noch mich meiner Waffen wirksam zu bedienen, da ich nie aus der Fassung gerate. Meine Widersacher verzetteln sich, während ich in gesammelter Kraft beharre; sie toben im Gelände umher, und ich bleibe reglos; sie sind außer Atem, und mein Herz schlägt nicht schneller als gewöhnlich.«

Wenn er General geworden wäre, meinte er, hätte er die Schlachten gewonnen und »bei kleinen Scharmützeln elende Prügel bekommen«. Er hatte sie eben bezogen, von Wilhelmine wie von Alexander. Nichts jedoch schärfe den Verstand so wie die Eifersucht, konstatierte er, und das war, was ihn betraf, nicht unzutreffend. Der Zar freilich schien ihn völlig verloren zu haben: Er legte dem Kaiser von Österreich nahe, sich von einem solchen Minister zu trennen.

Franz I. wurde deutlicher, als es seine Art war. Er halte es für besser, die Geschäfte von den Ministern führen zu lassen, weil sie dann in größerer Ungebundenheit und mit mehr Konsequenz besorgt würden. Dabei wolle Metternich, was auch er wolle: einen dauerhaften Frieden. Ob denn dafür nicht das Wort des Herrschers aller Reußen bürge? Die beste Friedensgarantie, entgegnete Kaiser Franz, seien richtig gezogene Grenzen, in erster Linie im Osten.

Es war eine Abfuhr für den Zaren und eine Ermunterung für den Minister. Franz I., der ihn nicht missen wollte, schon nicht mehr entbehren konnte, stellte sich, wie gewohnt, vor seinen Minister. Selbst Erzherzog Johann, der diesem bei jeder Gelegenheit in den Rücken fiel, stand nun zu ihm: Metternich sei die einzige Barriere gegen die Exaltation und Expansion des Russen. »Alle, die rechtlich denken, müssen ihm jetzt unter die Arme greifen, sonst steht es schlecht mit uns allen.«

Auch die Reaktion Alexanders half Metternich. Am liebsten hätte er ihn zum Duell gefordert. Damit wäre jedoch der Fürst von einem Kaiser für satisfaktionsfähig erklärt worden. So schnitt er ihn, wo er auftauchte, ging nicht mehr zu seinen Gesellschaften, was ihm mehr als dem anderen schadete; denn dort wurde nicht nur getanzt, sondern auch mancher Fortschritt erzielt, und der Abwesende geriet, wie immer, ins Hintertreffen.

Metternich hatte eine private wie politische Krise überstanden. Bisher waren seine Erfolge in der Liebe und in der Politik parallel gelaufen. Nun brachte ihm privates Unglück öffentliches Glück. Das war eine neue Erfahrung, wieder eine, die ihm nützte. Denn Fortune brauchte er nun primär in der Politik – als Dirigent des Wiener Kongresses, für die Aufführung der neuen Europa-Symphonie nach alten Noten und mit den alten Musikanten.

D<small>IE</small> R<small>ESTAURATION</small>, wie sie Metternich auffaßte und betrieb, war eine Wiedergutmachung für Geschädigte der Revolution, eine Wiederherstellung gesellschaftlicher und staatlicher Ordnungen des 18. Jahrhunderts, aus dem er kam und das er fortsetzen wollte, eine Renovatio der Aufklärung, die seine geistige Welt war und blieb.

Sie stand im Zeichen des Rationalismus, bestand aus abstrakten Begriffen, absoluten Normen, für immer geltenden Maßstäben und für alle verbindlichen Regeln. Und diese Prinzipien waren zu einem System zusammengefügt, folgerichtig aufgebaut und sinnvoll geordnet.

Es war gewissermaßen ein Dom ohne Kuppel, säkularisiertes Barock, auf Dogmen gegründet, hierarchisch gegliedert, mit Mauern gültiger Werte und Pfeilern fester Prinzipien, ein großes Ganzes in der Statik seiner vielen Teile. Doch diese Ordnung reichte nicht in den Himmel, beschränkte sich auf die Erde, war nicht mit Hilfe und zu Ehren des jenseitigen Gottes errichtet, sondern mit einer und für eine jenseitige Göttin der Vernunft.

Es war eine mittelalterliche Summa ohne Theologie, mit Philosophie, die nicht mehr die Magd der Wissenschaft von Gott war, neben ihr und schon über ihr stand, die Wissenschaft des autonomen Menschen für das Zusammenleben emanzipierter Menschen. Das Vorbild war nicht mehr die »Civitas Dei« des Augustinus, sondern eine »Civitas Rationis«, der Gottesstaat der aufgeklärten Philosophen, in dem allerdings der Satz des spätantiken Heiligen noch galt: »Pax est tranquillitas ordinis – Friede ist die Ruhe der Ordnung.«

Der Philosoph Gottfried Wilhelm Leibniz, der am Anfang der Aufklärung stand, suchte einen Ausgleich zwischen mittelalterlichem, theologischem, organischem und modernem, naturwissenschaftlichem und mechanistischem Denken. Die Welt sei ein System einzelner Kräfte, der Monaden, die, vom Schöpfer aufeinander abgestimmt, in prästabilierter Harmonie zusammenstimmen – in dieser bestmöglichen aller Welten.

Der Staats- und Völkerrechtler Christoph Wilhelm Koch, der Straßburger Lehrer Metternichs, der mitten in der Aufklärung stand, wollte sich auf diesen vom Schöpfer vorherbestimmten, sozusagen automatischen Einklang nicht verlassen. Er meinte, die Geschöpfe müßten dafür selber etwas tun, im Geiste wie mit den Methoden der mechanistischen Naturauffassung: Ausgleich der Gegensätze durch Ausbalancierung der Gewichte – in der Theorie des Völkerrechtes wie in der Praxis des Staatensystems.

Der Historiker Niklas Vogt, der Mainzer Lehrer Metternichs, der am Ende der Aufklärung stand, erstrebte einen Ausgleich zwischen mechanistischem und organischem Denken, einen Kompromiß zwischen der Friedensmission des übernationalen Reiches und der Friedensfunktion eines kosmopolitischen Europas. Das Universalmittel war auch für ihn die Balance of powers, aber er wollte sie nicht nur zwischen den Staaten, sondern auch in den Staaten ausgeübt, und die nicht meß- und wägbaren seelischen und geistigen Kräfte einbezogen wissen.

Metternich war kein Denker, der tief in das Geistesreich der Aufklärung eindrang oder gar ein Stück hinzufügte. Aber er war, durch Veranlagung und Erziehung, ein Typus aufgeklärter Geisteshaltung. Er räsonierte und rationalisierte, deduzierte und abstrahierte, typisierte und generalisierte, verabsolutierte und dogmatisierte. Er hielt sich an Prinzipien und richtete sich nach Maximen, nicht nur, weil er sie für richtig hielt, sondern auch weil ihm dies ein Infragestellen und Neubegründen ersparte und die Wahrheit als ebenso bequemen wie sicheren Besitz erscheinen ließ.

Es war ebenso einfach wie großartig: Die Aufklärung hatte die ganze Welt in ihrer Enzyklopädie alphabetisiert, paginiert, systematisiert. In diesem Universallexikon war alles enthalten und alles zusammengefaßt. In diesem Handbuch des Wissens und der Wahrheiten konnte man jederzeit nachschlagen, das Gesuchte entnehmen, das Wünschenswerte bestätigt finden – nicht nur für die

Konversation, sondern auch für das Konservieren dieser besten aller Welten.

Die Revolution hatte sie in Frage gestellt, in wesentlichen Punkten verneint, in wichtigen Teilen vernichtet. Metternich sah darin nicht eine Konsequenz der Aufklärung, sondern eine Sünde wider ihren wertenden und bewahrenden Geist.

Nach dem Unglück, das Umwertung, Umsturz und Unordnung über Europa gebracht hatten, wollte Metternich die alte gute Zeit wiederaufleben lassen, die beste, weil wohlgeregelte Welt wiederhergestellt wissen. Den Gottesstaat der Philosophen galt es zu restaurieren – und mit ihm den Götterstaat der Monarchen und Aristokraten, das irdische Paradies einer Staatenwelt, in der wieder Gesetz und Ordnung und damit Ruhe und Frieden herrschten, die prästabilierte Harmonie.

Dieser Rationalist wollte die Grenzen einhalten, welche die Radikalen unvernünftigerweise überschritten hatten. Dieser Mensch des 18. Jahrhunderts wollte den Menschen, zumindest den meisten, nur persönliche, nicht politische Autonomie zugestehen. Dieser Popularaufklärer wollte dem Volk das Wahre und Gute beibringen, aber es nicht als Rechtsfigur, Gesellschaftsgröße und Staatspersönlichkeit anerkennen.

Die aus dem Naturrecht abgeleiteten Menschenrechte beschränkte er auf die private Entfaltung der Persönlichkeit, die Sicherheit des Einzelnen und des Eigentums, den Anspruch der Gesamtheit auf ein glückliches, und das hieß ruhiges und friedliches Leben – wobei er es gerne in Kauf nahm, daß es für einige noch ruhiger, friedlicher und glücklicher war.

Der »Dritte Stand«, die Bürger, und der »Vierte Stand«, die Bauern und später die Arbeiter, waren für ihn Stände im alten und nicht Klassen im neuen Sinn, wirtschaftliche Verbände und gesellschaftliche Vereinigungen, die zum Wohl der Gesamtheit wirkten, nicht soziale Kampfverbände zur Erlangung politischer Herrschaft oder gar Alleinherrschaft. Aber der »Erste Stand«, der Adel, dem er angehörte, und der »Zweite Stand«, der Klerus, der für den neuen Bund von Thron und Altar unentbehrlich war, sollten den Vorrang behalten, der schon durch die Numerierung gegeben war.

Und das Volk war für Metternich und seinesgleichen nicht –

wie für französische Revolutionäre – die Summe der gleichberechtigt an der politischen Willensbildung beteiligten Staatsbürger, und schon gar nicht – wie für deutsche Romantiker – eine völkische Schicksalsgemeinschaft aus Gleichsprachigen und Gleichrassigen. Das Volk, das blieben »die da unten«, die Untertanen, Herrschaftsobjekte, nicht Herrschaftssubjekte.

»Freiheit, Gleichheit, Brüderlichkeit« lauteten die Programmpunkte der Französischen Revolution, und Metternich meinte sie im Sinne der Restauration und zum Segen der Menschheit korrigieren zu müssen.

Die Liberté von 1789 habe Bindungen gelöst, Unordnung geschaffen, Frankreich und Europa ins Unglück gestürzt, konstatierte er und zog die Konsequenz: »Das Wort Freiheit hat für mich nicht den Wert eines Ausgangs-, sondern den eines tatsächlichen Endpunktes; den Ausgangspunkt bezeichnet das Wort Ordnung, nur auf dem Begriffe von Ordnung kann jener der Freiheit ruhen.«

Gleichheit könne und solle es nur vor Gott und seinen Geboten sowie vor Moralgesetzen der Aufklärung geben. Die Égalité verleugne gottgewollte und naturgegebene Unterschiede. Und im Versuch, solche Unterschiede einzuebnen, beeinträchtige sie Freiheit und Glück, weil sie Freiheitsräume beschränke und Glückschancen beschneide.

Und die Fraternité gefährde das Leben, was die Jakobiner demonstrierten, die Mitmenschen, die nicht ihre Brüder sein wollten oder konnten, die Köpfe abschlugen. Deshalb sei Brüderlichkeit nur im Sinne Schillers und Beethovens denkbar und wünschenswert: »Seid umschlungen, Millionen! / Diesen Kuß der ganzen Welt! / Brüder – überm Sternenzelt / Muß ein lieber Vater wohnen!«

Den Maximen der Revolution stellte Metternich die Maximen der Restauration entgegen. Jene hatte mit Worten und dann mit Waffen die Ordnung zerstört, diese sollte sie mit richtigen Grundsätzen, bewährten Gesetzen und erprobten Mitteln wiederaufrichten und möglichst lange, vielleicht für immer erhalten.

Grundpfeiler war das Legitimitätsprinzip: Besitz und Herrschaft seien traditional legitimiert. Es rechtfertige die alte feudale Gesellschaftsordnung ebenso wie die alte monarchische Staatsordnung. Der Adelige, der Titel und Gut ererbt hatte, besaß seine Privilegien zu Recht. Der Monarch, der Krone und Land ererbt hatte, war zur Herrschaft legitimiert, nur er allein.

Dieses Recht der Dynastien könne nur durch freiwilligen Verzicht oder Aussterben der Erbberechtigten erlöschen, nicht – wie in der Französischen Revolution – durch Absetzung und Hinrichtung des Herrschers. Und legitime Herrschaftsgewalt könne nicht – wie bei Napoleon I. – durch Selbsteinsetzung entstehen, und auch nicht – wie später bei Napoleon III. – durch Volksabstimmung.

Metternich, der an der alten Ordnung in doppelter Weise partizipierte und von ihr profitierte, als Adeliger wie als leitender, und das hieß lenkender Minister seines Monarchen, sorgte maßgeblich für die Restitution der Aristokratie und die Restauration der Monarchie.

So wurden die umgestürzten Throne in Frankreich und Spanien, in Sardinien-Piemont und in der Toskana wiederaufgerichtet und auch der monarchisch konstituierte Kirchenstaat wiederhergestellt. Der Kaiserthron Napoleons und die Königsthrone seiner Brüder waren beseitigt, nicht aber die Herrschaft seines Marschalls Murat in Neapel.

Diese Inkonsequenz bei der Durchführung des Legitimitätsprinzips wurde Metternichs Verhältnis zur Königin von Neapel zugeschrieben, seiner alten Freundin Karoline Bonaparte. Ausschlaggebend war jedoch, daß sich ihr Gemahl rechtzeitig auf die Seite der Sieger geschlagen hatte, und es für Österreich und seine italienischen Alliierten beruhigender war, ihn in Kriegszeiten für sich als gegen sich zu haben, und in Friedenszeiten bequemer, ihn zu belassen als ihn abzuschaffen.

Ähnlich verhielten sich die Restauratoren gegenüber den Rheinbundfürsten. Auch diese hatten die Fronten zu einer Zeit gewechselt, da es Frankreich schadete und der Koalition nützte, und in einer Form, die ihnen gestattete, die dank Napoleon erworbenen Würden und gewonnenen Gebiete zu behalten. Immerhin waren sie schon vorher Fürsten und Landesherren gewesen, und sie boten die Gewähr, daß sie ihre bestätigte Legitimität mit restaurativer Theorie und reaktionärer Praxis behaupten, sich kein Umfallen leisten würden.

Der Parvenu Murat hingegen lief 1815, als Napoleon aus Elba nach Frankreich zurückgekehrt war, zu seinem alten Imperator zurück, was ihm dann doch den Thron und schließlich das Leben kostete. Metternich, der Realpolitiker, hatte das nicht für möglich gehalten, wenn auch Metternich, der Prinzipienpolitiker, so etwas geahnt haben mochte.

Prinzip und Praxis waren nicht immer auf einen Nenner zu bringen. Metternich hatte seine Grundsätze, die er akzeptierte, mit denen er sich identifizierte, die er aber auch, falls erforderlich, modifizierte und mitunter sogar ignorierte. »Ce sont les hommes qui font les affaires«, pflegte er dann zu sagen, die Bevorzugung der Menschen und des Menschlichen zu erklären oder auch, je nachdem, zu behaupten, die Menschen müßten sich der »force des choses« beugen, den aus den Sachen sich ergebenden Zwängen.

»So geschickt die Menschen auch immer sein mögen, so gibt es etwas noch Kräftigeres als sie – die Gewalt der Dinge.« Und: »Alles in der Praxis des Staatenlebens wie der Individuen ruht auf Theorien und auf deren Anwendung. Theorien aufstellen ist ein weit leichteres Unternehmen als sie anzuwenden. Zum ersteren genügt der Geist; zum Anderen gehört Rechtssinn, Überlegungsvermögen und Erfahrung. Die letztere erfordert die Beihilfe der Zeit.«

Es waren die Schwierigkeiten eines Staatsmannes, der Prinzipien vor sich hatte und Politik treiben mußte. Sie zu lösen, das heißt, sie soweit wie möglich in Übereinstimmung zu bringen, blieb er bemüht. Dabei halfen ihm seine natürliche Veranlagung und seine geistige Disposition. Er war kein Prinzipienreiter, nicht nur aus Bequemlichkeit, sondern auch aus Einsicht: »Die Hochgespanntheit des Geistes muß in richtigem Verhältnis stehen zur Höhe des Gegenständlichen.« Und die Philosophie der Aufklärung verlangte nicht nur die reine, sondern auch die praktische Vernunft, Reflexion und Experienz, Erkenntnis und Erfahrung. Beides klang für den Staatsmann in der Staatsräson zusammen.

Er war Systematiker wie Empiriker, Prinzipienpolitiker wie Realpolitiker – kein Doktrinär und kein Ideologe. Prinzipien erschienen ihm wie Leitsterne, nach denen sich der Politiker in unübersichtlichem und unwegsamem Gelände zu richten habe. Oder wie Fundamente einer politischen Konstruktion: »Ist die Grundlage richtig, so wird sich das andere als bewohnbar hinstellen; ist die Grundlage schief, so kommt das Gebäude entweder nicht unter Dach oder es stürzt früher oder später über den Inwohnern ein.«

Auf dem Legitimitätsprinzip und auf dem monarchischen Prinzip sollte das Staatsgebäude ruhen. Das erste fixierte die Unveränderlichkeit, das zweite die Unumschränktheit der Herrschergewalt. Sie sollte einzig dem Monarchen zustehen, dem Alleinherrscher über Beherrschten, dem Alleinregierenden über Regierten, dem Alleininhaber der Staatsgewalt – souverän von Gottes Gnaden und absolut durch »das Recht göttlicher Fügung«.

Die Monarchensouveränität war für Metternich mehr als eine Alternative zur Volkssouveränität – die immer und überall gültige Herrschaftsform, Grundstein und Schlußstein des Staates. Die Begründung des Aufklärers war mehr rational als traditional, weniger aus dem Gottesgnadentum als aus seiner Ordnungsvorstellung abgeleitet: Staat und Gesellschaft bedürften einer Autorität, die über allen anderen und über jedem anderen stehe, eines legitimen Autokraten, der alle Gewalten in einer Hand vereine, einer machtvollen Autokratie, die das Recht verbürge, Gesetze gebe und ausführe, die Stabilität erhalte, die Sicherheit garantiere, den Frieden bewahre, die Ordnung gewährleiste.

Dabei strapazierte er weder das Legitimitätsprinzip noch das monarchische Prinzip, nicht einmal in der Theorie und schon gar nicht in der Praxis. Seinen Grundsatz, »zu allen Zeiten und in allen sozialen Lagen brauche man einen Mann, der die Geschäfte zugleich überwacht und ihre Ausführung regelt«, sah er auch in der Präsidialverfassung der amerikanischen Republik angewandt. Schließlich sagte er: Wenn er Amerikaner wäre, würde er der Partei George Washingtons angehören – dem Namen nach ein Republikaner, in der Sache der Gefolgsmann von Gesetz und Ordnung.

Er hatte sich damit abgefunden, daß in England die Staatsgewalt nur teilweise in der Hand des Monarchen lag. Er nahm es hin, daß Frankreich mit seiner alten Dynastie die neue Charte bekommen hatte, die zwar die Königsgewalt kaum berührte, doch als dunkler Fleck auf dem Bourbonenweiß erschien. Andererseits gefiel ihm, daß in Preußen die in der Not begonnenen Reformen abgebremst wurden, Friedrich Wilhelm III. sein in der Hitze des

Befreiungskrieges gegebenes Verfassungsversprechen nicht einlösen wollte. Und an der überzogenen Autokratie Rußlands stieß er sich nicht, höchstens an den Extravaganzen seines Zaren.

Auf sein Österreich wollte er Legitimitätsprinzip wie monarchisches Prinzip weitestgehend angewandt wissen. Dies war nicht nur eine Forderung der reinen, sondern auch der praktischen restaurativen Vernunft. Es war die Raison d'être des Habsburgerreiches. Nur unter der Krone seines angestammten Herrscherhauses konnte es zusammengehalten, nur durch die Monarchensouveränität erhalten werden. Denn bei einer Durchsetzung der Volkssouveränität würde nicht nur, wie in einer anderen Monarchie, die Macht anders verteilt, sondern die Vielvölkermonarchie aufgeteilt, in ihre nationalen Bestandteile zerlegt werden.

Dies hatte der leitende Minister Österreichs zu beachten. 1813 in den erblichen österreichischen Fürstenstand erhoben, erhielt er 1814 die Erlaubnis, das habsburgisch-lothringische Wappen in das Metternichsche Familienwappen aufzunehmen – ein Zeichen der Identifizierung von Person und Staat.

Als Motto für das neue Wappen hätte er, noch ganz Befreiungskrieger, beinahe das Wort »Vorwärts!« gewählt, was der Verteidiger des alten Österreichs und der Restaurator des alten Europas dann doch nicht für angemessen fand. Er entschied sich für den Wahlspruch »Kraft im Recht«. Er interpretierte: »Die wahre Kraft liegt im Recht; außer ihm ist alles vergänglich.« Und kommentierte: »Willst Du meine politischen Prinzipien kennen, so liest Du sie in diesem kurzen Manifest.«

»Kraft im Recht« – es sollte nicht nur für Österreich, sondern auch für Europa gelten. Denn der österreichische Fürst war ein europäischer Staatsmann. Was er für Österreich gut hielt, mußte er auch für Europa gut halten. Und was er für Österreich schlecht hielt, mußte er auch für Europa schlecht halten. Es wäre müßig zu streiten, ob das eine das andere bedingte oder umgekehrt. Seine Prinzipien waren allgemeingültig und sein System universal.

»Kraft im Recht« – das hieß für Österreich und Europa, daß das alte Recht wieder in Kraft gesetzt und die restaurierte Rechtsordnung kraftvoll erhalten werden sollte.

»Durch ihre geographische Lage, durch die Gleichförmigkeit ihrer Sitten, ihrer Gesetze, ihrer Bedürfnisse, ihrer Lebensweise und ihrer Kultur bilden die sämtlichen Staaten dieses Erdteils einen großen politischen Bund, den man mit einigem Recht die europäische Republik genannt hat«, erklärte Friedrich Gentz, der Erste Sekretär und ein Geistesbruder des Präsidenten des Wiener Kongresses. »Auf diese notwendige Gemeinschaft ist das ganze europäische Völkerrecht gegründet.«

Es war ein geschriebener wie ungeschriebener Kodex von Rechtsnormen über das gegenseitige Verhalten und Verhältnis der Staaten. Die Französische Revolution hatte ihn in Frage gestellt, Napoleon ihn verneint. Im restaurierten Europa sollte das europäische Völkerrecht wieder Geltung haben, unbedingt und unverändert, denn »auf dem Rechtsfeld läßt sich Neues nicht denken; alles auf demselben ist alt wie die menschliche Gesellschaft und die Bedingungen des internationalen Lebens der Staaten«.

Das Grundgesetz des Völkerrechts – so Metternich – sei das Moralgesetz der Reziprozität, der Gegenseitigkeit und der Wechselseitigkeit. Man konnte es mathematisch erklären, wie es Rationalisten bevorzugten: Zwei Zahlen sind zueinander reziprok, wenn sie miteinander multipliziert als Produkt die Einheit oder Eins geben. Man konnte es mit einem Wort der Bibel erklären, die nun wieder mehr beachtet, zumindest zitiert wurde: »Tue dem anderen nicht, was du nicht willst, daß man dir tue.«

Die Staaten dieser Staatengemeinschaft sollten sich gegenseitig respektieren, aufeinander Rücksicht nehmen, sich wechselseitig begünstigen, allgemeine Rechtsgrundsätze achten, gemeinsame Rechtsordnungen erhalten und miteinander geschlossene Verträge einhalten.

So war es, nach dem Gebot Gottes und dem Naturgesetz der Aufklärung, recht und billig, so mußte es dem alt-neuen Europa einleuchten, diesem Bund von Monarchien, die auf gleiche Prinzipien gegründet waren und alle das Interesse hatten, mit der gemeinsamen Rechtssatzung die gemeinschaftliche Staatsform und Gesellschaftsstruktur aufrechtzuerhalten.

Denn die Reziprozität galt auch in dieser Beziehung: Die restaurierte Staatenordnung war nur zu bewahren, wenn in den Staaten die restaurierte Herrschafts- und Gesellschaftsordnung erhalten blieb, gegen revolutionäre Einbrüche abgesichert wurde. Das erforderte die Bildung einer Wach- und Schließgesellschaft und eine juristische Begründung.

Für das Interventionsrecht hatte schon Edmund Burke, der englische Antipode der Französischen Revolution, plädiert: für den »Grundsatz der Einmischung« als »gewissermaßen die Grundlage des öffentlichen Rechts von Europa«. Friedrich Gentz war 1814 jenen entgegengetreten, die den Franzosen die Bestimmung ihres Regimes und die Wahl ihres Monarchen überlassen wollten: Die verbündeten Souveräne hätten nicht nur das Recht, sondern auch die Pflicht, an wesentlichen Veränderungen in der Regierungsform europäischer Staaten direkten und tätigen Anteil zu nehmen. Auch ohne Verträge, dynastische Beziehungen und ausgesprochene Bitten um Hilfeleistung – präzisierte Gentz später – sei jeder Souverän berechtigt, wie innerhalb so auch außerhalb seiner Grenzen einzugreifen, wenn mit der Ordnung und damit dem Frieden in einem Land die Ordnung und der Frieden in ganz Europa gestört werde.

Im Jahre 1814 war eine von der Revolution verursachte Epoche der Unruhe und der Kriege beendet worden, und mit dem Frieden sollte das Völkerrecht wiederhergestellt werden. Ein erster Schritt war der Allianzvertrag, den Österreich, Rußland, Preußen und England in Chaumont unterzeichnet, ein zweiter der Friedensvertrag von Paris, den die vier Siegermächte mit Frankreich geschlossen und dem sich Schweden, Spanien und Portugal angeschlossen hatten. Das Ziel sollte durch das Resultat der Friedenskonferenz, die Wiener Kongreßakte, erreicht werden.

Im Prinzip waren alle Mitglieder der Staatengemeinschaft gleichberechtigt, in der Praxis gab es Bevorrechtigte. Die Vormächte waren die vier Siegermächte, denen sich das besiegte Frankreich als fünfte Großmacht zuzugesellen verstand. Sie bildeten einen Hegemonialverein, eine Fünferherrschaft, die Pentarchie. Ihre Mitglieder wurden, um Rangstreitigkeiten zu vermeiden, nach dem Alphabet der französischen Diplomatensprache aufgezählt: Autriche, France, Grande-Bretagne, Prusse, Russie.

Natürlich gab es Rivalitäten zwischen ihren Monarchen, zwischen Alexander I., der sich für den Anführer hielt, wozu Friedrich Wilhelm III. nickte, wogegen Franz I., Ludwig XVIII. und der Prinzregent von England aufbegehrten, während Metternich den Gelassenen mimte: Herrscher müsse man wie andere Menschen nehmen, »wie sie sind, denn man kann sie nicht zu dem umschaffen, was sie sein sollten«.

Natürlich waren auch die Eigenarten der Staaten nicht aus der Welt zu schaffen. »Im großen Überblick spielen die Staaten die Rolle von Individualitäten, unter denen es kluge und dumme, störrische und verzagte, leichtfertige und schwerfällige gibt«, meinte Metternich. »Jeder politische Körper, wie die Individuen, lebt von allgemeinen Bedingungen des Seins und von jedem einzeln angehörenden speziellen Bedingungen. Gleichen können sich die Lagen, ohne deshalb durchaus dieselben zu sein.«

Naturgegeben waren, bei aller prinzipiellen Übereinstimmung der Monarchien, die Unterschiede und damit die Gegensätze zwischen den Mächten, resultierend aus verschiedenen Individualitäten, ungleichen Gewichten, differierenden Interessen und divergierenden Ansprüchen.

Die Gegensätzlichkeiten einzukalkulieren, die Gegensätze austarieren und damit den Frieden zu erhalten – dies hielt Metternich für die wichtigste Aufgabe der Staatsmänner.

Sie konnten sich dabei – und das tat auch der Prinzipienpolitiker Metternich – auf die gegebenen Gemeinsamkeiten und die anerkannten Grundsätze berufen. Aber der Realpolitiker Metternich wußte, daß dies allein nicht genügte. Der Wille mochte gut sein, doch das Fleisch war gerne schwach. Die Staaten mußten realiter davon abgehalten werden, übereinander herzufallen – durch eine Politik, die keinen so stark werden ließ, daß er dies vermochte, und keinen so schwach, daß er dazu verführte.

Es war die alte, nicht immer bewährte, aber immer noch die bestmögliche Politik, den Frieden zu sichern: durch ein Gleichgewicht der Kräfte, die Balance of powers.

Für Metternich war es nicht nur eine Politik, sondern auch ein Prinzip. Es war dem mechanistischen Geist der Aufklärung gemäß und ihrer Forderung, daß sich Reflexion und Experienz die Waage halten sollten. Es entsprach dem, was er bei Koch in Straßburg und bei Vogt in Mainz gelernt und was ihn die Erfahrung gelehrt hatte.

»Die Gesundheit im Staatsleben wie in dem der Menschen ruht auf dem mechanischen Gesetz des Gleichgewichtes. Dort wo das Gleichgewicht besteht, herrscht die Ruhe und das Vertrauen in die Dauer dieses ersten aller Bedürfnisse; ist dasselbe zerstört, so tritt Krankheit ein.«

Metternich hielt es für ein universales Prinzip, anwendbar auf alle Lebensbereiche, unabdingbar für das Wohlbefinden des Körpers, das Wohlergehen der Gesellschaft, die innere Stabilität eines Staates, die äußere Sicherheit der Staaten, den Frieden Europas. »Gleichgewicht und Ruhe sind unzertrennliche Bedingungen; dort wo das erste abgeht, kann die andere nicht stattfinden.«

Metternich hielt es für ein durchgängiges Prinzip. Nur wenn Gleichgewicht in allen Bereichen herrschte, könnte der Gesamtzweck erreicht werden: durch Ausgeglichenheit des Menschen ein vernünftiges Zusammenleben der Menschen. Durch eine Ausgewogenheit zwischen dem Adel, dem Stand der Beharrung, und Bürgertum und Arbeiterschaft, den Ständen der Bewegung, ein zufriedenstellender Zustand der Gesellschaft. Durch ein Übergewicht des Monarchen ein Gegengewicht gegen die von der Revolution geweckten Kräfte und damit eine Gesetz und Ordnung stabilisierende Staatsverfassung. Und durch das Gleichgewicht der Staaten eine Garantie der internationalen Sicherheit, durch Vermeidung von Übergewichten, wie sie in der Vergangenheit Kriege ausgelöst hatten und in der Zukunft zu neuen Kriegen führen könnten.

Gesamtzweck und Endziel war die Ruhe in der Ordnung, der Frieden – ein totaler Frieden, in den Staaten und zwischen den Staaten.

Der Trias von 1789, Freiheit, Gleichheit, Brüderlichkeit, den Grundgedanken der Bewegung, wurden die Grundsätze der Bewahrung entgegengesetzt, die Dreiheit von 1814: Legitimität, Monarchie, Gleichgewicht.

Das letzte war für Metternich das erste. Als Prinzip sagte es ihm am meisten zu, und in der Praxis konnte er es am besten gebrauchen – der Außenpolitiker, der ausgleichen wollte, der Diplomat, der balancieren mußte. So wurde er der überzeugteste und entschiedenste Verfechter des Grundsatzes des Gleichgewichts und der konsequenteste und wirkungsmächtigste Vertreter der Politik des Gleichgewichts: der Comte de Balance, der Regulator des Staatensystems.

Den Wiener Kongress, das heißt die Konferenz der Diplomaten, konterfeite der Franzose, den Metternich dafür in Paris gewonnen hatte: Jean-Baptiste Isabey. Schauplatz war der Verhandlungssaal der Staatskanzlei am Ballhausplatz. An der Wand hing ein Porträt des Gastgebers, der noch als Franz II., als Kaiser des römisch-deutschen Reiches, dargestellt war. Mit seinem nunmehrigen Titel war er auf der oberen Randleiste des Bildes zu sehen, unter den Medaillons der Monarchen, die diesen Kongreß protegierten und von ihm profitierten, von links nach rechts: Georg von England, Franz I. von Österreich, Ferdinand VII. von Spanien, Ludwig XVIII. von Frankreich, Johann von Portugal, Friedrich Wilhelm III. von Preußen, Alexander I. von Rußland, Karl XIII. von Schweden.

Sinnbilder waren angebracht, der »Gerechtigkeit«, die in der Neuordnung walten sollte, der »Wahrheit«, »Klugheit«, »Vernunft« und »Geschicklichkeit«, der sich die Neuordner zu befleißigen hätten – die im Zentrum des Bildes stehenden beziehungsweise sitzenden Vertreter der Unterzeichnerstaaten des Pariser Friedens, dreiundzwanzig Minister und Diplomaten, unter denen einige hervorgehoben waren: Metternich für Österreich und Europa an erster Stelle, daneben Castlereagh und Wellington für England, Hardenberg für Preußen, Nesselrode für Rußland und Talleyrand für Frankreich, der am Rande saß, in einer Pose freilich, die ihn zu einem zweiten Mittelpunkt des Bildes machte.

Er setzte sich in Szene, als sei er der Minister Ludwigs XIV., der nach der Hegemonie über Europa gegriffen hatte, und nicht der Minister Ludwigs XVIII., der eben, nach der Beseitigung der Hegemonie Napoleons, wieder auf den Thron gesetzt worden war. Schon hatte sich der Vertreter des Besiegten zum gleichberechtigten Verhandlungspartner aufgewertet, indem er auf die Prinzipien pochte, die allen Monarchien gemeinsam waren und Interessengegensätze zwischen den Siegern ausnützte. Jedes Mittel der alten Diplomatie war ihm dabei recht: Überreden und Überrumpeln, Bespitzelung und Bestechung, Kabalen und Liebe, Einsatz des besten Kochs der Welt, eines französischen, naturellement: Marie-Antoine Carême.

Lord Castlereagh konnte seine Abneigung gegen die französischen Froschfresser nie ganz überwinden, auch wenn er zwecks

Durchsetzung konservativer Ideen und englischer Interessen sich immer häufiger mit ihnen an einen Tisch setzen und dabei manches hinunterschlucken mußte. Der Wiener Walzer vermochte ihn mitunter aus dem Takt, aber nie aus seinem Konzept des Gleichgewichtes der Mächte zu bringen.

Eher heroische Musik liebte Arthur Wellesley, Herzog von Wellington, der Castlereagh im Februar 1815 am Wiener Konferenztisch ablöste, aber auch damit konnte gedient werden: Beethoven hatte dem in Spanien erfolgreichen Feldherren sein Opus 91 »Wellingtons Sieg oder: Die Schlacht bei Vittoria« gewidmet. Der Kriegsheld wurde auf dem Friedenskongreß bewundert, Nostitz bescheinigte ihm römisches Profil, Metternich eine österreichische Seele. Die Feuerprobe als Diplomat blieb dem Soldaten erspart; denn Castlereagh hatte schon alles gerichtet.

Graf von Nesselrode, der Chefdiplomat des Zaren, war konservativ bis auf die Knochen, doch so biegsam, wie es einem Diplomaten alter Schule anstand und für den Willensvollstrecker eines wankelmütigen Autokraten nötig war. Er sei, wie er glossierte, zu dieser Ehre gelangt, weil er beim Reiten behende auf- und absitzen könne. Metternich kannte ihn seit seiner Pariser Botschafterzeit, hatte den Kollegen, der sehr klein und sehr giftig war, nie besonders gemocht. Nun bekam er es mit einem ebenso geschmeidigen wie beharrlichen Kontrahenten zu tun, dem zwar alles Reaktionäre heilig, doch Rußland noch heiliger war.

Fürst Hardenberg, der preußische Staatskanzler, ein gebürtiger Hannoveraner, wollte – wie es Friedrich der Große ausgedrückt hatte – »corriger la figure de la Prusse«, und dies durch Einverleibung daneben oder dazwischen liegender Gebiete erreichen. Dabei blickte er weniger in die Zukunft – in der auch sein Geburtsland Hannover verschlungen werden sollte – als in die Vergangenheit: Er wollte ein im Innern durch vorsichtige Reformen und nach außen durch verdauliche Erwerbungen gekräftigtes Preußen in das erneuerte Staatensystem einfügen. Damit eckte er einerseits bei seinem König an, der den Staatsbürgern wenig zugestehen, aber für den Staat nehmen wollte, was er kriegen konnte, und andererseits bei den Patrioten, die Preußen zu Deutschland ausweiten wollten. Die preußische Diplomatie mißfiel dem Österreicher Metternich, doch er schätzte diesen Diplomaten, der wie er aus anderen Zeiten übriggeblieben war. »Halb Fuchs, halb Bock«, hatte ihn der Freiherr vom Stein karikiert und dabei auch Metternich vor Augen gehabt.

Auch Fürst Metternich, der Außenminister Österreichs, hatte die besonderen Interessen seines Staates zu vertreten, doch es gelang ihm, sie als identisch mit den Interessen Europas hinzustellen und sich als den geeignetsten Vertreter der gemeinsamen Sache zu empfehlen. So trugen ihm seine Kollegen die Präsidentschaft des Kongresses an, worunter sie einen Primus inter pares verstanden, er aber den Premier über allen.

Die langgedienten Diplomaten, die das alte Europa erneuern sollten, repräsentierten ihre einzelnen Staaten, aber auch, da diese eine Staatengesellschaft darstellten, Europa als Ganzes. Sie sprachen alle Französisch, kleideten sich manierlich, benahmen sich höflich, bewegten sich würdevoll und nonchalant zugleich, befolgten denselben Knigge und hielten sich an den gleichen Kodex. Sie konferierten, um Gegensätzliches durch das Medium ihrer Gemeinsamkeiten zu einer Übereinstimmung zu bringen. Sie deliberierten, wie es dem Sinn des lateinischen Wortes entsprach: vieles bedenken, alles sich reiflich überlegen, erst nach angestellter Erwägung entscheiden, einen Beschluß fassen.

Metternich war darin Meister: klar im Denken, exakt im Kalkulieren, folgerichtig im Kombinieren, beständig in den Absichten, geduldig im Abwarten, planmäßig im Vorgehen, beharrlich im Verfolgen, vorsichtig im Handeln – vernünftig in allem.

So sah er es vornehmlich selber: »La politique est une science, la diplomatie est un art – die Politik ist eine Wissenschaft, die Diplomatie eine Kunst«, sagte er und erklärte sich zum Gelehrten wie zum Künstler, zum Kenner der verschiedenen Bereiche, zum Könner in allen Sphären. Auf dem Gebiete des Regierens trete die Materie in die erste Linie, stünden sich die Befehlenden und die Gehorchenden gegenüber. »Auf dem Felde der Diplomatie stehen die Sachen anders. Die Rechte stoßen aufeinander, die Kräfte messen sich; vom Befehlen und folglich auch vom Gehorchen ist auf diesem Felde nicht die Rede.«

Nicht die Politik im allgemeinen, nur die Außenpolitik im besonderen war die wahre und die Diplomatie die angewandte Kunst des Möglichen. »Unter allen Laufbahnen, welche das Staatenleben denjenigen eröffnet, welche sich in dessen Triebwerk einmischen wollen, ist die diplomatische diejenige, welche gleichzeitig am meisten die Kenntnis der Menschen in Anspruch nimmt und die Mittel, diese Kenntnis zu erlangen.«

Wichtig war schon, wo man tagte: im Kabinett, das nicht nur ein Sitzungsraum, sondern das Entscheidungszentrum sei. Wo man verhandelte: »Nur am runden Tisch in vertrauten Zirkeln.« Wie man den Kontrahenten behandelte: »Reichen Sie ihm die Hand..., öffnen Sie ihm den Weg, daß er einlenken kann, und geht er dann nicht, so trachten Sie, daß die Blößen auf ihn fallen.«

Wichtig war, daß man es sagte: »Eine alte Erfahrung hat mich gelehrt, daß das Sagen von Wahrheiten nicht schadet, denn so deutlich sie auch vor aller Welt Füßen liegen, so wenig nehmen die Menschen von ihnen Kunde.« Wie man es sagte: »Das, was man zu sagen das Bedürfnis hat, muß man imstande sein, ins Gesicht zu sagen.« Denn: »Die Dinge selbst sind nicht leidenschaftlich, und sobald man nur möglichst sie selbst reden läßt, kann man auch das Harte sagen, ohne zu verletzen.« Und: »Ob etwas geschieht oder nicht, wird durch das kurze Wort Ja oder Nein bestimmt. Ich kenne kein hübscheres Wort als das kleine französische Wort Oui und ziehe es dem deutschen Ja vor, wozu man den Mund so aufreißen muß.«

»Ich bin der Erfinder der Konferenzen der Kabinette«, resümierte der Minister. »Auf keinem kürzeren Wege sind die Ergebnisse der Verständigungen herbeizuführen, als auf dem der Konferenzen, denen heute der in der Diplomatie bereits anerkannte Name eines Centre d'entente angehört.« Nur am Konferenztisch, im persönlichen Einvernehmen der Berufsdiplomaten, durch »mündliches Verstehen« der zur Verständigung bereiten und fähigen Staatsmänner seien befriedigende Lösungen möglich.

Das war die Theorie, nicht immer die Praxis. Metternich sollte schon bald klagen: »Gibt es in der Welt heute etwas anderes als Tinte, Federn, Konferenztische mit grünen Decken und größere oder kleinere Stümper, um an denselben Platz zu nehmen?« Fatal sei, daß viele Kongresse »nicht allein die Geschäftsgegenstände nicht zur definitiven Lösung bringen, sondern sich selbst das Ende nicht zu stecken wissen«.

Schon schien das auf den Wiener Kongreß zuzutreffen. Die

größte Sorge der Kongressisten war es offenbar, daß sie die hergebrachten Formen des diplomatischen Verhaltens und die überkommenen Regeln des internationalen Verkehrs und damit ihr gewohntes Leben fortsetzen konnten. So kam als erstes ein gemeinsames Protokoll »über Rangfragen der diplomatischen Vertreter der Kaiser, der Könige, des Papstes, des Souveränen Fürsten der Vereinigten Provinzen der Niederlande, der Vereinigten Staaten von Amerika und der Schweizer Eidgenossenschaft sowie über den Salut zur See« zustande.

Die Verhandlungen über Sachfragen jedoch gerieten ins Stokken, schienen bald festgefahren zu sein, was Gentz, den Sekretär des Kongresses, so mitnahm, daß er bereits alle Hoffnung fahren lassen wollte. »Ich wage es nicht zu sagen, und niemand kann es zur Stunde genau sagen, welches Ergebnis dieser schlecht entworfene, schlecht berechnete und schlecht vorbereitete Kongreß haben wird.«

Eigentlich sei es gar kein Kongreß, wiegelte Metternich ab. Seine Eröffnung sei keine eigentliche Eröffnung gewesen, die Kommissionen seien keine richtigen Kommissionen, in der Zusammenkunft der Staaten sei lediglich – aber das sei bereits sehr viel – der Vorteil eines »Europa sans distances« zu sehen.

Sagte er das, weil er »Le congrès c'est moi« meinte? Jedenfalls waren die dreiundzwanzig Diplomaten, die auf dem Kongreßbild Isabeys als »Centre d'entente« festgehalten sind, niemals auf einer Sitzung vollzählig versammelt gewesen. Sie saßen dem Maler einzeln, in dessen Atelier in der Leopoldstadt, das günstig am Wege zum Prater lag, wo sie sich lieber aufhielten als in einem Konferenzsaal.

Einen Moralisten wie Stein mußte die ambulante Art des Negozierens in Harnisch bringen, der Messieurs Diplomaten im allgemeinen und des »Ministre-papillon« im besonderen, Metternichs, der wie ein Schmetterling hin- und herzuflattern schien. »Metternichs Frivolität zeigte sich ohnerachtet der Krisis der großen Angelegenheiten unvermindert. Er beschäftigte sich mit Anordnung der Hoffêten, Tableaux usw. bis ins kleinste Detail, sah dem Tanz seiner Tochter zu, während Castlereagh und Humboldt zu einer Konferenz auf ihn warteten, legte den Damen, die bei den Tableaux erscheinen mußten, Rouge auf. Metternich hat Verstand,

Franz Georg Karl Graf von Metternich, Vater des Staatskanzlers.

Eleonore Fürstin von Metternich, geborene Fürstin Kaunitz, erste Gemahlin des Staatskanzlers.

Antoinette Fürstin von Metternich, geborene Freiin von Leykam,
zweite Gemahlin des Staatskanzlers.

Melanie Fürstin von Metternich, geborene Gräfin Zichy-Ferraris,
dritte Gemahlin des Staatskanzlers.

Kinder Metternichs aus erster Ehe: Viktor, Marie und Klementine.

Wilhelmine Herzogin von Sagan.

Dorothea Fürstin Lieven.

Pauline Fürstin von Metternich, geborene Gräfin Sandor, Gemahlin von Richard Fürst von Metternich, Sohn aus zweiter Ehe des Staatskanzlers.

Gewandtheit, Liebenswürdigkeit; es fehlt ihm an Tiefe, an Kenntnissen, an Arbeitsamkeit, an Wahrhaftigkeit. Er liebt Verwicklungen, weil sie ihn beschäftigen und es ihm an Kraft, Tiefe und Ernst fehlt zur Geschäftsbehandlung im großen und einfachen Stil.«

Karl von Nostitz, dem diese Eigenschaften abgingen, der jedoch einen blendenden Stil zu schreiben wußte und dies allein schon für Wissenschaft hielt, der Soldat unterstellte den Diplomaten Mangel an Fachbildung: »Die Unterhändler, statt durch gründliche staatswissenschaftliche Kenntnis belehrt zu sein, ergreifen nur immer das Nächste und klammern ihr Ziel an den ersten günstigen Schein; ja, sie greifen oft aus gutem Vorbedacht zu etwas Falschem, Irrigem, um durch scheinbare Nachgiebigkeit den eigentlichen Zweck zu gewinnen.«

Der Literat Nostitz, für den Worte da waren, Gedanken und Gefühle auszudrücken, nannte Metternich, der Worte auch zur Tarnung derselben gebrauchte, einen Meister der Mystifikation, der Täuschung. »Das Mystifizieren gehört zu den natürlichen Anlagen des Ministers, welches er im geselligen Verkehr oft bis zur Verzweiflung der Menschen treibt, und welches er nun jetzt im Kabinett zu einer Fertigkeit gesteigert hat, die durch Zartheit und studierte Unbefangenheit eine schützende Ägide für Österreichs sonstige Schwäche sein soll.«

Mit derartigen Methoden sollten Nachteile ausgeglichen und Vorteile gewonnen werden, für den Staat, dem der Staatsmann diente. Ungeachtet der gemeinsamen Prinzipien ging es auch und nicht zuletzt um die einzelnen Interessen. Der eigentliche Zweck des Kongresses sei die Aufteilung der Kriegsgewinne gewesen, meinte selbst Gentz, und die Fürstin Bagration erklärte, es sei Metternich leichter gefallen, Napoleon zu vernichten als die Beute zu verteilen.

»Es ist ein jämmerlicher Handel, der mit Ländern und Menschen«, klagte Erzherzog Johann, der bereits daran dachte, die Menschen und Völker selbst bestimmen zu lassen, was mit ihnen und ihren Lebensräumen geschehen sollte. Die Diplomaten praktizierten den Grundsatz »Cujus regio, ejus religio – Wem das Land gehört, hat die Religion desselben zu bestimmen« in der Variante des monarchischen Prinzips: Wer ein Land beherrscht, hat dessen Verfassung festzusetzen. Das aus grauer Vorzeit stammende Gesetz des Eroberers galt noch, den Eroberten seine Gesetze aufzuzwingen. Und die im aufgeklärten Geiste betriebene mechanistische Gleichgewichtspolitik erforderte ein Wegnehmen dort und eine Zuwaage hier.

Sie kalkulierten wie Kaufleute Einkünfte und Ausgaben. Sie zählten wie Oberrechnungsräte den unbeweglichen Besitz an Ländereien mit dem beweglichen Besitz an Untertanen zusammen. Sie feilschten und schacherten wie Bauern – was ihre Monarchen im großen auch geblieben waren – um jeden Ackerrain, jeden Grenzstein.

Weil sie in der Methode so verfuhren, stießen sie in der Sache zusammen, kamen die Verhandlungen nicht voran. »Wie geht es bei dem Kongresse?« notierte Erzherzog Johann am 29. November 1814 in sein Tagebuch. »Daß Gott erbarm!« Denn: »Rußland drängt nach Westen, darf das sein? Preußen strebt nicht dagegen; es läßt sich befriedigen mit Sachsen und tritt in die alte habsüchtige Politik, noch nicht belehrt durch die schweren Lektionen, die es erst überstanden, fähig, um seinen Raub zu halten, wenn es sein sollte, mit Rußland gemeinsame Sache gegen die anderen zu machen... Preußen, verblendet, blickt nicht in die Zukunft und wird es bitter bereuen; Rußland würde ihm nichts danken.«

Von Anfang an war der Kongreß machtpolitisch gespalten. Auf der einen Seite standen Rußland, das möglichst viel von Polen, einschließlich ehemals preußischer Gebiete, sich einverleiben, und Preußen, das als Entschädigung und Vorleistung für eine Expansion in Deutschland das ganze Sachsen schlucken wollte. Auf der anderen Seite standen Österreich, das mit der Stärkung seiner Rivalen eine Störung des europäischen Gleichgewichtes befürchtete, und England, das sich um die Balance of powers sorgte. Und Frankreich, das sich den letzteren, weil stärkeren, zugesellte, sich den Gefallen, den es diesem Teil der Sieger erwies, und selbst das Mißfallen, das es beim anderen Teil erweckte, mit der Gleichberechtigung des Besiegten aufwiegen ließ.

Metternich, der Präsident des Kongresses, war in dieser Frage Parteigänger und Vertreter des Gesamtanliegens zugleich. Österreichs Ideologie und Interesse deckten sich hier mit denen Europas. Prinzipiell konnte die Restauration keinen legitimen Monarchen entthronen, auch nicht den König von Sachsen, der lediglich den Fehler begangen hatte, nicht rechtzeitig genug zu den Gegnern Napoleons überzulaufen. Praktisch konnte das Gleichgewicht und damit der Frieden nur erhalten werden, wenn keines der Gewichte zu groß wurde – Rußland und Preußen schon gar nicht, die auf Vergrößerung angelegt waren, das eine in Osteuropa, das andere in Deutschland, was unmittelbar die Position Österreichs gefährdete.

Mit den Russen war darüber nicht vernünftig zu reden, weil der Landhunger Rußlands mächtiger war als das Abstinenzgebot der Restauration, weil Alexander und Metternich sich persönlich zerstritten hatten und Nesselrode in allem nur die Stimme seines Herrn war. Und Hardenberg erwies sich auch politisch als schwerhörig, was das Angebot Metternichs betraf, Österreich und Preußen sollten ein »Zwischenmächtesystem« der Zentralmächte bilden, wie seine Aufforderung, gemeinsam »den Absichten eine Grenze zu setzen, die Rußland in für den Frieden Europas so besorgniserregender Weise entwickelt«.

So blieb nichts anderes übrig, als der expansiven Zweierkoalition Rußland-Preußen eine erhaltende Dreierkoalition Österreich-England-Frankreich entgegenzustellen. Am 3. Januar 1815 schlossen Metternich, Castlereagh und Talleyrand ein Defensivbündnis, dem die Vertreter Hollands, Hannovers und Bayerns beitraten.

Castlereagh hatte darauf gedrängt, Metternich sich nicht ungern drängen lassen. Der eigentliche Gewinner war Talleyrand, der Ludwig XVIII. meldete: »Heute, Sire, ist die Koalition aufgelöst, und sie ist es für immer. Nicht allein ist Frankreich nicht mehr isoliert in Europa, sondern Euer Majestät haben schon ein Bündnissystem, wie man es kaum als Ergebnis der Unterhandlungen eines halben Jahrhunderts hätte erwarten dürfen. Sie sind im Einverständnis mit zwei Großmächten, mit drei Staaten zweiten Ranges und bald mit allen den Staaten, die nicht revolutionäre Grundsätze und Maximen befolgen.«

Talleyrand übertrieb, um sich gebührend herauszustellen, aber es war schon ein beachtlicher Erfolg für den Besiegten, daß ihn bereits ein Dreivierteljahr nach Kriegsende die einen Sieger gegen die anderen Sieger als Allianzpartner benötigten. Es war ein

Lehrstück im Metternichschen Sinne: Sachverhalte erzwingen eine entsprechende Politik, doch es bedarf des Politikers, um sie zu erkennen, zu ergreifen und zu gestalten.

Das Defensivbündnis war geheim, aber was blieb schon in Wien geheim! Der Friedenskongreß schien beendet zu sein, noch ehe er recht begonnen hatte. »Eher Krieg als Verzicht auf das, was ich besetzt habe«, erklärte Alexander I., und Franz I. erwiderte: »Der König von Sachsen muß sein Land wieder haben, sonst schieße ich!« Das Diner gehe zu Ende, meinte Talleyrand, und zum Dessert könnte es Kanonenkugeln geben.

Man servierte sich einen Kompromiß. Polen wurde zum vierten Male geteilt. Krakau wurde Freistaat unter dem Protektorat der angrenzenden Großmächte. Österreich behielt Galizien. Preußen gab seinen Anteil an der dritten polnischen Teilung ab, erhielt Posen und Danzig zurück. Rußland bekam den Bärenanteil des Großherzogtums Warschau als ein mit der russischen Krone in Personalunion vereinigtes »Königreich Polen«.

Auch Sachsen wurde nach der diplomatischen Weisheit letztem Schluß geteilt: die nördliche Hälfte wurde Preußen zugeschlagen, die südliche Hälfte dem König von Sachsen zurückerstattet. Für entgangene beziehungsweise verlorene Gebiete und Untertanen wurde Preußen im Norden und vor allem im Westen entschädigt: Schwedisch-Pommern mit Rügen, Westfalen und die Rheinprovinz.

Der Österreicher und Europäer Metternich konnte nicht ganz zufrieden sein. Rußland war wieder ein Stück nach Mitteleuropa vorgerückt, hatte dreieinhalb Millionen Menschen vereinnahmt. Preußen hatte sich weiter in Deutschland ausgebreitet, der sächsische Pufferstaat war halbiert, der Weg für die Preußen nach Böhmen kürzer geworden. Und sie standen am Rhein, wo es mit der Wacht gegen die Franzosen bei deutschen Patrioten Lorbeeren einzuheimsen gab.

Es war ein Kompromiß, mit dem Metternich leben mußte und leben konnte – wenn es ihm gelang, durch Gewichte gegen den Egoismus der alten Machtstaaten wie gegen die Eigensucht neuer Nationalstaaten das friedenssichernde Gleichgewicht zu erhalten: in Deutschland und Italien wie in ganz Europa.

In Volkstrachten erschienen die Damen bei Metternichs Maskenball: Wilhelmine von Sagan als Kärntnerin, Anna Eynard als Schweizerin, Lady Castlereagh hatte sich als Römerin verkleidet und Gräfin Lulu Thürheim gab sich als oberösterreichische Bäuerin.

Volk als Folklore – so konnte ihm auch Metternich etwas abgewinnen. Ansonsten pflegte er zu ihm gesellschaftliche Distanz und politische Abstinenz. Er hatte keinen Sinn für dessen Gefühle und Wünsche, kein Verständnis für einen Volksstaat, wie er seit 1789 gefordert wurde, kein Verlangen nach einem Nationalreich, das deutschen Volkstümlern vorschwebte.

Einer von ihnen, der Turnvater Jahn, lief in Wien in altdeutscher Tracht, mit ungepflegtem Bart und ungeputzten Stiefeln herum, »bei dem trockensten Wetter in kotigen«, wie der Berliner Schriftsteller Varnhagen von Ense bemerkte, »so daß man glauben konnte, er halte das zum Kostüm gehörig und habe sie mühsam eigens beschmiert, wie andere sie blank machen«.

Diesen Janhagel sah Metternich vor sich, wenn er erklärte: »Zwischen den Elenden gibt es auch Abstufungen. Eine derselben besteht zwischen den Leichtfertigen und den Schwerfälligen. Das erstere liegt im französischen, das andere gehört dem deutschen Charakter an. Zwischen den beiden ist das erstere noch das Erträglichere. Es hat mehr von der Art des Platzregens als von der des alles in Kot verwandelnden Landregens an sich.«

Talleyrand, der leichtfertige Franzose, mißtraute den schwerfälligen Germanen, fürchtete den Landregen, wollte nicht aus dem Regen der Französischen Revolution in die Traufe einer deutschen Revolution geraten: »In Deutschland sind überall revolutionäre Gärungsstoffe verbreitet; der Jakobinismus herrscht hier nicht wie bei uns in Frankreich vor fünfundzwanzig Jahren in den mittleren und unteren Klassen, sondern in dem höchsten und reichsten Adel; ein Unterschied, der bewirkt, daß der Gang einer in Deutschland etwa ausbrechenden Revolution nicht nach dem Gange der unserigen berechnet werden kann. Die, welche durch die Auflösung des Reiches und die Rheinbundakte von dem Range der Dynasten zu der Klasse der Untertanen herabgestiegen sind, ertragen mit Ungeduld die Herrschaft von Menschen, die in Wirklichkeit oder ihrer Meinung nach ihresgleichen waren; sie trachten eine Ordnung umzustürzen, die ihren Stolz empört, und alle Regierungen dieses Landes durch eine einzige zu ersetzen.«

Wortführer der Mediatisierten, der Geschädigten der Flurbereinigung, war der Reichsfreiherr vom Stein. Er verzieh es dem Fürsten von Nassau-Usingen nicht, daß er ihm die Landeshoheit über seine Dörfer Frücht und Schweighausen genommen hatte. Er klagte alle deutschen Fürsten an, die sich auf Kosten von Seinesgleichen und zum Nutzen des französischen Erbfeindes bereichert hatten. Nun verlangte er eine Wiedergutmachung für die ehemals Reichsunmittelbaren, die Wiederherstellung des von Napoleon im Verein mit deutschen Fürsten zerstörten Reiches, die Wiedereinsetzung eines deutschen Kaisers, des Habsburgers.

Vater Metternich dachte ähnlich, wenn auch nicht so konsequent. Kurz vor Torschluß war Reichsgraf Franz Georg in den Reichsfürstenstand erhoben worden, was nun ein Titel ohne Mittel war; denn das damit verbunden gewesene Reichsfürstentum Ochsenhausen hatte ihm der König von Württemberg abgenommen. Jetzt leitete er das Komitee des »Vereins der durch den Rheinbund unterdrückten Reichsstände«, mit halbem Herzen, denn die andere Hälfte schlug für Österreich.

Sohn Metternich, der österreichische Fürst, stand voll und ganz zum österreichischen Kaiserstaat. Zwar trat er dafür ein, daß die alten Standesherren von ihren neuen Souveränen als Hochadelige behandelt wurden, aber das war schon alles, was er für die dem römisch-deutschen Reich nachtrauernden und ein national-deutsches Reich herbeisehnenden Standesgenossen zu tun gedachte.

Nicht einmal die Kaiserkrone wollte er für Österreich wiederhaben. Das Sacrum Imperium, von Gott und der Geschichte legitimiert, war für ihn tot und begraben. Ein Nationalreich, von einer romantisch verbrämten Revolution gezeugt, hielt er für eine Gefährdung des habsburgischen Vielvölkerreiches, für eine Störung des Gleichgewichtes der Mächte und damit für eine Bedrohung des Friedens in Europa.

Metternich dachte über die Reichspatrioten ähnlich wie Talleyrand: »Die Einheit des deutschen Vaterlandes ist ihr Geschrei, ihr Glaube, ihre bis zum Fanatismus erhitzte Religion, und dieser Fanatismus hat selbst einige der gegenwärtig regierenden Fürsten ergriffen.« Käme eine solche Einheit in diesem Geiste zustande, müßte nicht allein Frankreich, sondern ganz Europa alarmiert sein. Denn wer könnte »die Folgen der Erschütterung einer Masse wie Deutschland vorhersehen, wenn die bisher getrennten Elemente in Bewegung kämen und sich verschmelzen? Wer weiß, wo der einmal gegebene Anstoß innehält!«

Wilhelm von Humboldt, der Preuße und Europäer, drückte es etwas schwerfälliger und noch gewichtiger aus: Das Gleichgewicht und damit die Ruhe und der Friede würden in Frage gestellt, »wenn in die Reihen der europäischen Staaten, außer den größeren deutschen einzeln genommen, noch ein neuer, kollektiver« deutscher Nationalstaat eingeführt würde.« »Niemand könnte dann hindern, daß nicht Deutschland als Deutschland auch ein erobernder Staat würde, was kein echter Deutscher wollen kann; da man bis jetzt wohl weiß, welche bedeutenden Vorzüge in geistiger und wissenschaftlicher Bildung die deutsche Nation, so lange sie keine politische Richtung nach außen hatte, erreicht hat, aber es noch unausgemacht ist, wie eine solche Richtung auch in dieser Richtung wirken würde.«

Wie Humboldt verstand sich Metternich als »echter Deutscher«, in der Summe der verschiedenen Bedeutungen des Adjektives: zunächst und vor allem als »wahrer« Mensch, »ursprünglich« ein Rheinländer, sich als Österreicher »bezeichnend« und für einen »gediegenen« Europäer haltend, der einer »unverfälschten« Kulturnation angehörte, aber »keine künstlich hergestellte« Staatsnation haben wollte – eben weil er mit dieser echten Vielfalt die deutsche Ordnung und den europäischen Frieden verbürgt haben wollte.

Gab es denn überhaupt ein »deutsches Volk« und »ein Deutschland«? Existierten nicht natürlich gewachsene »deutsche Völker« und von der Geschichte geschaffene »viele Deutschlands«? War Patriotismus hierzulande nicht ein Pluralbegriff?

»Es gibt im gemeinsamen Vaterlande«, konstatierte Metternich, »seit dessen Entstehen getrennte Volksstimmen, der Provinzial-Patriotismus steht dem deutschen Bürger am nächsten; er ergreift ihn beim Austritt aus der Wiege und dreißig Generationen boten keinen Grund dar, ihn nicht als den nächsten und natürlichsten zu ehren, denn der Brandenburger wie der Österreicher, der Bayer wie der Hesse waren zugleich Deutsche.« Das war nicht nur gestern so, das würde auch morgen so sein: denn kein Bayer wolle Österreicher, kein Österreicher Preuße, kein Preuße Bayer, kein Bayer Württemberger und niemand in allen deutschen Landen wolle Preuße werden, der es nicht sei.

Alle Teile Deutschlands wollten und sollten das bleiben, was sie seien – unterschieden voneinander, alle deutsch und zusammen ein organisch gewachsener und föderativ gegliederter Körper in der Mitte Europas.

Von diesem Europa war er nicht abzutrennen, nicht einmal abzugrenzen. Nach außen gab es nicht, wie bei England oder bei Frankreich, »natürliche Grenzen« – dort das Meer, hier die Pyrenäen, die Alpen und, wenn man den französischen Nationalisten folgen wollte, den Rhein.

Deutschland hatte nie eine mit London und Paris vergleichbare Hauptstadt gehabt, kein politisches und kulturelles Zentrum, sondern viele politische und kulturelle Zentren, was Goethe beibehalten wissen wollte: Man irre, wenn man meine, daß »eine große Residenz« für Deutschland »wie zum Wohl der Entwicklung einzelner großer Talente, so auch zum Wohle der großen Masse des Volkes gereiche«.

Schiller hatte gefragt: »Deutschland? Aber wo liegt es? Ich weiß das Land nicht zu finden. Wo das gelehrte beginnt, hört das politische auf.« Seine historischen Grenzen waren so wenig zu fixieren wie seine geographischen. Rhein und Main flossen nach Westen, Elbe und Oder nach Norden, Inn und Donau nach Osten, und die Alpen bildeten keinen Abschluß, sondern einen Durchgang zum Süden. Die Geschichte der Deutschen war von Anfang an mit der Geschichte ihrer Nachbarn verknüpft gewesen. Dem Heiligen Reich Deutscher Nation gehörten auch andere Nationalitäten an, in ihm wurden – außer den deutschen Dialekten – verschiedene Sprachen gesprochen, und europäische Souveräne zählten zu den Reichsständen.

Auch jetzt regierten Fürsten anderer Nationalität über Teile der deutschen Nation: der König von England in Hannover, der König von Dänemark in Holstein und Lauenburg, der König der Niederlande in Luxemburg. Und deutsche Fürsten regierten andere Nationalitäten, auch die Hohenzollern in Preußen, dem nicht nur Mitglieder verschiedener deutscher Stämme, sondern auch

Polen angehörten. Und die Habsburger herrschten über ein aus vielen Nationalitäten gebildetes Reich, das Metternich als Modell für die Neugestaltung Deutschlands und Mitteleuropas diente.

Dabei hatte er Widrigkeiten zu überwinden. Die geringsten waren – im Augenblick – das Verlangen der Reichspatrioten nach einem erneuerten, indessen straffer zusammengefaßten und einheitlicher regierten Reich, und die in Wien erst gedämpft anklingenden Forderungen von Nationalisten nach einer »Nation une et indivisible« à la Frankreich, einem unitarischen und zentralistischen Nationalstaat.

Den Patrioten kam er entgegen. Er wolle zwar kein »einheitliches«, aber ein »einiges« Deutschland, wie es auch das alte Reich gewesen wäre, wie es in Mitteleuropa nicht anders möglich sei. »Für die deutschen Gebiete bleibt nur das Zusammenleben im Bundesverhältnis, und dasselbe ist nur ein mögliches auf der Grundlage der Gleichheit der Rechte und der Pflichten unter den Teilnehmern am Bunde als dem diese Teilnehmer schützenden Gemeingut... Außer dieser Gestaltung gibt es für den Begriff *Eines Deutschlands* keine andere mögliche.«

Auch ohne Kaiser könnte es einheitlicher regiert werden als das römisch-deutsche Reich: mit erwachtem patriotischen Bewußtsein, mittels gemeinsamer Institutionen wie einer ständigen Bundesversammlung. Straffer zusammengefaßt wäre dieser Staatenbund ohnehin: Das alte Reich zählte zum Schluß 1789 Mitglieder, Großmächte wie Österreich und Preußen, mittlere Staaten wie Sachsen und Bayern, das Gros kleine und kleinste Fürstentümer, Reichsstifte und Reichsstädte, ja Reichsdörfer. Dank Säkularisation und Mediatisierung könnte eine neue Föderation aus viel weniger und kompakteren, wenn auch immer noch – aber so war es nun einmal in Deutschland – an Größe und Gewicht reichlich unterschiedlichen Gliedern gebildet werden.

Den Nationalisten, den Einheitsstaatlern hielt Metternich entgegen: Nur Völker, deren Teile in der Geschichte den Willen und die Kraft bewiesen hätten, die trennenden Momente zugunsten politischer Einheit zu überwinden, verdienten den Namen Nation im vollen Sinn und hätten das Recht auf Bewahrung ihres staatlichen Zusammenhanges. Für Metternich traf dies auf Frankreich, nicht auf Deutschland und Italien zu. Er warnte: Planmäßige staatliche Einigung natürlich und geschichtlich getrennter Völker sei die Forderung eines falsch verstandenen Naturrechtes und könne nur zu lebensunfähigen Gebilden führen. Wenn sie getrennt blieben, wäre das nicht nur für andere, sondern auch für sie selber kein Unglück: Auch geteilt und ohne nationale Regierung könnten Völker national bleiben und sollten in ihrer nationalen Entwicklung gefördert werden.

»Die Nationen haben, wie Individuen, ihre durch keine Politik abzuändernden Richtungen. Die Richtung Deutschlands ist's, ein Staatenverein zu sein«, erklärte Wilhelm von Humboldt. Hier stimmten sie überein, der Preuße und der Österreicher. Doch es gab Differenzen, die in den Personen wie in den von ihnen vertretenen Sachen lagen. Humboldt hatte sich mehr von der deutschpatriotischen Woge erfassen lassen, die Wasser auf Preußens Mühlen bringen, es zur Gleichrangigkeit mit Österreich und eines Tages zur Führungsmacht in Deutschland voranbringen sollte. Metternich suchte sie aufzuhalten, damit das Vielvölkerreich bewahrt und die Führungsmacht in Mitteleuropa bleiben könnte.

Die größten Schwierigkeiten bei der Neuordnung der deutschen Verhältnisse bereitete der Dualismus zwischen Österreich und Preußen. Er hatte seit Friedrich dem Großen und Maria Theresia das Reich belastet und erschwerte auf dem Wiener Kongreß die Verhandlungen über einen deutschen Bund – zumal der Streit um Sachsen die Rivalität erneut entfacht hatte.

Im Verein mit Rußland war Preußen gefährlich, aber auch allein auf sich gestellt durfte es nicht unterschätzt werden. Zwar nehme es »teil an den Pflichten der vorwiegenden Mächte, aber seine geographische Gestalt und der Mangel an sicherer innerer Kraft bestimmen es zum zweiten Range«; im fehle, im Unterschied zu Österreich, »eine Basis breit genug, um auf ihr zu stehen«. Aber gerade deswegen würde es nicht ruhen und rasten, bis es sich eine derartige Basis verschafft, seine Gestalt entsprechend gekräftigt hätte, nicht nur willentlich, sondern auch tatsächlich eine Macht ersten Ranges geworden wäre.

Da Preußen eine Ausbreitung nach Osten durch Rußland verwehrt war, mußte es sie im Westen und Süden, in Deutschland suchen. Das konnte, wie der Erwerb des halben Sachsens zeigte, auf dem Wege alter Machtpolitik geschehen. Das mochte aber auch, wie es im Befreiungskrieg geprobt worden war, durch ein Vorspannen deutsch-nationaler Kräfte erreicht werden.

Das wollte und konnte Metternich nicht hinnehmen – um des Rechtszustandes in Deutschland und der Friedensordnung in Europa willen, der Interessen und Prinzipien Österreichs wegen und auch derjenigen des restaurierten Preußens. Österreich, die »schirmende Gewalt«, mußte Preußen, der »drohenden Gewalt« Paroli bieten, das Präsidium und ein Protektorat im deutschen Bund übernehmen, als Primus zwar, aber in Parität mit einer wenn schon nicht an realer Macht gleichrangigen, so doch in der konservativen Idee gleichwertigen Monarchie.

Ein »friedlicher Dualismus« sollte fortan das Verhältnis zwischen den beiden deutschen Großmächten bestimmen. Wie Europa im Gleichgewicht der Fünf, so sollte Deutschland im Gleichgewicht der Zwei gehalten, die politischen Gegensätze unter Kontrolle und die prinzipiellen Gemeinsamkeiten zum Tragen gebracht werden.

»Der ursprüngliche Gedanke eines auf die innigste Verbundenheit Österreichs und Preußens aufgebauten Zwischenmächtesystems, verstärkt durch einen deutschen Bund, der sich unter dem gleichmäßigen Einfluß dieser beiden Staaten befindet, ohne daß Deutschland aufhören würde, einen einzigen politischen Körper zu bilden, die Initiative zu diesem Gedanken gehört dem österreichischen Kabinett an. Das ganze Vorgehen Österreichs, alle durch diese Macht abgeschlossenen Verträge sind von diesem Geist beseelt, der in seiner Entwicklung und durch die innige Verbundenheit der Zentralmächte, welche diese Entwicklung herbeiführen könnten, Deutschland eine Garantie für die Ruhe und ganz Europa ein Unterpfand für den Frieden bieten würde.«

Das hatte Metternich am 22. Oktober 1814 seinem preußischen Kollegen Hardenberg geschrieben, einem alten Routinier, dem er zutraute, dies zuwege zu bringen. Aber es gab viele Bremser: den russischen Zaren, der den König von Preußen von keinem anderen umarmen lassen wollte, Friedrich Wilhelm III., der den Siebenjährigen Krieg nicht vergessen konnte, preußische Friderizianer, die ganz Sachsen begehrten, und deutsche Patrioten, die auf Preußen gesetzt hatten.

Lärm schlugen die Repräsentanten der mittleren und kleinen

Staaten, die gegen das Reich und durch Napoleon groß geworden waren und das Erreichte behalten wollten. Sie pochten darauf, daß die Großmächte ihre Unversehrtheit und Unabhängigkeit garantiert, lediglich eine deutsche Föderation aus souveränen Staaten anvisiert hatten, daß die deutschen Staaten und Stätlein de jure und de facto selbständige Mitglieder des europäischen Staatensystems geworden waren und bleiben müßten. Diese Könige, Großherzöge, Herzöge und Fürsten wollten keinen Kaiser und auch keinen Präsidenten über sich haben, weder eine österreichisch-preußische Doppelherrschaft noch – was auch erwogen wurde – ein Fünferdirektorium aus Österreich, Preußen, Hannover, Bayern und Württemberg hinnehmen.

Der Deutsche Bund, der schließlich zustandekam, galt Metternich als Optimum, den deutschen Fürsten als Maximum, preußischen Patrioten als Kompromiß, mit dem es sich vorerst leben ließ, und deutschen Patrioten wie Joseph Görres als »eine Zangen- und Notgeburt, tot ans Licht getreten und gerichtet, ehe sie geboren«.

Es war ein Staatenbund, genau gesagt »ein völkerrechtlicher Verein der deutschen souveränen Fürsten und freien Städte, zur Bewahrung der Unabhängigkeit und Unverletzbarkeit ihrer im Bunde begriffenen Staaten und zur Erhaltung der inneren und äußeren Sicherheit Deutschlands«, wie die vertragliche Definition lautete, auf die man sich letztendlich einigte.

Als einziges Bundesorgan wurde der Bundestag in Frankfurt installiert, die ständige Versammlung der Bevollmächtigten der Souveräne. Österreich führte zwar den Vorsitz, aber der Präsidialgesandte hatte nur geschäftsführende Kompetenzen. Kein Mitglied dieser »Gemeinschaft selbständiger unter sich unabhängiger Staaten, mit wechselseitigen gleichen Vertragsrechten und Vertragsobliegenheiten« konnte majorisiert werden; bei wichtigen Entscheidungen war Einstimmigkeit vorgeschrieben.

Diesen »unauflöslichen« Staatenverein gründeten 37 souveräne Fürsten und die vier freien Städte Hamburg, Bremen, Lübeck und Frankfurt, ein Landgraf, ein Kurfürst, zwölf Fürsten, zehn Herzöge, sieben Großherzöge, die Könige von Bayern, Sachsen, Hannover und Württemberg, der König von Preußen und der Kaiser von Österreich. Die beiden Größten brachten in den Deutschen

Bund nur ihre Gebiete ein, die zum alten Reich gehört hatten, also nicht Ost- und Westpreußen sowie Posen, nicht Ungarn, Siebenbürgen, Galizien, Kroatien, Slawonien, Dalmatien, Istrien und Lombardei-Venetien.

Österreich und Preußen waren Großmächte, die mit einem Fuße in Deutschland und mit dem anderen in Europa standen – Mitglieder des deutschen wie des europäischen Staatensystems, die einander bedingten, aneinander gekoppelt waren, miteinander leben sollten, in Ruhe, Ordnung und Frieden.

Der Deutsche Bund war von Metternich als Bestandteil des europäischen Systems angelegt. Die Sicherheit war der wichtigste Bundeszweck: Sicherung gegen Vormachtstreben inner- wie außerdeutscher Mächte, gegen Umsturzversuche nationaler wie internationaler Kräfte, Sicherheit vor Staatenkriegen wie Bürgerkriegen.

Im Innern glich er einer Wach- und Schließgesellschaft. Die Bundesglieder verpflichteten sich, »einander unter keinerlei Vorwand zu bekriegen, noch ihre Streitigkeiten mit Gewalt zu verfolgen«. Keiner dürfte seinen Besitzstand auf Kosten anderer erweitern, seine Macht zu Lasten anderer erhöhen. Und jeder müßte allen gegen revolutionäre Umtriebe beistehen, einen Umsturz verhindern helfen; das Interventionsrecht sollte im Deutschen Bund wie in ganz Europa gelten.

Nach außen war es eine deutsche Verteidigungsgemeinschaft im Rahmen des europäischen Sicherheitssystems. Nur Selbstverteidigung – wenn »das Recht zur Seite steht« – erlaubte die Verfassung des Bundes. Er sollte so stark sein, daß er Verteidigungskriege, doch nicht so stark, daß er Angriffskriege führen könnte.

Der Deutsche Bund war – wie es der Historiker Heeren formulierte – der »Friedensstaat von Europa« und – wie es der Staatsmann Metternich präzisierte – das Mittelstück der europäischen Friedensordnung.

Es geschaffen zu haben, rechnete er sich als Verdienst an. Jedenfalls wurde er dafür verantwortlich gemacht und verurteilt. Deutsche, die sich ein einheitlicheres Deutschland gewünscht hatten, seufzten wie der spätere König Ludwig I. von Bayern: »Glücklich Teutschland, hätt's nicht Dich / Dich unteutschen Metternich!« Patrioten, die ein freiheitlicheres Deutschland erstrebt hatten, bezweifelten es mit dem Freiherrn vom Stein, daß die deutsche Nation in der Bundesverfassung »die Gewähr ihrer bürgerlichen und politischen Freiheit« finden könnte.

Von Volkssouveränität und Nationalstaatsverfassung war in der Bundesverfassung nicht die Rede. Eine weitestgehende Ausschaltung all dessen, was man auf die Revolution zurückführte, entsprach dem Willen der restaurierten Monarchen wie dem Wollen des Präsidenten des Wiener Kongresses, der bei der Vollstreckung sein Programm verwirklichte.

Immerhin enthielt die Bundesverfassung gewisse Ansätze für eine Entwicklung zum Nationalreich und Nationalstaat. Der Deutsche Bund stand in der Tradition des römisch-deutschen Reiches, setzte dessen Föderalismus und Friedensfunktion fort, bestand zwar ebenso – nun nicht nur de facto, sondern auch de jure – aus selbständigen Teilen, aber viel weniger, war also einheitlicher geworden und konnte vielleicht eines Tages noch einheitlicher werden.

Der in den Befreiungskriegen entfachte deutsche Nationalismus konnte unterdrückt, doch nicht beseitigt, die Bewegung, die mit der Französischen Revolution begonnen hatte, konnte zwar angehalten, aber nicht zurückgedreht werden.

Die Bundesverfassung enthielt bescheidene Konzessionen. Artikel 16: »Die Verschiedenheit der christlichen Religionsparteien kann in den Ländern und Gebieten des Deutschen Bundes keinen Unterschied in dem Genusse der bürgerlichen und politischen Rechte begründen.« Artikel 18: Freizügigkeit im Bundesgebiet. Artikel 13: »In allen Bundesstaaten wird eine Landständische Verfassung stattfinden« – was zwar noch lange nicht in Österreich und Preußen, aber schon 1814 in Nassau, 1816 in Sachsen-Weimar, 1818 in Bayern und Baden, 1819 in Württemberg der Fall sein sollte.

Jedenfalls wären viele Italiener glücklich gewesen, wenn sie wenigstens einen solchen Rahmen für ihr nationales Zukunftsbild bekommen hätten. Metternich wollte keine »Vereinigung der Deutschen in ein Deutschland« und schon gar nicht eine Vereinigung der Italiener in einem Italien. Deutscher Nationalität, mochte er den deutschen Nationalismus noch verstehen, wenn auch nicht verzeihen. Ein Italiener war und blieb für ihn ein wesenhafter Mensch, doch kein politisches Wesen und Italien kein staatlicher, sondern ein geographischer Begriff.

Er bedauerte jeden, der nicht in Italien, sondern »unter anderen Himmeln als so glückhaften« zur Welt gekommen sei, nicht in diesem Arkadien, wo das Auge, wohin es schaue, nur Schönheit erblicke, die Sonne heller scheine als anderswo, »Siziliens Mond der Sonne Londons gleichkomme«. Doch er beglückwünschte sich, daß er kein Italiener geworden war, der vor Eigenliebe strotze, nur schreie, aber nicht handle – was dem Narziß dann doch wieder gefiel und dem Österreicher paßte, der keine revolutionären Täter dortzulande brauchen konnte. Denn die öffentliche Ruhe in Italien sei eine Existenzfrage für das Vielvölkerreich.

Der Zustand Italiens schien dafür Gewähr zu bieten. Noch mehr als Deutschland war es staatlich zersplittert, heftiger, weil leidenschaftlicher als die Deutschen bekämpften oder beschimpften sich jedenfalls die Italiener. Wenn die Florentiner etwas wollten, würden ihre Nachbarn in Prato oder Pistoia genau das Gegenteil wollen; Stadt stünde gegen Stadt, Provinz gegen Provinz, Familie gegen Familie, ja Mensch gegen Mensch.

Die Bewohner der Apenninenhalbinsel, in Verschiedenheit geboren, in Vielfalt gewachsen, seien von Natur und Geschichte zur staatlichen Vielgestaltigkeit bestimmt. Bei allen Gemeinsamkeiten in Sprache und Kultur sei Italien gesellschaftlich und politisch von Zwietracht, nicht von Eintracht geprägt, für einen nationalen Einheitsstaat nicht geschaffen. Ergo: Italien sei nur ein erdkundlicher Name, ein Sprachgebrauch ohne politischen Wert, ein geographischer Begriff.

Der Nationalismus passe nicht für Italien, meinte Metternich, doch mehr und mehr Italiener widersprachen ihm. Jeden Baum, den man in Italien sehe, hätten die Franzosen gepflanzt, übertrieb der französische Schriftsteller Stendhal. Zweifellos hatten die französischen Revolutionäre den Freiheitsbaum aufgepflanzt. Und von Napoleon, dem gebürtigen Italiener, war ihnen das »Königreich Italien« beschert worden, zwar ein Satellitenstaat des französischen Imperiums, aber das erste gesamtitalienische Gemeinwesen, erfüllt von verwässert napoleonischen und deswegen für viele verträglichen Ideen von 1789.

Dies war anders – und gefährlicher – als in Deutschland. Das aufklärerische, französische Programm vom liberalen und demokratischen, einen und unteilbaren Nationalstaat begann zu dominieren, nicht eine romantische, ständische, föderale Vorstellung von Einigung und Einheit, wie sie auch bei den Italienern, dem anderen »Reichsvolk«, vorhanden war.

»*Ein* Italien ist nur unter dem Begriff des Zusammenfließens der selbständigen Teile denkbar, welche die Halbinsel bilden. Ein Zusammenfließen ist nur im Sinne *einer Republik* denkbar.« Das war und blieb die Meinung Metternichs, und deshalb suchte er von Anfang an ein solches Zusammenfließen zu verhindern: durch die Zerlegung des »Königreiches Italien« in seine ursprünglichen Bestandteile, die Wiedereinsetzung der alten Dynastien, die Bekräftigung des monarchischen Prinzips und den Vorschlag einer Zentralpolizeistelle, um »den Geist des italienischen Jakobinismus zu zerstören und so die Ruhe Italiens sicherzustellen«.

Und damit auch die Ruhe Österreichs. Das Lombardo-Venetianische Königreich unter der habsburgischen Kaiserkrone sollte nicht nur als militärisches Glacis der österreichischen Alpenfestung und als politisches Fort des restaurierten Monarchismus dienen. Metternich nahm Mailand auch und nicht zuletzt deshalb, weil er den italienischen Nationalismus und Konstitutionalismus in seinem Zentrum unterdrücken, die Lombardei mit starker Hand im Zaume halten wollte, um eine Entwicklung zu zügeln, die zum Sturze seines Systems führen könnte.

In Italien sollte es durch die direkte Herrschaft Österreichs im Lombardo-Venetianischen Königreich gesichert werden, durch die indirekte Herrschaft Österreichs in den habsburgischen Sekundo- und Tertiogenituren im Großherzogtum Toskana, in den Herzogtümern Parma und Modena, und durch die Vorherrschaft Österreichs über die übrigen italienischen Staaten: das Königreich Sardinien-Piemont, das Königreich Neapel-Sizilien, das Herzogtum Lucca und den Kirchenstaat.

Wie die deutschen Staaten im Deutschen Bund, so gedachte Metternich die italienischen Staaten in einem italienischen Staatenbund zusammenzufassen, der Lega Italica – gestützt auf die gemeinsamen Prinzipien, getragen von der gemeinsamen Gesellschaftsstruktur und Herrschaftsform, zusammengehalten durch das gemeinsame Sicherheitsbedürfnis, beschirmt und dominiert von der Ordnungsmacht Österreich.

Diese Parallelität hätte den in Deutschland wie in Italien gleichlaufenden Interessen Österreichs entsprochen, die Symmetrie dem System Metternichs. Mit dem ideologischen und machtpolitischen Zentrum Österreich wären die italienischen wie die deutschen Staaten verbunden gewesen, in föderativer Form und mit konservativer Substanz – ein nach innen vor Revolution und nach außen vor Eroberung gesichertes Mitteleuropa, ein Bindeglied zwischen den Flügelmächten in Ost und West und zugleich ein Riegel gegen die französische wie russische Expansion.

Die Lega Italica kam nicht zustande. Sie war nicht, wie die deutsche Föderation, in Verträgen vorgeschrieben. Ein Bundesverhältnis wurde in Italien nicht von einer Großmacht – wie in Deutschland von Preußen – erstrebt, die an der nationalen Bewegung partizipieren, jedenfalls von ihr profitieren wollte. England, Frankreich und Rußland wollten die Vorherrschaft Österreichs in Italien nicht auch noch vertraglich verankert sehen.

Der Abschied von der Lega Italica fiel Metternich nicht schwer. Ein noch so lockerer Bund der italienischen Staaten hätte die Italiener dem nationalen Ziel ein Stück näher gebracht. Österreich, das auf der Apenninenhalbinsel de facto dominierte, brauchte sich das nicht de jure bestätigen zu lassen. Italien war einfacher ohne als mit Bundesverhältnis zu beherrschen, nach dem römischen Grundsatz »Divide et impera!« So befand Metternich: »Wir wollen, daß jeder italienische Staat für sich bleibt.«

Der Ruhe in Italien und Europa könnte dies nur nützen – dem System, das Metternich, der sich für den Überwinder Napoleons hielt, an die Stelle des napoleonischen Systems setzen wollte, eine Ordnung, die nach andauernden Kriegen einen dauerhaften Frieden bringen sollte.

Der Sekretär des Wiener Kongresses war skeptischer als dessen Präsident. »Wir können den Frieden für zwei Jahre haben; für länger möchte ich nicht garantieren«, meinte Friedrich Gentz. »Wenn man Zeuge der letzten Ereignisse und besonders des Wiener Kongresses war, so ist man nicht mehr darüber erstaunt, daß ein Mann von Eisen, wie Bonaparte, ganz Europa unterjochen konnte, und man würde für die Zukunft zittern, wenn heutzutage die Mittelmäßigkeit der einen nicht in ziemlich genauem Gleichgewicht mit der Mittelmäßigkeit der anderen stände.«

Gentz war zu optimistisch. Der Frieden hielt nicht einmal ein ganzes Jahr. Napoleon, der Übermäßige, kehrte von Elba nach Frankreich zurück, brachte die Mittelmäßigen aus ihrem Gleichgewicht, ehe noch die Ergebnisse des Wiener Kongresses versiegelt und verbrieft waren.

Die Heilige Allianz

DIE HIOBSBOTSCHAFT kam am Morgen des 6. März 1815 nach Wien, zu einer Zeit, da der Kongreß und vornehmlich sein Präsident noch nicht ansprechbar waren. Um sechs Uhr morgens versuchte ihn Kammerdiener Giroux wachzubekommen: Eine Eildepesche sei eingetroffen! Metternich sah nach dem Absender – »vom k.k. Generalkonsulat in Genua« –, legte sie auf den Nachttisch und drehte sich auf die andere Seite.

Der Schlaf des Gerechten wollte sich nicht mehr einstellen. »Gegen 7 1/2 morgens entschloß ich mich, die Schrift zu erbrechen. Sie enthielt in sechs Zeilen die Anzeige, der englische Kommissär Campbell sei soeben in dem Hafen erschienen, um sich zu erkundigen, ob sich Napoleon zu Genua nicht habe blicken lassen, denn von der Insel Elba sei er verschwunden.«

Durchlaucht sprang aus dem Bett, fuhr in die Kleider, war um 8 Uhr in der Hofburg, bei Franz I., um 8 Uhr 15 bei Alexander I., um 8 Uhr 30 bei Friedrich Wilhelm III. »Um 9 Uhr war ich wieder zu Hause, wohin ich bereits den Feldmarschall Fürsten Schwarzenberg entboten hatte. Um 10 Uhr stellten sich auf meine Aufforderung die Minister der vier Mächte bei mir ein. Um dieselbe Stunde waren bereits Adjutanten in alle Richtungen unterwegs, um den rückziehenden Armeeabteilungen den Befehl des Haltmachens zu überbringen. So war der Krieg in weniger als einer Stunde beschlossen.«

So schilderte er in seinen Memoiren das Ereignis, das mit einem Schlag die Wiener Szene veränderte. Er irrte sich im Datum; es war der 6. März, nicht – wie er schrieb – der 7. März gewesen. Und er raffte die Geschehnisse mit dem Kunstgriff des Mannes, der überzeugt war, wahrhaftig Geschichte gemacht zu haben, und sich erlauben durfte, es mit der Wahrheit in den Geschichten nicht ganz genau zu nehmen.

Er zweifelte kaum daran, daß Napoleons Flucht von Elba eine Episode und selbst, wenn er in Frankreich wieder Fuß fassen sollte, ein Interregnum bleiben würde, Metternichs Friedenswerk vielleicht gestört, aber nicht zerstört werden könnte.

Jedenfalls nahm er die Sache, zumindest zunächst, nicht ganz ernst. Talleyrand, der sich einredete, Napoleon werde an der italienischen Küste landen und sich nach der Schweiz werfen, suchte er mit der Vorhersage ins Bockshorn zu jagen: »Er wird unmittelbar auf Paris losmarschieren!« Den nicht übermäßig mutigen Gentz suchte er mit der Bemerkung zu erschrecken: Der zurückgekehrte Napoleon habe auf Gentzens Kopf eine hohe Belohnung ausgesetzt. »Metternich machte einen Spaß daraus«, notierte Erzherzog Johann, »mich ärgerte dies, denn ich fand darin keinen Spaß, sondern ziemlich viel Ernsthaftes.«

So dachten auch andere Gäste der »Kammerunterhaltung bei Hof« am 7. März im Redoutensaal. Talleyrand, so Erzherzog Johann, »fand die Sache unbedeutend, doch leuchtete die Angst heraus«. Wellington meinte, Napoleon ginge nach Südfrankreich, könne auf sein altes Heer zählen. Alexander I. gab Metternich und Talleyrand die Schuld. Man müsse Bonaparte »wie einen Räuber totschießen«, sagte Humboldt; »erst müssen wir ihn haben«, entgegnete Friedrich Wilhelm III. Warum habe man nicht auf ihn gehört, räsonierte Franz I., und ihn dorthin geschickt, wo der Pfeffer wächst? Nun habe man eine versalzene Suppe auszulöffeln.

Eine »schreckliche Konfusion« fand Generalstabschef Radetzky vor, den der verunsicherte Feldmarschall Schwarzenberg in den Redoutensaal zitiert hatte. Im Parkett gab es Wirrwar, auf der Bühne Sinnfälliges: ein Spiel mit dem Titel *Der unterbrochene Tanz* und Kotzebues Einakter *Die alten Liebschaften.*

Am 7. März 1815 war Napoleon bereits in Grenoble, vom »Vive l'Empereur« begrüßt, auf seinem Triumphzug nach Paris. Je mehr Nachrichten darüber nach Wien gelangten, desto klarer wurde es dem Kongreß, daß es mit dem Tanzen aus sei und das Marschieren wieder beginnen würde. Und daß »die alten Liebschaften«, die im Kriege bewährten und auf dem Friedenskongreß zerredeten Allianzen, erneuert werden müßten.

Der Zar gab Metternich wieder die Hand, wenn er ihn auch

nicht umarmte, wie dieser in seinen Memoiren weiszumachen suchte. Immerhin konnte ein Konfident berichten: »Der russische Kaiser schimpfte gar nicht mehr wie sonst über den Fürsten Metternich, auch schweigen neuerlich die zwei Sibyllen Bagration und Sagan.« Letztere sprach sogar wieder mit ihm, was seine kaum vernarbten Wunden aufriß. Diese »alte Liebschaft« war nicht mehr zu erneuern. Er fühle sich wie ein Ausgestoßener, klagte er, ohne ein Feuer, um sich zu wärmen, ohne einen Platz, wo er sich betten könnte.

Dieses Schicksal wollten die dank Napoleon wiedervereinigten Alliierten dem unfreiwilligen Stifter ihrer Eintracht bereiten. Am 13. März 1815 erklärten sie ihn für vogelfrei: »Bonaparte hat, indem er den Vertrag brach, der ihm die Insel Elba zum Wohnorte anwies, den einzigen Rechtstitel vernichtet, an welchen seine Existenz geknüpft war. Indem er den französischen Boden, mit dem Vorsatze, Unruhe und Zerrüttungen herbeizuführen, betrat, hat er sich selbst allen gesetzlichen Schutzes beraubt und im Angesichte der Welt ausgesprochen, daß mit ihm weder Friede noch Waffenstillstand bestehen kann. Die Mächte erklären daher, daß Napoleon Bonaparte sich von den bürgerlichen und gesellschaftlichen Verhältnissen ausgeschlossen und als Feind und Störer der Ruhe der Welt den öffentlichen Strafgerichten preisgegeben hat.«

Diese Achterklärung hatte Talleyrand verlangt, dessen König und auch er selber von Napoleons Rückkehr nach Frankreich am meisten betroffen waren. Metternich war vor einem solchen, für diese Zeiten ungewöhnlichen Schritt zurückgescheut. Er ging zwar nicht so weit wie Franz I., der meinte: »Wenn die Franzosen den Napoleon wollen, muß man ihn ihnen halt lassen.« Aber Gentz sprach wieder einmal aus, was er dachte: »In der gegenwärtigen Lage Europas ist ein neuer allgemeiner Krieg für alle Staaten ohne Unterschied ein schreckliches und unberechenbares Unglück. Die Hilfsmittel aller Länder sind erschöpft.«

So sperrte er sich zunächst gegen eine Achterklärung, dämpfte dann wenigstens, als sich ihre Befürworter durchsetzten, die »Ungebührlichkeit der Ausdrücke«. Talleyrand wollte wie Humboldt schwarz auf weiß die Aufforderung an jedermann haben, Bonaparte wie ein wildes Tier niederzumachen. Gentz entwarf eine mildere Fassung, die Metternich in einer stürmischen Debatte durchdrückte.

Scharf genug sollte sie bleiben, um die Untertanen Ludwigs XVIII. vom zurückgekehrten Napoleon getrennt zu halten. »Obgleich innig überzeugt, daß Frankreich, um seinen rechtmäßigen Herrscher versammelt, dieses letzte Wagestück eines strafbaren und ohnmächtigen Wahnsinns in kurzer Zeit in sein Nichts zurückweisen wird, so erklären doch die sämtlichen Souveräns von Europa, von gleichen Stimmungen beseelt und von gleichen Grundsätzen geleitet, daß, wenn gegen alle Erwartung aus dieser Begebenheit irgendeine wirkliche Gefahr erwachsen sollte, sie bereit sein werden, dem Könige von Frankreich und der französischen Nation sowie jeder andern bedrohten Regierung auf das erste Begehren alle nötige Hilfe zur Wiederherstellung der öffentlichen Ruhe zu leisten und gegen diejenigen, welche sie zu stören versuchen möchten, gemeinschaftliche Maßregeln zu ergreifen.«

Dieser Aufruf erreichte die Franzosen nicht mehr, und wenn sie ihn vernommen hätten, wäre er ohne das erwünschte Echo geblieben. Sie ergaben sich mit Herz und Hand ihrem alten Kaiser, so schnell, daß Ludwig XVIII. Hals über Kopf die Tuilerien verlassen mußte, in die Napoleon I. bereits am 20. März 1815 wieder einzog. Metternich hatte den Sturz des »in der Art alter Leiber siechen« Bourbonen vorausgesehen, das Datum fast genau vorausgesagt: Der Korse würde am 21. März in Paris sein.

Nun genügte es nicht mehr, wie er sich vor Wilhelmine brüstete, daß er wieder einmal recht gehabt habe, er wie immer seinen eigenen Weg gehe, die anderen reden, schreien, lästern lasse und sich nicht vor dem Resultat fürchte, das er selbstredend wiederum voraussehe. Jetzt mußte hier und heute gemeinsam gehandelt werden, selbstverständlich wie gestern und morgen unter seiner Leitung.

Napoleon erklärte, er wolle den Pariser Frieden anerkennen, doch das nahm ihm nicht einmal mehr Metternich ab. In seinem System war kein Platz für einen Mann, der sich nur durch Kriege legitimieren konnte, und für ein Regime, dessen jakobinische Züge noch verstärkt wurden. Was zählten da schon die lumpigen 10 Millionen Goldstücke, die ihm Napoleon I. versprach, wenn er ihn auf dem Thron beließe, oder das Angebot Fouchés, diesen wenigstens für Napoleon II., den Sohn der Habsburgerin Marie Louise, zu retten.

Am 25. März 1815 erneuerten Österreich, Rußland, Preußen und England die Quadrupelallianz von Chaumont, in der sie sich am 1. März 1814 gelobt hatten, nicht nur gemeinsam den Frieden gegen Napoleon zu erkämpfen, sondern auch die gemeinsam geschaffene Friedensordnung gegen einen neuen Angriff zu verteidigen. Je 150 000 Mann sollte jede Macht stellen; insgesamt kamen 800 000 Mann auf die Beine. England griff wiederum tief in die Tasche; der neue Feldzug sollte ihm 1 801 706 Pfund Sterling kosten.

Die Staaten Europas wurden eingeladen, der Vierer-Konvention beizutreten. Sie kamen alle, bis auf Neapel, wo Murat nach dem »Nieder mit Napoleon!« wieder »Es lebe Napoleon!« rief, und Schweden, wo Bernadotte sich verweigerte, weil man ihn nicht zum König von Frankreich gemacht hatte.

Frankreich, das heißt das bourbonische Exil-Frankreich, kam als erstes, bereits am 27. März. Für Ludwig XVIII. war das Ganze primär inszeniert, und Talleyrand hatte in erster Linie mitgewirkt. Diesmal sah er keinen Anlaß, überzulaufen, weil er den neuerlichen Anlauf Napoleons für den allerletzten hielt. Und wie hätte er von Wien weglaufen können, aus dem alliierten Lager, von diesem Kongreß, der weiterging, sogar besser als zuvor?

Denn der Wiederauftritt Napoleons brachte die Alliierten wieder in Reih und Glied, beflügelte die Verhandlungen, führte Ergebnisse herbei. Am 8. Juni 1815 wurde die Deutsche Bundesakte, die Verfassung des Deutschen Bundes, angenommen. Am 9. Juni wurde sie der an diesem Tage fertiggestellten Wiener Kongreßakte, welche die territorialen Fragen regelte, eingefügt.

Die Neu-Alt-Ordnung Europas war unter Dach und Fach. Die Aufgabe blieb, das im französischen Stockwerk von Napoleon gelegte Feuer zu löschen, das ganze Haus vor dem Abbrennen zu bewahren.

Wellington war bereits Ende März zu seinem aus Engländern, Hannoveranern und Niederländern gebildeten Heer in Belgien abgereist. Dort marschierten auch Blüchers Preußen auf. Österreicher und Russen sammelten sich am Rhein. Schwarzenberg war wieder Oberbefehlshaber, Radetzky Generalstabschef, der zwecks »Vernichtung der französischen Armee und ihres Feldherrn« die bewährten Operationspläne von 1813 und 1814 neu auflegte.

Am 26. Mai reisten Alexander I. und Friedrich Wilhelm III. ab, den Tag darauf folgte ihnen Franz I. Die Monarchen hatten beim Feldzug wieder dabei zu sein, mußten sich gegenseitig im Auge behalten, wollten gemeinsam das Frankreich Napoleons schlagen.

Metternich verließ Wien in Richtung Hoffeldlager erst am 12. Juni, nach dem Abschluß der Deutschen Bundesakte und der Wiener Kongreßakte, der – wie er sich richtigerweise rühmte – ohne seine Gegenwart nie zustande gekommen wäre.

Am selben Tag begab sich Napoleon zu seinen Truppen nach Nordfrankreich, um den Krieg mit einem Angriff auf die in Belgien stehenden Heere Wellingtons und Blüchers, die ihm am nächsten waren und am gefährlichsten schienen, zu eröffnen. Sollten sie Frankreich betreten, appellierte er an seine Soldaten, »werden sie dort ihr Grab finden«.

Am 15. Juni schrieb Marie Metternich, die Lieblingstochter, ihrem Vater einen Brief, in dem sie ihm über ein Unglück berichtete. In Baden bei Wien war eine Brücke bei der Einweihung unter dem Gewicht der Herbeigeströmten zusammengebrochen. »Dieser Idiot von einem Architekt hat da einen Bau aus Zucker anstatt aus Eisen gemacht.« Marie schloß: »Möge das ganze französische Kaiserreich in einem Augenblick zusammenbrechen wie die Badener Brücke!«

Der Antwortbrief des Vaters, vom 24. Juni, enthielt die Mitteilung, daß damit in Kürze gerechnet werden könnte. Am 18. Juni war Napoleon bei Waterloo von Wellington und Blücher vernichtend geschlagen worden. »Man hat hier viel mehr von der Badener Brücke und den dreißig dabei gebrochenen Füßen gesprochen als von den 30 000 Toten und Verstümmelten des Sieges am 18.«, schrieb Metternich, ohne den Ernst der Lage zu verkennen. »Möge der Teufel bald seinen Vertreter auf Erden holen und möge dieser sich nicht mehr in die Angelegenheiten der Welt mischen!«

Metternich und die Monarchen waren weit weg vom Schuß, noch diesseits des Rheins. Für den 16. Juni hatte Radetzky den Beginn der Operationen vorgesehen, die – wie gehabt – mit der Überschreitung des Rheins, dem Vormarsch nach Langres und Lothringen beginnen sollten. Schon zwei Tage später hatten Engländer und Preußen die Franzosen in der Schlacht geschlagen, die den Krieg entschied. »Man macht sich gar keinen Begriff von einem solchen Zusammenbruch«, schrieb Metternich aus dem alliierten Hauptquartier Heidelberg: Man habe den Hut und Mantel Napoleons erwischt und werde ihn bald selber erwischen.

»Le petit bonhomme«, wie er ihn nun nannte, der Soldatenkaiser, der sich vom Schlachtengott verlassen sah, zeigte die weiße Fahne, was eine Doppelbedeutung hatte: endgültige Kapitulation Bonapartes und erneute Restauration der Bourbonen. 1814 hatte Talleyrand nachgeholfen, 1815 tat es Fouché, auch ein alter Konspirations-Kompagnon Metternichs.

Am 22. Juni dankte Napoleon zugunsten seines Sohnes ab, den jedoch außer ihm niemand auf dem Thron sehen wollte, nicht einmal dessen Mutter Marie Louise. Sie hatte das napoleonische Wappen an ihren Kutschen übermalen lassen, wollte nicht mehr Kaiserin noch Regentin werden, sich so schnell wie möglich in ihr Herzogtum Parma zurückziehen, mit ihrem ständigen Begleiter Neipperg.

Am 23. Juni verließ Bonaparte den Elysée-Palast durch eine Hintertür, fuhr die Champs-Elysées hinauf, am Étoile an einer Baustelle vorbei. Der große Triumphbogen war erst ein paar Meter hoch. Ein Vierteljahrhundert später sollte er zurückkehren, als Toter, durch den inzwischen fertiggestellten Arc de Triomphe.

Der Fünfundvierzigjährige wollte nach Amerika, wo jeder von vorne anfangen konnte, das Bedarf an großen Männern zu haben schien. Wenn sie er wäre, meinte Marie Metternich, würde sie nach Amerika gehen, sich von den Früchten des Kakaobaumes ernähren und über die Vergänglichkeit des Ruhmes nachdenken. »Bonaparte wird wohl imstande sein, in Amerika eine Revolution hervorzurufen und dem britischen Handel und als Folge davon auch jenem des ganzen Kontinents einen vernichtenden Schlag zu versetzen«, schrieb der österreichische Staatsrat Hoppé an Metternich, der wünschte, »daß es gelingt, ihn auf der See gefangen zu nehmen«.

Von Rochefort aus wollte der Emigrant in See stechen. Doch englische Kriegsschiffe sperrten die Ausfahrt in den Atlantik. Am 14. Juli wandte sich Bonaparte an den Prinzregenten von England: »Den Parteiungen, welche mein Vaterland zerreißen, und der Feindschaft der europäischen Mächte preisgegeben, habe ich meine politische Laufbahn beendigt, und ich komme, wie Themistokles, um mich am Herd des britischen Volkes niederzulassen.«

Der griechische Feldherr war von seiner Heimatstadt Athen, die er groß und mächtig gemacht hatte, verbannt worden, hatte bei seinem Erzfeind, dem Perserkönig, Gastfreundschaft gefunden. So großmütig waren die Briten nicht. Sie brachten Bonaparte auf die ferne Insel Sankt Helena, setzten ihn inmitten der See gefangen, damit er – wie es auch Metternich wünschte – »uns nie mehr entkommen kann«.

Einen »Verbrecher« nannte er nun Napoleon, der den Frieden gebrochen, sein System gestört und ihm die Strapazen eines neuen Feldzuges beschert hatte. Sie waren weit weniger schlimm als 1814. Er mußte nicht reiten, wie es auf dem Gemälde des Hofmalers Hoechle »Kaiser Franz mit Begleitung beim Einmarsch in Frankreich am 2. Juli 1815, die Vogesen überschreitend«, dargestellt wurde. Er konnte in der Kutsche reisen, diesmal im Sommer, nicht mehr im Winter, fast unbehelligt von Kämpfen mit dem Feind und Querelen mit den Freunden. Am 10. Juli langte er mit den monarchischen und ministeriellen Spitzen in Paris an, wo die Engländer und Preußen bereits seit dem 7. Juli saßen.

Während Wellington Ludwig XVIII. zurückgeführt hatte, Frankreich als ein verbündetes Land behandelte, benahm sich Blücher wie eine teutonische Axt im welschen Wald. Der Marschweg der preußischen Armee sei »gezeichnet von Vernichtung und Verwüstung«, bemerkte der englische Hauptmann Mercer, und Henriette Mendelssohn, die Philosophentochter, berichtete aus der französischen Hauptstadt: Die Preußen bezeigten sich als Rächer, »sie rauben, sengen, brennen und morden, als hätten sie's aus irgendeiner Legende des Mittelalters gelernt«. Sie fürchtete, daß die schöne Sünderin Paris traurig enden würde.

Blücher, zunächst ohne den Zimperling Friedrich Wilhelm III. und die ganze Diplomatenbrut in Paris, wollte nun wirklich den Pont d'Iéna, dieses an 1806 erinnernde Schandmal, in die Luft sprengen, am liebsten mit Ludwig XVIII. und Talleyrand darauf. Am 10. Juli vormittags wurde der Befehl zum Zünden gegeben, es knallte und rauchte, doch es krachte nicht; das Pulver habe nichts getaugt, redete sich der verantwortliche Offizier heraus. Ein zweiter Versuch wurde nicht mehr unternommen, denn am Abend traf mit den Monarchen der – wie Blücher ihn nannte – »Millionenhund« Metternich ein, der für Derartiges kein Gespür hatte.

Er sprach beim »Marschall Vorwärts« vor, der sein Hauptquartier in Saint-Cloud aufgeschlagen hatte. Metternich gewahrte die Veränderungen im Schlosse Napoleons. Preußische Soldaten angelten Goldfische im Teich, die Sporen der Ordonnanzen ritzten das Parkett, Blüchers Befehle klangen wie Donnergrollen, das die Blitze, die in die Franzosen schlagen sollten, ankündigte. Aber man speiste immer noch gut. Beim Verdauungsspaziergang durch die große Galerie sagte der Marschall zum Minister: »Das muß doch ein rechter Narr gewesen sein, ein Mann, der das alles hatte und nach Moskau gelaufen ist!«

Metternich trat auf den Balkon hinaus, schaute auf das von der Abendsonne vergoldete Paris und sinnierte: »Diese Stadt und diese Sonne werden sich noch grüßen, wenn nichts mehr als historische Erinnerungen an Napoleon, Blücher und besonders an mich bestehen werden.«

Die napoleonische »Sonne von Austerlitz« war untergegangen, die bourbonische Sonne keineswegs strahlend aufgegangen. Beim erstenmal war Ludwig XVIII. von den Parisern mit »Hosianna« empfangen worden, nun, nach den Erfahrungen eines Jahres, hätten sie ihm am liebsten »Crucifige« zugerufen. In einem Volksviertel wurde ein Schwein mit Lilien, dem Emblem der Bourbonen, in den Ohren und im Hintern durch die Straßen getrieben. »Ich möchte um nichts in der Welt an seiner Stelle sein«, sagte Metternich, »und es wird sehr viel Kunst dazu gehören, damit er sich hält.«

Die Alliierten wurden nun nicht mehr als Befreier begrüßt: Alexander I., der zu viel versprochen und zu wenig gehalten hatte; Franz I., von dem Tochter Marie Louise und Enkel Napoleon im Stich gelassen worden waren; Friedrich Wilhelm III., der oberste Kriegsherr der barbarischen Borussen. Einer von ihnen verlangte in einem Restaurant des Palais Royal ein Gefäß, aus dem noch kein Franzose getrunken habe; man brachte ihm einen Nachttopf.

Die Sieger tranken und aßen, als wollte jeder einzelne die Kriegsentschädigung, die man das letzte Mal den Franzosen abzufordern versäumt hatte, ganz persönlich einstreichen. »Hier frißt sich alles zu Schanden«, entsetzte sich Schwarzenberg. Metternich genoß das süße Leben des Siegers: die Soireen bei Altadeligen und Neureichen, die Empfänge bei Hof, die Bälle und das Ballett, weniger die Truppenrevuen und Paraden. Sogar Wilhelmine von Sagan war wieder da, indessen nicht mehr für ihn.

»Gott behüte uns vor einem Wiener Kongreß auf französischem Grund und Boden«, rief der Preuße Clausewitz aus. Dessen Fortsetzung war in Paris bereits im Gange. Es wurde getanzt, aber auch vorgesorgt, daß man so bald nicht wieder marschieren müßte.

D IE FRIEDENSORDNUNG sollte gefestigter und haltbarer werden, was zunächst die Franzosen zu spüren bekamen – diese Leute, die keine Ordnung wollten, wie der wiederum von Wien nach Paris versetzte Metternich meinte, diesmal mehr geneigt, sie zur Ordnung zu rufen.

So glimpflich wie beim ersten Pariser Frieden sollten sie beim zweiten, den man schon das Jahr darauf zu schließen hatte, nicht mehr davonkommen. Für den Österreicher war dies nicht, wie für die meisten Preußen, eine Angelegenheit des Strafgerichtes, sondern eine politische Vorsichtsmaßregel.

Es gab wieder Auseinandersetzungen zwischen den Siegern. Sie waren nicht mehr so dramatisch, wie gehabt, weil auch sie den Reiz des Neuen verloren hatten. Neu war immerhin, daß der Russe und der Preuße, die Dioskuren von Wien, sich entzweiten, der Engländer diesmal auf seiten des Russen stand, der Österreicher dazwischen den Vermittler spielen konnte.

Die Preußen waren mit ihrem »militärischen Jakobinismus« bei allen angeeckt. Sie verlangten eine an die Vogesen, über das Elsaß vorgeschobene Militärgrenze, was nicht nur die Sicherheit, sondern auch – wie es Gneisenau ausdrückte – die Nationalehre Deutschlands erfordere. Denn die Elsässer, kommentierte der *Rheinische Merkur,* seien Deutsche und gehörten zu Deutschland, »von Gott und Rechts wegen«.

Derartige Töne verschreckten Metternich, ließen ihn eher an Sicherungen gegen den deutschen Nationalismus und den preußischen Militarismus als an Sicherheit vor Frankreich denken. Eine

Abtretung des Elsaß hätte dieses zu sehr geschwächt, hätte der Bourbone, dessen nationales Ansehen geschrumpft war, nicht zu verkraften vermocht. Um einen Aderlaß sollte er diesmal nicht herumkommen, ohne freilich zu viel Blut zu verlieren. Frankreich durfte nicht so stark bleiben, daß es wieder Krieg führen, aber auch nicht so schwach werden, daß es die ihm in der europäischen Friedensordnung zukommende Position nicht mehr ausfüllen könnte.

Talleyrand verzögerte einen raschen Friedensschluß, weil er beide Möglichkeiten haben, kein Zollbreit französischen Landes abtreten und eine Schlüsselrolle im europäischen Staatensystem behalten wollte. Er strapazierte die Geduld der Alliierten und die Nerven seines Königs, der schließlich dem Druck der Sieger nachgab und einen neuen Außenminister berief: Armand Emanuel Duplessis, Herzog von Richelieu, der vor den französischen Revolutionären nach Rußland geflohen und Gouverneur von Odessa geworden war. »Gewiß der beste französische Kenner der Krim«, spottete Talleyrand. Und Metternich mißfiel, daß Richelieu den Zaren zu gut kannte.

Persönlich vertrugen sich Klemens und Alexander besser, und politisch ertrugen sie sich. Der Zar gab sich zugänglich und gemäßigt, kam den Franzosen weit, aber nicht mehr zu weit entgegen, respektierte die Engländer, bremste die Preußen und berücksichtigte die Interessen Österreichs und die Absichten des österreichischen Außenministers.

Dem Zweiten Pariser Frieden stand nichts mehr im Wege. Am 20. November 1815 wurde er endlich unterzeichnet. Frankreich mußte einige Festungen und Grenzstreifen abtreten: Philippeville, Marienbourg und Bouillon an das Königreich der Niederlande, Saarlouis und Saarbrücken an Preußen, Landau an Bayern, den ihm noch verbliebenen Rest von Savoyen an Sardinien-Piemont. Der Festungsgürtel im Norden und Osten Frankreichs sollte höchstens fünf, mindestens drei Jahre von alliierten Truppen, einer »europäischen Armee« von 150 000 Mann besetzt bleiben – unter Kommando Wellingtons und auf Kosten der Franzosen, die zudem 700 Millionen Francs Kriegsentschädigung zu entrichten hatten.

Und die von Napoleon aus ganz Europa nach Paris gebrachten

Kunstschätze mußten zurückgegeben werden. Metternich war besonders an den vier Bronzepferden interessiert, welche die Venezianer aus Byzanz zum Markusdom und die Franzosen auf den Arc de Triomphe du Carrousel geholt hatten. Mit ihrer Rückführung wollte er die Sympathie des österreichisch gewordenen Venedigs gewinnen; jedenfalls kostete ihm dies die letzten Sympathien in Paris.

Wenigstens am kleinen Triumphbogen zwischen Tuilerien und Louvre wollten Pariser nicht rütteln lassen, nachdem schon der große Triumphbogen auf der Place de l'Étoile nicht fertig geworden war. Er erinnerte an den Sieg bei Austerlitz, den Fall Wiens und das Ende des römisch-deutschen Reiches, an Glanzpunkte der Gloire. Die Demontage suchte eine Menschenmenge zu verhindern. »So haben wir beschlossen«, berichtete Schwarzenberg, »einige hundert Grenadiere und eben so viel Kürassiere auf dem Platze aufmarschieren zu lassen.«

Man müßte »diesem insolenten, geckenhaften Volke« zeigen, daß man sich von ihm nicht beeindrucken lasse, erklärte der österreichische Feldmarschall. Und nicht nur dem französischen Volke im besonderen, sondern dem Volk allgemein und überall demonstrieren, was recht und billig sei, wie der russische Zar meinte.

Alexander I. ließ vor Paris 120 000 Russen aufmarschieren, 132 Bataillone und 168 Eskadrons, mit 528 Geschützen. Franz I. und Friedrich Wilhelm III. waren bei dieser Heerschau zugegen, »an Zahl und Pracht bisher ohnegleichen in den Jahrbüchern der stehenden Heere«, wie ein Chronist staunte. Nach einem Feldgottesdienst beschwor der Kaiser von Rußland den Kaiser von Österreich und den König von Preußen, die drei Monarchen sollten einen heiligen Bund vor Gott und den Menschen schließen – zur Wahrung der irdischen Ordnung nach göttlichen Geboten.

Das war typisch für Alexander. Er schweifte gerne aus, im Sinnlichen wie im Übersinnlichen. Seine Phantasie stieß über die Grenzen hinaus, die ihm in der Politik gesetzt waren. Da es hienieden nichts mehr zu erobern gab, griff er nach den Sternen. Seit der wunderbaren Wende von Moskau glaubte er, daß die Vorsehung mit ihm sei, er ihr Werkzeug wäre, die Mission habe, nach dem Heiligen Krieg gegen den Widersacher Napoleon durch eine

Heilige Allianz der Monarchen von Gottes Gnaden ein Heiliges Reich auf Erden zu gründen – mit ihm als Erlöser der Menschheit zur Rechten Gottvaters.

Ein solches Projekt schien durch die Romantik legitimiert zu sein. Zeitgenossen glaubten an eine Verwirklichung der mittelalterlichen Vorstellung vom Sacrum Imperium. Der Philosoph Franz Baader sprach von einem »durch die Französische Revolution herbeigeführten Bedürfnis einer neuen und innigeren Verbindung der Religion mit der Politik«. Der Staatsphilosoph Adam Müller erhoffte eine auf die Bibel eingeschworene »Eidgenossenschaft unter den Staaten«, die der Pietist Johann Heinrich Jung, genannt Jung-Stilling, von christlicher Mystik erfüllt sehen wollte.

»Ein einiges Reich christlicher Gesittung, wie die Schrift es uns verheißt«, war für Theodor Gottlieb von Hippel, einen Hofschreiber Friedrich Wilhelms III., greifbar nahe. »Alle frommen Wünsche für die Erhaltung des ewigen Friedens könnten dann erfüllt, die Heere bis auf das Bedürfnis der inneren Sicherheit vermindert, die Abgaben herabgesetzt, kurz ein Zustand des Glückes bereitet werden...«

Als Theokraten für diese Theokratie hatte Barbara Juliane von Krüdener den Herrscher aller Reußen ausersehen. Die fünfzigjährige Baltin hatte immer übertrieben, vordem in der Liebe, nun die Frömmigkeit. Sie war zur Wanderpredigerin einer phantastischen Religiosität geworden, hatte Zugang zum Zaren gefunden, den sie bekniete, er möge das befreite Europa rechristianisieren.

Frau von Krüdener gab dem Missionswerk Sinn und Namen: »Sainte Alliance«. Alexander Stourdza, ein Hofschreiber des Zaren, entwarf das Statut. Alexander I. legte es Franz I. und Friedrich Wilhelm III. mit dem Ersuchen um Zustimmung vor.

Metternich war konsterniert, als er dieses Manifest zu Gesicht bekam. Einen derartigen Ausbruch des Mystizismus hätte er in diesem einigermaßen aufgeklärten Zeitalter nicht mehr für möglich gehalten, nicht einmal aus dem Urgrund der russischen Seele.

Grundsätzlich störte ihn die Vermengung von Religion und Politik. Im allgemeinen hielt er sich an das Bibelwort, Gott zu geben, was Gottes ist, und dem Kaiser zu geben, was des Kaisers ist. Im besonderen neigte er dazu, dem Staat mehr zu geben als der Kirche, diese zur Unterstützung der weltlichen Gewalt heranzuziehen, beinahe wie Napoleon, an dem er trotz allem rühmte: »Er sah das Christentum als die Grundlage aller wahren Zivilisation, den Katholizismus als den geeignetsten Kult zur Erhaltung der Ordnung und Ruhe der moralischen Welt.« Was er unter allen Umständen ausschloß, war ein Vorrang des Altars im Bunde mit dem Throne.

»Das beruhigende Beispiel einer engen Union zwischen Thron und Altar kann die Geister zu Prinzipien und einer Moral zurückführen, deren Fehlen so traurige Folgen gehabt hat und die die sicherste Grundlage der sozialen Ordnung bilden«, bedeutete er Kardinalstaatssekretär Consalvi. Aber der Staatsmann sollte dabei Regie führen, und er wollte Taten sehen, nicht Phrasen hören. »Hochtönende, durch die Dehnbarkeit ihres Sinnes sich auszeichnende Worte bieten der Ruhe keine Bürgschaft. In Worten liegen die Garantien der Lagen nicht, sondern in den Sachen.«

Er hielt es für widersinnig und konterproduktiv, wenn man der revolutionären Ideologie eine konterrevolutionäre Ideologie entgegensetzte. Unheil genug war durch progressive Propheten und Utopisten, Weltverbesserer und Gesinnungstäter gekommen; das Heil konnten nicht konservative Ideologen bringen, die sich wie ihre Gegner, wenn auch unter entgegengesetzten und, wie er meinte, richtigen Vorzeichen produzierten.

Die Wahrheit fand er nicht Rechtsaußen und schon gar nicht Linksaußen, sondern in der Mitte: »Die heilige Mittellinie ist nur wenigen vorbehalten, und da eben auf ihr die Wahrheit steht, so wird sie so wenig entdeckt.« Zuwider waren ihm alle, die sie an den äußersten Enden suchten, die Revolutionäre, aber auch die Reaktionäre, die auf »einen der Abwege« gerieten, »auf welchen der romantische Sinn die Menschen stets führt«, die »mit demselben gestraften Individuen«. Und jeder war ihm widerwärtig, der Extremes extrem vertrat, sei es Rational-Radikales oder Romantisch-Überspanntes.

Er hatte Prinzipien, gedachte sie aber nicht zu Schanden zu reiten. Er hatte Programmpunkte, wollte sie jedoch nicht zu einer Ideologie verfließen sehen. »Der Beisatz der Silben ›-ismus‹ an irgendeinem einen faßlichen Begriff bezeichnenden Hauptwort ... öffnet demselben in seiner Anwendung einen gefahrvollen Spielraum, wie zum Beispiel in den Begriffen, welche einschiebbar sind zwischen Rex und Royalismus, Patria und Patriotismus..., Ego und Egoismus; Sachen, welche ihrer Natur nach über dem Parteigetriebe stehen, werden durch den Zusatz obiger zwei Silben in dasselbe einbezogen.«

Der Mensch Metternich verlor sich nicht im Humanismus, der Katholik nicht im Katholizismus, der Konservative nicht im Konservativismus, der Legitimist nicht im Legitimismus. Das monarchische Prinzip wollte er nicht zum Patriarchalismus überdehnen, den Europagedanken nicht zum Universalismus, die Friedensidee nicht zum Pazifismus.

Das alles probierte nun, wenigstens theoretisch, der russische Zar in der ihm eigenen Art, »über das Richtige und Gute hinauszuschweifen«. Das Schlechte fange an der Grenze des Guten an, konstatierte Metternich. »Diese Grenze ist so unmerklich, daß der Verstand sie kaum ohne jene mächtige und gesunde Hilfe entdecken kann, die man den Takt nennt.« Und da Alexander seiner Ansicht nach vom ersten wenig und vom zweiten nichts besaß, konnte er kaum Gutes, zumindest nichts Nützliches zuwege bringen.

Dies galt vor allem für die als »Bußruf« bezeichnete Stelle des Entwurfes der »Heiligen Allianz«: Die drei Monarchen hätten »die innige Überzeugung gewonnen, daß die früher von den Mächten in ihren gegenseitigen Beziehungen eingenommene Haltung unbedingt geändert werden muß und daß es dringend notwendig ist, darauf hinzuarbeiten, daß sie durch eine Ordnung ersetzt wird, die sich allein auf die erhabenen Wahrheiten gründet, die uns die ewige Religion des göttlichen Heilandes lehrt.«

Im Klartext hieß das: Die alte Staatsraison sollte von einer neuen Reichsemotion verdrängt, die Diplomatie durch Deklamation abgelöst, das Gleichgewicht der Mächte durch eine Bruderschaft der Monarchen ersetzt werden.

Metternich hielt dies nicht nur für einen »Ausfluß einer pietistischen Stimmung des Kaisers Alexander«, sondern auch für einen Versuch des Zaren, den russischen Drang nach Expansion und Hegemonie hinter einem Paravent von Phrasen zu verbergen. Für den Aufklärer war es eine Absage an vernünftige Politik, für den Diplomaten eine Abkehr von erprobten Methoden des zwischenstaatlichen Verkehrs, für den österreichischen Außenminister eine Gefährdung des auf der Balance of powers beruhenden Friedenssystems.

Deshalb wollte er diesen Passus so nicht hinnehmen, übereinstimmend mit Franz I., dem jegliche Salbaderei zuwider war, ungehindert von Friedrich Wilhelm III., der sich nicht gerne an Worten berauschte, nüchtern blieb, aber auch so klar im Kopf, daß ihm bewußt blieb, daß er dem Zaren Bescheid tun mußte.

Wegen eines »lauttönenden Nichts«, einer »zum mindesten unnützen«, lediglich »moralischen Manifestation« wollte sich auch Metternich nicht mit dem Zaren anlegen. Aber er setzte es durch, daß nicht nur der »Bußruf«, sondern auch eine andere Stelle gestrichen wurde, die ihm wie ein Aufruf zum Aufruhr in den Ohren klang.

Daran gewöhnt, daß sein Volk vor ihm auf den Knien lag, ihn als den, der da kam im Namen des Herrn, anzubeten schien, neigte Alexander dazu, die Stimme des Volkes für die Stimme Gottes zu halten, die Volkssouveränität in christlicher Version nicht als Gegensatz, sondern als Ergänzung des Gottesgnadentums des Monarchen anzusehen. In seinem Entwurf hieß es: »Gemäß den Worten der Heiligen Schrift, die allen Menschen gebietet, sich als Brüder zu betrachten, werden die *Staatsangehörigen der vertragsschließenden Parteien* durch die Bande einer wahren Brüderlichkeit verbunden bleiben«, als »Angehörige eines gemeinsamen Vaterlandes«.

Metternich ersetzte die Worte »les sujets des parties contractantes« durch »les trois monarques contractants – *die drei vertragsschließenden Monarchen*«. Nicht auf die Völker, sondern auf ihre Herrscher sollte sich das Bekenntnis zur christlichen Brüderlichkeit beziehen, die – wie Metternich hinzufügte –, »sich ihren Untertanen und Heeren gegenüber als Familienväter ansehen« und sie »im gleichen Geiste der Brüderlichkeit lenken, von dem sie beseelt sind, um die Religion, den Frieden und die Gerechtigkeit zu schützen«.

So klang es als Bekenntnis zur Solidarität der christlichen, patriarchalisch-autoritär regierenden Monarchen, das nicht als Vorgriff auf eine Solidarität von christlichen, sich demokratisch regierenden Völkern mißverstanden werden konnte.

Um ganz sicher zu gehen, suchte er bei dem vom Zaren gebrauchten Begriff »Nation« die Möglichkeiten einer Mißdeutung im revolutionären Sinne auszuschließen. Die Regierungen wie ihre Untertanen seien »alle nur Glieder einer und derselben christlichen Nation«, meinte Alexander und wollte davon sprechen, daß die drei Monarchen sich als Beauftragte der Vorsehung zur Regierung von drei Provinzen der einen christlichen Nation betrachten sollten. Metternich änderte die Worte »trois provinces de cette même nation« in »trois branches d'une même famille – drei Zweige einer und derselben Familie«.

Das war nicht Wortklauberei, sondern entsprang dem Wissen um die Bedeutung und dem Glauben an die Macht des Wortes. »Ich habe von jeher einen hohen Wert auf die richtige Auswahl der Worte, als Ausdruck der Dinge, gelegt und deren geflissentlich oder unbewußt falsche Anwendung stets bekämpft«, erklärte er. »Eines der Grundübel der Zeit liegt in der Mißkennung des wahren Sinnes der Worte.«

Doch er durfte den Entwurf lediglich in – wenn auch wichtigen – Einzelheiten verändern, nicht neu verfassen. So konnte er mit der Stiftungsurkunde der Heiligen Allianz, die Alexander I. von Rußland, Franz I. von Österreich und Friedrich Wilhelm III. von Preußen am 26. September 1815 in Paris unterzeichneten, nicht zufrieden sein.

Es war mehr ein Traktat als ein Vertrag. »Im Namen der Heiligen und Unteilbaren Dreieinigkeit«, des Vaters, des Sohnes und des Heiligen Geistes, wurde er geschlossen – der Dreiheit der Restauration, die der Trias der Revolution, »Freiheit, Gleichheit, Brüderlichkeit«, entgegengestellt wurde.

In der Präambel tönte es: Die Majestäten erklären, »daß der gegenwärtige Akt nur den Zweck hat, im Angesicht der ganzen Welt ihre unerschütterliche Entschlossenheit zu bekunden, sowohl in der Verwaltung ihrer Staaten wie in ihren politischen Beziehungen mit anderen Regierungen allein die Gebote dieser heiligen Religion zur Richtschnur ihres Verhaltens zu machen, die Gebote der Gerechtigkeit, der Liebe und der Friedfertigkeit, die keineswegs bloß für das Privatleben gelten, sondern im Gegenteil unmittelbar auf die Entschlüsse der Fürsten Einfluß üben und alle ihre Schritte lenken müssen, da sie das einzige Mittel sind, die menschlichen Institutionen zu festigen und ihren Unvollkommenheiten abzuhelfen«.

In Artikel Eins versprachen die monarchischen Brüder »sich

bei jeder Gelegenheit und an jedem Orte Beistand, Hilfe und Unterstützung gewähren« zu wollen. Um dies zu gewährleisten, versicherten sie in Artikel Zwei, »sich in unwandelbarem Wohlwollen die gegenseitige Zuneigung zu bezeigen, von der sie beseelt sein müssen«, erklärten sie sich zu Mitgliedern einer christlichen Familie, deren Oberhaupt Jesus Christus sei. Und empfahlen ihren Untertanen »als das einzige Mittel zum Erlangen jenes Friedens, der aus dem guten Gewissen entspringt und allein von Dauer ist, sich jeden Tag mehr in den Grundsätzen und in der Ausübung der Pflichten zu bestärken, die der göttliche Heiland die Menschen gelehrt hat«.

Artikel Drei lautete: »Alle Mächte, die sich feierlich zu den heiligen Grundsätzen dieses Vertrages bekennen wollen und anzuerkennen bereit sind, wie wichtig für das Glück der allzu lange in Unruhe gehaltenen Völker ist, daß diese Wahrheiten künftig auf die menschlichen Geschicke den ganzen ihnen gebührenden Einfluß ausüben, werden ebenso freudig wie herzlich in diese heilige Allianz aufgenommen werden.«

Fast alle europäischen Staaten folgten diesem Ruf, auch das zum zweitenmal restaurierte Frankreich und sogar die republikanische Schweiz. Der mohammedanische Sultan in Konstantinopel mußte als Heide draußen bleiben, und der Papst in Rom wollte sich nicht mit Protestanten und Orthodoxen verbünden.

England wollte nicht, jedenfalls nicht formell, beitreten. Der Prinzregent erklärte, er hege dieselbe Gesinnung, brauche jedoch für jeden Vertrag die Gegenzeichnung verantwortlicher Minister. Premier Liverpool wollte sie nicht leisten, da England keinen Vertrag schließe, der nur abstrakte Prinzipien und keine konkreten Bedingungen enthalte. Selbst Außenminister Castlereagh, der sich für einen Beitritt aussprach, nannte die »Sainte Alliance« »a piece of sublime mysticism and nonsense«. Seit dem Sturze Cromwells vermengte man nicht mehr gerne Religion und Politik, die liberal-konservativen Engländer wollten sich freiheitliche und demokratische Optionen offen halten, und die britischen Interessen in der Welt vertrugen keinen ideologischen Ballast von der Art der Heiligen Allianz.

Die Vereinigten Staaten von Amerika, ebenfalls eingeladen, blieben fern. Ideologisch wäre es der blanke Widersinn gewesen, wenn ein Volk, das sich die Republik erkämpft und eine freiheitlich-parlamentarische Verfassung gegeben hatte, dem restaurierten Monarchismus zugestimmt hätte. Und machtpolitisch schien die Verpflichtung der Vertragsschließenden, sich »bei jeder Gelegenheit und an jedem Orte Beistand, Hilfe und Unterstützung« zu gewähren, nicht allein für Europa, sondern für die ganze Welt zu gelten, eine Intervention auch in der westlichen Hemisphäre nicht auszuschließen. Die Monroe-Doktrin vom Jahre 1823 war dann auch die amerikanische Antwort auf die Heilige Allianz.

Was durch die Amerikanische Revolution in die Welt gekommen war, konnten die europäischen Monarchen nicht hinwegdeklarieren. Der Historiker Leopold von Ranke suchte es später dem König von Bayern zu verdeutlichen: »Dies war eine größere Revolution, als früher je eine in der Welt gewesen war, es war eine völlige Umkehrung des Prinzipes. Früher war es der König von Gottes Gnaden, um den sich alles gruppierte, jetzt tauchte die Idee auf, daß die Gewalt von unten aufsteigen müsse.«

Die Französische Revolution hatte den amerikanischen Faden aufgenommen und weitergesponnen, ein Netz geknüpft, in dem den alten Gewalten beinahe der Garaus gemacht worden wäre, wenn sie es nicht mit größter Anstrengung zerrissen hätten, ohne indessen die Fäden, ja Teile des Netzes beseitigen zu können.

Wurde eine Neuknüpfung durch die Heilige Allianz nicht eher erschwert als erleichtert? Diese Deklaration der Prinzipien der Restauration reizte nicht nur die radikalen, sondern auch die gemäßigten Befürworter der Bewegung zum Widerspruch, lieferte ihnen ein Schlagwort in der Auseinandersetzung mit den Ordnungsmächten.

Metternich wußte, daß diese »in religiöses Gewand eingekleidete philanthropische Aspiration« einer »hämischen Auslegung« ausgesetzt war. Er fürchtete, daß ihm, dem politischen Star, damit ein Stein an das Bein gebunden war. Und er ahnte, daß mit dieser »Theaterdekoration«, wie Gentz sagte, die Haupt- und Staatsaktion ausgepfiffen werden würde.

Auf den ersten Blick schien ihm die Verbrüderung der Monarchen das Geschäft zu erleichtern. Eine religiöse Begründung seines Systems vermochte, unmittelbar nach einem großen Krieg, zu einer Zeit, in der die Menschen frömmer waren, wenn schon nicht

261

zu nützen, so doch nicht zu schaden. Die moralische Verpflichtung zur Gegenseitigkeit entsprach seinem völkerrechtlichen Prinzip der Reziprozität. Das allgemein gehaltene und deswegen für jeden besonderen Fall in Anspruch zu nehmende Versprechen zu »Beistand, Hilfe und Unterstützung« ermöglichte Interventionen – überall dort, wo mit der einzelstaatlichen die gesamteuropäische Ordnung bedroht war.

Doch wichtiger als eine Bekundung der Loyalität blieb für ihn die realpolitische Sicherung der Stabilität. Deshalb war er daran interessiert, daß das Luftgebilde der Heiligen Allianz durch einen förmlichen völkerrechtlichen Vertrag auf dem Boden der Tatsachen verankert wurde: durch eine Erneuerung der Quadrupelallianz, den am 20. November 1815 in Paris zwischen Österreich, Rußland, Preußen und England geschlossenen Vierbund.

1813 hatten die vier Mächte in Teplitz die Koalition gegen Frankreich gebildet, 1814 in Chaumont sich zum Endkampf gegen Napoleon und für einen Neubeginn nach dessen Sturz zusammengetan, 1815 in Wien, als das Spiel von vorne begann, die Quadrupelallianz erneuert. Nun, da der Krieg endgültig vorbei war, sollte der Frieden ein für allemal gesichert werden: durch eine Verlängerung und Verfestigung der Viererallianz.

Ihr besonderer Zweck war die Verhinderung eines neuen, von Frankreich ausgelösten Krieges, ausgehend von einem Umsturz in diesem Land. Ihr allgemeiner Zweck war die Vermeidung aller Kriege zwischen den Staaten und jeder Revolution in Europa.

Die Verpflichtung zum Beistand wurde in der Quadrupelallianz, im Unterschied zur Heiligen Allianz, völkerrechtlich festgelegt, ebenso wie die Verpflichtung zu gemeinsamer Beratung. Die vertragsschließenden Monarchen kamen überein, zu bestimmten Zeiten selbst oder durch ihre Minister oder auch durch ihre Botschafter zu Konferenzen zusammenzutreten, »um den großen gemeinschaftlichen Interessen zu dienen und zu prüfen, welche Maßregeln der Ruhe und dem Glück der Völker wie der Erhaltung des europäischen Friedens am heilsamsten erachtet werden können«.

So wurden die Ministerkonferenz und das Gipfeltreffen in die internationale Politik eingeführt – zur Verbesserung des zwischenstaatlichen Verkehrs, zur Behandlung gemeinsamer Anliegen, zur Beilegung von Differenzen und zur Herstellung von Akkorden.

Schon wurde die Einrichtung eines »Bureau Européen« in Wien erörtert, das die Konferenzen vorbereiten und ihre Ergebnisse aufarbeiten, zwischen den Kongressen Europa institutionalisieren sollte – womöglich mit Gentz als Generalsekretär und Metternich als Präsident.

Auch ohne ein solches Büro war Metternich der Geschäftsführer der Quadrupelallianz, die er als Exekutivorgan seines Systems ansah und von der Heiligen Allianz und deren Kanzelfunktion abgrenzte.

»Es gibt nur eine, rechtlich unteilbare Allianz«, betonte er. Sooft sich die Repräsentanten der Mitgliedsstaaten versammelten, »um über Gegenstände von europäischem Interesse zu beraten, geschieht es im Namen der Allianz, die 1813 in Teplitz gegründet, 1814 in Chaumont bestätigt, 1815 in Paris neuerdings sanktioniert und publiziert« worden sei. »Die Akte, zu der allein die Bezeichnung als Heilige Allianz gehört, ist in ihrem moralischen Teil etwas Abstraktes und in ihrer Form etwas Besonderes. Sie ist zwischen den Monarchen abgeschlossen und ist weder nach ihrem Ursprung noch nach ihrer Abfassung Sache der Kabinette. Daher ist sie von diesen niemals in ihren diplomatischen Beziehungen aufgeführt worden.«

Das Wesentliche sei der Akkord der Mächte, die Proklamation von Prinzipien sei nur Begleitmusik. Der Heilsplan dürfe nicht mit dem Allianzsystem verwechselt werden. »Wir kennen jetzt und in Zukunft in unserer diplomatischen Sprache nichts anderes als die Allianz, ihren Geist, ihre Regeln und ihre Bestimmungen, wie sie in den erwähnten politischen Akten enthalten sind. Es besteht ein großer Unterschied zwischen den Ideen der Moral und denjenigen der Religion. Die regulär abgefaßten Akten bilden das Gesetzbuch unserer politischen Religion, die Heilige Allianz bildet nur ihren moralischen Teil.«

Die Unklarheit diene nicht der Wahrheit, meinte Metternich; was auf getrennten Gebieten stehe, dürfe man niemals vermengen. In der Sprachregelung für den österreichischen Gesandten in Paris verwendete er die Begriffe zwar etwas mißverständlich. Aber es war und blieb ihm klar, daß Politik, Moral und Religion nicht verwischt werden dürften.

Religion war eine Angelegenheit des Glaubens, Moral eine Obliegenheit des Betragens – was in den Bereich der Heiligen Allianz fallen mochte. Politik jedoch war eine Sache der Praxis, die Aufgabe der Viererallianz fiel in sein Ressort – des Kriegspremiers wie des Friedenspremiers Europas.

Der erste Kongress war auf Ende 1818 nach Aachen einberufen. Metternich machte sich erwartungsvoll und ungeachtet der Reisestrapazen auf den Weg. »Es gibt keine Entfernungen mehr in Europa, dank dem Entschluß der Souveräne zu persönlicher Begegnung an Orten, wo sie, wie sie meinen, vereint für das allgemeine Wohl wirken können«, erklärte er, zur Mit- und Nachhilfe bereit, während der zur Bequemlichkeit neigende Gentz mit Mißvergnügen eine »Diplomatie der Überlandstraßen« auf sich zukommen sah.

Die Reiselust seines Chefs wurde von der Aussicht befördert, die rheinische Heimat wiederzusehen, und von der Genugtuung beflügelt, dort wieder Fuß fassen zu können – auf Schloß und Gut Johannisberg. Sein dankbarer Monarch hatte sie ihm 1816 geschenkt, auf daß er mit dem ausgezeichneten Riesling, der an den Hängen des Rheingaus wuchs, sich noch lange des Sieges erfreue und auch dem kaiserlichen Hof etwas zukommen ließe: alljährlich ein Zehntel der Weinernte.

Der Jahrgang 1818 versprach ein Jahrhundertwein zu werden, was den Besitzer schon jetzt beschwingte. Ehedem gehörte das Gut den geistlichen Herren von Fulda, die den guten Tropfen vom Bischofsberg, wie er zu ihrer Zeit hieß, nicht minder schätzten. Napoleon schenkte das Gut seinem Marschall Kellermann, der schon dem Namen nach der richtige Mann am richtigen Platz gewesen zu sein schien. Dann wollten Gneisenau und Stein die Siegesbeute haben, doch die Trauben hingen für beide zu hoch. Metternich hätte sie ihnen nicht gegönnt: dem Generalstabschef Blüchers, der bei Bier und Schnaps bleiben sollte, und dem preußischen Ex-Minister, der mit jedem Pokal Rheinwein darauf anstieß, daß der Rhein Deutschlands Strom und nicht Deutschlands Grenze sei.

Auch das unterschied den gebürtigen Nassauer vom gebürtigen

Koblenzer, für den der Rhein der Strom Europas, ja der Welt war, »bei Nebel so breit, daß er den Horizont berührt, als wäre es der Ozean«, bei Sonnenschein der schönste der Flüsse, »dem ich mich immer mit dem gleichen Gefühle nähere, mit welchem die Inder den Ganges ansehen«. Johannisberg galt ihm nicht als eine Erinnerung an das Mittelalter, an das Benediktinerkloster, auf dessen Ruinen das Barockschloß erbaut worden war, sondern als Manifestation der Welt des 18. Jahrhunderts, der besten aller Welten, die er zu prolongieren gedachte.

Dabei sollte ihm der Bundestag in Frankfurt assistieren, den er auf dem Wege nach Aachen visitierte. Die Vertreter der deutschen Staaten empfingen den Repräsentanten der Präsidialmacht als »Heros der Politik«, wie selbst der ihm kritisch gegenüberstehende württembergische Gesandte, Karl August von Wangenheim, schwärmte.

Das bestätigte die hohe Meinung, die Metternich von sich hatte, und bot ihm Anlaß, sie vor anderen herauszustreichen: »Ich bin eine Art moralischer Macht in Deutschland geworden und bin wie der Messias dahin gekommen, um die Sünder zu erlösen. Immer mehr gelange ich zu der Überzeugung, daß man große Dinge nur selbst machen kann.« Das schrieb er seiner Frau, und das seinem Kaiser: Seit seinem Erscheinen in Frankfurt habe sich »eine moralische Revolution am Bundestag vollzogen; ganz unglaublich, auf welcher moralischen Höhe der kaiserliche Hof jetzt steht«.

Kein Wunder, daß Kaiser Franz, den er in Mainz traf, froh war, ihn wieder zu haben. Der Monarch und sein dirigierender Minister fuhren zusammen den Rhein entlang, von den eben preußisch gewordenen Rheinländern als angestammte Obrigkeit gefeiert, fast wie weiland Kaiser Friedrich Barbarossa und sein Kanzler Rainald von Dassel. »Der Kaiser«, hieß es, »ist hier in seinem Land, de Prüß ist hier fremd.« Franz I. war als Franz II. der letzte Kaiser des Heiligen Römischen Reiches Deutscher Nation gewesen. Der österreichische Außenminister war der Sproß eines rheinischen Grafengeschlechts, das jahrhundertelang die Geschicke der alten Krummstablande mitgestaltet hatte.

Ein Jammer, daß sein Vater, der sich – wie er feststellte – stets große Mühe gegeben hatte, in dieser Gegend einen guten Eindruck zu machen, dies nicht mehr erleben durfte. Reichsfürst Franz Georg Metternich war am 11. August 1818 in Wien im Alter von 72 Jahren gestorben, in Abwesenheit des Sohnes, der zur Kur in Karlsbad weilte. Dennoch – so dieser an die Mutter und Witwe – habe er ihm sicherlich den Segen nicht vorenthalten, »und ich werde ihn verdienen«.

Er war der Sohn einer Mutter, die – wie Schwiegertochter Lorel konstatierte – ähnlich reagierte wie ihr Klemens: »Obwohl sie aufrichtig und, wie es äußerst natürlich ist, von dem Verlust schwer betroffen ist, so sind ihr doch der leichte Sinn und ihr natürlicher Egoismus bei dieser Gelegenheit von großem Nutzen. Was ich da sage, ist nicht dazu bestimmt, etwas Böses über sie zu reden, denn sie ist sehr gütig, sehr herzlich, äußerst liebenswürdig und dankbar für alles, was man für sie tut. Aber sie hat die leichte Unbefangenheit eines Kindes, und liebt vor allem *sich* über alles in der Welt.«

Ihr Sonntagskind genoß die Triumphfahrt am Rhein. In Koblenz, der Geburtsstadt, die größer und fremder geworden war. In Bonn, dessen Lage ihn bezauberte. In Köln, wo seine sechsspännige Kutsche mit der des Kaisers verwechselt, er kaiserlich empfangen wurde und das Mißverständnis nicht aufklären konnte, weil angeblich die Glocken so ohrenbetäubend läuteten.

In Aachen, wo zweiunddreißig römisch-deutsche Kaiser und Könige gekrönt worden waren, erwartete der König von Preußen, der neue Landesherr, den Kaiser von Österreich. Friedrich Wilhelm III., der persönlich gerne im zweiten Glied stand, gedeckt durch einen Vordermann, fühlte sich protokollarisch zu sehr in den Hintergrund gedrängt: von der Bevölkerung, die den Habsburger hofierte, von der Geistlichkeit, die nicht den protestantischen, sondern den katholischen Monarchen in der Pfalzkapelle Karls des Großen beweihräucherte.

Und politisch mißfiel dem Preußen, wie selbstverständlich der österreichische Minister sich auf den Kutschbock des Kongresses setzte, die Zügel der Verhandlungen ergriff und den preußischen Unterhändlern – dem halbtauben Hardenberg, dem versponnenen Humboldt und dem stocksteifen Bernstorff – lediglich das Posthorn überließ.

Zar Alexander, selbstredend mit von der Partie, bremste ihn

diesmal nicht. Er war dicker und bequemer geworden, tanzte nicht mehr gerne und liebte in Maßen, die ihm und anderen kaum mehr Anlaß zur Eifersucht gaben. Am liebsten waren ihm die Kochkünste Carêmes, den die Franzosen, eingedenk des Zusammenhanges von Restauration und Restaurant, nach Aachen mitgebracht hatten. Der Zar hätte den Meister gerne nach St. Petersburg mitgenommen, für ein Salär von 2400 und einen Küchenetat von 100 000 Goldfranken im Monat.

Manchen seiner Soldaten hätte er gerne in Frankreich zurückgelassen, wo dieser auf den Geschmack progressiver, ja revolutionärer Gedanken gekommen war. In Polen dämpfte er die Hoffnungen, die er in seinem bereits bereuten Volksmissionseifer geweckt hatte. Und es lag ihm daran, daß im Deutschen Bund die ersten Funken des Aufruhrs, die der Westwind weitertragen könnte, ausgetreten würden. In Aachen ließ er eine Denkschrift seines Hofskribenten Stourdza verteilen, die unter dem Titel «Über den gegenwärtigen Zustand in Deutschland» Umtriebe an Universitäten wie Auswüchse der Presse geißelte und eine Eindämmung der revolutionären Ideen durch die Einschränkung der sie fördernden Institutionen verlangte.

Das Wartburgfest im Vorjahr hatte nicht nur die Russen aufgeschreckt. Studenten, in der Burschenschaft organisiert, zogen im Oktober 1817 auf die Burg in Thüringen, wo Martin Luther vor drei Jahrhunderten das Tintenfaß nach dem Teufel geworfen hatte und sie jetzt ihre Anklagen der Restauration entgegenschleuderten. Sie kleideten sich altdeutsch, riefen »Heil«, trugen Fackeln und verbrannten Bücher, den *Code Napoléon*, ein bürgerliches Gesetzbuch, ebenso wie Karl Ludwig von Hallers *Restauration der Staatswissenschaften*, das grundlegende Werk des patriarchalischen Monarchismus.

Metternich vernahm nicht nur, wie Heinrich Heine, den Rabengesang »des blödsinnigsten Mittelalters«, das Gekrächze eines »beschränkten Teutomanismus«, sondern auch die Intonation einer nationaldemokratischen Revolution. Deshalb griff er in Aachen die Anregung des Zaren auf: Man müsse sicherstellen, daß Professoren die Wissenschaften und nicht den Umsturz lehrten, und dafür Sorge tragen, daß Studenten studierten und nicht agitierten.

»Es ist mir ganz komisch erschienen, Papa eines Abends Arm in Arm mit dem Zaren zu erblicken«, wunderte sich Tochter Marie, die mit ihrem Mann, dem Grafen Joseph Esterhazy, in Aachen weilte. Mit den anwesenden Engländern – Castlereagh und Wellington – trat Metternich ohnehin gemeinsam auf. Das außenpolitische Interesse, den europäischen Frieden durch ein Gleichgewicht der Mächte zu sichern, band sie aneinander, wenn auch ihre Auffassungen über die Aufrechterhaltung von Ruhe und Ordnung im Innern der Staaten zu differieren begannen.

Und Sieger und Besiegte kamen sich näher. Drei Jahre nach der endgültigen Niederwerfung Napoleons schien es an der Zeit zu sein, mit Frankreich so zu verfahren, wie es Metternich und Talleyrand auf dem Wiener Kongreß vorgesehen hatten: die restaurierte Monarchie als fünfte in den Bund der Pentarchie aufzunehmen.

Voraussetzung war die Aufhebung des Besatzungsrechtes und der Abzug der Besatzungstruppen. Das sollte bis zum 30. November 1818 geschehen, überdies die im Zweiten Pariser Frieden festgesetzte Kriegsentschädigung von 700 auf 265 Millionen Francs ermäßigt werden. Preußen hatte sich dagegen bis zuletzt gesträubt. Aber auch Metternich war vorsichtiger geworden. Könnte der Aufruhr, den man unter der weißen Decke der Bourbonen erstickt zu haben glaubte, nicht erneut auflodern?

So wurde Frankreich nicht direkt in die Quadrupelallianz aufgenommen, die ja in erster Linie zur Niederwerfung des französischen Imperialismus und Niederhaltung der Revolution in Frankreich geschlossen worden war. Diese Hauptaufgabe wurde von den vier Siegermächten ausdrücklich in einer Geheimvereinbarung bestätigt und verlängert.

Die Kontrolle wurde als Verschlußsache behandelt, das Vertrauen in aller Öffentlichkeit und auch mit völkerrechtlicher Verbindlichkeit bekundet. Durch das Aachener Protokoll vom 15. November 1818 wurde Frankreich in das »System des allgemeinen Friedens« aufgenommen, mit wichtigem Part und voller Stimme im europäischen Konzert, als gleichberechtigtes Mitglied der Fünfergruppe, die in Europa durch die Fünfherrschaft – die Pentarchie – Ordnung und Ruhe gewährleisten sollte.

Das war eine Bestätigung des Gleichgewichtssystems, aber auch ein Bekenntnis zu den Grundsätzen der Heiligen Allianz. In dieser Reihenfolge war es für Metternich wünschenswert, für Castlereagh annehmbar. Der Zar wurde durch die Passage des Protokolls zufriedengestellt, daß die fünf Monarchien »fest entschlossen sind, weder in ihren gegenseitigen Beziehungen noch in denjenigen mit anderen Staaten von dem Grundsatz der engen Vereinigung abzugehen, der bisher ihre gemeinsamen Verhältnisse und Interessen bestimmt hat, einer Vereinigung, die stärker und unauflöslich geworden ist durch die Bande christlicher Brüderlichkeit, welche die Souveräne untereinander geknüpft haben«.

Was die großen Fünf beschlossen hatten, wurde in einer – von Gentz verfaßten – Deklaration Europa und der Welt mitgeteilt: »Der Zweck dieser Union ist so einfach wie groß und heilsam. Es wird keine neue politische Kombination angestrebt und keine Änderung in den durch die vorhandenen Verträge sanktionierten Beziehungen. Ruhig und beständig in ihren Handlungen, zielt die Union nur auf Erhaltung des Friedens und Garantien der Transaktionen, die ihn begründet und gefestigt haben.«

Das erste Gipfeltreffen, dem im Prinzip und nach Bedarf weitere folgen sollten, schloß mit einem Kommuniqué, wie es fortan der Brauch sein sollte. Beim Aachener Kongreß waren bereits Pressevertreter anwesend, freilich meist Hofberichterstatter, eine Gepflogenheit, die ebenfalls mehr oder weniger beibehalten werden sollte.

Dafür schien etwas anderes zu Ende zu gehen. Zwar tanzte auch dieser Kongreß, aber nicht mehr so schön und so lang wie in Wien. Das lag an Aachen, das nur kleine Räume und wenig Publikum hatte, indessen auch an den Teilnehmern. Unmittelbar nach dem Krieg hatten sie gierig die Friedensfreuden genossen; nun war der erste Durst gestillt, und das Getränk begann schon wieder schal zu schmecken.

So arg war es nicht, wie sich der Genfer Eynard, der hier wie dort gewesen war, mokierte: »Der Kongreß von Wien konnte kein Ende finden, weil es zu viele Vergnügungen gab; der Aachener Kongreß kann nicht lange dauern, weil man sich zu sehr langweilt.« Man schritt zur Polonaise, nun der Zar mit Marie Esterhazy, geborener Metternich. Man spielte Pharao, ein Hasardkartenspiel, das den Bankier, Metternich natürlich, begünstigte, und in dem auch ein Pointeur wie Gentz, der für seine Verdienste von mehreren Seiten 6000 Dukaten bekommen hatte, mithalten konnte.

Und es fehlte nicht an jenen Damen, welche die Kongreßteilnahme als ambulantes Gewerbe zu betreiben begannen, Demi-Monde wie Grand-Monde: Lady Castlereagh und Madame de Nesselrode oder die Sängerin Angelica Catalani, die hinter Klemens Metternich her war.

Sie war ihm das Jahr zuvor in Florenz begegnet, hatte in Wien für ihn gesungen und seine Kur in Karlsbad verschönt. Sie war mit einem Marquis de Valabrègue verheiratet, der sich Monsieur Catalani nannte und nicht wußte, wen er vor sich hatte, als ihn Metternich in Karlsbad dem Olympier Goethe vorstellte. Seiner Ehehälfte vermochte Klemens weit mehr abzugewinnen, einer stattlichen Vierzigerin, die wie ein Rotkehlchen trillerte und sang »wie ein frisch aus dem Paradies herbeigeflogener Engel«.

Diese Charakterisierung wäre zutreffender für Gräfin Julie Zichy-Festetics gewesen, die vor zwei Jahren, erst Sechsundzwanzig, dahingegangen war. Neben und über der allzu irdischen Sagan war sie die »himmlische Schönheit« des Wiener Kongresses gewesen, die Friedrich Wilhelm III. als eine zweite Königin Luise angebetet und Klemens Metternich zu gewinnen versucht hatte. Er schmeichelte sich, ihre Seele gewonnen zu haben, um sich darüber hinwegzutrösten, daß er bei der tiefreligiösen Frau und fünffachen Mutter, der Gattin des österreichischen Innenministers nicht mehr erreicht hatte.

In Florenz, wo er ihr Gegenbild, die Catalani, kennengelernt hatte, vermeinte er in einer Galerie das Ebenbild Julies gefunden zu haben, auf Mariotto Albertinellis »Heimsuchung Mariens«. Das mußte er seiner Frau schreiben: »Ich habe niemals eine unbegreiflichere Ähnlichkeit gesehen, wie die jener Mariengestalt mit der armen Julie. Es ist genau ihre Silhouette, ohne einen falschen Strich.«

Auf dem Gemälde hatte der Maler, um Mariens Gesicht aufscheinen zu lassen, einen Sonnenstrahl darauf gerichtet. In einer Aufzeichnung über seine Beziehung zu Julie beleuchtete Klemens sie in einer Weise, die nicht zuletzt ihn ins rechte Licht setzen sollte.

»Ich liebte eine Frau, die nur niederstieg auf die Erde, um gleich dem Frühling zu verschweben. Sie liebte mich mit der umfassenden Liebe einer himmelsnahen Seele... Beladen mit allen Leidenschaften glühenden Gemütes, in ein Dasein gebannt, das all ihren Neigungen widersprach wie ihrem Geist, immer gezwungen, unvorstellbare Rücksichten zu nehmen, erlag sie schließlich: sie starb den Tod einer Heiligen.«

Julie habe dem überlebenden Romeo sterbliche Überreste ihrer Liebe hinterlassen, »ein kleines, versiegeltes Kästchen; als ich es öffnete, fand ich darin die Asche meiner verbrannten Briefe und einen Ring, den sie zerbrochen hatte«. Ihrem Gatten hinterließ sie angeblich einen Brief, in dem sie ihm die Gründe genannt hätte, »warum sie ihn nicht zu lieben vermochte, und führte die religiösen Überzeugungen an, deretwegen sie ihre Pflichten ihm gegenüber erfüllte. Das übrige des Briefes bezieht sich auf mich... Sie sagte alles.«

Beweise für Brief, Kästchen und Ring haben sich nicht gefunden. Aber sicher ist, daß er mit diesen Behauptungen einer anderen Freundin imponieren wollte: der Gräfin Dorothea Lieven, einer der »drei russischen Damen« in Aachen, die er in einem Schreiben an seine Gattin en passant erwähnte, die Frau, in der er den Inbegriff von Julie, Lorel und der Catalani gefunden zu haben glaubte.

Dorothea Lieven, die dreiunddreißigjährige Frau des russischen Botschafters in London, war für den fünfundvierzigjährigen Metternich keine Liebe auf den ersten Blick. Ihr Äußeres war wenig attraktiv: ein scharf geschnittenes Gesicht, ein sehr langer Hals, überschlank, ja mager, die Andeutung einer Büste – ein Gegenbild der zierlichen Französinnen, molligen Wienerinnen, stattlichen Italienerinnen und üppigen Russinnen, die ihn bisher angezogen hatten.

Auch wie sie auftrat mochte einem Mann kaum gefallen, der sich selber gerne in Szene setzte. »Das Bewußtsein ihrer Überlegenheit über das ganze Weltall und die Verachtung für ihre Umgebung verbieten ihr, gefallen zu wollen, und machen sie unfähig, an der Welt Gefallen zu finden«, bemerkte der Franzose Gréville.

»Sie benimmt sich so kalt, gelangweilt und fade, daß sie selbst dann, wenn sie sich einmal anstrengt, liebenswürdig und nett zu sein, den Eisblock kaum zum Schmelzen bringt, in den sie offenbar eingefroren ist.«

Es war gefrorener Champagner. Wenn er auftaute, begann er zu sprudeln und zu prickeln. Die dunklen Augen leuchteten, das Mienenspiel war bewegt, Bonmots – in vier Sprachen – flossen von ihren Lippen. Dann führte sie die Konversation, stand im Mittelpunkt, machte auf Empfängen von sich reden.

Ihr Gemahl, der Botschafter, konnte mit ihr zufrieden sein, sie weniger mit ihrem Gatten. Mit Elf schrieb sie die ersten Liebesbriefe, mit Sechzehn heiratete sie, bekam vier Kinder. Graf Christoph Andrejewitsch Lieven, ein schöner, doch nüchterner Mann, war ihr zu unbeweglich und zu langweilig. Vor allem war ihr der Balte, der sich damit zufrieden zu geben schien, sein Geschlecht auf Kaupo, den letzten Lievenfürsten zurückführen zu können, zu wenig ehrgeizig und hatte nicht genug reüssiert. »Der Geist, den sie haben will, schadet dem, den sie hat«, resümierte Marie Esterhazy-Metternich.

Dorothea hatte ein Faible für die Politik, genau genommen für die Politiker. Denn in jener Zeit konnte eine Frau nicht direkt, sondern nur indirekt, durch das Medium eines Mannes in die Politik eingreifen. Als weibliches Wesen war ihr das nicht unlieb: Es schenkte subjektive Beglückung und objektive Befriedigung zugleich.

Umgekehrt hatte Klemens Metternich von jeher an der Liaison von Politik und Liebe Gefallen gefunden. Zwischen Boudoir und Kabinett habe er keinen Unterschied gemacht, meinte ein Deutscher, dem das mißfiel. Er wußte zu unterscheiden, blieb sich jedoch bewußt, daß beides, im Gleichgewicht des Gegensätzlichen, sein Ganzes bildete. In der Liebe war er Individualist, in der Politik das Gegenteil, im öffentlichen Leben vertrat er die Ordnung, im Privaten verstieß er gegen sie, jedenfalls was die Ehebindung, seine eigene wie die anderer, betraf.

Wer die alte Moral oder eine neue Politik vertrat, konnte das nicht verstehen: Wenn seine Gedanken von den Geschäften zu einer Geliebten abschweiften und er das als Vorzug hinstellte: Sie »ziehen mich nicht von meiner Pflicht ab, sie verstärken im Gegenteil das Pflichtbewußtsein, sie erweichen nicht das Handeln, sondern kräftigen es«. Auf seinem Schreibtisch lagen halbbearbeitete Akten und angefangene Liebesbriefe nebeneinander. »Ich benütze jede freie Minute zwischen langweiligen Angelegenheiten oder ernsthaften Besprechungen; ich flüchte mich zu Dir, schöpfe Kraft und Glück« und »bringe in wenigen Minuten zu Papier, was in mir vorgeht«. »Kraft im Recht« hieß sein offizieller Wappenspruch, »Kraft durch Liebe« hätte sein inoffizieller heißen können.

»Mein Herz gehört ganz mir, mein Kopf nicht; er ist an dem Weltverkehr beteiligt, was für mich nie gleichbedeutend war mit Glück.« Es war nicht Eudämonismus, das Streben nach Glückseligkeit als Endzweck des Lebens, wenn er das erklärte und danach lebte, das Herz auf glückliche Reise gehen ließ. Der Kopf fuhr mit, der Weltverkehr wurde intensiviert, mit ihm und durch ihn kam die Menschheit – wie er wähnte – der Endstation von Ordnung und Frieden näher.

Voraussetzung blieb, daß Herz und Kopf im Verbund und Liebe und Politik im Gleichgewicht blieben. Wenn das Herz, wie 1813 in Böhmen, beflügelt war, mußte der Kopf nachziehen; der Liebhaber der Wilhelmine von Sagan wurde der Schöpfer der antinapoleonischen Koalition. Und umgekehrt: Wenn die Politik – wie 1818 auf dem Höhepunkt des Metternichschen Systems – erfüllt war, mußte Liebeserfüllung dazukommen. Die zweite große Liebe seines Lebens, zu Dorothea Lieven, schien ihm – jedenfalls im Rückblick – das Schicksal programmiert zu haben.

Als er sie – 1814 in London – zum erstenmal sah, beachtete er sie kaum, weil er sie eben nur sah, ihr kaum bemerkenswertes Äußeres wahrnahm. Beim zweitenmal – 1818 in Aachen, bei den Nesselrodes – kam er ihr näher, genau gesagt, ging er ihr ins Garn. Denn sie eröffnete die Beziehung zu dem Manne, der als Politiker der beste und als Liebhaber nicht der schlechteste war, mit einem geschickten Zug: Er, der Überwinder Napoleons, möge ihr von dem Gefangenen auf Sankt Helena erzählen.

Klemens ließ sich das nicht zweimal sagen, Dorothea hing wie gebannt an seinen Lippen, unbekümmert um die anderen Gäste zogen sie sich in eine Fensternische zurück. Und je mehr er sprach, desto sympathischer wurde ihm die Zuhörerin – und selbst Napoleon, dem er dies indirekt verdankte. »Das beweist, daß er auf seinem Felsen im Ozean nützlicher als auf seinem Throne war.«

Ein paar Tage später führte sie ein Gesellschaftsausflug nach Spa, in das mondäne Bad in Belgien. Er wußte es einzurichten, daß sie auf der dreistündigen Rückfahrt allein in der Kutsche saßen. »Das Wetter war herrlich und unser Ausflug ausgezeichnet organisiert«, schrieb er seiner Frau, und der neuen Freundin: »Ich begann jenen Recht zu geben, die Dich als liebenswerte Frau geschildert hatten; der Weg kam mir kürzer vor als am Tag zuvor«, auf der Hinfahrt.

Das war die Chronik dieser Liaison: Am 28. Oktober 1818 – sechs Tage nach der Begegnung bei Nesselrodes und einen Tag nach der Rückreise von Spa – »machte ich Dir den ersten Besuch, einen durchaus feierlichen. Die ehrfürchtig bei Dir verbrachte Stunde zeigte mir, wie gut es sich bei Dir sein läßt. Wieder zu Hause, war mir zumut, als hätte ich Dich seit Jahren gekannt.« Am 29. Oktober sah er sie nicht. »Am Dreißigsten wurde mir bewußt, daß der vergangene Tag recht kühl und ohne Sinn verstrichen war.« Dann verlor er das Bewußtsein für die Zeit: »Ich weiß nicht mehr, an welchem Tag Du in meine Loge kamst im Theater – Du fiebertest – Freundin – und gehörtest mir an! Frage nicht, was ich seither empfand, was ich empfinde.«

Was ihm wie eine Ewigkeit vorkam, dauerte nur ein paar Tage: Dorothea mußte mit ihrem Gatten – »er ist nicht, was ein Gatte sein muß: der Gesetzgeber des Schicksals seiner Frau« – vorübergehend nach Brüssel und bald für ganz über Paris nach London. »Die wenigen Augenblicke sind meines Lebens Schicksal geworden und mich dünkt, auch des Deinigen, wenn Trennung und die Zeit nicht verdämmern lassen, was Du empfindest und noch lange empfinden wirst.« Ergo: »Meine Sorge muß es sein, mich unablässig vor Dich hinzustellen.«

Persönlich war dies nicht möglich; erst 1821 in Hannover und 1822 in Verona traf er sie für kurze Zeit wieder. Also mußte er es schriftlich tun – in 174 Briefen bis zum Jahre 1827, die sie mit 285 Briefen erwiderte. Er beförderte sie wie Diplomatenpost – geheim nicht nur, weil zwei Verheiratete miteinander verkehrten, sondern auch, weil sie persönlich und politisch Strengvertrauliches enthielten.

Für die Salonpolitikerin war diese Korrespondenz eine willkommene Gelegenheit, weniger Gefühle als Informationen auszutauschen und sie für Intrigen zu verwenden. Für Klemens Metternich war es ein von leidigen Umständen erzwungener, dann gerne ergriffener Anlaß, an einem Lebenspunkt, den man heute Midlife Crisis nennen würde, sich über sich selbst Klarheit zu verschaffen – durch Selbstbespiegelung und Selbstsezierung, mit der Chance, zu Selbsterkenntnis und Selbstdisziplinierung zu gelangen. Dorothea Lieven wurde die Adressatin einer Zwischenbilanz seines Lebens und Liebens.

Es begann mit dem Selbstmitleid eines Mannes, der im besonderen Fall zu platonischer Liebe genötigt war und ganz allgemein das Nachlassen seiner Kräfte spürte. »Laß Dich nicht täuschen, meine Freundin, meine Gesundheit ist recht im Unstand und die Maschine scheint an zwanzig Stellen schadhaft zu sein.« Er entwarf eine »Vergleichsleiter« der Potenz von Männern und Frauen: Der »sexuelle Abend« beginne bei letzteren mit 38 1/2, bei ersteren mit 49 1/2; er war 45.

»Ich bin um zwanzig Jahre gealtert seit der Heiligen Allianz.« Am liebsten hätte er nicht nur im öffentlichen, sondern auch im privaten Leben die Zeit angehalten. »Ich hasse den Übergang von einem Jahr zum anderen. Ich bin so sehr geneigt, das mir Bekannte dem Neukennenzulernenden vorzuziehen, daß meine Sympathie sogar den vier Zahlen gehört, die ich zu schreiben gewohnt bin.«

Wenigstens in der Erinnerung wollte er festhalten, was er gehabt und genossen hatte. Er berichtete über seine Amouren, um Dorothea zu beeindrucken, mehr noch, um sich selber vorzumachen, was für ein Tausendsassa er gewesen war und vielleicht immer noch sein könnte.

Doch Resignation klang an, auch darin, daß er – wie ein Fuchs, dem die Trauben zu hoch hingen – die Liebe zu sublimieren begann, den Eros über den Sexus stellte, die erdhafte Wilhelmine von Sagan verteufelte und die ätherische Julie Zichy in den Himmel hob.

Und Dorothea Lieven, die ohnehin nicht greifbar war, suchte er geistig zu gewinnen und, wie es seine Art war, zu vereinnahmen. »Du wirst all das werden, was ich wollen werde, denn Du bist das, was ich will. Dein Geist ist der meine, ganz wie mein Gedanke der deine, meine Zuneigung die deine ist, denn unser Gemüt ist dasselbe.«

Die Welt nach seiner Vorstellung und nach seinem Willen zu gestalten, hatte den Staatsmann beschäftigt, und das schien er vollbracht zu haben. Nun suchte er, zur Abwechslung und zum Ausgleich, ein neues, ein anderes Betätigungsfeld, wollte er ein Frauenherz à la Metternich modeln, so wie er Europa nach seinem Muster geformt hatte.

Wie immer, wenn die Ratio in der Politik strapaziert war, mobilisierte er, um sein Gleichgewicht wiederzufinden, die Emotion in der Liebe. Noch war das Reservoir der Gefühle nicht erschöpft, und er verstand es weiterhin, die Schleusen zu öffnen, den Schwall auf Gefilde zu leiten, auf denen er ernten wollte.

Doch mehr als bisher war das Sentiment mit Räsonnement durchtränkt, in der doppelten Bedeutung des Wortes: vernünftige Betrachtung und kluge Überlegung, aber auch Mäkeln und Nörgeln. Das erste war ein Ertrag der Reife, das zweite eine bittere Frucht der Überreife, des Älterwerdens.

»Du jagst mir Angst ein bezüglich meines Alters, und weil ich ein allzu kurzes Leben in ewiger Geschäftigkeit verbracht habe.« Er wurde mißmutig. Wer weiß, ob er der aus der Distanz begehrten Dorothea, wenn er sie immer bei sich gehabt hätte, nicht bald überdrüssig geworden wäre. An seinen beruflichen Erfolgen hatte er sich jedenfalls übersättigt, des damit verbundenen Daseins war er müde.

»Gute Freundin, was ich für ein Leben führe oder besser, was ich für ein Leben hinnehme! Denn Leben ist das nicht. Leben kann man dies Betreiben von Staatsgeschäften nicht nennen. In ewiger Unruhe, inmitten von all dem, was Toren bezaubert, von falschem Glanz, Ehren, leeren Reden und verlogener Berühmtheit, die so wenig bedeuten und so teuer erkauft werden müssen.«

Schon physisch meinte er diese Lebensweise nicht mehr ertragen zu können, die langen, kalten Korridore, die überheizten Salons, die überfüllten Säle. Er stehe nicht gerne herum; sich an feste Stunden zu binden, sei ihm peinlich; Warten bringe ihn um. »Mein Gott, wie mich die ewigen Empfänge und Ströme von Leuten ermüden, all diese Phrasendrescher!«

Er hatte sie satt, die »Scharwenzeleien bei Hofe«, die Salons, in denen ein heftiges Niesen die Leute mehr aufhorchen lasse als ein kraftvoller Gedanke, »geschraubtes Benehmen, Gefühlsmangel, Gespräche, die immer nur Parade sind oder Geschäft«. Er haßte sie nun, die Diplomatie und die Diplomaten. Mindestens zwanzigmal habe er ihr gesagt, »daß mein Beruf der abscheulichsten einer ist«.

Das Leben eines Ministers sei ein schauervolles. »Nach dem Schicksal des Herrschers gibt es wohl kein Amt im Staatswesen, das mehr als das meine dazu angetan wäre, durch zwanghafte Bindungen, die hohe Stellung auferlegt, das einfache menschliche Dasein zu verhindern. Keine Stunde, die wirklich mir gehörte, denn die Welt hemmt ihren Lauf nicht, um mir gefällig zu sein.« Alles müsse er selber tun, »niemand kann ich an meiner Statt denken, an meiner Statt schreiben lassen«. Er trage für Österreich die Verantwortung, Europa laste auf seinen Schultern, die Welt blicke auf ihn. Doch den Gewinn hatten andere, und die Ehre der eine, der Monarch.

»Ich kann hier im Lande nicht mehr werden, als ich bin; meine Laufbahn hat ihr Ziel erreicht.« Hatte der Aufstieg die Mühe gelohnt, war der Gipfel ein Sonnenplatz? Er, der immer Erfolg gehabt hatte, mehr davon kaum haben konnte, hatte kein Erfolgserlebnis mehr.

»Mit den Erfolgen in der Welt verhält es sich wie mit den meisten Theaterstücken – die Lösung läßt zu wünschen übrig. Man ist voller Spannung. Ungeduldig erwartet man, daß sich der Vorhang hebt. Die Intrige schürzt sich, die Exposition ist schwächlich und zumeist gewöhnlich, das Stück wird blässer und blässer; auf der Galerie läßt sich geringer Beifall und kräftiges Pfeifen vernehmen, das Stück hat Längen, die Schauspieler sprechen schlechte Verse, während die Zuschauer entschlummern, und treten noch gelangweilter von der Bühne ab, als es die sie kritisierende Galerie gewesen ist. Die Kostüme werden abgelegt, die Mitspieler treffen sich hinter den Kulissen; wenn sie höflich sind, so gibt der erste Liebhaber der großen Kokotte den Arm, um sie zum Wagen zu geleiten, der nicht ihm gehört, und man geht schlafen – allein.«

»Freundin, ich war auch einer von diesen Schauspielern.« Nun war er ein alternder Mime, der die ständig gleiche Rolle satt hatte, des immer selben Stückes überdrüssig war, dem das Publikum zuwider und das ganze Theater widerwärtig wurde.

»Freundin, begreifst Du, wie das, was ich vor einem Jahr gehaßt habe und schon immer, mir heute unerträglich vorkommen muß?« Und: »Ich bin mit der ganzen Welt unzufrieden«, ja, er schien es sogar mit sich selber zu sein – wahrhaftig ein Krisenzeichen. »Die Welt hält mich für einen hervorragenden Minister, während ich durchaus nicht befähigt bin für dieses Amt, das ich bekleide.« So wollte er es dann doch nicht stehen lassen: »Aber wie sich jeglicher Mangel verschieden auszuwirken vermag, so erleidet der Staat keinerlei Schaden durch meine tatsächliche Unfähigkeit, sondern lediglich mein Ich.«

Der alternde Schauspieler mäkelte an seiner Rolle herum, sprach von Selbstentsagung und Selbstaufopferung, deklamierte und lamentierte – aber der Rolle, die immerhin eine Hauptrolle war, wollte er selbstredend nicht entsagen.

Mitunter klang es, als wollte er Dorothea einreden, daß sie ihm wichtiger sei als Amt und Würden, und sie davon überzeugen, daß er ganz anders sei, als alle Welt meinte. »Du wirst die Salonmeinungen über mich nicht mehr teilen können; Du kannst mich nicht mehr für leichtsinnig, unbeständig, sorglos, versteckt, überschlau, herzlos und seelisch reglos halten.«

Nicht von ungefähr erzählte er ihr, daß der in russischen Diensten stehende Grieche Capodistrias – auch einer von denen, die ihn verkannten – dem österreichischen Diplomaten Lebzeltern gesagt habe: »›Sonderbar, Metternich scheint mir vollkommen anders, als ich ihn mir vorgestellt hatte!‹ Lebzeltern gab ihm die Antwort, die auch ich ihm hätte geben können: ›Das kommt daher, daß Sie sich immer Dinge vorstellen, anstatt sie zu erforschen.‹«

Er führte den Dialog mit Dorothea auch deshalb, weil er die Vorstellung, die sie und die nicht unwichtigen Leute, mit denen sie umging, von ihm hatten, zu korrigieren suchte. Vor allem jedoch war es der Monolog eines Mannes, der sich dabei selber erforschte, das Gewollte klärte und das Erreichte prüfte, Negatives wie Positives enthüllte. Und in diesem Selbstgespräch zum Ergebnis gelangte, daß er alles in allem nicht schlecht abschnitt, recht gut dastand.

Die Erschütterung hatte zur Katharsis geführt, zu Entspannung und Läuterung, zur Reinigung seines Selbstporträts. Die Schatten wichen, die Charakterzüge traten hervor, die Farben leuchteten auf – und vornehmlich er selber fand das Bildnis bezaubernd schön.

Es war keine Tragödie, der er beiwohnte, sondern ein Schauspiel, das den Helden bereits im Mittelakt auf dem Gipfel sah, von dem er nicht mehr herunter sollte und wollte. Die Krise in der Mitte des Lebens veranlaßte ihn nicht zur Reue über seine Vergangenheit, flößte ihm nicht Angst vor seiner Zukunft ein, stieß ihn nicht in Verbitterung und Verzweiflung, ließ ihn nicht resignieren, verführte ihn nicht zum Aussteigen oder Aufbegehren – sondern brachte ihm die beruhigende Erkenntnis, daß hier und heute der Augenblick sei, den verweilen zu lassen sich lohne.

War ein gereifter Mann nicht ein vollendet Liebender, ein erfahrener nicht auch ein vollkommener Liebhaber? In seiner »Vergleichsleiter« hatte der Mittvierziger den »sexuellen Herbst« bei Dreiundsechzig, den »sexuellen Winter« bei Einundachtzig enden lassen. »Der Mann, der wahrhaft liebt, liebt unendlich«, wobei die Abnahme der körperlichen Potenz durch eine Zunahme der seelischen Kraft ausgeglichen, wenn nicht gesteigert werde. »Es ist ein unwandelbares Element in mir, das nicht altert, und das nichts aus seiner Bahn zu drängen vermag: das Herz ist es.«

War es nicht vorteilhaft, mit dem Älterwerden wissend und verständig, klug und weise geworden zu sein? »Erschrick nicht, weil Du einen Philosophen liebst«, schrieb er Dorothea. »Er hat viel nachgedacht, er hat sich mit vielen unendlich ernsten Fragen abgegeben, mit ganz anderen als solchen, die im Salon als erster Ordnung angesehen werden; er hat sich Prinzipien geschaffen, die ihn heute lange Erfahrung und große Menschenkenntnis als ewige Wahrheiten erkennen lassen.«

Der Diplomat hatte die Kontrahenten ausmanövriert, der alte Routinier, der in der Untertreibung übertrieb: »Es steht mir eine lange Erfahrung in Angelegenheiten dieser Welt zur Verfügung, und immer habe ich erlebt, daß nichts so einfach zu regeln ist, wie alles, was sich in Gestalt von unüberwindlichen Schwierigkeiten darstellt.« Auch anderen galt er als Doyen des diplomatischen Korps, nicht zuletzt denen, die der Praxis fernstanden, wie der

Staatstheoretiker Adam Müller: Er sei »in der Kunst des Temporisierens der größte Meister, sein Takt in der ruhigen, unvorgreifenden Begegnung der Ereignisse bewunderungswürdig, so gelassen als kalt und unerschrocken«.

Der Minister stand »an der Spitze unermeßlicher Interessensphären«, lenkte Kaiser Franz I. und damit das Kaisertum Österreich. »Der Kaiser tut immer, was ich will«, behauptete sein erster Diener, mit einer angemessenen, doch gemessenen Verbeugung vor dem monarchischen Prinzip: »Aber ich will nie anderes als das, was er zu tun hat.« Fazit: »Dergestalt begibt sich alles nach meinem Willen.«

»Ich kenne heute nur einen einzigen Mann, der weiß, was er will, und das bin ich« – nicht nur in Österreich, sondern in ganz Europa. Im Gleichgewichtssystem schien er den Ausschlag zu geben, der Direktor der Pentarchie zu sein. »Ich fühle mich in der Lage, von allen verbündeten Kabinetten beauftragt zu sein, die Angelegenheiten zu führen, wie ich es will.« Seine Rolle sei mit der eines Schachspielers zu vergleichen: Er habe Napoleon schachmatt gesetzt, und nun sitze er vor der Landkarte Europas wie vor einem Schachbrett, und von der Art und Weise, »wie ich die Steine darauf vor- oder zurückrücken lasse, hängt Gewinn oder Verlust der Partie ab«.

Wichtiger konnte er kaum noch werden, weiter wollte er es eigentlich nicht mehr bringen. Er führte ein Amt, das seinem Sendungsbewußtsein entsprach, er bekleidete Würden, die seiner Wertschätzung einigermaßen genügten.

Er war österreichischer Außenminister und Haus-, Hof- und Staatskanzler, eine Ernennung, die 1821 eine schon lange eingenommene Stellung bestätigte. Er war österreichischer Fürst, spanischer Grande Erster Klasse, neapolitanischer Herzog von Portella, mit einer Dotation von 60 000 Dukaten. Den Titeln entsprachen die Mittel. Er empfing Bezüge, die von jährlich 70 000 auf 98 000 Gulden anstiegen. Er erhielt Geschenke, bekam geschäftliche Vorteile, besaß Güter in Böhmen und am Rhein, verfügte über eine Residenz und eine Villa in Wien sowie ein Sommerhaus in Baden. Er genoß Honos und Honorare, konnte auf dem Fuß leben, der seiner Größe gemäß war.

»Wie eng begrenzt ist die Zahl der Staatsmänner, die dieses Namens würdig sind!« Selbstredend zählte er sich dazu, selbstverständlich als Nummer Eins, und es gab Monarchen, die diese Meinung zu teilen schienen. Da war in erster Linie sein guter Kaiser Franz, der ihm bescheinigte, er verdanke ihm seinen Thron, die Monarchie ihr Wohlergehen und Europa seine Ruhe. »›Wenn Sie sterben müssen‹, sagte er mir, ›würde ich mich aufhängen.‹ Ich finde, er hat recht.«

Selbst der Zar habe ihm versichert: Alexander habe sich seit 1813 stets geirrt, Metternich nie. Und König Georg IV. von Großbritannien und Hannover, der vormalige Prinzregent, unmäßig im Essen, Trinken, Lieben und Komplimentemachen, tönte: »Seit die Welt besteht, hat es nur einen einzigen wirklich großen Mann gegeben, und dieser sind Sie!«

Nicht nur Europäer, sogar Asiaten wedelten ihm Weihrauch, und die orientalische Art, in der es geschah, schmeichelte ihm mindestens ebenso wie es ihn belustigte, so wenn der Schah von Persien ihn titulierte: »Prinzip der Ministerweisheit und der Ordnung; Vermehrer der Ehre und Pracht; Bürge der Weltgeschehnisse; Lenker der Zeitbegebenheiten; gesegneter Wesir von durchdringender Urteilskraft, die der des Planeten Jupiter gleicht; außerordentlicher und hochwürdiger, mächtiger, ragender, unverrückbarer und standhafter, durchlauchtigster Wesir und Emir; herrlicher, großmütiger, ehrüberlegener, wohlgestaltetster, vortrefflichster, geliebtester, freundlichster Maßstab aller christlichen Großwesire; Vorbild der an Jesus Christus glaubenden Großen.«

Kein Wunder, daß er in diesem Augenblick, der für ihn der größte war, die Zeit anhalten wollte. »Mich dünkt, ich liebe die Ewigkeit, auch weil sie keine wäre, wenn sie ein Ende hätte.« Dauern sollten seine Rolle und das, wofür er auf der Bühne stand und eintrat: »die Ruhe im öffentlichen Leben« und »den Frieden der Welt, denn ich hege die Überzeugung aller Gutdenkenden, Heil sei nur in ihm beschlossen«.

Des Beifalls vieler, wohl der meisten Zeitgenossen war er gewiß. Wie er wollten sie endlich, am liebsten unendlich Frieden haben, erschraken sie »vor jeglichem Gedanken an Unruhe«, befürchteten sie, daß »aus den Erregungen eben sich Widerstände ergeben gegen das, was mir die Welt noch zu bieten hat an Tröstungen und Glück«. Wie er gedachten sie sich nicht mehr von der

Stelle zu rühren, die Unbeweglichkeit nicht allein für ein Gesetz der Statik, sondern sogar für »das vorzüglichste moralische Element« zu halten.

Das war eine Tendenz seiner Zeit, entsprach sie aber auch dem Wesen der Zeit, ihrem Dahinfließen, oder gar dem, was progressive Zeitgenossen als Zeitgeist bezeichneten?

»Die Primarmächte. Eine Phantasie« war ein Aufsatz überschrieben, den ihm sein Lehrer Niklas Vogt im Jahre 1819 widmete und dem zu entnehmen war, daß die Vorstellung, die alten Mächte könnten den Status quo festschreiben, eine Einbildung sei.

Die Restauration – so Vogt – sei bei allem guten Willen und manchem günstigen Umstand auf die Dauer nicht in der Lage, die gegensätzlichen Kräfte im Gleichgewicht zu halten. Noch besitze die »aristokratische« Partei die Gewaltmittel. Doch die »demokratische« Partei, aktiver und konsequenter, mobilisiere die Minderbemittelten und Mißvergnügten, die Jungen und Ehrgeizigen gegen die Reichen, Satten und Alten, formiere ein Heer, das alles zu gewinnen, nichts zu verlieren habe, wagemutiger vorgehe und rücksichtsloser zuschlage.

Durch Radikalisierung auf beiden Seiten – so Vogt – würden zwei aggressive Gegenmächte entstehen, »welche sich weder um Künste und Wissenschaften, noch um Kirchen und Konfessionen, Konstitutionen und Landstände, Politik und Taktik, Handel und Industrie kümmern, mit nervigem Arm zugreifen und sich ihre Nahrung mit dem Degen in der Faust in jedem reichen Haus und Schloß suchen«.

Rußland würde sich der Reaktion, der einen dieser »Primarmächte«, zugesellen, die dann aus Russen, Kirgisen, Kalmücken und ihren asiatischen und europäischen Anhängern bestünde, während sich die revolutionären Kräfte, die andere »Primarmacht«, aus Bauern, Handwerkern und Tagelöhnern, jungen Menschen und solchen Leuten zusammensetzen würde, die man von der Jakobinerherrschaft her kenne.

Der Kampf – so Vogt – werde wild und erbittert sein, lange dauern und alles verheeren – bis eines Tages die Menschen sich wieder auf Religion und Moral besännen, Gesetz und Ordnung verlangten, Ruhe geben und Frieden haben wollten.

So lange wollte Metternich nicht warten. Auf sein persönliches wie das politische Gleichgewicht bedacht, mit der Autorität, die er sich geschaffen hatte und den Mitteln, die ihm zur Verfügung standen, glaubte er das Erreichte stabilisieren und die Bewegung stillhalten zu können.

Die ersten Flammenzeichen hielt er für Irrlichter, die er – wenn sie nicht von selber wieder verschwänden – auszutreten vermöchte.

Das System Metternich

Ein Student der Theologie, Karl Ludwig Sand, sprach am 23. März 1819 in Mannheim bei August von Kotzebue vor, dem deutschen Schriftsteller und russischen Staatsrat. Er wurde vorgelassen, freundlich begrüßt – er antwortete mit einem Aufschrei, stürzte sich auf den Siebenundfünfzigjährigen und stieß ihm einen Dolch in die Kehle. Sich selber stieß er ihn so zaghaft in die Brust, daß er bei seiner Festnahme noch rufen konnte: »Hoch lebe mein deutsches Vaterland und im deutschen Volke alle, die den Zustand der reinen Menschheit zu fördern streben!«

»Mir ist zuwider«, kommentierte Metternich, »wenn gemordet wird im Namen der Menschenliebe; ich habe keine Vorliebe für Tolle und Irrsinnstaten irgendwelcher Art und noch weniger für solche, die braven Leuten ans Leben gehen, friedlich in ihrem Kämmerlein sitzend.«

Der ermordete Kotzebue war nicht unbedingt ein Freund Metternichs. Dieser hatte sich an einigen der 73 Lustspiele, 60 Schauspiele, 30 Possen, 17 Singspiele, 15 Trauerspiele, 13 Vor- und Nachspiele, 11 Parodien und Travestien delektiert, ohne vergessen zu können, wie der geborene Weimarer in *Die beiden Klingsberge* Vater und Sohn Metternich karikiert hatte. Es paßte ihm auch nicht, daß er für Rußland arbeitete, daß er es überhaupt tat, weniger daß er dem Zaren über deutsche Gelehrte und Literaten berichtete.

»Über den gegenwärtigen Zustand Deutschlands« hatte bereits auf dem Aachener Kongreß Alexanders Skribent Stourdza Alarmierendes gemeldet, Unerhörtes von deutschen Universitäten und Ungebührliches in deutschen Publikationen. Die Pressefreiheit, die von Stourdza kritisiert wurde, nahm Kotzebue für sich in Anspruch – mit satirischen Gegenangriffen in seinem *Literarischen Wochenblatt*, die von den Angegriffenen todernst genommen und keineswegs als im Sinne der Pressefreiheit liegend gewertet wurden.

Als obendrein bekannt wurde, daß Kotzebue ein Zuträger des Zaren sei, erhob sich in Kreisen deutscher Akademiker ein Sturm der Entrüstung gegen Rußland im allgemeinen und den Pro-Russen im besonderen. Anti-russisch zu sein, wurde ein Ausweis fortschrittlicher Gesinnung. Das Reich des Zaren erschien als Bastion des Imperialismus, als Gegenposition einer nationalen Demokratie, und Kotzebue – obgleich er ein Jahr lang nach Sibirien verbannt gewesen war – als des Teufels Geheimagent.

Schon erstand ein Erzengel, der sich erbot, Luzifer in die Hölle zu schicken. Der aus dem Fichtelgebirge stammende Karl Ludwig Sand war als Theologiestudent in Jena der Burschenschaft, und zwar den »Unbedingten«, beigetreten, die unter Führung des Rechtsdozenten Karl Follen sich verschworen hatten, der »Überzeugung« mit allen Mitteln zu dienen, selbst mit Meuchelmord.

Philanthropie führte – wie es Metternich bereits während der Französischen Revolution bei seinem Hofmeister Simon beobachtet hatte – zu Menschenverachtung und Menschenvernichtung, Gesinnungstreue zum Gesinnungswahn, Begeisterung zum Fanatismus, Rechthaberei zur Intoleranz, Radikalismus zum Terrorismus.

Was Metternich nun zu hören bekam, verstärkte den Argwohn, den er gegen Enthusiasten hegte, die rasch Entflammbaren und unentwegt Entflammten, die Gesinnungstüchtigen und Überzeugungstäter. Bei Sand wurde eine Selbstrechtfertigung gefunden, unter dem Titel »Todesstoß dem August von Kotzebue«, die in dem Satze gipfelte: »Ein Zeichen muß ich Euch geben, muß mich erklären gegen diese Schlaffheit, weiß nichts Edleres zu tun als den Erzknecht und das Schutzbild dieser feilen Zeit, Dich, Verderber und Verräter meines Volkes, A. von Kotzebue, niederzustoßen!«

»Ein Christus kannst Du werden!« – auf diesen Vers Karl Follens berief sich der Attentäter. Er hatte auch eine Zeichnung hinterlassen, ein selbstgefertigtes Altarbild: Auf den Stufen einer Kirche kniend, drückt er sich den Dolch ins Herz, über sich das Portal der Kirche, an dem mit einem Dolche das Todesurteil gegen Kotzebue angeheftet ist – wie ein zweiter Wittenberger Thesenanschlag.

Der Verführte, Karl Ludwig Sand, wurde zum Tode verurteilt. Der Verführer, Karl Follen, verteidigte sich mit allen Schlichen und Kniffen, die er als Jurist und Revolutionsanwalt beherrschte. Es konnte ihm lediglich nachgewiesen werden, daß er dem Attentäter das Reisegeld nach Mannheim gegeben hatte. Ohne Erfolg rief er die »Unbedingten« in Jena auf, in hellen Haufen nach Mannheim zu ziehen, die Stadt anzuzünden und den Märtyrer zu befreien.

Der Scharfrichter, ein rechtschaffener Pfälzer, bat den vierundzwanzigjährigen Sand um Verzeihung, bevor er ihm den Kopf abschlug. Aus dem Holz des Blutgerüstes zimmerte er sich ein Gartenhäuschen in seinem Heidelberger Weinberg, in dem noch lange Burschenschafter zusammenkamen und ihre wilden Lieder sangen: »Und in der Widerischen Herzen tauchen, / Tut's not, das deutsche Schwert!«

»Merkwürdig ist, daß der falsche Geist und der schlechte Geschmack sich ewig beisammenfinden«, meinte Metternich. »Nichts Schlimmeres gibt es als den mißberatenen Durst nach Freiheit. Er tötet alles und zuletzt sich selbst.« Jenaer Studenten litten darunter, durch die Schuld akademischer Lehrer, die den Wissensdurst in Verbesserungssucht verkehrten, den jugendlichen Idealismus auf die Mühlen von Ideologien leiteten, ihre Anbefohlenen zu Aktionen verleiteten, zu denen sie selber keinen Mumm hatten.

Ein Professor war ihm von vornherein wenig sympathisch. »Cicero redete viel und handelte wenig; er war feige, und dies hatte er gemein mit der Mehrzahl der Gelehrten; daher ist mir diese Kaste unlieb.« Sie wurde ihm noch unlieber, wenn ein Professor Miene machte, dasjenige, wozu er sich theoretisch bekannte, auch praktisch anzuwenden, direkt oder indirekt durch seine Studenten.

Schon sprach er von »Tollheiten einiger deutscher Professoren«, den »seichtesten aller Politiker«, den Utopisten der Universitäten. Weit gefährlicher als ihr unmittelbares Eingreifen in die Politik erschien ihm ihre mittelbare Einwirkung durch die Erziehung »einer ganzen Klasse künftiger Staatsbeamter, Volkslehrer und angehender Gelehrter« zu Systemkritikern und Systemveränderern.

Sie betreiben die Umbildung der Ordnung und die Umwertung

der Werte, viele sogar, wie der Berliner Theologieprofessor Wilhelm de Wette, ohne es zu merken. In einem Brief an Sands Mutter rechtfertigte er den politischen Mord als sittliche Tat: »Der Irrtum wird aufgewogen durch die Lauterkeit der Überzeugung, die Leidenschaft wird geheiligt durch die gute Quelle, aus der sie fließt. Er hielt es für recht, und so hat er recht getan; ein jeder handle nur nach seiner besten Überzeugung, und so wird er das Beste tun.«

Früher sagte man, ethisch nicht unbestritten, der Zweck heilige die Mittel, wobei man ihn immerhin auf ein objektives Ziel bezog, ein Jesuit auf das höchste Ziel, »ad maiorem Dei gloriam«. Nun bezogen ein protestantischer Theologe wie Wilhelm de Wette oder ein Philosoph des deutschen Idealismus wie Jakob Friedrich Fries diesen Satz auf subjektive Empfindungen und Einschätzungen.

Gelehrige Schüler, beispielsweise Marburger Burschenschafter, legten sich daraus eine Konfession zurecht: Was Recht oder Unrecht sei, wollten sie selber bestimmen, nach ihrer persönlichen Überzeugung, die jede ihr dienende Handlung rechtfertige. »Unbedingte« spitzten es zu dem Grundsatz zu, »daß überall, wo eine sittliche Notwendigkeit vorliegt, für den von dieser Notwendigkeit Überzeugten alle Mittel erlaubt sind«.

Weniger im Ruf zur Tat und im Griff zur Gewalt lag das Revolutionäre, sondern in der Begründung der ersten und der Rechtfertigung der zweiten. Wenn jedermann entscheiden konnte, was Gut oder Böse sei, zur Durchsetzung des einen und zur Abschaffung des anderen alle in seinem subjektiven Ermessen liegenden Mittel einsetzen zu dürfen meinte, dazu sich sittlich verpflichtet glaubte – dann war jede objektive Ordnung nach göttlichen Geboten und menschlichen Gesetzen in Gesellschaft, Staat und Staatenwelt bedroht.

Metternich war herausgefordert – als Christ, der an die Schöpfungsordnung glaubte, als Aufklärer, der eine vernunftbegründete Wertordnung anerkannte, als Staatsmann, der die bestehende soziale und politische Ordnung bewahren wollte.

War aber dieser Subjektivismus und Rigorismus nicht eine radikale Konsequenz der Aufklärung? Sie hatte den alten Jenseitsglauben wie die überkommenen irdischen Hierarchien in Frage, die Welt buchstäblich auf den Kopf gestellt, sie dem vernunftbegabten, eigenverantwortlichen und über sich selbst bestimmenden Individuum anheimgegeben.

Führte das aber nicht – wie Metternich sinnierte – zu »Überhebung« als Folge eines zu schnellen Wachstums des Wissens und Fortschritts des Geistes, einer zu raschen Entlassung des Einzelnen in die Unabhängigkeit? Und wenn schon Gebildete Mühe hatten, die sich selber zugedachten Aufgaben zu bewältigen, wie sollten erst Halbgebildete damit fertig werden, die das fehlende Wissen durch stramme Haltung ersetzten? Und erst die Masse des Volkes, die von intellektuellen und halbintellektuellen Avantgardisten aufgewiegelt wurde? Metternich, der Anhänger eines aufgeklärten Absolutismus, begann von »aufgeklärter Demagogie« zu sprechen, die es zu bekämpfen gelte.

Die deutsche Romantik verhalf ihr zu emotionaler Antriebskraft und Aufnahmebereitschaft bei den Angesprochenen, genau gesagt: gefühlsmäßig Angerührten. An den romantischen Dichtern mißfiel Metternich, daß sie in Gefühlen wühlten, Bodensatz aufwühlten. Nicht einmal die Mystifizierung des Mittelalters, die zur Idealisierung der Heiligen Allianz verwendet werden konnte, mochte ihm, dem aufgeklärten Menschen, gefallen: Es war für ihn die Fortsetzung des konservativen Spiritualismus mit poetischen Mitteln und zu revolutionären Zwecken.

Wie die romantisch gestimmten Dichter hielt er die mehr oder weniger romantisch gesinnten Gelehrten, die Historiker zumal, nicht für bindende, sondern für auflösende Elemente. Sie erklärten nicht nur, sie befürworteten sogar das Pantharei, das Dahinfließen – wo doch er, der Stabilisator, alles stillhalten und verfestigen wollte. Aus dem Reden und Schreiben solcher Gelehrter würde Negatives »in das tatsächliche Staaten- und bürgerliche Leben überfließen«, könnten »Monstra zum Vorscheine kommen, wie da waren und sind: die unendliche Vervollkommnung des Menschengeschlechtes; Monarchie entourée d'institutions républicaines; die Menschenrechte; die nach Frankreich übertragene, in England nie bestanden habende pondération des pouvoirs à la Montesquieu; die Freiheit der Presse als ein Mittel, der Wahrheit den Weg zur Öffentlichkeit und den Regierenden zur Erkenntnis zu bahnen«.

Monstra und Kuriosa, Ungeheuerliches und Merkwürdiges zeitigte das Presse-Echo auf das Attentat. Der Meuchelmörder erschien mit der Aureole des Märtyrers, im Nimbus des Erlösungstäters. In Nasses *Medizinischer Zeitschrift* befand der Irrenarzt Grohmann: »Sands Tat hatte nur die äußere, scheinbare Form des Meuchelmordes; es war offene ausgemachte Fehde, es war die Tat eines bis zum höchsten Grade der Moralität, der religiösen Weihe erhöhten und verlebendigten Bewußtseins.«

Nicht der Mörder, sondern der Ermordete wurde von Kommentatoren schuldig gesprochen und mit ihm das System, das er verkörpert hatte. Der Ex-Jakobiner Joseph Görres, der auf dem Weg vom romantischen Patrioten zum romantischen Universalisten war, redete von einer göttlichen Fügung, welche die neue und die alte Zeit einander hatte blutig begegnen lassen, mißbilligte die Handlung und billigte die Motive.

Die liberalen Organe – so Metternich – »haben sich einigermaßen schlecht benommen bei dieser Gelegenheit, und das Prinzip der Pressefreiheit ist kaum gut verteidigt durch Männer, die ihren literarischen Widersachern mit Dolchstößen antworten. Zum mindesten hat es den Anschein, als wollten sie keine Freiheit als die ihnen genehme anerkennen«.

Was waren das auch für Leute, die sich selber zu Wächtern des Kapitols berufen hatten, als Dolmetscher des Zeitgeistes und Prediger des Weltgeistes ausgaben, sich wie Erzengel aufführten, die mit ihren Federn gleich Flammenschwertern die Nachfahren Adams und Evas von einer unvollkommenen, doch leidlich erträglichen Erde in das Paradies treiben wollten, das längst verloren gegangen war, nur in ihren Illusionen weiterlebte!

Im günstigsten Fall waren es Idealisten, die sich dem Wohl der Menschheit, wie sie sich es vorstellten, verschrieben hatten, nicht schlechthin dem Kampf gegen Unrecht und Gewalt; denn sie pflegten nach eigenem Gewissen und Gusto zu entscheiden, wer sich ins Unrecht gesetzt habe und gegen wen Gewalt angebracht sei. Im schlimmsten Fall waren es verhinderte Politiker, die durch Leitartikel Einfluß und Macht gewinnen wollten; Karrieristen, die in diesem Beruf am leichtesten und schnellsten Geld und Geltung zu gewinnen hofften; katilinarische Existenzen, die wie der Römer Catilina nichts zu verlieren hatten und deshalb alles wagen konnten; oder gar Jünger des Griechen Herostratos, der einen Tempel in Brand gesteckt hatte, um seinen Namen auf die Nachwelt zu bringen.

In jedem Fall hielt er solche Zeitungsschreiber für Besserwisser, nicht Besserkönner, Kritikaster, nicht Kreative: »Nichts ist leichter als Kritik; es gibt auch kaum Nützlicheres als sie, außer sich gut betätigen; unter hundert Kritikern findet sich oft keiner, der des letzteren fähig wäre.«

»Es gibt allerdings« – so Metternich etwas sibyllinisch – »eine öffentliche Meinung, und sie ist die Vox populi, vox Dei! Diese Stimme, welche die der Vernunft ist, kämpft aber gegen die sogenannte Voix publique, weil die erstere der reine Ausspruch der moralischen wie der tatsächlichen Bedürfnisse, und die andere nichts weiter ist als das Produkt leidenschaftlicher Aufreizung individueller und eigennütziger Berufungen.«

Er unterschied bereits zwischen »öffentlicher« und »veröffentlichter« Meinung. Diese sei nicht identisch mit jener, suche jedoch eine Identität in ihrem Sinne herzustellen.

Er konnte nichts dagegen einwenden, wenn es sich dabei um seine Prinzipien und seine Person handelte, obwohl er darauf keinen besonderen Wert legte, aus grundsätzlichen Erwägungen, und weil er es nicht nötig hatte. Er hatte auch nichts gegen eine Presse, die einen vernünftigen und ruhigen Fortschritt beförderte, den der Kutscher am Zügel behielt. Doch er mußte eine Presse bremsen, die – wie er sagte – die Welt in einer Art Steeple-Chase, wie in einem Hindernisrennen, vorwärtstrieb, wer weiß wohin. Und aufrührerische Meinungen einer Minderheit der autoritätsgläubigen und regierungsfrommen Mehrheit einzutrichtern suchte.

Schon gab es Skribenten, die mit Federn, wie Lanzen eingelegt, gegen das Metternichsche System anzureiten begannen. Schon befürchtete dessen Hauptschöpfer und Hauptverteidiger, daß die Presseangriffe Formen zerrütten und Substanzen zersetzen könnten, daß das »täglich gereichte Gift einer schlechten populären Zeitungsliteratur die ehrenwerte Gesinnung des deutschen Bürgerstandes am Ende zugrunderichte«.

Metternich dachte wieder einmal an Napoleon, der gesagt hatte, die öffentliche Meinung mache und vernichte die Souveräne, weswegen sie von diesen kontrolliert werden müßte – durch Zensur. Das Verhindern von Bränden durch vorbeugende Maßnahmen sei sinnvoller als das Löschen von ausgebrochenen Bränden, erklärte Gentz, selber ein Mann der Feder, der wußte, was man mit ihr anrichten konnte. Die Presse, befand Metternich, sei eine Gewalt, und Gewalten bedürften der Regulierung.

Er dachte auch an Ludwig XVIII., der in merkwürdigem Widerspruch zum Geist der Restauration die napoleonische Zensur abgeschafft und Pressefreiheit gewährt hatte – und damit seine Schwierigkeiten hatte, wie mit der ganzen Konstitution, der keineswegs besonders freiheitlichen und schon gar nicht demokratischen Charte. Die Gefahr kam nicht nur von unten, sondern auch und nicht zuletzt von oben: Es seien die Könige, welche die Jakobiner machten, und das könne man jetzt auch in Deutschland beobachten.

Mehr oder weniger nach dem Muster der französischen Charte hatten deutsche Fürsten Konstitutionen eingeführt, ähnlich wie sie – in der Rheinbundzeit – den Code Napoléon übernommen hatten: 1816 der Großherzog von Sachsen-Weimar, 1818 der König von Bayern und der Großherzog von Baden, 1819 der König von Württemberg.

Das waren keine Verfassungen, wie sie die Französische Revolution geschaffen und wie sie nach ihrem Vorbild schon wieder gefordert wurden. Sie waren oktroyiert, kannten keine Volkssouveränität und keine Gewaltenteilung, zählten immerhin gewisse Grundrechte auf, gewährten ständische Mitwirkung und ermöglichten parlamentarische Gehversuche.

Für Metternich war das eine brisante Mischung von Restauration und Revolution, ein gefährlicher Verstoß gegen die römische Maxime Principiis obsta, wehre den Anfängen, und gegen die deutsche Spruchweisheit, wem man den kleinen Finger gebe, der begehre bald die ganze Hand. Er verstand nicht einen Fürsten wie den Kronprinzen Ludwig von Bayern, der sich vor die Kammer stellte und erklärte: Er sei nicht da, um ein anderes Interesse zu berücksichtigen als jenes des Volkes.

König Friedrich Wilhelm III. von Preußen hatte seinem Volke ein Verfassungsversprechen gegeben, das er jedoch nicht zu erfüllen gedachte. Metternich bestärkte ihn in diesem dem monarchischen Prinzip gemäßen Vorsatz. Die Einführung einer »Zentral-

Repräsentation« in seinem Königreich wäre die »reine Revolution« von oben, die von unten bereits durch die Burschenschaft, die Turnerschaft und gewisse Publikationen vorbereitet würde. Daher müßten diese Organisationen aufgelöst und die Institution der Presse eingeschränkt werden – durch gemeinsame Anträge Österreichs und Preußens am Bundestag.

In der Deutschen Bundesakte war die Einrichtung landständischer Verfassungen in allen Bundesstaaten in Aussicht gestellt sowie die »Abfassung gleichförmiger Verfügungen über die Pressfreiheit«. Metternich hatte beidem nur widerwillig zugestimmt und sah sich jetzt – nach dem Anschlag Sands auf Kotzebue und dem Echo, das er in Deutschland fand – in seinem Widerstreben bestätigt und zu Gegenmaßnahmen aufgefordert.

Mit dem System war dessen Repräsentanz bedroht. Die Studenten würden mit Metternich ebenso verfahren wie mit Kotzebue, meinte Kaiser Franz. »Ich habe ihm versichert, daß ich seit langem mich wie ein General betrachte, der einer Batterie gegenüber halte und daß Furcht mir fremd sei. ›Na gut! Nur drauf los‹, gab mir der Kaiser zur Antwort, ›so wird man uns beide sicherlich ermorden!‹«

So sicher, wie er angab, fühlte er sich nicht. Er nahm es auch nicht so leicht, wie er es Dorothea Lieven vormachte. »Vielleicht erwartet mich so ein Student irgendwo dort, um mich à la Kotzebue zu ermorden«, schrieb er der Freundin. »Seit diese Spitzbuben in Deutschland im Namen von Tugend und Vaterland Morde begehen, werde vielleicht auch ich umgebracht werden; dann wirst Du mich hoffentlich beweinen, und mit Dir viele anständige Leute, die noch nicht wahnsinnig geworden sind.« Und schon gar nicht war er so heroisch, wie er Gentz bedeutete: »Mein täglicher Kampf geht gegen Ultras jeglicher Art, bis mich endlich der Dolch irgendeines Narren erreicht.«

Er wollte weder seine Person noch sein Werk »sandisieren« lassen. »Meine Sorge geht dahin, der Sache die beste Folge zu geben, die möglichste Partie aus ihr zu ziehen.« Nun riefen auch Regierungen wie die preußische, die zwar nicht politische, doch gewisse akademische Freiheiten zugestanden hatten, nach Zügel und Peitsche. Die »Erhaltung der inneren Sicherheit« war in der Bundesakte gefordert, ihrer Gefährdung durch »demagogische Umtriebe« mußte durch Bundesmaßnahmen Einhalt geboten werden.

»Die studierende Jugend bildet keinen besonderen Stand; die Universität ist eine unter der Aufsicht des Staates stehende Lehr- und Erziehungsanstalt«, hieß es in der österreichischen Denkschrift an den Bundestag, in dem eine gemeinsame Kontrolle der Universitäten, die Entfernung »schädlicher« Professoren und die Unterdrückung der Burschenschaft als »geheimer« Verbindung gefordert wurden.

Das war die Handschrift Metternichs. Im allgemeinen hatte der Staat nicht nur die äußere, sondern auch die innere Sicherheit zu gewährleisten. Im besonderen galt es, sein System vor Schaden zu bewahren, mit der Ruhe in Deutschland die Ordnung in Europa sicherzustellen. Prävention hielt er für die zweckmäßigere Methode, Verhütung durch entsprechende Vorkehrungen. Aber er schloß Repression, Unterdrückung ausgebrochener Übel, nicht aus.

»Man kann nur durch Handeln erhalten; das Erhalten beruht auf aktiven Bedingungen, das Gehenlassen ist dessen gefährlichster Feind.« Er mußte und wollte jetzt handeln. Den Bundestag in Frankfurt hielt er nicht für einen geeigneten Handlungsgehilfen; zu viele Köche konnten hier den Brei verderben. Der Österreicher lud Preußen, Bayern, Sachsen, Hannover, Württemberg, Baden, Mecklenburg-Schwerin und Mecklenburg-Strelitz sowie Nassau, konservative Vertreter konservativer Staaten zu Verhandlungen nach Karlsbad im österreichischen Böhmen ein.

Die Konferenz, vom Kurbetrieb eher verlangsamt als beschleunigt, dauerte vom 6. bis 31. August 1819. Das Ergebnis waren die »Karlsbader Beschlüsse«, vier Bundesgesetzentwürfe, die bereits am 20. September 1819 vom Bundestag in Frankfurt angenommen wurden.

Das Universitätsgesetz gebot die Überwachung aller deutschen Universitäten durch »landesherrliche Bevollmächtigte«: der Vorlesungen, denen »eine auf die künftige Bestimmung der studierenden Jugend berechnete Richtung« zu geben sei, wie »der Sittlichkeit, der guten Ordnung und des äußeren Anstands«. Lehrer waren zu entlassen, wenn sie »durch erweisliche Abweichung von ihrer Pflicht oder Überschreitung der Grenzen ihres Berufes, durch Mißbrauch ihres rechtmäßigen Einflusses auf die Gemüter der Jugend, durch Verbreitung verderblicher, der öffentlichen Ruhe und

Ordnung feindseliger oder die Grundlagen der bestehenden Staatseinrichtungen untergrabender Lehren, ihre Unfähigkeit zur Verwaltung des ihnen anvertrauten wichtigen Amtes unverkennbar an den Tag gelegt« hätten. Geheime oder nicht genehmigte Studentenverbindungen, vor allem die Burschenschaft, wurden verboten.

Das Pressegesetz führte die Vorzensur ein, für alle Zeitungen und Zeitschriften sowie alle sonstigen Schriften mit einem Umfang von nicht mehr als 20 Bogen, also 320 Seiten. Was darüber hinausging, wurde der Nachzensur unterworfen. Das bedeutete, daß bei den einen der Druck und bei den anderen die Verbreitung verhindert werden konnte, was im Ermessen der Zensurbehörden lag. Die Ankündigung der Pressefreiheit in der Deutschen Bundesakte war damit in ihr Gegenteil verkehrt.

Das dritte Gesetz installierte eine »Central-Behörde zur näheren Untersuchung der in mehreren Bundesstaaten entdeckten revolutionären Umtriebe«. Aufgabe der »Central-Untersuchungskommission« in Mainz war die »Untersuchung und Feststellung des Tatbestandes, des Ursprungs und der mannigfachen Verzweigungen«, die Verfolgung der Demagogie, während die Verurteilung der Demagogen durch Gerichte der Bundesstaaten erfolgen sollte. Das vierte Gesetz, die Exekutionsordnung, gab dem Bund die Möglichkeit, gegen Bundesglieder, die gegen ihre Bundespflichten verstießen, vorzugehen und gegen revolutionäre Bewegungen in Bundesstaaten einzuschreiten.

Der Deutsche Bund, als Staatenbund gegründet, erhielt zur Abwehr von Staatsfeinden bundesstaatliche Stützen, wurde also stärker – was diejenigen, die ihn national wie liberal für zu schwach hielten, noch mehr gegen ihn aufbrachte, während mancher seiner Verfechter die Eingriffe in einzelstaatliche Rechte mißbilligte.

Bei allen Gegnern und bei manchen Freunden geriet der Deutsche Bund in Mißkredit, und das in einem Moment, da – durch die Schlußakte der Wiener Ministerkonferenzen vom 15. Mai 1820 – seine Verfassung vollendet wurde: als deutsche Föderation ein Fortschritt gegenüber dem römisch-deutschen Reich, als »völkerrechtlicher Verein« eine Bürgschaft des europäischen Friedens.

Die »Karlsbader Beschlüsse« erwiesen sich als Ballast, den der Deutsche Bund nie mehr abzuwerfen vermochte, der ihn von Anfang an am Aufstieg hinderte. Dabei wurden sie beileibe nicht so heiß gegessen, wie sie gekocht worden waren. Bayern etwa setzte sie nur mit Vorbehalt in Kraft, schränkte ihre Geltung ein, führte die Vorzensur nur für politische Zeitschriften ein – aus Erwägungen, die in seinem alten Staatsbewußtsein wie in seinem neuen Verfassungsverständnis lagen.

Selbst Kaiser Franz kamen Bedenken. Er ermahnte zwar die österreichische Professorenschaft: »Es sind jetzt neue Ideen im Schwange, die ich nicht billigen werde. Enthalten Sie sich von diesen und halten Sie sich ans Positive«, und wer sich nicht daran halte, »der kann gehen, oder ich werde ihn entfernen«. So sagte er, doch so zu handeln getraute er sich nicht: Die Universitäten würden durch Untersuchungen erst recht »in Unruhe und Verwirrung gebracht werden«.

Metternich rechnete damit, daß jede Partei sein Kind anders nennen würde: ein Monstrum, ein gutes Werk oder eine Dummheit. »Ich habe allen Grund, zufrieden zu sein, und ich darf es sein, denn was ich wollte, ist geschehen. Der Himmel wird ein so großes und seiner würdiges Vorhaben schützen, denn es handelt sich darum, die Welt zu retten.«

Er fühlte sich wie Zeus, der den Blitz schleuderte, die Elemente besänftigte und Fruchtbarkeit spendete, wie der Olympier der Politik, der zum Olympier der Poesie hinüberschaute – Goethe, dem er in Karlsbad die Festrede zum 70. Geburtstag hielt, dem Weimarer, der von den deutschen Universitäten wenig und von der Pressefreiheit gar nichts hielt.

Metternich entging, daß am Dichterfürsten bereits gezaust wurde, und übersah, daß sie an ihm selber zu rütteln begannen, grundsatzfeste Deutsche wie temperamentvolle Italiener.

Nach Italien fuhr er im Frühjahr 1819. Das Reisen an sich schätzte er immer weniger, »das Qualgetriebe der Abreise«; den Abschied von Arbeitszimmer und Schreibtisch, »ein schwer zu ertragendes Mißgeschick«; das Verlassen von Frau und Kindern, ohne zur fernen Freundin in London fahren zu können; die mitreisenden Adjutanten, die er für überflüssig hielt, und den Arzt, den er mitnehmen mußte, der Hämorrhoiden, der Leber, der Augenentzündungen und anderer Defekte wegen; die schlechten Straßen, rumpelnden Kutschen und notdürftigen Quartiere. »Wäre ich ein Pferd, betete ich meinen Stall, meine Krippe wohl an.«

Dennoch trat er diese Reise »in der glücklichsten Verfassung an«. Es ging in den Süden, nach dem auch er Sehnsucht hatte, nach Italien, wo auch er Gedanken und Gefühle sich entfalten lassen wollte – zumal zu einer Zeit, da er Dorothea Lieven durch eine Beschreibung dieser Italienfahrt aus Liebeskummer wie aus Liebesseligkeit zu imponieren gedachte.

War es nicht schon ein Glück, das nebelfeuchte Wien hinter sich lassen zu können, die ganze, wie eine Herde maroder Schafe hustende Gesellschaft? Und die Bürokraten am Ballhausplatz nicht mehr zu sehen, die Vorträge der geheimen und gelehrten Räte nicht mehr zu hören, den Umgang mit ganz anderen Menschen, nicht zuletzt Künstlern zu pflegen, die menschlich meist viel wertvoller seien als Gelehrte: »Ihr Hirn hat meist einen Sprung, aber ihr Herz ist gut. Bei den Gelehrten verhält es sich umgekehrt.«

Hinreißend war schon die Fahrt über die Alpen. »Nichts ist kleinlich, noch mittelmäßig in dieser Landschaft, zwanzig Fuß hoch liegt der Schnee, die Bäche sind wildschäumende Wasserströme, Berge stürzen, wenn die Erde in Bewegung gerät.« Er war hin- und hergerissen: Die Alpen »demütigen die Seele durch die Überlegenheit ihrer ragenden Gewalt«, aber sie erheben auch die Seele, »weil es im Wesen des Menschen liegt, mit hohen Dingen im Verein zu wachsen«.

Und dann das Erlebnis des Überganges von Nord nach Süd, das Drama der Kontraste: Das letzte deutsche Dorf, Pontafel, durch einen Gletscherbach vom italienischen Pontebba getrennt, hüben hohe Dächer, rauchende Schornsteine, drüben flache Dächer, offenstehende Fenster. »Die Deutschen tragen Pelzmäntel und frieren, die Italiener in Hemdsärmeln bilden sich ein, es sei ihnen warm.«

Schon hat die Sonne Kraft gewonnen, sprießen Gräser und Kräuter, knospen die Hecken, wachsen die ersten Reben und Maulbeerbäume. »Die Spiegelscheiben meiner Kutsche waren um neun Uhr morgens ganz mit Eisblumen bedeckt; um elf Uhr mußten alle Scheiben heruntergelassen werden, weil es zum Ersticken heiß war im Wagen.«

Er war kein Jünger Ossians, des keltischen Barden, der Nebel und Nebulöses besingen wollte, lieber diesseits der Alpen geblieben wäre, an stürmischen Gestaden und in dunklen Wäldern, bei Hörnerklang und Bratäpfeln. Seine Natur, gestand er, gleiche der des Orangenbaums, er brauche dessen Klima, um gute Früchte zu tragen, Luft und Licht, die Sonne am klaren Himmel.

Aber er glich nicht Eichendorff, der für nordische Romantik ein südliches Treibhaus suchte, eher Goethe, der nicht nur die Zitronenblüten, sondern auch die klassischen und fast mehr noch die klassizistischen Kunstwerke schätzte, vornehmlich die antikisch klaren Bögen und strengen Säulen, das rational gebändigte Monumentale der Bauten Andrea Palladios. Auch Metternich bewunderte sie in Vicenza, und sie erschienen ihm nicht nur als »Gleichnis der Größe und des Niederganges der venetianischen Republik«, was den Minister Österreichs, zu dem das Lombardo-Venetianische Königreich nun gehörte, erbaute, sondern auch als Sinnbild der Renaissance des Römischen, was dem Restaurator des alten Europas imponierte.

»Verona liebe ich sehr«, und »das Amphitheater ist herrlich«. Kaum angekommen, ging er in die Oper, denn auch das konnte ihm nur Italien bieten: Rossini, dessen Talent »in der Tatsache der steten Erfindung eines hübschen Motivs« liege; eine Musik, von der er schwärmte: »Sie erregt mich zu süßen Tränen, sie rührt mich über mein eigenes Wesen, sie tut mir wohl und wehe, und das Weh selbst ist Wohlsein«; Belcanto, der weniger ausdrucksstark und stürmisch als rund und geschmeidig war; und die Sängerinnen, auf die beides zutraf.

Und dann die Toskana! »Beim Abstieg des Apennin beginnt das eigentliche Italien. Die Felder sind mit Olivenbäumen bedeckt, alle Haine sind ewig grün; allerort Lorbeer, Sykomoren und immergrüne Eichen. Blumen blühen überall, es ist, als ob der Maimonat den März verdrängt hätte, die Leute tragen Strohhüte und das Korn wogt fußhoch. Mehr Maultiere als Pferde und mehr schöne Zähne in einem einzigen Dorf als in einer ganzen Provinz diesseits der Alpen. Hätte ich das Gelüst, mich beißen zu lassen, so wollte ich es vorzüglich in der Toskana gestillt wissen.«

In Florenz atme alles »Größe, Geschmack und Menschlichkeit«, in der Kunstgalerie konnte sich sein Auge »über den Anblick vieler Zeitgenossen und moderner Gegenstände« hinwegtrösten. Ferdinand III., ein Bruder Franz' I., war zwar kein Cosimo oder Lorenzo de' Medici; doch gerade deswegen beneidete ihn Metternich: »Es gibt mehr oder weniger keine Politik an den Ufern des Arno«, der Großherzog tue nichts anderes als Pflanzen und Bauen, »und dies noch dazu in einem Winkel der Erde, der aussieht, als ob er einmal ein Teil jenes paradiesischen Gartens, der Wohnung des ersten Menschen, gewesen sei«.

In Rom schien die Kuppel von Sankt Peter den Himmel über diese Erde zu wölben, die Welt in diesseitiger, antik-römischer Ordnung zusammenzuhalten und in römisch-katholischer Ordnung auf die Überwelt auszurichten.

»Um fünf Uhr nachmittags entdeckte ich die Kuppel der Peterskirche, und um halb sechs Uhr fuhr ich durch die Porta di Popolo in die Stadt ein. Erste Ankunft in Rom. Freundin, o erschütternder Eindruck. Die Stadt der Städte ist Rom!« Dies schrieb er Dorothea Lieven, und das seiner Frau: »Mit Rom erging es mir wie mit einer Person, die ich, ohne sie zu kennen, hätte ergründen wollen. Man täuscht sich immer in dieser Art Berechnungen. Ich fand Rom durchaus anders, als ich angenommen hatte; ich hielt es für alt und finster, es ist antik und prachtvoll, glänzend und immer neu.«

Fünfundzwanzig Säle standen dem Außenminister Österreichs im Palast der Consulta auf dem Quirinal zur Verfügung. Von den Fenstern aus sah er fast das ganze Rom: den Palatin, auf dem die Riesenruinen der Kaiserpaläste an die Größe des Römischen Reiches erinnerten, »der Schutt der Jahrhunderte die Erdoberfläche erhöht« hatte. Die marmornen Rossebändiger, die ihn an seine Aufgabe gemahnten, die modernen Kräfte zu zügeln. Den Palazzo di Quirinale, den Napoleon renoviert hatte und in dem nun wieder der Souverän des Kirchenstaates im Sommer residierte.

Und den Vatikan, die geistliche Festung, in der Papst Pius VII. den Kaiser der Franzosen, den er gesalbt, überdauert hatte, wo er nun den Kaiser von Österreich und dessen Minister empfing – dem dies wie eine Repetition des Sacrum Imperium vorkam, mit dem Primat des aufgeklärten Geistes und der weltlichen Macht.

Das hielt er auch deshalb für notwendig, weil ihm in Rom klar geworden war, daß das Christliche etwas Revolutionäres an sich hatte – jedenfalls in der Vergangenheit, im Übergang von der Antike zum Mittelalter. Offensichtlich war damals mit der Zivilisation die Kunst abgesunken. Der Grund »muß in der Einsetzung der christlichen Religion gesucht werden, und diese Tatsache ergibt sich so einfach wie natürlich. Die christliche Religion ist eine durchaus geistige; das Heidentum war im Gegenteil ganz stofflich. Der Sieg des Christentums konnte nur auf dem Zerfall des Heidnischen begründet sein. Der Geist hat die Sinne geschwächt, die Intellektualität die Sinnlichkeit herabgemindert. Christliches konnte mit Heidnischem sich nicht verbünden, es mußte zerstören, um sein Gebiet zu reinigen und zu klären vor der Besitzergreifung.«

Die Menschen bekamen Heimweh nach der Antike. Die Renaissance suchte sie wiederzubeleben, der Klassizismus nun nachzubilden. Metternich besuchte in Rom die Ateliers der beiden berühmtesten Bildhauer, fand Canovas Perseus »heroisch über alle Beschreibung«, und ließ sich von Thorwaldsen modellieren – der Staatsmann, der am liebsten jeder Bewegung Einhalt geboten, sein System in Marmor festgehalten hätte und nicht wahrhaben wollte, daß ihm damit – wie den klassizistischen Bildhauern – nur ein Werk gelingen mochte, das einer Kopie näher stand als einem Original.

In Neapel hätte er ein Beispiel vor Augen gehabt, wie klassische Ruhe trügen konnte, daß Urkraft nicht zu bannen war. Wie friedlich stand der Vesuv über dem lachenden Golf, »nie wird er auf irgendeinem Bilde stören, ein Salon, von dem aus man ihn mühelos übersieht, ist ein schöner Salon«. Doch war er nicht auch »eine riesenhafte Fackel«, die eines weniger schönen Tages die Salons in Brand stecken, die Weingärten und Olivenhaine mit Lava überfluten, das friedliche Bild zerstören könnte – an diesem Golf wie überall in Italien?

In Neapel, der Hauptstadt des Königreiches beider Sizilien, regierte Ferdinand I. immer noch so, wie es bei seiner Thronbesteigung im Jahre 1759 üblich gewesen war, doch zunehmend als Übel empfunden wurde. Er hatte sich stets auf Austria gestützt, zuerst auf seine Gemahlin Karoline Marie, eine Tochter Maria Theresias, und, seit dem Sturze Murats, auf österreichische Bajonette.

Metternich war dafür zum Herzog von Macaroni erhoben worden, was ihn aber so sehr an Pulcinella und die neapolitanischen Makkaronifresser erinnerte, daß er im Tausch den Titel und die Rente eines Herzogs von Portella erbat, nach dem Namen der ersten Ortschaft, die 1815 von den Österreichern besetzt und – wie es die Restaurateure nannten – befreit worden war.

Nun wurde der österreichische Außenminister und neapolitanische Herzog mit höchsten Ehren empfangen, erhielt einen Schwarm von Generälen samt Gemahlinnen als Cortège, was er nicht als Courtoisie empfand, denn die Herren waren bis zum Platzen aufgeblasen und die Damen »alle häßlich, dumm, infolgedessen zum Sterben langweilig«.

Und die Bewohner der unteren Regionen des neapolitanischen Königreiches fand er, und das war gelinde ausgedrückt, »salopp, um auch weniger Günstiges neben so viel Vollendung« – der Gegend, des Klimas, der Musik, der Kunst – zu erwähnen. Auf der ganzen Apenninenhalbinsel mißfiel ihm das Mißverhältnis zwischen einer dem klassischen Vorbild entsprechenden Landschaft und der seinen persönlichen wie politischen Vorstellungen widersprechenden Bevölkerung. Am liebsten hätte er die Italiener aus Italien evakuiert und durch Lichtgestalten seiner Phantasie und Musterknaben seines Systems ersetzt. »Schöne Länder, die von Menschen bewohnt sind, die kaum dieses ehrenhaften Titels würdig sind, erwecken in mir immer den Wunsch, die Einwohner auszusiedeln, um jene neu zu bevölkern.«

Die Zufriedenen, zumindest die Ruhigen, waren zwar in der Überzahl, aber die Zahl derjenigen, die mit Napoleon beziehungsweise den durch ihn vermittelten nationalen und liberalen Errungenschaften noch zufriedener gewesen waren, nahm zu. Notorische Unruhestifter machten sich dies zunutze, wühlten im Dunkel und im Geheimen, und das in einem Land, zu dessen vornehmlichsten Eigenschaften das Licht und die Offenheit zu gehören schienen.

Carbonari nannten sich die Geheimbündler, die wie die kalabrischen Köhler in »Hütten« zusammenkamen, »Kohlen brennen«, das heißt Brennstoff gewinnen wollten, die gesellschaftlichen und politischen Zustände wie das Holz des Waldes durch Feuer läutern zu können glaubten. Für Köhlerglauben, also blinden, in das dunkle Mittelalter passenden Glauben hielt das der aufgeklärte Metternich, der sich selber wie ein »Geisterseher« zu benehmen begann, der überall geheime Sekten und revolutionäre Gesellschaften wahrzunehmen meinte – von der Spitze bis zur Stulpe des italienischen Stiefels.

In Mailand, der Hauptstadt des unter die Krone Habsburgs gekommenen Lombardo-Venetianischen Königreiches, wurde zwar Canovas Statue Napoleons in der Brera hinter Schloß und Riegel gebracht, aber der Geist des Einigers Italiens und Schöpfers eines bürgerlichen Gesetzbuches ging in der Stadt um, spukte in den Köpfen von fortschrittlich gesinnten Adeligen und nach oben strebenden Bürgern.

Als Metternich von Dezember 1815 bis April 1816 zum erstenmal und im Sommer 1817 ein zweitesmal in der Lombardei und in Venetien gewesen war, hatte er davon kaum etwas verspürt, jedenfalls keinen Anlaß zum Einschreiten, eher zum Nachgeben gesehen. Sicherheit vor Krieg und Revolution bot er ohnehin, darüber hinaus dachte er daran, »dem Nationalgeiste und der Eigenliebe der Nation dadurch entgegen zu kommen, daß man diesen Provinzen eine Verwaltungsform gebe, welche den Italienern beweise, man wolle sie nicht mit den deutschen Provinzen der Monarchie ganz gleich behandeln und sozusagen verschmelzen«.

An die Einführung von ständischen Vertretungen wie die Aufhebung des Polizeiregimes und des Zensurwesens dachte er selbstverständlich nicht, immerhin an die Besetzung von Verwaltungsstellen mit Einheimischen, an eine Beschleunigung und Verbesserung des Geschäftsganges, an wirtschaftliche Erleichterungen. Und er sprach von Italienern, wandte die Bezeichnung Italien auf Lombardo-Venetien an – eine gewisse, wenn auch unzureichende Korrektur seiner früheren Äußerung, daß Italien nur ein geographischer Begriff sei.

Doch Franz I., ein Zentralist, doch kein aufgeklärter wie Joseph II., hielt nichts von einer Dezentralisierung der Verwaltung und schon gar nichts von Zugeständnissen an die Verwalteten. In Florenz geboren, glaubte er die Bewohner der Apenninenhalbinsel besser zu kennen, traute er ihnen noch weniger als seinen anderen Untertanen. »Soll ich Italien Reformen geben? Nein, jede Konzession ist gefährlich. Der Mensch in seiner unersättlichen Natur verlangt immer noch etwas mehr. Gebt ihm die Hand, so verlangt er den Arm, gebt ihm den Arm, so will er schon den ganzen Körper; ich aber will ihnen nicht meinen Kopf geben.«

Nach dem, was Metternich bei seinem dritten Besuch in Italien, im Jahre 1819, gesehen hatte, war er geneigt, seinem Kaiser recht zu geben. Und erst recht nach dem, was er im nächsten Jahr zu hören bekam: Am 2. Juli 1820 setzte sich im neapolitanischen Nola eine königliche Kavallerieschwadron unter der rot-schwarz-blauen Fahne der Carbonari in Marsch, mehr und mehr Truppen und Milizen schlossen sich an, General Guglielmo Pepe stellte sich an die Spitze der Bewegung, die Ferdinand I. eine Verfassung abforderte und sie von ihm beschwören ließ.

Noch blieb die Revolution auf Neapel beschränkt, doch in ganz Italien horchten die Patrioten auf, verstärkten die Carbonari ihre Agitation, gewann eine ähnliche Organisation, die Federati, in Piemont, in der Lombardei und darüber hinaus an Boden. Die von Metternich anvisierte Lega Italica, ein legaler Bund der konservativen Staaten, war nicht zustandegekommen, eine illegale Lega der revolutionären Geheimbünde schien voranzukommen.

Klemens solle dem Geist der Zeit weichen, schrieb ihm die Fürstin Bagration, die alte Freundin, die sich in Paris »Hals über Kopf in den Liberalismus gestürzt hat, und das wahrscheinlich, weil sich einige Liberale auf sie gestürzt haben«. Klemens solle marschieren, schrieb ihm Dorothea Lieven, die neue Freundin, die italienische Revolution niederwerfen und sich dadurch noch mehr erheben.

Zunächst war dafür zu sorgen, daß das Feuer nicht auf das eigene Haus, das Lombardo-Venetianische Königreich, übergriff. Carbonari und Federati wurden verhaftet und vor Gericht gestellt, darunter der Dichter Silvio Pellico, der die Zeitschrift *Conciliatore* herausgab und Tragödien schrieb, und der Graf Federico Confalonieri, der in Mailand ein englisches Schulsystem eingeführt hatte und einen Aufstand vorbereitete. Beide wurden zum Tode verurteilt und zu Kerkerhaft auf dem Spielberg bei Brünn begnadigt.

Metternich wollte durch die Prozesse Klarheit über das Ausmaß der Verschwörung gewinnen, ein Exempel statuieren, die Verschwörer in ganz Europa einschüchtern und dann vielleicht Gnade walten lassen. Zwei Stunden lang sprach der Außenminister in Wien mit dem Staatsverbrecher, der auf dem Weg ins Staatsgefängnis war. Er wollte von Confalonieri Greifbares über die Intentionen der Revolutionäre erfahren, über die der Angeklagte im Prozeß Andeutungen gemacht hatte. Da er ihm nicht wie ein Richter dem Delinquenten gegenübertrat, sondern von Kavalier zu Kavalier mit ihm redete, stellte ihm Confalonieri eine schriftliche Beantwortung seiner Fragen über die »europäische Verschwörung« in Aussicht.

Dabei blieb es. Vergebens hatte der Fürst an den Grafen appelliert, er müßte von Standes wegen auf der Seite der Aristokratie und der Monarchie, des staatlichen Gesetzes und der europäischen Ordnung stehen. Vergebens versuchte Franz I. durch verschärfte Haftbedingungen Confalonieri und seine Mitgefangenen auf dem Spielberg zu tätiger Reue zu bewegen. Sie blieben standhaft, ihrer Rolle als Märtyrer der italienischen Nationalstaatsbewegung treu. Die Memoiren des 1830 freigelassenen Pellico und des 1838 begnadigten Confalonieri wurden Anklageschriften gegen das österreichische System, die nicht nur Italien, sondern ganz Europa erschüttern sollten – schlimmer als eine verlorene Schlacht, wie Metternich resümierte.

Als Außenminister hatte er keinen direkten Anteil an der Drangsalierung der Staatsgefangenen. Das ließ sich Franz I. angelegen sein, wobei er nicht nur darauf Wert legte, daß sie Strümpfe strickten. Die Ausführung durch beflissene Polizeiorgane übertraf, wie gewöhnlich, die allerhöchsten Absichten.

Metternich hatte vergebens eine allgemeine Amnestie empfohlen, nicht so sehr, um Schuldigen zu verzeihen, als Märtyrer zu vermeiden, und in der Erwartung, die Amnestierten zu Aussagen über Mitverschworene und Hintermänner zu bewegen. Und als er 1820 verhinderte, daß Engländer, die nicht nur als Touristen im österreichischen Italien weilten, ohne Verfahren ausgewiesen wurden, dann weniger deshalb, weil der den Edel-Carbonaro Lord Byron für den »glänzendsten Kometen der Poesie der Gegenwart« hielt, sondern weil er keine Verwicklungen mit England brauchen konnte.

»Die Welt ist in hellem Wahnsinn«, seufzte Metternich. »England ist krank, aber man weiß dort, was man will. In Frankreich ist man es zwar auch, doch möchte man dort gerne wissen, was man zu wollen vermöchte. In Rußland tut man alles, um krank zu werden. In Preußen hat man sich so vielen Ausschweifungen hingegeben, daß man ganz geschwächt ist. In Spanien herrscht das gelbe Fieber, in Neapel die Pest, Oberitalien hat Scharlach, Deutschland zeigt Anzeichen einer beginnenden Wassersucht.«

In England hatte Castlereagh einen Schwächeanfall nach dem anderen. In Rußland phantasierte Zar Alexander à la Heilige Allianz. In Preußen suchte Friedrich Wilhelm III. die Nachwehen der Reformen mit einer Überdosis Reaktion zu stillen. In Deutschland hatte man Publizisten, Professoren und Studenten in die Zwangsjacke der »Karlsbader Beschlüsse« stecken müssen.

Frankreich, in seiner Konstitution anfällig, erlitt die erste Attacke: Am 13. Februar 1820 fiel in Paris der Herzog von Berry einem Mordanschlag zum Opfer. Der Neffe des Königs und einzige Fortsetzer der älteren Linie der Bourbonen hinterließ 63 illegitime Kinder und einen Postumus, den Prinzen Henri von Artois, Herzog von Bordeaux, den die Legitimisten als »ein von Gott geschenktes Wunderkind« feierten.

»Der Liberalismus macht seinen Weg«, kommentierte Metternich. In diesem Unglücksjahr, das mit der Meuterei königlich-spanischer Truppen in Cadiz begonnen hatte, erreichte er noch weitere Stationen. Am 7. März 1820 mußte Ferdinand VII., ein Absolutist in spanischen Ausmaßen, die von den Obristen Riego und Quiroga erkämpfte und von den »Liberales« formulierte Verfassung anerkennen. Die Funken stoben nach Portugal hinüber, eine Revolution brach aus.

Lateinamerika stand bereits in Flammen. Spanische Kolonien hatten – nach dem Beispiel der Amerikanischen wie der Französischen Revolution – sich für frei und unabhängig erklärt: 1810 Chile, 1811 Paraguay und Uruguay, 1816 Argentinien; 1819 war Simon Bolivar, der militärische Libertador, Präsident der Zentralrepublik Groß-Kolumbien (Neu-Granada, Ekuador und Venezuela) geworden. Weitere Unabhängigkeitserklärungen folgten: 1820 Mexiko, 1821 Peru und 1822 das portugiesische Brasilien.

Der iberische Liberalismus – die Bezeichnung war zuerst in Spanien aufgetaucht – sprang 1820 nach Neapel hinüber, das eine spanische Vergangenheit hatte und von spanischen Bourbonen regiert wurde. Der Bazillus gelangte nach Norditalien, in das Lombardo-Venetianische Königreich, wo ihn die Österreicher bekämpften, und in das Königreich Sardinien-Piemont, wo er um sich griff, 1821 eine Revolution erregen sollte.

»Die Welt ist recht krank«, diagnostizierte Metternich und begann sich in seine neue Aufgabe als »Arzt im großen Weltspital« zu schicken. Eben hatte er noch geglaubt, die Welt geheilt, Europa in Ordnung gebracht zu haben, sich auf den Lorbeeren ausruhen zu können. Nun stöhnte er: »Ich habe ganz Europa im Genick, die Revolution an meinen Fersen.«

Davonlaufen wollte er nicht: »Das sicherste Mittel, um Erfolg zu haben und von der Canaille gefürchtet zu werden, besteht darin, sie geradewegs anzugreifen und sie nicht zu fürchten.«

Die Intervention war das Instrument, das in seinem System für die Fälle vorgesehen war, in denen ein Monarch durch Repression die Revolution nicht niederzuhalten vermochte, des Beistandes seiner Mitmonarchen bedurfte. Ob und wie das geschehen sollte, war von den fünf Mächten der Pentarchie auf Kongressen zu entscheiden, wie er es geplant hatte.

Daß nun gehandelt werden mußte, rasch und energisch, war ihm klar: »Meine Überzeugung geht schon lange dahin, daß ohne umfassende scharfe Amputationen die Wunde sich in ein Krebsgeschwür verwandeln und den Kranken töten würde. Man hat sicherlich allen Grund zu zittern, wenn man sich sagt, daß dieser Bresthafte niemand geringerer ist als die gesamte menschliche Gesellschaft.«

Im Oktober 1820 trafen sich Franz I. von Österreich, Alexander I. von Rußland und Friedrich Wilhelm III. von Preußen in Troppau im österreichischen Schlesien. Die Könige von Frankreich und Großbritannien ließen sich durch Diplomaten vertreten, was Metternich, der selbstredend den Kongreß leitete, grundsätzlich nicht paßte und die Arbeit nicht erleichterte.

Die französischen Diplomaten waren keine Talleyrands, der Brite Lord Stewart, sein ehemaliger Konkurrent um die Gunst der Herzogin von Sagan, konterkarierte die Bemühungen der kontinentalen Konservativen, jede revolutionäre Regung an jedem Ort und mit allen Mitteln durch ein gemeinsames Dazwischentreten der fünf Großmächte auszutreten. Die drei Monarchen waren prinzipiell dafür, der Zar, der handsamer geworden war, und mit ihm der König von Preußen und natürlich Kaiser Franz. Doch die Mucken der Monarchen und die Bockigkeit ihrer Berater machten ihm zu schaffen, vor allem an einem Ort, der keine Abwechslung bot.

»Die Welt«, seufzte Metternich, »wird an der Schwäche der Fürsten und an der Dummheit ihrer Gebieter zugrundegehen. Ich kenne heute nur einen einzigen Mann, der weiß, was er will, und das bin ich.« Es war das Aufstöhnen eines Atlas, der die Last ganz gerne trug. Die Augen Europas seien auf den Kongreß im allgemeinen und auf ihn im besonderen gerichtet. Man müsse ihm etwas zu schauen geben, »und wenn Gott mir Hilfe und Unterstützung leiht, werden wir alle, die wir noch nicht in Wahnsinn und Dummheit verfallen sind, nicht ermangeln, die entsprechenden Entscheidungen zu treffen«.

Das von Metternich verfaßte Troppauer Protokoll unterzeichneten die drei Monarchen, nicht jedoch die Vertreter Englands und Frankreichs. Sie wollten der Intervention nicht plein pouvoir geben, wie es der Österreicher verlangte und Russen wie Preußen billigten: Die Staaten, welche »eine durch Aufruhr bewirkte Regierungsänderung erlitten haben, deren Folgen für andere Staaten bedrohlich sind«, sollten zunächst mit diplomatischen Mitteln, notfalls mit Waffengewalt in den Schoß der großen Allianz zurückgeführt werden.

Dieses generelle Gebot erforderte Ende 1820 ein konkretes Eingreifen in Spanien, Portugal und Neapel. Genaueres wollte man aber erst auf einer neuen Gipfelkonferenz besprechen, die in Fortsetzung der Troppauer im Januar 1821 in Laibach, im österreichischen Slowenien, zusammentrat, unter Beiziehung des Königs von Neapel. Man richtete sich auf längere Verhandlungen ein: der Kaiser von Österreich und der russische Zar, ohne seinen Adjutanten Friedrich Wilhelm, Hardenberg, der Repräsentant Preußens, die Vertreter Frankreichs und die Engländer, die diesmal nicht als Bevollmächtigte, sondern als Beobachter gekommen waren.

Und Metternich, der wieder alle dirigierte. Seine Quartierwirtin war »häßlich wie die sieben Todsünden«, doch eine kleine

Sünde schien eine schöne Kroatin wert zu sein. Vielleicht war es nur eine Folge der Langeweile, die in Laibach herrschte. Was waren das in Wien und selbst noch in Aachen für gute Kongreßzeiten gewesen – gesellschaftlich wie politisch!

Damals glaubte er Ordnung und Frieden für immer, zumindest für lange Zeit gewährleistet zu haben. Nun mußte er sich mit Aufrührern in diversen Ländern auseinandersetzen, die mit der Ruhe ihrer Staaten die Sicherheit Europas bedrohten: in Spanien und Portugal, in Neapel und in Sardinien-Piemont, das von einem Aufstand geschüttelt wurde.

Und die Griechen erhoben sich gegen die Türken, was vielleicht dem Christen und Klassizisten Metternich, doch nicht dem Ordnungshüter und schon gar nicht dem Österreicher gefallen konnte. Denn die Russen machten Miene, als Befreier der orthodoxen Glaubensbrüder die imperialistische Expansion auf dem Balkan fortzusetzen. Und die Engländer trafen Anstalten, auf den Spuren von »Childe Harold's Pilgrimage« des Freiheitsbarden Byron, für den Liberalismus zu demonstrieren und ihre Seemachtposition im Mittelmeer zu stärken.

Österreich, Rußland und Preußen beschlossen, nach Anhörung Ferdinands I., eine bewaffnete Intervention in seinem Königreich beider Sizilien. Die damit betraute österreichische Armee schlug in einem kurzen Feldzug, der einem Eilmarsch glich, die Aufständischen, führte den König nach Neapel zurück, wo er so scharf reagierte und reaktionär regierte, daß ihm die österreichische Schutz- und Besatzungsmacht zuweilen in den Arm fallen mußte.

Auch in Piemont griff Österreich unter Berufung auf das Interventionsrecht und im Namen der Pentarchie ein, die allerdings auf drei Mächte zusammenzuschrumpfen drohte, nachdem die französischen Bevollmächtigten und die englischen Beobachter in Laibach in einer Konferenz, die sich als Gerichtshof und Polizeidirektion Europas gerierte, nicht mehr mitzuarbeiten gedachten.

Metternich, der sich für den Archonten dieses Areopags hielt, hatte Mühe, ein Auseinanderfallen der »Boutique« zu verhindern. »Ich arbeite, arbeite, arbeite« – denn »habe ich nicht Verrückte und Verbrecher zu bekämpfen, Dumme auszuschalten, anständige Leute zu retten und zu erhalten?« Die Welt habe ein Recht darauf, »von einigen Wegelagerern auf offener Straße und von einem

Dutzend Ehrgeizlingen befreit zu werden, die ruhig im Stande wären, um nur Minister und Kanzler zu werden, Ströme von Blut fließen zu lassen«.

»Entweder werden die Spitzbuben bestraft oder aber sie erdrücken uns. Mit einem Wort, es gibt kein Zurück mehr!« Die äußeren Feinde glaubte er zu Paaren treiben zu können. Und er zweifelte nicht daran, auch seinen Intimgegnern überlegen zu sein und mit ihnen fertig zu werden. »Ich gehe immer, aber auch immer, auf dasselbe Ziel los, und meine Umgebung gleicht Kindern, die glauben, daß die Bäume vor dem Wagen hinlaufen, während sie selbst es sind, die laufen. Die Dummen und Narren täuschen sich fortwährend über mein Tun, denn nichts scheint ihnen weniger möglich als Schnelligkeit des Denkens. Während ihr Geist ewig in eingebildeten Weiten herumirrt, sehen sie den Stein vor ihnen nicht, an dem sie anstoßen werden.«

Mochten sich auch Franzosen zieren und Engländer sträuben – Österreich, Rußland und Preußen bekannten sich zum Metternichschen System, zum Prinzip der Intervention und der Praxis der Einmischung in die Angelegenheiten anderer Staaten, die ja keine fremden Staaten waren, sondern Angehörige der Allianz, Glieder der Monarchengesellschaft, Brüder im konservativen Geist.

»Europa kennt die Gründe«, hieß es in der Schlußerklärung des Kongresses von Laibach vom 12. Mai 1821, »welche die verbündeten Souveräne zu dem Entschlusse vermocht haben, die Komplotte zu ersticken und den Unruhen ein Ende zu machen, wodurch das Bestehen des allgemeinen Friedens bedroht war, dessen Herstellung so viele Anstrengung, so viel Mühe gekostet hatte.« Und: »Die Monarchen sind entschlossen, niemals von diesen Prinzipien abzuweichen, und alle Freunde des Guten werden in ihrem Vereine stets eine sichere Gewähr gegen die Versuche der Ruhestörer erblicken und finden.«

Doch die Unruhestifter wurden nicht weniger, die Zahl derer, die Befriedigung im Genuß verordneten Glückes fanden, nahm ab, die Erhaltung der kollektiven Sicherheit durch kollektive Kontrolle schien zu einer Daueraufgabe ohne Dauerlösung zu werden. Sie müßten sich im nächsten Jahr schon wieder treffen, befanden Metternich und die Monarchen, weil in Laibach nicht alles abgehakt und erledigt werden konnte.

Obwohl er noch nicht merkte, daß er eine Sisyphusarbeit übernommen hatte, begann er Napoleon zu beneiden, beinahe zu bewundern, weil dieser seine Ordnung ein und ein halbes Jahrzehnt lang behauptet hatte. Anlaß zu solcher Rückschau bot der Tod des Exkaisers am 5. Mai 1821 in der Verbannung auf Sankt Helena.

Seine erste Reaktion war die Entsendung eines Vertrauten nach London, zu den Kerkermeistern Napoleons, mit der dringenden Bitte, etwaigen schriftlichen Nachlaß nicht zu veröffentlichen. Er fürchtete weniger üble Nachrede als Hinweise darauf, wie gut er sich eine Zeitlang mit ihm vertragen hatte.

Und ihn immer besser verstand. Die revolutionäre Ideologie – so Napoleon in Übereinstimmung mit Metternich – sei »eine trübe Metaphysik, die mit Spitzfindigkeit die ersten Ursachen sucht und auf diese Grundlagen die Gesetzgebung der Völker begründen will, anstatt die Gesetze nach der Kenntnis des menschlichen Herzens und den Lehren der Geschichte einzurichten«.

Napoleon hatte Ideologie und Ideologen niedergehalten: Durch Zensur und mit der Polizei, präventiv durch Überwachung, repressiv durch Bestrafung. Mit strengen Gesetzen, praktikablen Verordnungen und Wohltaten, Belohnung der Besten und Beglückung aller, die sich fügten und einfügten. Es war eine vermehrte und verbesserte Neuauflage des aufgeklärten Absolutismus des 18. Jahrhunderts und Napoleon so etwas wie ein Joseph II. in Großformat.

Vor allem die Innenpolitik, aber auch manches an der Außenpolitik Napoleons faszinierte Metternich. War das Resultat seiner Kriege nicht ein System des Friedens gewesen? Hatte er denn nicht nur die Revolution in Frankreich, sondern in Europa gezähmt, auf dem ganzen Kontinent Ruhe und Ordnung gewährleistet? Der Österreicher hätte die Pax Napoleonica goutieren können, wenn die Machtgier des Korsen nicht so unersättlich gewesen wäre, der Imperialismus des Franzosen nicht andere Staaten verschlungen oder – wie seinen eigenen – zu verschlingen gedroht hätte. Dadurch war Metternich gezwungen worden, die Koalition gegen Napoleon zu schließen und zu führen, wobei er ihm bis zuletzt Möglichkeiten für einen Ausgleich, eine Einfügung in ein nicht von Frankreich kommandiertes, sondern von allen Großmächten kollegial geleitetes Staatensystem offen gelassen hatte.

»An die Stelle des einen Mannes ist ein einziges Übel getreten«, klagte er nun, nach seinen Erfahrungen mit der wiederbelebten Revolution und dem wiederhergestellten Staatenegoismus. »Säße er noch auf dem Thron und gäbe es nur ihn auf der Welt, so wäre ich glücklich!« Mit ihm war er fertig geworden, mit dem, was Napoleon lange Zeit gelungen war, tat er sich jetzt immer schwerer: »Herr des Feldes« zu bleiben, gegen »die blinden Leidenschaften, die wilden Elemente einer verkommenen Gesellschaft, die menschlichen Torheiten«.

Aber hatte es der alte Feldhüter nicht leichter gehabt als der neue? »Wenn ich befehlen könnte, wie ich es nicht kann, würde ich nur die Hälfte von dem zu tun haben, was mir derzeit obliegt.« Kaiser Napoleon hatte Generäle, Offiziere, Unteroffiziere und Mannschaften en masse, »während ich mit dem marschieren muß, was ich vorfinde. So ist mir seit langem klar, daß ich einen viel größeren Vorrat an Kühnheit aufweise, als dieser sogenannte Heros des Jahrhunderts. Und wenn Gott mir eines Tages zugute hält, was ich in seinen Bahnen gegen jene der Hölle tue, werde ich einiges Recht auf politische Heiligsprechung besitzen.«

In die Selbstüberhebung und den Stolz, einen solchen Gegner bezwungen zu haben, mischte sich Sehnsucht nach der alten guten heroischen Zeit. »Alles, was sich nach 1815 ereignete, gehört der gewöhnlichen Geschichte an«, hatte er 1819 geschrieben. »Wir sind wieder in eine Zeit zurückgefallen, wo tausend kleine Berechnungen und kleinliche Ansichten die Geschichte des Tages bilden.«

Damit hatte er es vor, während und nach dem Kongreß von Laibach zu tun und bei den Vorbereitungen zum nächsten, der ein Jahr darauf in Verona stattfinden sollte. Anstatt gegen die Revolutionäre Front zu machen, begannen sich die Restaurateure in den Rücken zu fallen.

Der alte Adam des Machtstaates war unter der Verkleidung der Heiligen Allianz sichtbar geworden. Rußlands Appetit auf den Balkan war kaum mehr zu zügeln, England blickte nach Lateinamerika, und selbst Frankreich, das allen Grund gehabt hätte, sich mustergültig zu verhalten, kehrte wieder alte Machtinteressen hervor.

Nun zeigte sich, wie recht Metternich gehabt hatte, daß er seine

Ordnung primär auf das Gleichgewicht der Mächte und nicht auf die Prinzipien der Restauration gegründet hatte. Diese konnte man deklarieren und es dabei belassen. Jenes konnte ausbalanciert werden, mit anhaltendem Erfolg freilich nur, wenn die einzelnen Gewichte nicht von innen heraus ihr Gewicht veränderten, die Statik erhalten, der politische und gesellschaftliche Grundkonsens gewahrt blieb.

Austarieren der alten Mächte und Retardieren der modernen Kräfte – die Lösung dieser Doppelaufgabe erwies sich als zunehmend schwieriger.

Im Frühjahr 1822 gelang es ihm, Rußland von einem Krieg gegen die Türkei abzuhalten, wobei er Alexander I. an das Portepee der Prinzipien der Heiligen Allianz faßte, während er England und Frankreich, die mit den aufständischen Griechen sympathisierten, unter Hinweis auf drohende Gleichgewichtsstörungen in Europa für ein Zurückhalten Rußlands gewann.

So brachte er im Herbst 1822, auf dem Kongreß von Verona, wieder alle fünf an einen Tisch: Franz I. für Österreich, Alexander I. für Rußland, Friedrich Wilhelm III. für Preußen, Montmorency und Chateaubriand für Frankreich, und Wellington für England. Castlereagh hatte sich im Sommer das Leben genommen und damit die Sorgen Metternichs vermehrt; denn dem Tory Wellington konnte er zwar vertrauen, aber mit dem Militär nicht so zusammenspielen wie mit dem Diplomaten. Und der neue Außenminister, George Canning, war ein erklärter Gegner von Reaktion und Intervention, ein mehr auf Übersee als auf Europa fixierter Brite.

Metternich hatte seinen neunzehnjährigen Sohn Viktor mitgenommen, der beeindruckt war, »welch geradezu übernatürliche Wirkung die drei betont ausgesprochenen Silben Met-ter-nich hervorrufen«. Und: »Papa arbeitet in ungeahnt gewaltiger Weise, denn er ist es, und er allein, der die Boutique leitet.«

Auf der Agenda stand zuoberst die Frage einer Intervention in Spanien. Der Zar war dafür Feuer und Flamme, wäre am liebsten mit einem russischen Heer quer durch Europa auf die iberische Halbinsel marschiert, auf eine Niederwerfung der »Liberales« begierig und auf einen Machtgewinn für Rußland bedacht. Dieses Doppelmotiv brachte ihn sogar dazu, daß er seine Balkanaspirationen vorläufig unterdrückte und den griechischen Aufstand mißbilligte.

Alexander hatte einen Alliierten im Bevollmächtigten Frankreichs gefunden, mit dem er persönlich, prinzipiell und politisch zu harmonieren glaubte. François René de Chateaubriand, ein Romantiker, Monarchist und Interventionist in beinahe alexandrinischen Maßen, brannte darauf, daß zum erstenmal Pulver unter der weißen Fahne der Bourbonen verschossen, nach dem Kanonendonner des Empires wieder französische Kanonenschüsse abgegeben würden, er und Ludwig XVIII. Erfolg haben könnten, »auf dem gleichen Boden, wo ehemals die Armeen des geschichtemachenden Mannes Niederlagen erlitten hatten«.

Metternich mochte Chateaubriand nicht, der Pfauenräder schlug, welche die seinigen übertrafen, und immer die Rolle des Hahns im Korb spielen wollte, die Klemens für sich beanspruchte. Selbst wenn er ihn als Legitimisten goutieren mochte, konnte ihm der französische Machtpolitiker nicht gefallen, der seinem Lande Machtzuwachs in Spanien verschaffen wollte – Hand in Hand mit dem Zaren. Der Alpdruck einer russisch-französischen Koalition war wieder da, das Gleichgewicht schien bedroht zu sein.

Der britische Bevollmächtigte Wellington suchte es dadurch zu erhalten, daß er sich gegen jeden Eingriff – sei es in Spanien oder auf dem Balkan – aussprach. Er handelte, wenn auch mit halbem Herzen, auf Weisung des neuen Außenministers Canning, der das »Prinzip der Nicht-Intervention« proklamierte: »Wir erkennen nicht an und verneinen für andere Mächte das Recht, irgendwelche Veränderungen in den internationalen Einrichtungen unabhängiger Staaten zu verlangen mit der Androhung eines feindlichen Angriffes im Falle der Weigerung.«

Das war für Metternich zu vordergründig gedacht. Das Gleichgewicht der Mächte konnte vielleicht momentan, aber nicht auf Dauer erhalten werden, wenn substantielle Veränderungen in einzelnen Staaten hingenommen würden. Er war für die Balance of powers, aber auch für eine Constancy of powers, die Unveränderlichkeit der bestehenden Mächte. Deshalb versuchte er es mit einem Mittelweg: Intervention ja, aber nur – wenigstens zunächst – mit diplomatischen Mitteln.

England folgte ihm nicht, Frankreich und Rußland widersetzten sich, Preußen und Österreich willigten schließlich in eine bewaffnete Intervention nur der Franzosen in Spanien ein, um wenigstens die Solidarität der kontinentalen Monarchien zu bewahren.

Der Teilerfolg in der Politik wurde durch einen vollen Erfolg in der Liebe ausgeglichen: Dorothea Lieven war mit ihrem Gemahl nach Verona gekommen. Was Metternich am Konferenztisch, war sie – »so ziemlich die einzige meiner Gattung« – im Salon, und die beiden Spitzen kamen zu so vielen Gipfeltreffen zusammen, daß der Kongreß mit hinreichend Klatsch versorgt war. Angelica Catalani, der Sängerin, verblieb nur die Möglichkeit, das Tête-à-tête mit Rossini-Arien zu begleiten.

Indessen blieb Klemens die Erkenntnis nicht erspart, daß Dorothea für ihn in der Distanz wesentlicher gewesen war, in der Korrespondenz, die ihm als Spiegel galt, in dem sich der Mensch betrachten und prüfen und der Narziß lieben konnte.

Und schon entschwand Dorothea wieder, wie der politische Erfolg, den er in Verona in Händen zu haben glaubte. England ging – vorerst nur in der Außenpolitik – seine liberalen Wege, Frankreich distanzierte sich zunehmend von den fremden Siegern und versöhnte sich – zumal er jetzt tot war – mit dem besiegten Napoleon, einem der Ihren. Rußland vergaß nicht den Vormarsch im Orient und Preußen nicht das Vormachtstreben in Deutschland.

Doch es blieb Österreich, das Reich der kontinentalen Mitte und der europäischen Vermittlung, das Bollwerk des Systems und das Betätigungsfeld des Systematikers.

Österreich galt Metternich als Modell Europas. Die Grundsätze der Habsburgermonarchie identifizierte er mit den Prinzipien der Restauration, das Gefüge des Vielvölkerreiches mit der Gliederung des europäischen Völkerbundes, die Belange der Mittelmacht mit den Interessen des Staatensystems.

»Österreich ist das Oberhaupt Europas; solange es nicht aufgelöst ist, zwingt es die Gemeinen zur Mäßigung.« Diesen Satz Talleyrands unterstrich Metternich, der seine besonderen Aufgaben im Kaiserreich mit seiner allgemeinen Verpflichtung gegenüber dem Kontinent gleichsetzte, hier wie dort der Erste sein wollte.

Dies verleitete ihn dazu, mit der eigenen die Bedeutung seines Landes in einer Weise herauszustreichen, die sich von der Wirklichkeit abhob. »Alles hierzulande ist gut: Nichts ist mir bekannt, das auf falschen Voraussetzungen begründet wäre oder in sich selbst verdammungswürdig. Die hiesige Regierung ehrt am meisten von allen Regierungen alle Rechte und schätzt am meisten alle Freiheiten.«

Das erklärte er sich so: »Unser Land, oder genauer gesagt, unsere Länder, sind die ruhigsten, weil sie ohne vorhergegangene Revolutionen sich der meisten heilsamen Neuerungen erfreuen, die ohne Frage aus der Asche durch politische Wirren erschütterter Reiche hervorgehen. Unser Volk begreift nicht, warum es sich zu Bewegungen verstehen sollte, wenn es in Ruhe sich dessen zu erfreuen vermag, was die Bewegung den anderen verschafft hat. Die persönliche Freiheit ist vollständig, die Gleichheit aller Gesellschaftsklassen vor dem Gesetz ist eine vollkommene, alle tragen die gleichen Lasten; Titel gibt es zwar, aber keine Vorrechte. Ein ›Morning Chronicle‹ fehlt uns allerdings!«

So schrieb er Dorothea Lieven, die gleicherweise mit der russischen Despotie wie mit dem englischen Liberalismus sympathisierte. Vielleicht übertrieb er deshalb, weil er ihr klarzumachen suchte, daß es einen, eben den österreichischen Mittelweg gebe. Und weil das Glück selten an den Extremen zu finden ist, schien Austria ein glückliches Land zu sein – wie nicht nur er, sondern auch viele seiner Landsleute meinten.

Es war Biedermeierzeit. Revolution und Krieg hatten alle gebeutelt, und nach den jahrzehntelangen Stürmen schätzten die meisten die Windstille, auch wenn sie einigen und leider immer mehr als Friedhofsstille erschien. Der Biedermeier war zufrieden mit dem, was ihm beschieden war, mäkelte nicht daran herum, daß und wie es ihm zugeteilt wurde. Der Biedermeier genoß Ruhe und Ordnung, die endlich wieder eingekehrt waren. Und wo hätte er sie besser und schöner genießen können als in Wien, wo die Menschen beim Heurigen zusammenhockten, in ganz Österreich, wo viele Völker friedlich und schiedlich zusammenlebten?

Unter der Kaiserkrone des Habsburgerreiches hatten mehrere Nationalitäten Platz: Deutsche, Magyaren, Italiener, Tschechen, Slowaken, Polen, Ruthenen, Rumänen, Kroaten, Serben, Slowenen. Viele Länder und Gebiete: Niederösterreich, Oberösterreich, Steiermark, Tirol-Vorarlberg, Böhmen, Mähren, Galizien und Lodomerien, Venetien und die Lombardei, Dalmatien, Illyrien, Ungarn und Siebenbürgen. Und zahlreiche Städte, von verschiedener Größe und Farbe: Wien und Mailand, Pest und Venedig, Prag und Lemberg, Innsbruck und Triest, Graz und Brünn, Agram und Linz, Laibach und Kronstadt.

Alle waren sie zu einer »Unio inseparabilis et indivisibilis«, zu einer untrennbaren und unteilbaren Einheit zusammengefaßt, wobei die einzelnen Königreiche, Fürstentümer, Herrschaften und Provinzen ihre überlieferten Verfassungen und Vorrechte mehr oder weniger erhalten hatten. Diese Union stand im Gegensatz zur »Nation une et indivisible«, der einen und unteilbaren Nation, wie sie die Französische Revolution proklamiert hatte. Die Anwendung dieses Grundsatzes auf Österreich hätte nicht nur das Vielvölkerreich zerstört und zerlegt, sondern auch der habsburgischen Monarchie, die nicht nur Revolutionen fernhalten, sondern auch Nationalitäten zusammenhalten mußte, die Existenzberechtigung entzogen.

»Der Bestand einer Monarchie aus verschiedenen Körpern macht sie eben stark«, pflegte Franz I. zu sagen, der auch seinen zweiköpfigen Wappenadler für mächtiger als jeden einköpfigen Adler hielt. Metternich war sich da nicht so sicher, bei »acht oder zehn verschiedenen Nationen, die alle ihre eigene besondere Sprache sprechen und eine die andere haßt«. Und man es mit Windbeuteln von Italienern oder mit Ungarn zu tun habe, deren Charakter »der Schwindelei leicht ein Feld« biete, Schlagworte bereitwillig aufgreife, »ohne sich um die Bedingungen, an welche ihr Wert geknüpft ist, zu kümmern«.

Es war nicht leicht, einen solchen Haufen zusammenzuhalten, auch nicht für den Haus-, Hof- und Staatskanzler Metternich, der die Außenpolitik allein leitete und in der Innenpolitik ein Wort mitzureden hatte. 1826 erhielt er den Vorsitz der Ministerialkonferenzen für innere Angelegenheiten, eine Position, die eher der eines Moderators als eines Präsidenten glich.

Auch hier vertrat er Grundsätze, zum Beispiel das föderative Prinzip. Dieses Österreich mit seinen vielen Völkern und großen Verschiedenheiten könne nicht zentralistisch regiert werden, schon gar nicht durch eine unitarische Verfassung, die Rebellion und Separation zeitigen würde; aber auch nicht durch einen patriarchalisch gemilderten Josephinismus, wie es dem Monarchen und seinen Beamten vorschwebte.

Die Bürokraten, die Franz I. Materialisten nannte, wollten die Materie einheitlich formen. Die »halbbrüchigen Formalisten«, wie sie Metternich bezeichnete, verkannten die Natur eines Vielvölkerreiches. Um es wachsen und gedeihen zu sehen, mußte man die einzelnen Triebe wachsen lassen, sie freilich auch beschneiden und an das Staket des Obrigkeitsstaates binden.

Es galt, das »billige Ausmaß des Gebunden- und Getrenntseins der politischen Körper« zu finden, »welche vereint das Kaiserreich zu bilden berufen sind«. Österreich sei von Hause aus ein »Föderativstaat in politisch-administrativer Richtung«, beinahe so etwas wie ein Staatenbund. »Das Bindungsmittel zwischen den vielfach getrennten und selbst heterogenen Körpern« sei die Dynastie. Im Hause Habsburg sollten die Völkerschaften in ihren Wohnungen, ohne gegen die strenge Hausordnung zu verstoßen, ein gewisses Eigenleben führen dürfen.

Die »Agglomeration von Nationalitäten« war weniger durch Kriege als durch Heiraten zustande gekommen – »Tu felix Austria nube«. Wenn die Verbindung bestehen bleiben und glücklich sein sollte, mußte den Partnern eine im Rahmen der Ehe bleibende Eigenständigkeit zugestanden werden, auch um sie gegen Anfechtungen durch Nationalismus und Konstitutionalismus zu feien.

Doch Metternichs Föderalisierungspläne blieben in der Schublade des Monarchen. Die Grenzen seines Einflusses wurden sichtbar. Franz I. wollte nicht nur der Alleinherrscher, sondern vor allem der Hauptadministrator bleiben. Auf diplomatischem Terrain, auf dem er sich nicht zu bewegen vermochte, gestattete er dem Außenminister Auslauf. Doch der Schreibtisch war sein Feld, die Kanzlei seine Welt, in der er keinen Kanzler brauchen konnte.

Der »Premierminister« Europas konnte nicht der »Prinzipalminister« Österreichs werden. Für Aufriß und Ausführung der Innenpolitik wollte der Kaiser allein verantwortlich bleiben – und nicht zuletzt für das Polizeiregime. Es lag zwar im Sinne und diente den Zwecken Metternichs, aber sein Exekutor war er nicht.

Das war der Präsident der Obersten Polizei- und Zensurhofstelle in Wien, Graf Georg Sedlnitzky, einunddreißig Jahre lang, von 1817 bis 1848 – mit solcher Effizienz, daß auch diejenigen, die gerne Metternich alles in die Schuhe geschoben hätten, nicht umhin konnten, Sedlnitzky als Symbolfigur des Polizeisystems hinzustellen.

Der Sproß eines polnischen, in Mähren ansässigen Grafengeschlechts war begütert, fromm, gebildet, musisch, nicht ohne Liebenswürdigkeit und einem Wohlwollen, das sich freilich nur auf Gleichgesinnte erstreckte. Gegen die anderen ging der geborene Monarchist und gelernte Bürokrat mit einer Strenge vor, welche die Wünsche des Kaisers übertraf und auch – in ergebener Beflissenheit – übertreffen sollte.

Sedlnitzky hatte einen Apparat übernommen, der bereits auf dem Wiener Kongreß bei der Beaufsichtigung der Ausländer funktioniert hatte und nun bei der Überwachung der Einheimischen vervollkommnet wurde. Es war ein perfekter Sicherheitsdienst, wenn auch nicht gerade ein Intelligence Service. Die Vorschrift befolgend, »mit vorsichtiger Hand Kopf und Herz der Unmündigen vor den verderblichen Ausgeburten einer verderblichen, scheußlichen Phantasie, vor dem giftigen Hauche selbstsüchtiger Verführer und vor den gefährlichen Hirngespinsten verschrobener Köpfe« zu behüten, tat dies die Zensur so unintelligent, borniert und abscheulich, daß die Kritik zwischen Lachen und Weinen schwankte.

Von »unsichtbaren Ketten, die an Hand und Fuß klirren«, sprach der österreichische Dichter Franz Grillparzer, der es am eigenen Geiste verspürte. Sein Gedicht *Campo Vaccino*, in dem er angesichts der Ruinen des Forum Romanum die »riesige Vergangenheit« bewunderte und die »neue, flache Zeit« beklagte, wurde verboten. Und *König Ottokars Glück und Ende*, ein Heldendrama der österreichischen Geschichte, durfte im Hoftheater nicht aufgeführt, erst nach Umarbeitung gedruckt werden – weil es Anspielungen auf die Heirat Napoleons mit Marie Louise enthielt und Gegensätze zwischen Deutsch-Österreichern und Tschechisch-Österreichern betonte.

Das Drama *Andreas Hofer* des deutschen Dichters Karl Immermann durfte in Wien nicht aufgeführt werden. Es handelte nicht nur von einem Volksaufstand und verherrlichte einen Volkshelden, sondern ließ auch einen Metternich auftreten, der »den Staat mit all seinen ungeheuren Schmerzen auf den Schultern trägt« und jede Berührung mit dem Volke peinlichst vermeidet. Schillers Drama *Wilhelm Tell* durfte auf die Wiener Hofbühne. Zwar wurde hier ein Aufrührer gegen Habsburg glorifiziert, aber nur Nicht-Österreicher konnten auf den Gedanken kommen, Metternich mit Geßler zu vergleichen.

Er hatte gegen *Andreas Hofer* und für *Wilhelm Tell* plädiert. Ausschlaggebend für Sedlnitzky war die Meinung des Monarchen. Obwohl er nur diesem Herrn gehorchte, bezeichneten ihn Systemkritiker als »Metternichs Pudel«. An diesem Bilde stimmte nur, daß er dieses Herrchen mitunter anklaffte. So wurde der Briefverkehr zwischen Gentz und Metternich überwacht, und die Polizei ließ den Kanzler nicht aus den Augen, beschützte und bewachte ihn. »Zum Glück ahnt meine Polizei nicht, wie liberal ich denke. Sie hätte mich längst dem Kaiser denunziert.«

Metternich – und das war seine Schuld – ließ die Polizei schalten und walten. Grundsätzlich gehörte sie zu seinem System, um Einzelheiten kümmerte er sich nie, und hier hätte dies obendrein das Mißfallen des Kaisers erregt. So ließ er die Zensur gewähren, machte sich gelegentlich über Zensoren lustig, was ohnehin zum Small Talk der Salons gehörte.

»Unsere Zensoren sind wirklich blöd«, meinte mitunter selbst der Monarch, der es am besten wissen mußte, weil er sich tagtäglich in die Polizeiberichte vertiefte. Der gute Kaiser Franz spielte recht und schlecht seine Doppelrolle als patriarchalischer Despot und oberster Biedermeier: Er sorgte für die Bewahrung der öffentlichen Ruhe und gewährte den Genuß der privaten Ruhe.

Repression und Rekreation – das war das Doppelmotiv des Biedermeiers. Ganz so schlimm muß die Unterdrückung nicht gewesen sein, denn es erholten sich nicht nur die Menschen, sondern auch die Künste, es lebte sich so angenehm, und es wurde so viel Schönes geschaffen, daß diese Epoche als die alte gute Zeit im Gedächtnis blieb.

Ihre Doppelbödigkeit blieb indes nicht verborgen. Glich sie nicht einer Moorwiese, die blühende Wiese, wie sie Ferdinand Georg Waldmüller malte, über die Bürger im Gehrock und in rosa

Seide verpackte Mädchen spazierten? Die Gräser und Blumen, ohne genügend Entfaltungsraum und Sauerstoffzutritt, könnten eines Tages verdorren und vertorfen, die Promenade verschwinden und die Promenierenden in die Tiefe sinken.

So mancher Biedermeier schwankte zwischen dem Genuß des Gebotenen und einer vorweggenommenen Reue, der schönen Aussicht und der Einsicht in die Problematik, einem Pro und einem Contra. Franz Schubert, der Liederkomponist, war von Weltfreude beschwingt und von Weltschmerz gebeutelt. Johann Nestroy, der Komödiendichter, verfaßte den *Zerrissenen*, selber ein zwischen harmlosem Scherz und bitterböser Satire Hin- und Hergerissener. Franz Grillparzer, der Dramendichter, prophezeite, daß »die Nationalität zur Bestialität« führen würde, und schrieb sich Finger und Seele gegen Metternich wund, den Staatsmann, der das zu verhindern suchte.

Vom *Bruderzwist im Hause Habsburg*, wie eines der historischen Dramen Grillparzers hieß und wie er dem Seelenzwist in der Brust des Österreichers entsprach, war Metternich kaum berührt. Er war kein typischer Biedermeier und kein richtiger Wiener, sondern ein Rheinländer, der sich seinen unkomplizierten Frohsinn bewahrt hatte. »Freut euch des Lebens, solang noch das Lämpchen glüht«, hieß sein Lieblingslied, das Rossini, Metternich zur Ehre und Freude, als Motiv in seine Oper *Semiramis* aufgenommen hatte.

Die Welt habe Harmonie nötig, er – Metternich – liebe den Wohlklang, in der Musik wie in der Staatenwelt und im Menschendasein, wo es nicht unbedingt eines großen Orchesters bedürfe. Mit Fünfzig schätzte auch er Kammermusik, die sanften Töne und das stille Glück.

Und suchte seinen Biedermeier-Winkel. »Ich hasse, was man Welt nennt; ich schätze Beschäftigung und einen engen, wohlbekannten, sicheren und liebenswerten Kreis.« Es klang fast so, als wollte er nicht mehr unter dem Lüster stehen, sondern hinter dem Ofen sitzen. Vor die Wahl gestellt, hätte er sicherlich den Saal und die Öffentlichkeit vorgezogen. Doch er liebäugelte mit einem Rückzug in die Stube und in die Heimeligkeit – hierin auch er ein Biedermeier.

Die eigenen vier Wände wurden ihm lieb und wert, das Wohnliche im Gewohnten. Die Dienstwohnung am Ballhausplatz roch zu sehr nach Routine und Repräsentation. Die Villa am Rennweg wurde seine bevorzugte Behausung: ein Refugium für ungestörtes Arbeiten, eine Privatbühne für nicht allzu bescheidenes Vergnügen, ein Biedermeiersalon für Aristokraten.

Ein Biedermeier schätzte gleichgestimmte, nicht strapazierende Freunde, um sich in ihrem Kreis auszusprechen oder auch nur auszuschweigen. Metternich hatte nur wenige, »doch liegt es in der Natur der Freundschaft, nur wenige haben zu können. Einige sehr verläßliche Freunde, sehr ergebene, die auf mich zählen wie auf sich selbst, eine Freundin, dies ist mein Glücksbestand; eine ruhige und besänftigende Häuslichkeit, eine vortreffliche Frau, Mutter braver Kinder, die sie gut zu erziehen weiß«.

Trautes Heim, Glück allein, die Wertschätzung der Lieben zuhause, das Geborgensein in der Familie – auch das war Biedermeier. Selbst Klemens, der aristokratische Amant, vermochte mit vorrückendem Alter und der Zeittendenz folgend der »bürgerlichen Liebe« einiges abzugewinnen. Die Kinder hatten bei ihm immer gegolten; nun erklärte er: »Die einzig erfreulichen Momente des Tages, die einzigen, in denen ich mich wiederfinde, sind das Zusammensein mit meinen Kindern.«

Im Jahre 1815 kam zu seinen drei Töchtern und seinem Sohn noch ein Mädchen, Hermine. 1820 starben zwei: Klementine, noch nicht sechzehn, und Marie, sein Liebling, mit dreiundzwanzig. Sie hatten die schwache Lunge ihrer Mutter geerbt.

Seine Frau hätte er jetzt lieber umarmt und umhegt, wenn sie nur dagewesen wäre. Im Jahre 1820 zog sie mit den verbliebenen Kindern nach Paris, der besseren Luft wegen, wie sie sagte, was ihr aber in Wien, ungeachtet der allgemeinen Klage über das Klima, nicht von allen abgenommen wurde. So wenig wie dem Gatten seine Erklärung: Er hätte seine Frau lieber nach Italien geschickt, aber da sei es für die Metternichs zu gefährlich. »Ich kann zudem meinen Sohn nicht auf deutsche Universitäten schicken. Er würde dort ermordet werden. Ebenso kann ich ihn nicht nach Italien senden; man würde ihn dort vergiften.«

Zwischen Paris und Wien gingen Briefe hin und her, die einer gewissen Zärtlichkeit nicht entbehrten. Seine Kousine, die Gräfin Flore Wrbna, führte ihm den Haushalt, spielte die Hausdame,

Wien: Staatskanzlei am Ballhausplatz.

Die Unterredung zwischen Napoleon I. und Metternich
am 26. Juni 1813 in Dresden.

Völkerschlacht bei Leipzig.
Szene vom letzten Kampftag am 19. Oktober 1813.

Schlacht bei La Fère Champenoise am 25. März 1814.

Die Heilige Allianz, geschlossen von Alexander I., Franz I. und Friedrich Wilhelm III. am 26. September 1815 in Paris.

Wien: Die Hofburg.

Wien: Villa Metternich am Rennweg.

Metternichs Sturz am 13. März 1848.

thronte bei Empfängen auf dem Kanapee der Hausfrau. Eine besonders gute Figur machte die etwas ungeschlachte Flore nicht, als Geliebte kam sie nicht in Frage, und eine Unterhaltung mit ihr war wenig ergiebig: Selbst wenn sie ihn kitzelte, könnte sie ihn nicht zum Lachen bringen.

Es blieb die stumme Zwiesprache mit den Statuen in der Villa am Rennweg, die mehr von seiner Kunstliebhaberei als von seinem Kunstsinn zeugten: Canovas Venus und Teneranis Amor und Psyche, Bas-Reliefs von Thorwaldsen, die den »Tag« und die »Nacht« darstellten, wobei er die letztere vorzog, in der Kunst wie im Leben. Gotisches goutierte er nicht, doch das Antike und mehr noch das Antikisierende, Hochrenaissance, die ihm Erreichtes, und Klassizismus, der ihm Vollendetes vor Augen stellte. Und als Amateur des 18. Jahrhunderts schaute er sich gerne die Sammlung seiner Radierungen und Kupferstiche an, die galanten zumal.

Hausmusik wurde gepflegt, mehr zur Unterhaltung der Gäste als zur Erbauung des Gastgebers, und nur mit passiver Anteilnahme des Hausherrn, der das Geigenspielen über dem Dirigieren im Konzert der Mächte verlernt hatte. Wie in jedem Biedermeiersalon wurden Schuberts Lieder gesungen, aber auch der Geigenvirtuose Paganini und der Klaviervirtuose Liszt traten bei Metternich auf, der sich dank seiner staatsmännischen Virtuosität das leisten konnte und schuldig war. Der erste war ihm allerdings zu temperamentvoll und der zweite zu unausgeglichen. Beethoven, dessen Musik revolutionär klang, mochte er gar nicht, Sonaten im allgemeinen nicht, »die mich wie schöne Phrasen langweilen«, und besonders nicht diejenigen des »unglücklichen« Beethoven und dessen »abscheulicher Schule«.

Beinahe wie ein Biedermeier schwärmte er für seinen Garten, »der mir ganz und gar zu eigen gehört; ich überschütte ihn mit Liebesbeweisen, tue mein Möglichstes, um ihn zu verschönern und zu pflegen«. Aber er legte Wert auf das Abgemessene und Abgezirkelte, die Ordnung eines französischen Parks, gestutzte Hekken, bordierte Beete, geharkte Wege, Ornamente à la Rokoko, ausgefallene Pflanzen, Affen und Papageien aus Brasilien.

Wie jeden Biedermeier zog es ihn aufs Land. Dort »ist es viel angenehmer als in der Stadt; alles führt dort zu gemeinsamem Leben und fördert es«. Unter Land verstand er sein eigenes: die Villa am Rennweg, die freilich zu nahe an der Stadt und der Staatskanzlei lag. Das Sommerhaus im idyllischen Baden bei Wien. Das alte böhmische Landgut Königswart, wo er einen Park und ein Raritätenkabinett anlegte, es mehr Gänse als Nachtigallen gab und er sich als Koch versuchte, »einen Kursus von Lungenbraten, Schnitzerln und Nockerln« absolvierte. Das neue böhmische Landgut Plaß, das nicht nur reiche Steinkohlenlager, sondern auch ausgedehnte Wälder hatte. Und der leider viel zu ferne Johannisberg, wo nicht nur der Wein, sondern auch Magnolien und Azaleen, Kamelien und Lorbeer gediehen.

Seinen Schreibtisch hatte er überall, »eine wahrhaft transportable Heimat«. Siebenachtel seiner Existenz verbringe er an ihm, bis acht oder zehn Stunden am Tag, schufte mitunter wie ein Kettensträfling – empfinde jedoch die Plackerei als Wohltat und halte das Angebundensein für einen Segen. Der Schreibtisch war ihm Wiese und Acker, das Arbeitszimmer Zufluchtsstätte von der Welt und Werkstatt für die Welt.

Die »Passion des affaires« war kanalisiert, in einem geregelten Tageslauf: Aufstehen zwischen acht und neun Uhr, ausgedehntes Frühstück. »Dann ziehe ich mich in mein Arbeitszimmer zurück oder gebe Audienzen bis um ein Uhr.« Nach der Mittagspause setzte er sich wieder an den Schreibtisch, bis halb fünf. »Darauf gehe ich in meinen Salon, wo sich täglich acht bis zehn Personen zum Diner bei mir einfinden.« Um sieben Uhr war er dann, wann immer es sich machen ließ, beim Kaiser. Danach arbeitete er bis halb elf, »worauf ich mich in die Empfangsräume verfüge, wo sich von Leuten der Gesellschaft und Freunden einfindet, wer mag«. Eine Stunde nach Mitternacht ging er zu Bett. »Weder Karneval noch Fasten, Winter noch Sommer ändern etwas an diesem Tagesplan.«

Der Mann, der die Welt systematisieren wollte, versuchte jedenfalls sein Leben zu systematisieren. Die Ordnung, die er anderen oktroyierte, legte er sich selber auf. Er glaubte, daß menschliche Regungen wie politische Bewegungen diszipliniert werden müßten. Und er hoffte, daß er seinem persönlichen Dasein wie der Existenz seines politischen Systems in der Regelmäßigkeit Dauer verleihen könnte.

Das grosse Sterben hatte bereits begonnen. 1820 starben zwei Töchter, 1821 Napoleon Bonaparte, 1822 der preußische Staatskanzler Hardenberg, 1823 Papst Pius VII., 1824 König Ludwig XVIII., 1825 Zar Alexander I.

»Wir sind hier alle von oben bis unten trauerschwarz, ohne daß es den Anschein hat, als würde es anders; wenn ich zum erstenmal meine Waden wieder weiß bestrumpft erblicken werde, wird es mir vorkommen, als seien es des Nachbars Beine.«

»Alle Leute sind auf das Sterben erpicht« – und er hatte eben, am 15. Mai 1823, seinen fünfzigsten Geburtstag gefeiert. Die Bezeichnung Jubilar hätte er sich verbeten, obwohl ihm, wenn er in den Spiegel – den richtigen, nicht in einen sich vorgespiegelten – geblickt hätte, Alterszüge nicht verborgen geblieben wären.

Das rechte Auge, an dem sich nach einer Entzündung, die nicht richtig behandelt worden war, ein Geschwür auf der Hornhaut gebildet hatte, wirkte wie erloschen. Seine Gestalt war hager geworden; die Nase trat wie ein Haken hervor. »Sein Gesicht ist blaß«, bemerkte der Engländer John Russell, ein Liberaler; »seine große, breite Stirn ist eher mit dem Ausdruck der Verschlagenheit als mit den Furchen des ernsten Nachdenkens bezeichnet; das Lächeln scheint ihm so sehr zur Gewohnheit geworden zu sein, daß es kaum etwas Bedeutendes hat, ausgenommen dann, wenn es satirisch wird.« Wenn er scherze, werde seine Stimme kreischend, und wenn er lache, liege »etwas Mephistophelisches in dieser Grimasse«, beobachtete der Russe Peter von Meyendorff, ebenfalls kein Freund des Kanzlers.

Aber selbst Franz Grillparzer, der an ihm am liebsten kein einziges gutes Haar gelassen hätte, mußte zugeben: Der Ritter sei immer noch lieblich anzuschaun, »sein Haar zwar schon etwas cendré, / doch weiß wie Blüten, nicht weiß wie Schnee«, und: »Der Mann erhält sich wunderbar, / er wird nicht alt wie wir Philister, / ein Jüngling scheint er ganz und gar, / wenn nicht als Mann, doch als Minister.«

Was er an Eleganz verloren, hatte er an Würde gewonnen, der Abnahme der Sehkraft entsprach eine Zunahme der Einsicht in das Getriebe der Welt, und der Ehrgeiz wich langsam der Erkenntnis, daß Zufriedenheit darin liege, sich mit dem zu bescheiden, was einem beschieden war.

Nach dreijähriger Abwesenheit war Lorel mit den Kindern wieder nach Wien gekommen. »Mein Haus ist nicht mehr leer und ich finde das große Glück in dieser Tatsache«, stellte er fest. »Der Mensch ist entschieden nicht geschaffen, um allein zu leben.« Aber schon bald begab sich Lorel wieder nach Paris, schwer lungenkrank, bereits vom Tode gezeichnet, dem sie anscheinend nicht in Wien begegnen wollte.

Sie schrieb ihm einen Abschiedsbrief. Sie sei immer glücklich gewesen, und »das verdanke ich Dir, mein guter ritterlicher Gatte. Du hast mir nie auch nur einen Augenblick Kummer bereitet, warst nur mit meinem Glück beschäftigt, und es ist Dir gelungen, es herbeizuführen«. Ihr war nicht mehr zu helfen. Der Gatte machte sich auf den Weg zu der Sterbenden, nachdem ihm der österreichische Botschafter bedeutet hatte, man würde in Paris überraschter sein, ihn nicht kommen zu sehen, als wenn er käme.

Am 14. März 1825 war Klemens endlich bei ihr, setzte das Testament über ihr Vermögen auf, das sie mit zitternder Hand unterschrieb, und drückte ihr am 19. März 1825 die Augen zu.

Es sei eine reine Zweckehe gewesen, ließ er Dorothea Lieven in London wissen. »Ich bin dem Wunsche meiner Eltern und der Vernunft gefolgt. Seither hat sich meiner Ehe neben Pflichtgefühl Wohlmeinung beigesellt. Nun, meine Freundin, diese Kette ohne jeden Roman, diese Bande reiner Gewohnheit, sind für mich zu einem zweiten Leben geworden. Dreißig Jahre haben es gut geheißen...«

»Der Mensch in mir ist ausgelöscht, doch der Minister lebt«, schrieb er nach Wien, an Gräfin Molly Zichy, die es gewiß überall herumerzählen würde. »Ich arbeite mich heraus, so gut ich kann, und anstatt daß ich meinen Kummer in Wein ersäufe, verhülle ich ihn mit Geschäften.«

Schon zwischen dem Sterbebett seiner Frau und dem französischen Hofe war er hin- und hergeeilt. »Ich gehe aus dem Zimmer, wo mein Dasein in Brüche geht, in das Kabinett des Herrn de Villèle hinüber, um zu verhindern, daß nicht das gleiche auch der menschlichen Gesellschaft geschehe«, bekam Kaiser Franz in Wien zu hören. Lorels Großvater, der Staatskanzler Kaunitz, dem die Allianz mit Frankreich am Herzen gelegen war, hätte dafür Verständnis gehabt. Er mußte den neuen König, Karl X., und seine neuen Minister kennenlernen und sie für sich und Österreich einzunehmen versuchen.

Die Trauer über den Tod seiner Frau wurde vom Stolz auf seinen Erfolg bei Hofe überdeckt. Er bekam die Kette des Heiligen-Geist-Ordens und befand, daß Talleyrand »ein alter verzopfter Dummkopf« geworden wäre, er aber, Metternich, einen ersten Sitz in der Gesellschaft Europas einnehme und in Paris einen Platz ausfülle, »der nicht besetzt war und es auch nicht so bald in gleicher Weise sein wird«.

In Wien bekam er Einsamkeit zu spüren. Die Hofgesellschaft hatte ihn weniger als neugebackenen Fürsten Metternich denn als Gemahl der geborenen Fürstin Kaunitz akzeptiert. Wenn sie ihn nun schnitt, dann konnte er aus der Not eine Biedermeier-Tugend machen – bei einer zweiten Frau nicht auf gesellschaftliche Stellung, sondern auf Jugend, Gesundheit, Schönheit und Sanftmut schauen, in einer Liebesehe häusliches Glück suchen.

Antoinette Leykam kam nicht aus standesgemäßen Kreisen. Der Vater, Christoph Ambros Freiherr von Leykam, war ein kleiner Diplomat, der gerne malte und musizierte und seine Karriere als Konsul, am liebsten in Italien, zu beenden gedachte. Die Mutter Antonia, eine geborene Pedrella aus Palermo, sang wie eine Nachtigall und wog »mindestens drei Zentner«.

Tochter Antoinette war einundzwanzig, dreiunddreißig Jahre jünger als der Bräutigam, der die dunkeläugige und anmutige Halbitalienerin schön wie einen Engel, an Aussehen wie an Eigenschaften, fand. Sie schaute zu ihm empor, hing an seinen Lippen, erfüllte ihm jeden Wunsch, war jugendliche Liebhaberin und Hausmütterchen zugleich.

Die Reaktion der Gesellschaft hatte er vorausgesehen. »Bei den Wiener Tratschereien wird man gewiß ein Vergnügen daran haben und sich kein Gewissen daraus machen, einen Menschen wie mich frank und frei als einen Verbrecher und die unschuldigste Kleine für eine Spitzbübin zu erklären.«

Alle wandten sich gegen eine solche Verbindung, die Schranzen und die Neider, Damen, wie Gräfin Melanie Zichy-Ferraris, die sich selber Hoffnungen gemacht hatten, Metternichs hochbetagte Mutter, die, wie beim erstenmal, in den oberen Rängen für ihn Umschau hielt, und Flore Wrbna, die Haushälterin, die den

Platz der Hausfrau verteidigte, nicht »Witwe des Kanapees« werden wollte. Nur der Kaiser, fürwahr ein gekrönter Biedermeier, zeigte Verständnis: Er erhob die Freiin Leykam zur Gräfin Beilstein.

Am meisten giftete es Dorothea Lieven in London. Als sie von der Liebelei zwischen Klemens und der jungen Konkurrentin hörte, schrieb sie ihm: »Was bist Du doch für ein sonderbarer Mensch? Ich würde glauben, lächerlich zu erscheinen, wenn ich mich mit einem kleinen Jungen abgäbe.« Und als sich herausstellte, daß es mehr als eine Liebelei gewesen war, höhnte sie: Der Ritter der Sainte Alliance habe in einer Mesalliance geendet.

Jedenfalls hörte ihre Korrespondenz auf, in der er ihr in acht Jahren 174 und sie ihm 285 Briefe geschrieben hatte. Nun wünschte sie ihm die Gelbsucht, nannte ihn den »größten Spitzbuben auf Erden«, richtete ihn in den Londoner Salons aus, versuchte ihn auch politisch lächerlich zu machen.

Im kaiserlichen Lustschloß Hetzendorf bei Wien wurden am 5. November 1827 Klemens und Antoinette getraut. Der Winter war früh hereingebrochen, im Garten lag Schnee, die wenigen Hochzeitsgäste fröstelte es in der zugigen Kapelle. Und eine politische Hiobsbotschaft platzte hinein: Die verbündeten Freunde der griechischen Unabhängigkeit, Russen, Engländer und Franzosen, hatten am 20. Oktober 1827 bei Navarino die Flotte der Türken vernichtet.

Es war ein schlechtes Vorzeichen. Am 23. November 1828 starb die dreiundsiebzigjährige Mutter Metternichs, die sich mit ihrer zweiten Schwiegertochter nicht abgefunden hatte. Nach nur vierzehnmonatiger Ehe, am 17. Januar 1829, starb Antoinette im Kindbett. Ihr Sohn Richard sollte der bekannteste Sprößling Metternichs werden: Diplomat, außenpolitischer Berater des Kaisers, Botschafter in Paris.

»Da bin ich nun wieder allein auf der Welt!« schrieb er Viktor, dem sechsundzwanzigjährigen Sohn aus erster Ehe, Attaché in Paris, der noch im selben Jahr, am 30. November 1829, seinem Lungenleiden erliegen sollte. »Gähnende Leere herrscht heute da, wo ich für den Rest meiner Tage die Verkörperung alles Glückes eingestellt hatte.«

Er suchte sich wieder durch Arbeit zu betäuben: »Ich sitze an meinem Schreibtisch wie die Bankerottmacher in der Kneipe. Diese trinken sich einen Rausch an, um den Vermögensverlust zu verschmerzen, während ich arbeite, um meinen Seelenkummer zu übertäuben... Meine Tage und ein Teil meiner Nächte sind meiner Arbeit gewidmet. Ich bin mir selbst fremder, als alle Leute es mir sind, die vor meinem Fenster vorübergehen. Abends, beim Anblick Alles dessen, was ich geleistet habe, ersehe ich, daß noch Leben in mir steckt, aber Leben gefühlt habe ich nicht; ich lebe recht eigentlich neben mir.«

Das Jahr 1829 war in jeder Beziehung ein Unglücksjahr. Im Frieden von Adrianopel, den Preußen zwischen Rußland und der Türkei vermittelt hatte, behielt der neue Zar Nikolaus I. nur einen kleinen Teil der Beute des Krieges, den er 1828 begonnen hatte. Aber den Donaufürstentümern Serbien, Moldau und Walachei wurde das Recht, christliche Statthalter unter türkischer Oberhoheit zu wählen, bestätigt. Und der Sultan erkannte im voraus die Beschlüsse der Londoner Konferenz an, auf der im Jahr darauf von Rußland, England und Frankreich die Unabhängigkeit Griechenlands festgestellt wurde.

Nach dem Beispiel der Amerikanischen Revolution hatte sich ein Bestandteil eines Imperiums die Unabhängigkeit erkämpft. Nach dem Modell der Französischen Revolution hatten die Griechen eine Nationalversammlung berufen und sich eine Verfassung gegeben. Dabei halfen ihnen die Engländer, die im eigenen Lande liberal waren, die Franzosen, die dem Liberalismus wenigstens in fernen Ländern Geschmack abgewannen, und die Russen, die daheim den Brandschutz übertrieben, doch Brände außer Haus schürten. Und alle drei förderten die Revolution aus Machtstaatsraison.

Es schien das Ende der Heiligen Allianz zu sein, eine schwere Störung des Staatensystems. Metternich, der sich als dessen Schöpfer ansah und für dessen Bewahrer hielt, war bestürzt. Seine erste Frau hatte vorausgesagt: »Früher oder später wird es überall Revolutionen geben und kein Land wird ihnen entgehen.«

Er sah, daß die Geißel des Krieges wieder geschwungen wurde, von Russen, Engländern und Franzosen. Er fürchtete Revolution wie Krieg, die aneinander gekoppelten Kräfte der Zerstörung. »Krieg wäre eine der großen Elementarkatastrophen, die alles von unterst zu oberst kehren. Alle Elemente würden aufeinanderstoßen und bei ihrem Zusammenkrachen alles zermalmen, was sich zwischen ihnen fände: das heißt ganz Europa.«

Wohin er auch schaute – es war nur Unerquickliches zu sehen. »Paris hat nur ein Gesicht: das der Frivolität. Italien hat keine Männer, Deutschland erschöpft sich in Ideologien und der Rest liegt in tiefem Schlaf. Was mir zudem weh tut, wenn ich mit Engländern zusammen bin, das ist die Dosis von Wahnsinn, die mehr oder weniger in jedem von ihnen zu finden ist.«

Canning, sein persönlicher Rivale, dem sich die Russin Dorothea Lieven verschrieben hatte, und sein politischer Gegner, der auf britischen Linienschiffen den Liberalismus in die Welt transportierte, war zwar 1827 gestorben. Doch seine Außenpolitik wurde fortgeführt, und 1829 begannen die inneren Reformen, die zu einem Ausgleich zwischen Konservativismus und Liberalismus führten. Und schon hatte Lord Palmerston die Bühne betreten, der als Außenminister ab 1830 die Fackel der Freiheit so ungeniert überall in der Welt herumtrug, daß er bald »Lord Firebrand« genannt wurde.

Karl X., der Bruder Ludwigs XVI. und Ludwigs XVIII., der 1824 mit Siebenundsechzig den Thron bestiegen hatte, war das allerletzte Aufgebot der Bourbonen. Er sah aus wie ein aus dem Jenseits zurückberufener Repräsentant des Ancien régime und regierte auch so – gegen wachsenden Widerstand der Liberalen in Presse und Kammer. »Frankreich ähnelt heute einem Schiffe«, kommentierte Metternich, »das auf hoher See mit den Wellen kämpft und mit recht armseligen Matrosen bemannt ist... Ein einziger Mann dort hat das Geschäft eines Ertöters der Revolution verstanden. Und dieser Mann war Bonaparte.«

In Rußland stand zwar nach der Niederwerfung der Dekabristen, jener für Liberalismus und Konstitutionalismus schwärmenden adeligen Offiziere, der Absolutismus wieder unangefochten da, aber – seufzte Metternich – »das alte Rußland existiert nicht mehr«. Mit Zar Alexander I. hatte er sich, nach manchem Strauß, vertragen; an seinen Nachfolger, Nikolaus I., würde er sich nie gewöhnen können, an diese vermehrte, aber nicht verbesserte Neuauflage des alten Zaren: noch mehr konservative Sprüche und noch mehr imperialistische Taten. »Rußlands Pläne stören die politische Ruhe der Welt.«

Es blieb Preußen, in dem Friedrich Wilhelm III. eine Ruhe verkörperte und bewahrte, die Starrheit war. Und Österreich, wo Franz I. dem Philipp II. aus Schillers *Don Carlos* glich, aber Metternich beileibe nicht dem Marquis Posa. Weiterhin war er der Star der österreichischen Bühne, was ihn zu der Vermutung verleitete, er sei es auch noch im europäischen Rund.

»Die Welt braucht mich noch und wäre es nur darum, weil ich einen Platz einnehme, den kein anderer ausfüllen könnte. Um das zu sein, was ich bin, braucht man eine ungeheure Zahl von Vorbedingungen; man kann einen alten Minister ebensowenig ersetzen wie einen alten Baum.«

Das Schicksal hatte bereits den Hobel angesetzt, an seiner Person und an seiner Position. Metternich mußte bald einsehen, daß sich »die Bande der großen Allianz ob des über ganz Europa gespannten Revolutionsnetzes lösten und dieselbe vom Beginn des Jahres 1826 an nur mehr ein leerer Wortschall war«.

Schon unterschied man zwischen liberalen Westmächten und konservativen Ostmächten, doch die Adjektive der Ideologie waren weniger wichtig als die Substantive der Macht. Schon gab es Kombinationen zwischen Rußland, England und Frankreich und die Gefahr einer Isolierung der Mittelmächte, Österreichs und des immer noch, aber wohl nicht mehr lange in seinem Kielwasser schwimmenden Preußens.

1822, in Verona, hatte der letzte Kongreß getagt, auf dem die fünf Großmächte der Pentarchie unter der Stabführung Metternichs konzertierte Deklamationen und Aktionen hervorgebracht hatten. Schon damals waren Mißtöne zu hören gewesen und Gegensätze offenkundig geworden, die sich in einer Weise gesteigert hatten, daß ein Zusammenspiel kaum mehr möglich und ein Kongreß nicht mehr ratsam schien.

Immer noch nannten ihn Lobredner wie Kritiker den »Kutscher Europas«. Das Bild war schief geworden. Er saß zwar immer noch auf dem Bock des schwarz-gelben Wagens, ließ die Peitsche knallen und das Horn erschallen. Aber nach jedem Pferdewechsel wurden die Zugtiere störrischer und die Zugestiegenen unzufriedener, und manchmal schien er selber nicht mehr zu wissen, wohin es gehen sollte.

Seiner Selbstsicherheit tat dies kaum Abbruch. »Ich eile nicht, gehe aber vorwärts und komme deshalb wahrscheinlich auch wirklich an. Sieh nur, wie ich die Welt hinter mir zurückgelassen habe! Wieviel Ermüdete, ja Krüppel hinken hinter mir nach!« Immer mehr Zeitgenossen meinten indessen, daß Metternich der Welt hinterher hinke.

Im Jahre 1829 schrieb der Österreicher Franz Niembsch Edler von Strehlenau, der sich als Dichter Nikolaus Lenau nannte, das Gedicht *Am Grabe des Ministers*: Metternich – kein anderer war gemeint – fährt in goldener Kutsche dahin, an einem weinenden und flehenden Bettler, dem armen Vaterland, vorüber. Plötzlich stürzt der Tod herbei, holt die Exzellenz aus der Equipage, entführt sie in die Nacht des Grabes – an dem das Vaterland nun singt und lacht.

Er selber dachte lieber an Helios, den griechischen Sonnengott, der auf seinem goldenen Wagen über das Himmelsgewölbe fuhr, vom Sonnenaufgang im Osten zum Sonnenuntergang im Westen. Und er frug sich, ob er nicht den Zenit erreicht habe, den Scheitelpunkt, von dem es nur noch abwärts ging.

Der Damm bricht

DEN ANFANG VOM ENDE markierte das Jahr 1830. In der Julirevolution wurde Karl X., der Bourbone von Gottes Gnaden, durch den Orléans Louis Philippe ersetzt. Er nannte sich »Bürgerkönig«, unter Hinweis darauf, wer ihn gemacht hatte und für wen er da sein wollte: die liberale Bourgeoisie.

»Ich bin von zwei Seiten gepackt!« rief Metternich aus. »Die Revolutionen greifen mich in der Front an und der Choleramorbus im Rücken.« Viel gefährlicher als die von Osten, aus Rußland heranschleichende Cholera dünkte ihm die von Westen, aus Frankreich heranstürmende Revolution zu sein.

Die Trikolore, die »Freiheit, Gleichheit, Brüderlichkeit« symbolisierenden Farben, standen wieder für Frankreich, und Louis Philippe titulierte sich offiziell »König der Franzosen«, was andeutete, daß er sich als Nachfolger Napoleons fühlte, der sich »Kaiser der Franzosen« genannt hatte. Der Orléans war der Sohn jenes Philippe Égalité, der für die Hinrichtung König Ludwigs XVI. gestimmt, was ihn selber nicht vor der Guillotine bewahrt hatte – ein Schicksal, das auch seinem Sprößling bevorstehen könnte.

Mit seiner Berufung hatten sich zwar die Gemäßigten gegen die Radikalen durchgesetzt, Frankreich war Monarchie geblieben – aber eine konstitutionelle Monarchie geworden. Der König herrscht, aber regiert nicht, erklärte die Bourgeoisie, die im Kabinett und mit Hilfe des Parlaments und der Presse zu regieren gedachte.

Es roch nach 1789. Der »Dritte Stand« hatte sich durchgesetzt, und da er, durch den seitherigen Handel und Wandel, ökonomisch stärker und sozial selbstbewußter geworden war, mußte angenommen werden, daß er die Zügel ergriff – wenn auch nicht auszuschließen war, daß er eines Tages vom nachdrängenden »Vierten Stand« aus dem Sattel gehoben würde.

Schon jetzt waren nicht nur der Legitimismus und das monarchische Prinzip, sondern auch Privilegien der Aristokratie außer Kraft gesetzt, Errungenschaften der Restauration beseitigt, auf denen das System Metternich basierte.

Am liebsten hätte er mit Waffengewalt interveniert, den Brandherd durch eine internationale Feuerwehraktion gelöscht. Was man 1789 mit den sattsam bekannten Folgen unterlassen hatte, dürfte – so Metternich – 1830 nicht ein zweites Mal passieren. Aber Frankreich war nicht Spanien oder Neapel. Fast ein Jahrzehnt war nach den ersten und einzigen Interventionen verstrichen. Die Pentarchie, die den Befehl hätte geben und ausführen müssen, war gespalten.

Das liberale England trank Bruderschaft mit dem liberalen Frankreich. Rußland war, bei aller Feindseligkeit gegenüber der Revolution, momentan daran interessiert, mit England und Frankreich die Balkanernte in die Scheuer seines Imperialismus zu bringen. Preußen rührte sich nicht von der Stelle. Und in Österreich war man über die zweite französische Revolution entsetzt, doch weit davon entfernt, ihr entgegenzutreten.

Auch als der »illegitime Bürgerkönig« in Italien, der legitimen Domäne Habsburgs, eingriff, Truppen in Ancona landete und Propaganda versprühte, wie weiland Napoleon Bonaparte französische Machtpolitik mit revolutionärer Agitation zur höheren Ehre Frankreichs zu verknüpfen suchte – selbst da reagierte man in der Zitadelle der Reaktion noch nicht.

Metternich hatte zwar den älter und noch unbeweglicher gewordenen Kaiser Franz wenigstens dahin gebracht, daß er darüber nachdachte, wer den Oberbefehl einer allfälligen Interventionsarmee übernehmen könnte. Aber Erzherzog Karl, der in Frage gekommen wäre, wies ein solches Ansinnen persönlich und generell zurück – was Metternichs alte Abneigung gegen diesen österreichischen Fabius Cunctator und Revolutions-Sympathisanten verstärkte.

»Es ist der Kampf der Anarchie gegen die bestehende Ordnung der Dinge«, den man bestehen müsse, »ein Kampf auf Leben und Tod aller Staaten Europas für ihre Existenz«, betonte Metternich. Das sei es, »was wir zu fürchten haben«, suchte er dem Kaiser einzureden, »und wofür wir demnach rüsten oder uns zum nahen Untergange vorbereiten müssen«.

Mit solchen Übertreibungen war selbst in Wien nichts mehr zu bewegen, geschweige denn in St. Petersburg oder Berlin. Eine neue antifranzösische Koalition kam nicht zustande, und sie war, zumindest außenpolitisch, auch gar nicht vonnöten. Denn auch das Frankreich Louis Philippes fügte sich in das europäische Gleichgewichtssystem ein. Darin hätte Metternich Genugtuung finden können, wenn ihm die Sorge über die bedrohlichen inneren Veränderungen genommen worden wäre.

Die Auseinandersetzung damit mußte er führen. Denn Frankreich war wieder einmal die Versuchsstation der europäischen Revolution. Und wenn die ersten Experimente auch relativ glimpflich verliefen, so waren sie gerade deswegen gefährlich. Sie verleiteten jene zur Nachahmung, die zwar Revolution haben, sich aber dabei nicht die Finger verbrennen, weder Besitz noch Anständigkeit verlieren wollten: die überall in Europa, selbst in Österreich, reüssierenden liberalen Bürger.

Die Bourgeoisie wollte der industriellen Revolution, die sie vorangetrieben hatte, eine gesellschaftliche Revolution folgen lassen, die ihr Profit und Position sicherte, sie gegen den »Ersten Stand« nach oben wie den »Vierten Stand« nach unten absicherte. Und sie wollte eine politische Revolution haben, die ihr so viel Mitwirkung am Staate einräumte, daß – »laisser faire, laisser aller« – eine zu weitgehende Einwirkung des Staates auf den Bürger, den nach freier Entfaltung seiner individuellen und ökonomischen Kräfte verlangte, verhindert werden könnte.

»Ach, nichts ist so dumm wie ein Liberaler!« rief Metternich aus. Merkten sie denn nicht, daß sie nur an der Seite der Ordnung gewinnen konnten und an der Seite des Umsturzes vieles und vielleicht alles verlieren müßten? Die liberale Partei »ist in und an sich selbst nur ein Dunst. Die ehrlichen Teilnehmer derselben – und es gibt deren viele – spinnen sich in Worte ein und ihre Werke gedeihen nie, denn sie haben keinen praktischen Wert. Diese Leute schießen nur die Bresche, über welche die Radikalen in die Festung eindringen.« Und: »Der schale Liberalismus ist der Schein, die Wahrheit ist der Radikalismus, hinter dem Scheine steht die Wahrheit.«

Der Liberalismus sei nur der Schrittmacher einer radikalen Demokratie, und diese sei immer und überall ein Prinzip der Auflösung und des Zerfalls; sie tendiere dazu, die Menschen zu entzweien und die Gesellschaft zu zerrütten. Er meinte damit den in der Französischen Revolution von 1789 geradezu zwangsläufig beschrittenen Weg von Mirabeau zu Robespierre, von liberalen Grundrechten und einer rechtsstaatlichen Verfassung zur totalen Volksherrschaft, in der die Gleichheit die Freiheit und die Brüderlichkeit guillotinierte.

Die Liberalen beschwörten den »Daimon des Demos«, der sich, wie der Besen von Goethes Zauberlehrling, selbständig machen, mit den Konservativen auch die Liberalen hinauskehren würde. Die Demokratie führe, wie das Jahr 1793 gezeigt habe, zu einer neuen Autokratie, die schlimmer – weil umfassender, ja totalitär – sei als die alte. Am Ende stehe die »Tyrannis der Masse«, welche die Freiheit des Einzelnen zerbreche und unter dem Namen der Freiheit den »Despotismus der Menge« errichte. Aber in Wirklichkeit herrsche nicht das Volk, sondern sein oder seine Verführer, auf seinem Rücken und auf seine Kosten.

Auch das sei ein lebensgefährlicher Irrtum der Liberalen: Man könne von jedem etwas nehmen und etwas Bekömmliches und Förderliches zusammenmischen, ein bißchen Monarchensouveränität und ein bißchen Volkssouveränität, was die Patentmedizin der konstitutionellen Monarchie ergebe. Sie würde keinem bekommen, weder dem König noch dem Volk und auch nicht dem liberalen Wunderdoktor.

»Zwischen der Monarchie und der Republik kann kein Kompromiß geschlossen werden«, erklärte Metternich, und Gentz erläuterte: »Die Gefahr ist, daß die Monarchie durch fortdauernde Schmälerung der königlichen Macht und fortdauernde Usurpationen der Demokratie zu einem leeren Schatten herabsinke und etwas weit Schlimmeres als eine anerkannte republikanische Verfassung, nämlich die Herrschaft der Faktionen und Demagogen, in einen eitlen Königsmantel gehüllt, die Oberhand gewinne.«

»Juste milieu« nannten sie das, was dem Wesen, den Vorstellungen und den Bedürfnissen des Bürgertums im allgemeinen und der französischen Bourgeoisie im besonderen entsprach: Mittelmaß und Mittelmäßigkeit, gesellschaftlicher Mittelstand und politische Mittlerfunktion, Mittelpunkt des Bürgerkönigtums und Mittelposition zwischen Reaktion und Revolution – die »goldene Mitte« der Bemittelten.

Metternich hielt das nicht für die »richtige Mitte«. Auch er war für einen Mittelweg, aber weniger in der Sache als in der Methode, und auch hier immer weniger, je mehr in der Sache damit experimentiert wurde. Konnte die Wahrheit zwischen den Extremen liegen, wie auch er, ein Mensch des Maßes und der Mitte, mitunter anzunehmen geneigt war?

Die Lauen hatte schon Jesus Christus nicht geschätzt, und Klemens Metternich meinte: »Nur die Männer, welche kategorisch für oder gegen eine Sache sind, begegnen sich in der Erkenntnis des Wertes dieser Sache und von deren Tragweite in der zweifachen Richtung dessen, was die mit einer kräftigen Erkenntnis ausgerüsteten Vertreter des *für* und des *gegen* wollen oder verwerfen.«

»Ich hätte Robespierre dem Abbé de Pradt vorgezogen«, den Erzradikalen dem zwischen Ludwig XVI., Napoleon, Ludwig XVIII. und Louis Philippe schwankenden Erzbischof von Mecheln. Er habe, resümierte er, immer lieber mit Radikalen als mit Liberalen zu tun gehabt, denn »die ersten wissen, was sie wollen, die letzteren wissen es nicht und machen daher einen Fehler über den andern«.

Natürlich war und blieb er auf der Seite der Konservativen. »Dans la lutte sociale«, in der gesellschaftlichen und politischen Auseinandersetzung könne es keine Neutralität geben, keine parteilose Haltung, keine Position zwischen den Fronten – also kein Juste milieu, kein Mischmasch von Monarchensouveränität und Volkssouveränität, keine konstitutionelle Monarchie, keine Teilung der Gewalten zwischen Exekutive und Legislative, sondern – für ihn – einzig und allein Königsherrschaft, uneingeschränkte Monarchie, Gewalteneinheit.

Diese sich versteifende Haltung und dieses immer entschiedenere Eintreten für die alte politische Macht und die alten gesellschaftlichen Mächte ließ ihn an Klugheit verlieren, was er an Prinzipientreue gewann. Während der Außenpolitiker nach wie vor Kompromisse schloß, war der Innen- und Gesellschaftspolitiker immer weniger zu einem Ausgleich bereit.

»Wo alles wankt, ist vor allem nötig, daß irgend etwas beharre, wo das Suchende sich anschließen, das Verirrte seine Zuflucht finden kann.« Nicht irgendwer, sondern er, der Schöpfer und Bewahrer des Systems, auf dem die Hoffnungen der Konservativen ruhten und gegen den die Angriffe der Progressiven gerichtet waren, meinte allen Anfechtungen widerstehen, sich jeglichen Entgegenkommens an die Bewegung enthalten, im Erhalten standhalten, bis zur Halsstarrigkeit auf seinem Standpunkt beharren zu müssen.

Und alle, die nicht für ihn waren, begann er für die Feinde seiner Person und seiner Sache zu halten. Er verlernte zu differenzieren. Gemäßigte und Radikale, Reformer und Revolutionäre, Liberale und Demokraten, Patrioten und Nationalisten erschienen ihm nur als »verschiedene Waffengattungen eines und desselben Heeres«, das unter dem Banner des »zerstörenden Prinzips« gegen den Bannerträger des »erhaltenden Prinzips« anstürmte.

Wer – wie der in die Jahre gekommene und vor die sich steigernden Forderungen des fortschreitenden Jahrhunderts gestellte Metternich – zu der Überzeugung gelangt war, daß jedes Nachgeben ein Aufgeben bedeute, hütete sich davor, durch Konzessionen eine Kapitulation einzuleiten. Für ihn gab es keine Mittelstraße mehr, nur noch ein Entweder-Oder, die Entscheidung gegen oder für die Revolution – keine Reform.

In der Theorie hielt er geregelte Verbesserungen beim planmäßigen Ausbau des Bestehenden durchaus für möglich und sogar für wünschenswert. »Alle Gewalten werden gefahrdrohend durch Ungebundenheit. Die Aufgabe beschränkt sich auf das Dämmen des Stromes, dort, wo dessen Lauf nicht aufzuhalten ist, auf die bestmögliche Benützung der Gewässer durch deren zweckmäßige Leitung zur Belebung trockener Gründe und deren Ableitung aus Sümpfen.«

In der Praxis handelte er anders, und in der Theorie begann er umzudenken. Er verhielt sich immer weniger so, wie es der Staatsmann einem Landwirt erklärt hatte: »Wenn Sie auf Ihren Besitzungen, auf der Höhe über der Elbe, ein großes Wasserreservoir haben, das jeden Augenblick Ihre reichen Wiesen überschwemmen kann und eines Tages sicher herunterkommen wird, werden Sie plötzlich den Damm durchbrechen und das Wasser in breitem Strom über Ihr Land fließen lassen oder werden Sie den Damm sorgsam durchstechen, so daß die Fluten langsam und segensreich herabfließen und die Felder fruchtbar machen anstatt sie zu zerstören?«

Er regulierte nicht mehr, reglementierte nur noch, dosierte und kanalisierte nicht, sondern suchte durch einen frontalen Damm den immer breiter und reißender werdenden Strom aufzuhalten. Eine Evolution, ein gemächliches und gedeihliches Dahinfließen, eine vernünftige Entwicklung wurde dadurch unmöglich. Der Strom staute sich, seine Kräfte sammelten sich zum zerstörerischen Durchbruch.

Friedrich Gentz, sein alter Waffengefährte und Kampfgenosse, sah das voraus. »Die Weltgeschichte ist ein ewiger Übergang vom Alten zum Neuen. Im steten Kreislaufe der Dinge zerstört alles sich selbst, und die Frucht, die zur Reife gediehen ist, löset sich von der Pflanze ab, die sie hervorgebracht hat. Soll aber dieser Kreislauf nicht zum schnellen Untergang alles Bestehenden, mithin auch alles Rechten und Guten führen, so muß es notwendig neben der großen, zuletzt immer überwiegenden Anzahl derer, welche für das Neue arbeiten, auch eine kleinere geben, die mit Maß und Ziel das Alte zu behaupten und den Strom der Zeit, wenn sie ihn auch nicht aufhalten kann noch will, in einem geregelten Bette zu erhalten sucht.«

Das rechte Maß vermißte Gentz nun an Metternich, und schon begann er zu zweifeln, ob das Ziel, dem sich der Staatsmann verpflichtet glaubte und dem sich der Publizist verschrieben hatte, das richtige sei. Sie entfremdeten sich, und im Sturmjahr 1830 – zwei Jahre vor Gentzens Tod – überwarfen sie sich.

Bei zwei so ichbezogenen Individuen spielten natürlich persönliche Motive eine Rolle. Der sechsundsechzigjährige Gentz stellte der zwanzigjährigen Tänzerin Fanny Elßler nach, wozu er außer Liebenswürdigkeit, über die er immer noch reichlich zu verfügen meinte, auch Barmittel benötigte, die er nie gehabt hatte. Unter anderen pumpte er Metternich an, der ihm das Geld, doch nicht das Mädchen gönnte.

Die neue Angebetete des siebenundfünfzigjährigen Metternich war immerhin schon fünfundzwanzig: Gräfin Melanie Zichy-Ferraris, ein dunkler Typ mit »Mordsaugen«, von ungarischem Temperament, aber nicht so schön, so jung und so gefeiert wie die Elßler, und mit mehr Schulden als Flüssigem; denn die Familie hatte weit über ihre Verhältnisse gelebt. Die Mutter, Gräfin Molly, hatte deshalb schon seit dem Tode Lorels den Fürsten als Partie im Auge gehabt. Die Leykams waren ihr zuvorgekommen, doch nun, nach dem Tode Antoinettes, war die Bahn frei.

Klemens, zum zweitenmal Witwer, wurde »melanisiert«. Kaum waren sie verlobt, nahm die Ungarin nicht nur den Mann, sondern auch den Staatsmann in Beschlag. Und nach ihrer Vermählung – am 30. Januar 1831 – nahm sie ihn in Besitz, den sie zwar liebevoll pflegte, aber auch eifersüchtig hütete.

Nicht nur mutmaßliche Freundinnen, sondern auch alte Freunde, vor allem Gentz, bekamen das zu spüren. Melanie konnte Fanny nicht leiden und auch nicht deren Friedrich, der wie ein Gokkel herumstolzierte, nicht nur in seinem Liebesgarten, sondern auch in den Salons, und dabei krähte: Er sei der Mann, der Metternich die Ideen gegeben hätte.

Klemens nahm es zunächst von der heiteren Seite. Gentz denke nur an Fanny, er sehe alles rosig. Revolution in Frankreich, Cholera in Rußland? »Er aber lachte mir ins Gesicht: Was sind Revolutionen, was ist die Cholera! Fanny lebe hoch! Da habt Ihr unseren Philosophen und unseren Staatsmann.«

Gentz konterte. Da habe Metternich ja wieder einmal Glück gehabt, »nach einer Frau wie seiner verstorbenen wieder einen so guten Fund zu machen«. In der Politik sei er indessen nicht mehr so fündig wie in der Liebe: Er klammere sich an seine Prinzipien, versperre sich den Weg zur Wirklichkeit, verbaue sich einen Ausgleich mit den Gegebenheiten, versäume den historischen Kompromiß zwischen Konservativen und Progressiven.

Und da er Fehler weder erkenne noch bereue, immer anderen oder den Umständen die Schuld gebe, brauche er Sündenböcke, vielleicht schon morgen ihn, Friedrich Gentz, der ihm gestern gegen die Revolution geholfen hatte und ihn heute vor einer unvernünftigen Reaktion warnte. Hatte er ihn überhaupt jemals geschätzt? »Er glaubt, keines Menschen zu bedürfen und die ganze Welt zu regieren. Er kann ihnen einzelne Vorzüge zugestehen, aber sich selbst betrachtet er als den Ausbund der Vollkommenheit.«

Metternich hatte Gentz gebraucht, solange dieser seine Vollkommenheit unterstrichen hatte, und er ließ ihn fallen, als er auf Unvollkommenes hinzuweisen begann.

Gentz kehrte wieder zu den Auffassungen zurück, von denen er ausgegangen war: »Zwei Prinzipien konstituieren die moralische und die intelligible Welt. Das eine ist das des immerwährenden Fortschritts, das andere das der notwendigen Beschränkung dieses Fortschritts. Regierte jenes allein, so wäre nichts mehr fest auf Erden und die ganze gesellschaftliche Existenz ein Spiel der Winde und Wellen. Regierte dieses allein oder gewänne auch nur ein schädliches Übergewicht, so würde alles versteinern oder verfaulen.«

Metternich hingegen begann dem Gleichgewichtsprinzip, seinem philosophischen und politischen Grundprinzip, zuwiderzudenken und zuwiderzuhandeln – nicht in der Außenpolitik, wo er weiterhin mit »Checks and Balances« hantierte, sondern in der Innenpolitik, wo er sie negierte. Das System wurde von Schizophrenie befallen, was Gentz, aber nicht Metternich wahrnahm.

Die beiden, die im Umgang die Formen wahrten, weiter miteinander verkehrten, ließen eines Tages, um den kleinen Richard, den Sohn aus zweiter Ehe, zu ergötzen, Seifenblasen steigen. Jeder mochte die des anderen für ein Sinnbild von dessen Illusionen halten – und beide hatten recht. Denn es sollte sich erweisen, daß die Revolution weder durch Konzession noch durch Reaktion zu vermeiden war.

Die Folgen der Julirevolution waren so katastrophal, »wie der Durchbruch eines Dammes in Europa«, daß Metternich das Richtige zu tun schien: die Ursachen zu bekämpfen und die Auswirkungen so begrenzen.

Die belgische Revolution von 1830 war ein doppelter Eingriff in das Metternichsche System. Das Königreich der Niederlande, eine Schöpfung des Wiener Kongresses, verlor seinen südlichen, katholischen, gewerbetreibenden, von französischer Bildung und fortschrittlicher Gesinnung erfüllten Teil – eine Einbuße für den niederländischen Staat wie für die europäische Staatenordnung. Das unabhängige Belgien erklärte sich zur konstitutionellen Monarchie, wählte den Prinzen Leopold von Sachsen-Koburg zum »König der Belgier« – ein Einbruch der Revolution in die Monarchengewalt alter Konvenienz.

Das europäische Gleichgewicht konnte erhalten, die Pentarchie sogar wiederbelebt werden: Die fünf Großmächte erklärten auf der Konferenz von London das unabhängige Belgien zu einem »für immer neutralen Staat«. Frankreich sollte weder direkt noch indirekt Einfluß auf Belgien erhalten, woran vor allem England, aber auch Österreich interessiert war.

Der Schaden für die Heilige Allianz war nicht zu beheben. Nun gab es bereits zwei Könige, die weder legitim an die Macht gekommen waren noch nach dem monarchischen Prinzip regierten. Auch wenn man sie familiär unter sich ließ (Leopold heiratete eine Tochter Louis Philippes), man mußte sie nolens volens akzeptieren, sich mit ihnen arrangieren. Auch Metternich beugte sich der »force des choses, plus puissante que notre volonté«.

Das Wollen und das Können stimmten bei der Reaktion auf die polnische Revolution überein. Der Aufstand von Warschau vom 29. November 1830 war gegen Rußland gerichtet, an das »Kongreßpolen« seit dem Wiener Kongreß gebunden beziehungsweise – wie die polnischen Patrioten meinten – gefesselt war. Zar Alexander I., damals noch ein Weltverbesserer, hatte seinem Königreich Polen eine der französischen Charte nachempfundene Verfassung gegeben. Nationalismus und Liberalismus wurden dadurch geschürt, der Aufruhr befördert. Als er ausbrach, war Zar Nikolaus I. so perplex, daß er die russischen Truppen abzog, fürs erste die Polen sich selber überließ.

Die Begeisterung kannte keine Grenzen. Die Polen sagten sich von Rußland los und setzten eine Nationalregierung ein. Franzosen und Belgier begrüßten es, daß ihr Beispiel Schule gemacht hatte, Engländer und Amerikaner feierten den Fortschritt von Liberalismus und Demokratie, Deutsche und Italiener erblickten ein Vorbild für Volkserhebung und Nationaleinigung.

Metternich empfand Genugtuung über den Denkzettel, den mit der russischen jede mit dem Konstitutionalismus kokettierende Monarchie erhalten hatte, sogar eine gewisse Schadenfreude bezüglich des Mißgeschickes des russischen Rivalen. Dabei durfte er es nicht bewenden lassen. Mit Rußland waren auch Österreich und Preußen betroffen, die ebenfalls polnische Untertanen hatten. Mit der russischen war auch die österreichische und preußische Autokratie herausgefordert. Alle drei Mächte mußten an der Niederwerfung des nationalpolnischen Aufstandes interessiert und allen drei Monarchien mußte an der Niederhaltung von Volksbewegungen gelegen sein.

So fanden sie, angesichts der neuen Zeit, wieder zusammen, beinahe wie in den alten Zeiten. Metternich war zu einer Intervention Österreichs an der Seite Rußlands und Preußens in Polen bereit. Das war nicht nötig, nicht weil, wie er meinte, die »ganze polnische Insurrektion in kurzem wie eine Phantasmagorie in Rauch aufgehen werde«, sondern weil die Russen allein das Land mit Feuer und Schwert »pazifizierten«. Kongreßpolen verlor seine Verfassung, wurde eine Provinz des Russischen Reiches. Engländer und Franzosen beließen es bei Protesten gegen die Unterdrückung, Deutsche bei Sympathiekundgebungen für die Unterdrückten.

Und wie immer, wenn es in Frankreich stürmte, wurde Italien vom Westwind erfaßt. Es gab Aufstände in Modena und Parma, in Bologna und in der Romagna, in den Marken und in Umbrien. In Piemont, das Frankreich geographisch und geistig am nächsten lag, fing es zu gären an. Und Lombarden und Venetianer begannen – trotz der vollen Bäuche, die ihnen die österreichische Wohlfahrt verschafft hatte – nicht ungern die Konstitutionen des Westens zu studieren.

Die grün-weiß-rote Trikolore, die italienische Parallele zum Blau-Weiß-Rot der Franzosen, war wieder aufgepflanzt. Von Revolution à la Frankreich wurde gesprochen, und vom Risorgimento alla Italia. Eine Wiedererhebung der italienischen Jakobiner war gemeint, eine Wiederauferstehung der italienischen Nation.

Konnte etwas wiederauferstehen, was niemals dagewesen war? Metternich blieb bei seiner Meinung, daß Italien kein nationaler Begriff sei, aus mehreren und verschiedenen Staaten bestehe. Der Österreicher wollte das Lombardo-Venetianische Königreich und die Vorherrschaft auf der Apenninenhalbinsel nicht verlieren, mußte französische Eingriffe in seine Interessensphäre abwehren. Und der Hüter der alten Ordnung mußte sich gegen alles Revolutionäre verwahren, die italienischen Monarchen vor Verlusten an Souveränität und Autorität bewahren.

Noch waren ihm alle dafür verbunden. Der neue Papst, Gregor XVI., war ein Partner, wie er ihn sich wünschte. Der ehemalige Ordensgeneral der Kamaldulenser forderte die polnischen Bischöfe auf, sich nicht unter dem Vorwand der Religion gegen die legitime Obrigkeit zu stellen. Und rief die Österreicher gegen die Aufständischen im Kirchenstaat zu Hilfe.

»Zur Wiederherstellung der Ruhe und zur Erhaltung des allgemeinen Friedens und Besitzstandes, zur Handhabung aller wohlerworbenen Rechte, zur Befestigung des gesetzlichen Ansehens der Fürsten und im wohlverstandenen Interesse der Völker Italiens« griff Metternich zur Intervention, wie vor zehn Jahren. Wie gehabt, waren die Rebellen von den Weißröcken rasch überwältigt. Der französische Bürgerkönig, der die italienischen Brüder ermutigt hatte, stand ihnen nur mit großen Worten, nicht mit entsprechenden Taten bei.

Frankreich hatte vorerst keinen Kredit mehr bei den italienischen Patrioten. König Karl Albert von Sardinien-Piemont schloß eine geheime Militärkonvention mit Österreich – gegen die Nachbarmacht im Westen und die von ihr ventilierten Ideen.

Österreichs neuer Oberbefehlshaber in Italien war Radetzky, der schon im Kampf gegen Napoleon das Schwert für Metternich geführt hatte. Und es nun für seinen Part in der österreichischen Italienpolitik schärfte, die Metternich vorschrieb: »Ich erkenne das Vorhandensein der Gefahren, für ihre Abwendung nur die von unserer Regierung ergriffenen Mittel. Diese liegen in guten Gesetzen und guten Regierungsformen und in einer gehörigen Militärkraft.«

Das war nicht nur in Italien, sondern auch in Deutschland vonnöten, aber auch hier wurde zunehmend angezweifelt, ob die von Metternich ergriffenen Mittel die richtigen seien: repressive Gesetze, eine autoritäre Regierungsform, eine Präsidialmacht im Deutschen Bund, die auf ihre Prärogative pochte, und eine österreichische Militärmacht, der die preußische ebenbürtig wurde.

Und nun stand den Deutschen das Bild der Julirevolution vor Augen, wie es Eugène Delacroix gemalt hatte: Die Freiheit – ein junges Weib mit entblößtem Busen, die Jakobinermütze auf dem Haupte, in der einen Hand die Trikolore, in der anderen eine Flinte – führt das Volk auf die Barrikaden. Wie es Heinrich Heine erläuterte: »Heilige Julitage von Paris! Ihr werdet ewig Zeugnis geben von dem Uradel der Menschen, der nie ganz zerstört werden kann. Wer euch erlebt hat, der jammert nicht mehr auf den alten Gräbern, sondern freudig glaubt er schon jetzt an die Auferstehung der Völker.«

Heinrich Heine – er war im Juli 1830 nicht in Paris, sondern weit vom Schuß auf der Nordseeinsel Helgoland – verlangte nach der »Leier, damit ich ein Schlachtlied singe, ... Worte gleich flammenden Sternen, die aus der Höhe herabschießen und die Paläste verbrennen und die Hütten erleuchten«. Metternich meinte, ein deutscher, also ein pedantischer Sansculotte sei weit ärger als ein leichtsinniger französischer, »und die deutschen Altburschen sind eines kräftigeren Gelichters als die Voltigeurs – die Stoßtruppen – der Jahre 1790 bis 1794«.

Die deutschen Bürger, noch mit dem Aufbau der Wirtschaft und dem Ausbau ihrer gesellschaftlichen Stellung beschäftigt, waren indessen nicht bereit, der Freiheitsgöttin, die auch als Flintenweib angesehen werden konnte, über Leichen zur Revolution zu folgen. Aber schon formierte sich eine Avantgarde, die dazu willens war, und wie es im Lande der Dichter und Denker kaum anders erwartet werden konnte, war es eine literarische Bewegung.

Das »Junge Deutschland« – dem unter anderen Heinrich Heine, Heinrich Laube, Ludolf Wienbarg, Ludwig Börne und Karl Gutzkow angehörten – schrieb »aus der Zeit für die Zeit«, was – mit wenigen Ausnahmen – den Mangel an dichterischer Qualität erklärte. Man führte »ästhetische Feldzüge« gegen die institutionalisierte Religion, die herkömmliche Moral, die überlieferte Rolle der Geschlechter, die etablierte Gesellschaft, den Obrigkeitsstaat, gegen den Dichterfürsten Goethe, der 1832 rechtzeitig das Zeitliche gesegnet hatte, und gegen den Fürsten Metternich, der sich das noch lange vorlesen lassen mußte.

Offiziell hatte er sich auf dem laufenden zu halten und Ausschweifendes niederzuhalten. Privat konnte er Geschmack an Gutzkows *Öffentlichen Charakteren* finden, sich an Sottisen delektieren, im Wohllaut von Gedichten Heines schwelgen, bis mitunter eine Träne quoll – dieser grau und starr gewordene Werther, der zuweilen immer noch von der Empfindsamkeit des 18. Jahrhunderts angerührt wurde.

Heine revanchierte sich etwas später, als er nicht mehr unbedingt die flammenden Sterne für politische Brandstiftungen vom Himmel holen wollte: »Metternich hat nie mit der Göttin der

Freiheit geliebäugelt, er hat nie in der Angst des Herzens den Demagogen gespielt, er hat nie Arndts Lieder gesungen und dabei Weißbier getrunken, er hat nie auf der Hasenheide geturnt, er hat nie pietistisch gefrömmelt, er hat nie mit den Festungsarrestanten geweint, während er sie an der Kette hielt; man wußte immer, wie man mit ihm dran war, man wußte, daß man sich vor ihm zu hüten hatte, und man hütete sich vor ihm. Er war immer ein sicherer Mann, der uns weder durch gnädige Blicke täuschte, noch mit Privatmalicen empörte. Man wußte, daß er weder aus Liebe noch aus kleinlichem Hasse, sondern großartig im Geiste eines Systems handelte, welchem Österreich seit drei Jahrhunderten treu geblieben.«

Das System verlangte Vorsicht gegenüber dem literarischen »Jungen Deutschland« und ein Vorgehen gegen das politische »Junge Deutschland«, das als nationale Formation der internationalen Revolutionseinheit im Anrücken war. 1834 wurde sie in der Schweiz als Abteilung des »Jungen Europa« gebildet, das Giuseppe Mazzini, der Gründer des »Jungen Italien« ins Leben gerufen hatte – unter der Parole »Freiheit, Gleichheit, Humanität« und mit dem Ziel eines aus nationalen Republiken gebildeten republikanischen Europas.

Was Metternich befürchtet und Gentz bezweifelt hatte, war offenkundig geworden: akkordierte Agitation und koordinierte Aktionen, eine Kooperation der Geheimbünde, eine Internationale der Revolutionäre, die gegen die Internationale der Monarchen antrat.

Noch war sie eine Angelegenheit von Emigranten, in der Schweiz und in Frankreich, die zu Brutstätten der Umsturzbewegung wurden. In Deutschland bildete sich erst das Bürgertum heran, das die Radikalen zur Revolution treiben und dann ausmanövrieren wollten.

Der Liberalismus, der persönliche Freiheiten, staatsbürgerliche, nicht soziale Gleichheit und nationale Brüderlichkeit erstrebte, war auch im Deutschen Bund vorangekommen, artikulierte sich in Presse und Literatur, absolvierte eine parlamentarische Grundausbildung in den ständischen Kammern, forderte mehr und bessere Konstitutionen und eine Umgestaltung des Deutschen Bundes im Sinne der Jahrhundertforderung: Nation und Verfassung.

Schon waren, entzündet von der französischen Julirevolution, in Deutschland Revolutionen aufgeflammt, die rasch ausgetreten werden konnten. Und Evolutionen eingeleitet worden, die man zwar noch im Griff hatte, die aber der Kontrolle entgleiten konnten.

Das Legitimitätsprinzip war in Braunschweig verletzt: der rechtmäßige Herzog Karl wurde vom Volke abgesetzt und sein Bruder Wilhelm, ein preußischer Gardeoffizier, von Preußen auf den Thron gesetzt. Das monarchische Prinzip wurde in mehreren Bundesstaaten durchlöchert: In Kurhessen, Sachsen, Hannover und Braunschweig mußten Konstitutionen vereinbart werden. Und in den süddeutschen Staaten, die solche bereits hatten, wurde das Verfassungsleben intensiver und brisanter.

Schon war eine deutsche Trikolore aufgepflanzt, auf dem Hambacher Schloßberg in der Rheinpfalz. Dort demonstrierten im Mai 1832 dreißigtausend Menschen für »Vaterland, Volksfreiheit, Völkerbund«, Deutsche aus mehreren Bundesstaaten, französische Elsässer und polnische Emigranten – die Internationale der Revolution offenbarte sich.

Die Farben Schwarz-Rot-Gold erinnerten an das alte Reich, das von Napoleon zerstört, und an die Befreiungskriege, die auch gegen die französische Auffassung von Freiheit, Gleichheit und Brüderlichkeit geführt worden waren. Der romantische Nationalismus gab sich kund, doch auf Hambach hielt auch »der französische Liberalismus seine trunkendsten Bergpredigten«, wie Heine mit Genugtuung feststellte. Die deutsche Trikolore stand für beides, auch wenn die Tatsache, daß sie – im Unterschied zur französischen und italienischen – längsgestreift war, darauf hindeuten mochte, daß deutsche Revolutionäre langmütig und geduldig waren.

Sie sprachen denn auch von einem »Nationalfest«, nicht von einer Nationalrevolution, aber für Metternich war das schon alarmierend genug. Die »Skandale von Hambach« hätten sich ereignen können, weil Bayern in seinem linksrheinischen Gebiet fortschrittliche Ideen und Institutionen aus der Franzosenzeit geduldet hätte, und überhaupt in der Ausführung der »Karlsbader Beschlüsse« lax und lau gewesen wäre.

Bayern habe durch seine Toleranz der Revolution einen »legalen Tummelplatz« geschaffen, tadelte er die bayerische Regierung.

Sie sei den mitverbündeten Staaten eine schleunige und energische Unterdrückung der revolutionären Bewegung schuldig. Die Rädelsführer müßten eingesperrt und alle Rheinpfälzer durch eine »imposante militärische Macht« eingeschüchtert werden.

Metternich war durch das Hambacher Fest von 1832 weit mehr aufgeschreckt als durch das Sandsche Attentat von 1819. Er sprach von einer Staatskrise, die durch drei Tatsachen gekennzeichnet sei: Erstens, eine funktionierende Staatsgewalt gebe es nur noch in Staaten ohne Konstitutionen. Zweitens, die konstitutionellen Staaten seien von absoluter Schwäche befallen. Drittens, der Liberalismus habe dem Radikalismus Platz gemacht.

»Mit Volksrepräsentationen im modernen Sinne, mit der Preßfreiheit und den politischen Vereinen muß jeder Staat zugrundegehen, der monarchische wie die Republik. Nur Anarchie ist möglich. Dagegen mögen die Gelehrten am Schreibtisch protestieren, soviel sie auch immer wollen. Am Ende der Gelehrsamkeit steht das Zuschlagen, und kommt es einmal hierzu, so ist der, der in geschlossenen Reihen zuschlägt, der Gelehrteste.«

Zerstörung oder Erhaltung, das sei jetzt die Frage, und müßte von den Konservativen durch Zuschlagen in geschlossener Reihe beantwortet werden. Das bedeutete er auch der preußischen Regierung, womit er offene Türen einrannte. Sie bezeichnete das Hambacher Fest als »vollständige Revolution«, die »gegen alle Staaten des Deutschen Bundes« gerichtet sei und durch Bundesmaßnahmen »mit Energie und Konsequenz« niedergeschlagen werden müßte.

Die »Karlsbader Beschlüsse« wurden erneuert, erweitert und verschärft. Politische Vereinigungen und Veranstaltungen wurden untersagt, Universitäten und Verlage einschneidender kontrolliert, die Schriften des »Jungen Deutschlands« verboten. Auch Literatur, die Metternich persönlich schätzte, durfte nur noch gewissermaßen unter dem Ladentisch, für einen bestimmten Leserkreis abgegeben werden – als eine Art Pornographie zur privaten Ausschweifung für öffentliche Wächter der sittlichen und staatlichen Ordnung.

Mit den »Sechs Artikeln« akzeptierte der Bundestag in Frankfurt die österreichisch-preußische Vereinbarung gegen die »Anmaßungen der ständischen Kammern«: Beschränkung des Petitionsrechtes, des Budgetrechtes und des Gesetzgebungsrechtes der Landstände. Die Einhaltung sollte eine Bundesüberwachungskommission gewährleisten.

Der oberste und regste Wächter war und blieb Metternich. Der »Frankfurter Wachensturm«, die immerhin einige Stunden dauernde Besetzung von zwei Wachlokalen der Stadtpolizei durch radikale Akademiker und polnische Emigranten, schien ihm recht zu geben, veranlaßte ihn zu weiteren Gegenmaßnahmen. Frankfurt, der Sitz des Deutschen Bundestages, erhielt eine österreichisch-preußische Schutztruppe. Eine neue Bundes-Zentraluntersuchungs-Behörde wurde eingesetzt, mit dem Auftrag, »die näheren Umstände, den Umfang und den Zusammenhang des gegen den Bestand des Bundes und gegen die öffentliche Ordnung in Deutschland gerichteten Komplotts« zu untersuchen. Verhaftungen und Verurteilungen folgten.

Metternich berief 1834 die »Wiener Konferenzen« ein, die alle Maßnahmen koordinieren und kodifizieren, einen »rettenden und hemmenden Damm« dem »überflutenden Strome des revolutionären Geistes« entgegensetzen sollten.

Das Ergebnis waren die »Sechzig Artikel«. Die vervielfachte Zahl – zwei Jahre vorher war man noch mit »Sechs Artikeln« ausgekommen – war ein Zeichen dafür, wie sehr man die Flut angeschwollen glaubte. Und daß man ihren Inhalt – in der Hauptsache Bestimmungen zur Beschränkung der Kammern, Handhabung der Zensur, Überwachung der Universitäten – geheim hielt, lag nicht daran, daß Metternich nicht mehr mit offenem Visier zu kämpfen gewagt hätte. Die Bundesstaaten, die bereits Konstitutionen besaßen, hatten nicht den Schneid, ihre Kammern mit derartigen Beschlüssen öffentlich zu konfrontieren, hatten sich insgeheim vorgenommen, sie nach Kräften zu konterkarieren.

Der Damm bröckelte und die Flut stieg. Auf dem Deich stand Preußen, das weniger denn je das Verfassungsversprechen zu erfüllen gedachte, an der Seite Österreichs, das ein solches nicht einmal gegeben hatte. Eine Identität von Ideologie und Interessen war gegeben. Beide wollten in ihren Staaten das monarchische Prinzip erhalten, den Deutschen Bund im konservativen Rahmen halten, die Polen niederhalten und die Allianz der Ostmächte aufrechterhalten.

Friedrich Wilhelm III. und Metternich trafen im Sommer 1833 in Teplitz zusammen, zeigten sich in voller Eintracht. Doch war es nicht mehr so wie früher. Metternich konnte den Deutschen Zollverein nicht verhindern, in dem sich die meisten deutschen Staaten unter Führung Preußens und unter Ausschluß Österreichs verbanden. Im Deutschen Bund begannen sich die wirtschaftlichen Gewichte zugunsten Preußens zu verschieben, was in einem Jahrhundert, das immer mehr von der Ökonomie bestimmt und vom Materialismus ergriffen wurde, nicht ohne politische Folgen bleiben konnte.

Auch im Kelch der erneuerten Bruderschaft zwischen Österreich und Rußland waren Wermutstropfen, die Metternich mitschlucken mußte, wobei er keine Miene verzog, vielmehr das Getränk und vor allen denjenigen, der es kredenzte, sich selber nämlich, lobte: »Als Rußland einen anderen Weg ging, als den, den ich gewählt hatte, ließ ich es gehen; heute gehe ich mit ihm, weil es mit mir geht.«

Das Rußland des Zaren Nikolaus I. und das Österreich des Kaisers Franz I. gingen wieder miteinander, weil dieses Schützenhilfe gegen Liberalismus und Konstitutionalismus brauchte, und jenes Rückendeckung gegen England und Frankreich benötigte, die sich der russischen Orientpolitik widersetzten.

Das hätte vor allem Metternich tun müssen. Sicherlich zog er ideologischen Vorteil aus der Restauration der Heiligen-Teil-Allianz und außenpolitischen Gewinn aus dem Auseinanderdividieren des pro-griechischen und anti-türkischen Dreibundes Rußlands, Englands und Frankreichs, der ihm noch vor ein paar Jahren zu schaffen gemacht hatte. Aber wog dies die Nachteile auf, die Rußlands neuester Griff nach dem Bosporus für Österreich brachte?

In der innertürkischen Auseinandersetzung zwischen Sultan Mahmud II. und Mehmed Ali, dem Vizekönig von Ägypten, schien der Großherr den kürzeren zu ziehen. Das war für Zar Nikolaus I. ein willkommener Anlaß zum Eingreifen. Ein russisches Geschwader erschien vor Konstantinopel. Franzosen und Engländer, die Rußland vom Mittelmeer fernhalten wollten, setzten ihre Flotten in Marsch. Der Sultan und der Zar schlossen im Sommer 1833 die Verteidigungsallianz von Hunkiar-Iskelessi, die Rußland feindlichen Kriegschiffen die Dardanellen verschloß, doch für russische offenhielt.

Metternich nahm vorerst das Vordringen Rußlands im Orient hin, weil er es in Europa brauchte, um gegenüber der revolutionären Bewegung und den liberalen Westmächten nicht ins Hintertreffen zu geraten. Und weil er eitel genug war, um selbst eine plumpe Schmeichelei des Zaren als verdientes Kompliment entgegenzunehmen: »Ich kam hierher, um mich unter die Befehle meines Vorgesetzten zu stellen; ich zähle auf Sie, daß Sie mir einen Wink geben, wenn ich Fehler machen sollte.«

Das sagte der russische Zar im September 1833 im böhmischen Münchengrätz dem österreichischen Kanzler ins Gesicht, während er hinter seinem Rücken äußerte: »Jedesmal, wenn ich mich ihm nähere, bitte ich Gott, mich vor dem Teufel zu bewahren.«

Das hinderte ihn nicht, bei der Entrevue in Münchengrätz mit diesem Teufel, des Teufels Kaiser und dem eher einem Posaunenengel gleichenden Kronprinzen Friedrich Wilhelm von Preußen in einem Gruppenbild zu posieren, das der Welt Eintracht und Entschlossenheit der Hauptmächte der Heiligen Allianz demonstrieren sollte.

Einigkeit erzielte man in drei Hauptpunkten. Erstens: Da die Bewahrer der monarchischen Ordnung auch nicht die türkische Monarchie beseitigen durften und überdies keiner dem anderen deren Überreste gönnte, wurde der Bestand des Osmanischen Reiches festgeschrieben. Zweitens garantierten sich die drei Ostmächte ihren Besitzstand in Polen und verpflichteten sich zu gegenseitiger Unterstützung bei der Niederwerfung neuer Aufstände. Und drittens bekundeten Österreich, Rußland und Preußen ihre Bereitschaft, jedem Monarchen, der es wünschte, gegen Revolutionen in seinem Lande beizustehen – das alte Interventionsrecht war neu bekräftigt.

Zur Entspannung wurde in Münchengrätz Goldonis *Diener zweier Herren* gegeben. Manche mochten dabei an Metternich denken, der den österreichischen wie den russischen Kaiser gut bedient hatte. Nikolaus I. lohnte es ihm nicht. Und der fünfundsechzigjährige Franz I. war so hinfällig, daß sein Faktotum sich Gedanken machen mußte, ob er mit ihm nicht bald Amt und Macht verlieren könnte.

Kaiser Franz pflegte zu sagen: »Mich und den Metternich hält's noch aus.« Er selber starb am 2. März 1835, nachdem er, dank der ein Vierteljahrhundert währenden Unterstützung Metternichs, in allen Zeitstürmen ausgehalten hatte, aber die Behandlung durch seine Ärzte nicht mehr durchzustehen vermochte. Sie hatten den an Lungenentzündung Erkrankten sechsmal zur Ader gelassen, die Blutmenge gewogen, sie mit zwei Pfund und sechs Unzen zu schwer befunden und sich dann nicht mehr zu helfen gewußt.

»Das Blut rauchte nur so, so entzündet war es«, bemerkte Erzherzogin Sophie, die Gattin des Erzherzogs Franz Karl, des zweiten Sohnes des verstorbenen Kaisers. Die ehrgeizige Wittelsbacherin hegte dieHoffnung, daß ihr Gemahl oder auch ihr erst fünfjähriger Sohn Franz Joseph eines Tages den Thron besteigen würden. Denn vom neuen Kaiser Ferdinand I., der geistig zurückgeblieben war und unter epileptischen Anfällen litt, war keine Nachkommenschaft zu erwarten. Und mit diesem Habsburger, der aussah, als habe man einem Kasperl die Krone aufgesetzt, war kaum Staat zu machen.

Die kluge Sophie hatte erkannt, daß die »Hofpuissance« Metternich gewesen war und bleiben würde. Der alte Kaiser hatte das System verkörpert, das der Staatskanzler geschaffen und erhalten hatte. Der neue Kaiser war nur noch das »regierende Symbol« dessen, was nun Metternich nicht nur zu bewahren, sondern auch darzustellen hatte.

»Verrücke nichts an den Grundlagen des Staatsgebäudes, regiere, verändere nicht«, hatte der Vater den Sohn ermahnt. Und ihm aufgetragen, er solle – wie er selber – dem Manne Vertrauen entgegenbringen, der es wußte und danach handelte beziehungsweise nicht handelte: »Das Heil der Welt beruht darauf, daß sich hier nichts verändere.«

Dieses Testament war von Metternich aufgesetzt worden, der in einem Reich, in dem auch ein Thronwechsel nichts ändern durfte, nichts dem Zufall überlassen wollte.

Er hatte mitgeholfen, den Kaiser auf Ferdinand als Nachfolger festzulegen, obgleich dieser offenkundig regierungsuntauglich war. Dafür sprachen eine strenge Auslegung des Legitimismus, für die Franz I. immer zugänglich war, und das Interesse Metternichs, keinen neuen Kaiser zu bekommen, der selber regieren wollte. Das hätte der Zweitgeborene, Erzherzog Franz Karl, aus freien Stücken kaum getan, doch die herrschsüchtige Gattin Sophie hätte ihm das sicherlich rasch beigebracht.

Noch gefährlicher für das legitimistische Prinzip wie für die Machtpraxis Metternichs wäre die Einsetzung eines Regenten gewesen. Dafür wären von den Brüdern Franz' I. zwei in Frage gekommen: Erzherzog Karl, der sich mit Metternich nie vertragen hatte, und Erzherzog Johann, der das Metternichsche System nicht mochte. Da der alte Kaiser die Abneigung seines Kanzlers gegen die Personen und Ideen seiner Brüder teilte, konnte auch der Gedanke einer Regentschaft verworfen werden.

Natürlich wäre Metternich gerne der einzige Ratgeber und Entscheidungshelfer Ferdinands I. geworden, aber so weit reichte das Vertrauen seines alten Kaisers nicht. Auf dem Sterbebett änderte er das von Metternich unbeirrt und unverfroren zu seinen alleinigen Gunsten verfaßte Testament und setzte die Staatskonferenz zur Unterstützung seines Nachfolgers ein.

Ihr gehörte selbstverständlich der Staatskanzler an, gewichtig durch Stellung und Erfahrung, aber eben nur als Primus inter pares. Bald mußte er erleben, daß ein Gremium bereits eine Vorstufe zu dem war, was er für das größte Übel in der Staatsregierung hielt: eine parlamentarische Körperschaft, in der alle dazwischen und durcheinander redeten.

Beunruhigend war nicht, daß ein anderer nominell den Vorsitz führte, Erzherzog Ludwig, der jüngste Bruder des Kaisers Franz, der noch leichter zu behandeln war und sich noch williger manipulieren ließ als der verblichene Monarch. Erzherzog Franz Karl, der Thronfolger, war schon mehr zu fürchten, wegen seiner Frau, die es Metternich nie verzieh, daß er »mit einem Trottel als Repräsentanten der Krone«, dem unglücklichen Ferdinand, das Ansehen der Monarchie schmälerte und ihren eigenen Aufstieg verzögerte.

Ein Gegner, den er nicht unterschätzen durfte, war ein weiteres, kraft Amt, Herkunft und Fähigkeit ernstzunehmendes Mitglied der Staatskonferenz: Franz Anton Graf von Kolowrat-Liebsteinsky. Der Böhme stammte aus jenen Adelskreisen, die Metternich immer noch für einen Parvenu zu halten geneigt waren. Der um fünf Jahre jüngere, siebenundfünfzigjährige Berufsbeamte hatte von der Pike auf gedient, verschiedene Spitzenpositionen bekleidet, war 1826 als Staats- und Konferenzminister mit inneren Angelegenheiten betraut worden. Franz I. schien es zu gefallen, dem Außenpolitiker Metternich ein Gegengewicht im Innenpolitiker Kolowrat entgegenzusetzen, und da der erste allmächtig war, mußte er dem zweiten immer mehr Macht zugestehen, auf daß die gewünschte Balance einigermaßen erreicht werden konnte.

»Metternich und Kolowrat bilden den kaiserlichen Adler«, konstatierte ein Österreicher. »Der eine Kopf schaut nach rechts, der andere nach links.« Dieses Bild traf auch auf ihr persönliches Verhältnis zu. Wenn der eine dahin blickte, schaute der andere dorthin, wo der eine erschien, ging der andere weg. Metternich vermißte an dem eher zur Wankelmütigkeit als zum Gleichmut neigenden Kolowrat ein Gleichgewicht zwischen Geist und Gemüt. Kolowrat meinte, dem Menschen Metternich gelinge nicht die Balance, die der Diplomat erstrebe, und dem Politiker mangele es an Ausgewogenheit zwischen Beharren und Fortschritt.

Der eine schaute nach links, der andere nach rechts. Kolowrat hatte sich von der Romantik anrühren lassen, war 1809 an der Seite Stadions gestanden und aufgeschlossen für Zeitströmungen geblieben – in den Grenzen natürlich, die ein böhmischer Standesherr und ein österreichischer Staatsbeamter einzuhalten hatten. Aber für Metternich war das schon so weit weg vom eigenen Standpunkt, daß er ihn zumindest für einen Halblinken hielt.

Sie hatten sich ständig gestritten, zur Freude des guten Kaisers Franz. Er schien sie auch seinem Nachfolger zu gönnen, denn Kolowrat wurde in die Staatskonferenz neben Metternich plaziert. Doch Ferdinand I. konnte kein Schiedsrichter sein. Die Folge war, daß der Kronrat, der immer mehr der Krone die Entscheidung und Verantwortung abnahm, von den sich steigernden Kontroversen zwischen Metternich und Kolowrat zunehmend gelähmt wurde.

Das galt für die Innenpolitik, in die der Staatskanzler jetzt stärker einzugreifen suchte. In der Außenpolitik behauptete er unbestritten das Feld. Noch im Jahre 1835 nahm er den neuen Kaiser zum Fürstentag nach Teplitz mit, um den konservativen Dreibund zu bestätigen.

Friedrich Wilhelm III., der letzte Überlebende der Dreierkoalition von 1813, hatte nur Augen und Ohren für seine Tochter Charlotte, die russische Zarin, die sich beim Anblick Ferdinands I. erschreckte: »Großer Gott, ich hörte viel von ihm, von seiner kleinen, häßlichen, vermickerten Gestalt und seinem großen Kopf ohne Ausdruck als den der Dämlichkeit, aber die Wirklichkeit übersteigt doch alle Beschreibung.«

Zar Nikolaus I. äußerte sich nicht, hütete sich davor, in seinem Gesicht lesen zu lassen, was er dachte und fühlte. Metternich hätte es kaum gefreut. Denn je höher der Herrscher aller Reußen die Prinzipien der Heiligen Allianz hielt, desto mehr Platz blieb ihm darunter für die Entfaltung der russischen Machtpolitik – die Expansion auf dem Balkan.

Metternich meinte immer noch, im Sinne der Ideen die Realitäten steuern zu können. »Ich bin es, der diese ganze Maschine in Bewegung setzt.« Für die österreichische Außenpolitik galt dies nach wie vor, doch immer weniger für die europäische Bündnispolitik.

Dies wurde in der nächsten Orientkrise offenkundig, von denen fortan eine auf die andere folgte. Der Sultan, der »kranke Mann am Bosporus«, wurde immer kränker, der Zar wollte das Erbe noch zu dessen Lebzeiten antreten, England konnte das nicht dulden – und Metternich, der den russischen Imperialismus nicht weniger fürchtete als den westlichen Liberalismus, lief Gefahr, sich zwischen die Stühle zu setzen.

Im Frühjahr 1839 kam es erneut zu Feindseligkeiten zwischen dem Vizekönig in Kairo und dem Sultan in Konstantinopel. Der Ägypter siegte, das Osmanische Reich schien seine Beute zu werden. Das brachte Österreich auf den Plan, das die Türkei unter ihrer legitimen Monarchie erhalten, Rußland, das sie nicht durch eine neue und energischere Dynastie gestärkt sehen wollte, und England, das die Russen nicht am Bosporus brauchen konnte.

Frankreich, das seit der Eroberung Algeriens mit England im Mittelmeer rivalisierte, hielt es mit dem Ägypter, auch aus emotionalen Gründen. Das Bürgerkönigtum hatte auf dem Weg nach rechts Napoleon Bonaparte wiederentdeckt und mit ihm die Erinnerung, daß er die Trikolore am Nil aufgepflanzt hatte. Dahinter setzte Vizekönig Mehmed Ali ein Ausrufezeichen – den Obelisken von Luxor, den er den Parisern für die Place de la Concorde schenkte.

Frankreich beschwor mit der Erinnerung an Napoleon die anti-französische Koalition von damals wieder herauf. Am 15. Juli 1840 schlossen Österreich, Rußland, Preußen und England den Quadrupelvertrag von London: für den Türken, gegen den Ägypter und den Franzosen. Ein Jahr später, nachdem die Engländer in der Levante eingegriffen hatten, trat Ägypten militärisch und Frankreich diplomatisch den Rückzug an. Am 13. Juli 1841 unterzeichneten Österreich, Rußland, Preußen, England, Frankreich und die Türkei in London den Meerengen-Vertrag: Die Dardanellen und der Bosporus wurden für nichttürkische Kriegsschiffe gesperrt.

Metternich hätte sich mehr über die Beendigung dieser Orientkrise und die Bewahrung des Friedens freuen können, wenn die Begleiterscheinungen und Folgewirkungen nicht so problematisch gewesen wären. Bei dieser Friedenssicherung war die Federführung in London gelegen; der Zar hatte es abgelehnt, die Friedenskonferenz in Wien abzuhalten. Rußland hatte seine Bosporus-Bestrebungen nur aufgeschoben, England war die Schutzmacht der Türkei geworden, Frankreich hatte wieder fast napoleonischen Angriffsgeist an den Tag gelegt, und Preußen daraus in Deutschland Gewinn gezogen.

Denn im Krisenjahr 1840 hatten die Franzosen, freilich nur in Kammerreden, Leitartikeln und Bühnendeklamationen, wieder nach dem Rhein, ihrer angeblichen »natürlichen Grenze« gegriffen, was deutsche Patrioten, denen er als Deutschlands Strom, nicht Deutschlands Grenze galt, in rhetorischen und poetischen Harnisch brachte. Sie sangen: »Sie sollen ihn nicht haben, den freien deutschen Rhein«, und die Franzosen erwiderten, sie hätten ihn ja bereits gehabt und könnten ihn wiederbekommen.

Heinrich Heine, der Rheinländer in Paris, warf dazwischen, weder den deutschen noch den französischen Nationalisten gehöre der Rhein, sondern den Rheinländern, die berufen seien, eine Mittlerstellung zwischen beiden Völkern einzunehmen. Klemens Metternich, der Rheinländer in Wien, dachte ähnlich, konnte aber immer weniger so handeln, wie er es gewohnt war und immer noch für angebracht hielt: zwischen den Staaten von Kabinett zu

Kabinett zu vermitteln und die Völker als Mittelspersonen auszuschalten.

Beides wollte ihm nicht mehr so recht gelingen. Die Großmächte waren immer schwerer auseinanderzuhalten und noch schwerer zusammenzubringen, nicht einmal mehr die drei Ostmächte unter dem Dreispitz der Heiligen Allianz. Jene Staaten schienen voranzukommen, die – wie Frankreich – direkt das Volk einspannten, oder – wie Preußen – indirekt aus nationalen Manifestationen Gewinn zogen: Nur die Hohenzollern, nicht die Habsburger schienen – wie die Rheinkrise vielen Deutschen gezeigt hatte – willens und in der Lage zu sein, die »Wacht am Rhein« zu halten.

In Österreich durfte das Nationallied »Sie sollen ihn nicht haben, den freien deutschen Rhein« nicht gesungen werden. Der Deutsch-Nationalismus erschien Metternich doppelt gefährlich, weil er nicht nur, wie jeder andere Nationalismus, den europäischen Frieden in Frage stellte, sondern auch als Vorreiter des Nationalismus anderer österreichischer Nationalitäten die Auflösung des Vielvölkerreiches einzuleiten drohte.

Aber gerade dieses alte Österreich, das Bollwerk der Ruhe und Ordnung und damit des Friedens, brauchte Europa jetzt mehr denn je – ebenso wie Metternich, dem es als letztes Reduit zu verbleiben schien, nachdem er die europäischen Mächte nicht mehr zu lenken, die europäische Bewegung nicht mehr aufzuhalten vermochte, selbst im Deutschen Bund gegenüber Preußen und dem sich ihm anbiedernden deutschen Nationalismus an Boden verlor.

Die Schwelle zu den vierziger Jahren überschritt der Endsechziger mit der Hoffnung, daß immer noch nichts verloren war, solange er gegen den inneren Feind, Nationalismus und Liberalismus, und die intimen Feinde, Kolowrat wie Erzherzogin Sophie, standhielt. Und er das Zeitalter des verstorbenen Kaisers Franz, das auch sein Zeitalter gewesen war, fortsetzte, solange er lebte.

Österreich gleiche einem Uhrwerk, das – einmal in gehörigen Gang gesetzt – fortlaufe und fortlaufe, hatte Franz I. gesagt. Aber es lief immer schlechter, nicht weil es – nach Meinung Metternichs, der auch der alte Kaiser beigepflichtet hätte – falsch konstruiert gewesen wäre, sondern weil zunehmend Sand ins Getriebe geriet, äußere Umstände seinen Gang hemmten.

Die Habsburgermonarchie lag nicht weit genug im Osten, um außer Reichweite der vom Westen ausgehenden Entwicklung zu sein, und diesem nicht so nahe, um schnell und nachhaltig von ihr erfaßt zu werden. Sie war auch in dieser Beziehung ein Zwischenreich, was seine Lenker, vornehmlich Metternich, zu der Annahme verleiten mochte, daß die Frist des Alten noch nicht abgelaufen und die Notwendigkeit eines Neubeginns noch nicht gegeben sei.

Aber auch Austria veränderte allmählich ihr Gesicht. Noch war Österreich ein Agrarland, von Bauern beackert und von Grundherren beherrscht, aber die Industrialisierung schritt voran, in erster Linie in Böhmen, in Wien und Umgebung. Die Ausbeutung der Bodenschätze und der Einsatz von Maschinen begann die Grundherren zu interessieren, auch den Fürsten Metternich, der in Plaß auf Steinkohle und Eisenerz saß.

Doch das Interesse war begrenzt, auf die Belange des Feudaladels beschränkt, auf die Nutzanwendung für den monarchischen Staat ausgerichtet. Metternich sah sich Experimente mit Steinkohle an, eine Runkelrübenpresse zur Zuckererzeugung, eine Waage zur Feststellung des Gewichtes von Ketten. Und er bediente sich technischer Begriffe zur Erläuterung seines Berufes: Als ihm die Unverbrennbarkeit des Asbests demonstriert wurde, meinte er, das gelte auch für die Politik des wahren Staatsmannes, der einem Arbeiter im Feuerofen gleiche.

Er wußte, daß von Technik und Industrie vor allem das Bürgertum profitieren würde, die Maschine der Motor von Liberalismus und Konstitutionalismus war. Und er ahnte, daß sie, einmal in Bewegung gesetzt, nicht mehr angehalten werden könnte, beim »Dritten Stand« nicht stehen bleiben, den »Vierten Stand« befördern, wie eine Dampfwalze alles einebnen und niederdrücken würde.

Österreich sei immer zurück, um eine Idee, ein Jahr, eine Armee, hatte Napoleon gesagt. Metternich hielt dies für keinen Nachteil. Das österreichische Bürgertum war noch lange nicht so weit wie das in Frankreich oder auch das im preußischen Rheinland. Die Liberalisierung des Geistes und die Demokratisierung des Bewußtseins, Voraussetzung der Liberalisierung der Verhältnisse und der Demokratisierung der Einrichtungen, kam nur langsam voran.

Am weitesten war der Nationalismus fortgeschritten, der Dritte im Bunde von Freiheit, Gleichheit und Brüderlichkeit. Er war für das Vielvölkerreich am gefährlichsten, denn er stellte nicht nur seine Staatsform, sondern seine Staatsexistenz in Frage.

Metternichs Intimfeind Kolowrat plädierte nicht nur für Reformen in der Administration, sondern auch für Freiräume der Nationalitäten, vor allem derjenigen, der er sich zugehörig fühlte, der tschechischen. Als Oberstburggraf, also Statthalter im Königreich Böhmen, hatte er den Aufbau des tschechischen Nationalmuseums wie das Studium der tschechischen Sprache und Geschichte gefördert – und damit das tschechische Nationalgefühl.

Wie das deutsche, so entfaltete sich auch das tschechische Nationalbewußtsein – ebenso wie das anderer slawischer Völker – bei der Entdeckung des eigenen Volkstums. Bald sollten sich in Böhmen zwei solcherart entwickelte, emotionsgeladene Nationalismen gegenüberstehen.

Könnte das nicht zu Nationalitätenkämpfen, vielleicht sogar zur Vertreibung der einen durch die andere führen? Metternich meinte: Wenn eines Tages die deutschen Böhmen ihre Heimat räumen müßten, diese »ein tschechischer Staat wird, dann wird die slawische Flut vorrücken bis vor die Tore von Dresden und Regensburg. Dann wird die ganze Rassengliederung und die ganze Weltkonstellation sich ändern.«

Der »Tschechismus«, sagte Metternich, sei wie Bohnensalat in Cholerazeiten – sonst harmlos, müsse er unter besonderen Umständen gefährlich werden. Er stützte sich auf den deutschen Adel, die deutschen Beamten und Lehrer, auf alle, die unter Habsburgs Krone schiedlich und friedlich zusammenleben wollten. Er konnte aber nicht verhindern, daß die böhmischen Stände, die zunächst nur mehr Eigenständigkeit anstrebten, schließlich zu einem Oppositionsfeld des Liberalismus und zu einem Kampfplatz des Nationalismus wurden. In die Landstube, sagte Fürst Karl Schwarzenberg voraus, werde man bald Pistolen und Säbel mitbringen müssen.

Im Königreich Galizien und Lodomerien war der polnische Nationalismus virulent, eine explosive Mischung aus revolutionären Ideen und romantischen Gefühlen. Im Jahre 1830 hatte der Aufstand im russischen Polen kaum auf das österreichische Galizien ausgestrahlt, doch auf den 1815 gebildeten, unter Aufsicht der drei Ostmächte stehenden Freistaat Krakau. Metternich suchte nach einer Gelegenheit, dieses Refugium polnischer Patrioten unter alleinige österreichische Kuratel zu stellen. Das konnte 1846, mit Zustimmung Rußlands und Preußens, geschehen, nachdem in Krakau wie in Galizien Aufstände ausgebrochen waren.

Auch in Galizien war der Aufruhr rasch ausgetreten, mit Hilfe der ruthenischen Bauern, die darauf brannten, mit ihren polnischen Grundherren – den adeligen Avantgardisten der polnischen Nationalbewegung – abzurechnen. Metternich konnte darüber kaum Genugtuung empfinden: Man hatte die soziale Revolution gegen die nationale Revolution mobilisiert, den Tag nur hinausgeschoben, an dem sich diese natürlichen Verbündeten gegen die Reaktion zusammentun würden.

Im Königreich Ungarn hoffte Metternich sich mit den Magnaten gegen den niederen Adel, die treibende Kraft eines mehr rückwärts als vorwärts blickenden Nationalismus zusammenspannen zu können. Stephan Graf Szechenyi verlangte als Preis eine Lockerung des Zügels und einen Verzicht auf das Peitschenknallen, mehr magyarische Eigenständigkeit und ständische Sonderrechte.

»Nehmen Sie einen Stein aus dem Gewölbe heraus, so stürzt das Ganze zusammen«, antwortete Metternich. Schon standen hinter dem gemäßigten Szechenyi Radikale wie der landlose Landjunker Ludwig Kossuth, der das Ganze einreißen und aus den Trümmern einen ungarischen Nationalstaat errichten wollte – nach dem Grundsatz der politischen Selbstbestimmung, die er freilich den nationalen Minderheiten, den dreieinhalb Millionen Kroaten, Slowaken, Deutschen, Rumänen und Serben neben und zwischen den vier Millionen Magyaren nicht zu gewähren gedachte.

Wenn Metternich das Königreich Ungarn die »Vorhölle der Revolution« nannte, dann mußte er das Lombardo-Venetianische Königreich als »Hölle der Revolution« betrachten. In Oberitalien waren Nationalismus und Liberalismus, logischerweise vereint, am konsequentesten vorangeschritten. Agitation und Subversion waren von der österreichischen Polizei und der österreichischen Armee kaum mehr zu bewältigen. Schon hatte sich der mächtigste italienische Staat, Sardinien-Piemont unter König Karl Albert, an die Spitze der Nationalstaatsbewegung gestellt. Und der neue Papst Pius IX. sie gesegnet. »Ein liberaler Papst!« rief Metternich aus. »Das ist das Unerhörteste, was man sich denken kann!«

Darin unterschied sich die Lage in Oberitalien von der in Böhmen, Galizien und Ungarn: Die Lombarden und Venetianer sahen einen nationalen Hafen vor sich, in den sie einlaufen konnten und wollten. Wohin aber sollten sich die Tschechen und Deutschen in Böhmen, die Polen und Ruthenen in Galizien, die Magyaren, Kroaten und all die anderen Nationalitäten in Ungarn wenden? Waren sie nicht am besten unter Habsburgs Herrschaft aufgehoben, die sie zusammenhielt und zusammen erhielt?

Die Bedingung einer positiven Beantwortung dieser Frage wären indessen Reformen in Richtung größerer bürgerlicher Selbständigkeit sowie nationaler Eigenständigkeit gewesen. Den Lombarden und Venetianern freilich war damit kaum mehr gedient. »Wir verlangen von Österreich nicht«, erklärte der radikale Venetianer Daniele Manin, »daß es menschlich und liberal sei, sondern daß es aus Italien verschwindet.«

Es wäre staatsklug gewesen, der unterschiedlichen Situation in den verschiedenen österreichischen Kronländern rechtzeitig mit differenzierten Methoden und differierenden Maßnahmen zu begegnen. Und in der Politik so zu verfahren, wie es Feldmarschall Radetzky im Militärischen vorzog: »Bewegungen des ganzen Körpers mit Ruhe, Ordnung, Schnelligkeit und fortwährendem Einklang aller Teile durchzuführen.«

Doch dem Staatskanzler, der gar nicht avancieren, eher retirieren, jedenfalls in Ruhe und Ordnung verharren wollte, gelang kein Einklang der Glieder des österreichischen Staatskörpers. Die Teile rieben sich zunehmend aneinander, und das Ganze klaffte immer mehr auseinander.

Die staatsmännische Aktivität kam zum Stillstand. Es wurde nicht mehr konzipiert und kreiert, nur noch administriert. Und selbst dies ließ zu wünschen übrig. Die Staatskonferenz war durch den Konflikt zwischen Metternich und Kolowrat lahmgelegt. Man hielt den Anspruch aufrecht, das Vielvölkerreich zentralistisch zu regieren, hatte aber für die Ausführung nicht die entsprechenden Zentralinstanzen, und die vorhandenen konkurrierten miteinander, verhedderten sich im Kompetenzwirrwarr. Kaunitz hatte vom

»obstinaten Despotismus« Josephs II. gesprochen, Metternich hatte es mit dem obstinaten Bürokratismus der Josephiner zu tun.

Selbst wenn sie beweglicher gewesen wären, hätten sie sich nicht besonders bewegen können, denn es fehlte nicht nur an Fähigkeiten, sondern auch an Mitteln. Österreich stand am Rande des Staatsbankrotts. Daran konnte auch der tüchtige Karl Friedrich von Kübeck, seit 1840 Präsident der Hofkammer, nichts ändern.

Für den Immobilismus waren nicht nur die Kanzlisten, sondern auch der Kanzler verantwortlich, der die Unbeweglichkeit zum Prinzip erklärt und zum System gemacht hatte. Und dem politischen Immobilismus des Staatsmannes, der durch Stagnation die Revolution zu vermeiden suchte, entsprach der Quietismus des Geistes.

»Mein Leben ist in eine abscheuliche Periode gefallen. Ich bin entweder zur früh oder zu spät auf die Welt gekommen; jetzt fühle ich mich zu nichts gut. Früher hätte ich die Zeit genossen, später hätte ich dazu gedient, wieder aufzubauen; heute bringe ich mein Leben zu, die morschen Gebäude zu stützen. Ich hätte im Jahre 1900 geboren werden und das 20. Jahrhundert vor mir haben sollen«, hatte er bereits 1820 gesagt, und 1823 hinzugefügt: Es wäre für ihn besser gewesen, er hätte vor fünfzig Jahren seinen fünfzigsten Geburtstag erreicht, in seinem Geburtsjahr 1773, in dem das Ancien régime im Altweibersommer geprangt hatte.

Nun war er – im Jahre 1843 – siebzig geworden, in sein achtes Lebensjahrzehnt eingetreten. Die Augen »schauten mehr mild«, konstatierte der Leibarzt Friedrich Jäger, der immer mehr mit ihm zu tun bekam, mitunter versucht sein mochte, den gesteigerten Konservativismus mit dem sinkenden Blutdruck in Verbindung zu bringen. Karl Gutzkow, der als Schriftsteller des »Jungen Deutschlands« an ihm am liebsten kein gutes Haar gelassen hätte, gewahrte »scharfe und bestimmte Augenblitze« im »gewöhnlich milden, ja matten Ausdruck der Augen«. Die Lippen seien durch lange Gewöhnung fast habsburgisch, die Gestalt schmächtig geworden.

Seine dritte Frau Melanie, erst achtunddreißig, hatte Mühe, einen Besucher davon zu überzeugen, das der siebzigjährige Klemens nicht ihr Schwiegervater, sondern ihr Gatte sei. Sie hatte ihm Kinder geschenkt: die nun elfjährige Melanie, den neunjährigen Paul Klemens und den sechsjährigen Lothar. Das Söhnchen Klemens war nur ein paar Wochen alt geworden.

Wenn er mit den Kindern, was er gerne tat, Karten spielte und dabei den Schwarzen Peter behielt, mochte er sich fragen, ob er ihn nicht auch im politischen Spiel behalten könnte. Ganz sicher war er, daß er ihn in seiner dritten Ehe nie bekommen würde.

Melanie war genau die richtige Frau für den Alternden. Sie hörte ihm zu, gab ihm auch und vor allem politisch recht, vermochte ihn mit ihrem Temperament aufzumuntern und durch ihr Gefühl für Etikette in seinem Sinn für Formen zu bestärken. Bei den Empfängen im Hause Metternich, die immer exklusiver wurden, thronte sie wie eine Kaiserin auf dem berühmten Kanapee. Für ihren Gemahl ersteigerte sie aus dem Nachlaß der 1839 in Wien verstorbenen Wilhelmine von Sagan deren Secrétaire, an dem sie viele Liebesbriefe an Klemens Metternich geschrieben hatte.

Er hing Erinnerungen nach, gelangte ohne weiteres zu der Erkenntnis, daß früher alles schöner und besser gewesen sei. Und daß er jetzt sehr allein, es still um ihn geworden sei – die Stille vor dem Sturm.

Er wußte, daß er eines Tages hereinbrechen würde, doch gerade deshalb vermied er alles, um ihn vorzeitig heraufzubeschwören. Er wollte die Frist nützen, die ihm noch vergönnt war, die Stille genießen, sich der Ruhe erfreuen, in Sicherheit wiegen. Und recht behalten bis zum Schluß.

Wie der greise Archimedes wollte er sich seine Kreise nicht stören lassen, aber es gab genug Legionäre des Zeitgeistes, die nur darauf warteten, über ihn herzufallen: den Erfinder des Metternichschen Prinzips und den Erhalter des Metternichschen Systems. Schon jetzt richteten sie ihn mit ihren Federn – nicht nur Engländer und Franzosen, Italiener und Preußen, sondern auch Österreicher.

Grillparzer grollte ihm immer mehr, machte ihn für besondere Unbill und allgemeines Mißgeschick verantwortlich, griff ihn als Person – »die glatte Stirn im Venusdienst gebleicht« – wie in der Sache an. »Zehn Jahre früher hätte er vielleicht Reformen die Hand geboten und sie auch bei dem abgöttischen Ansehen, in dem er bei der Regierungsgewalt stand, durchgesetzt; jetzt aber wußte er nichts, als in dem alten Schlendrian fortzufahren.« Nun sei er zu alt und es zu spät, Österreich im Antediluvium stehengeblieben:

> »Früh, eh' die Flut noch in die Welt gebrochen,
> Gab es Geschöpfe, ob zwar wunderlich.
> Das zeugen noch fossile Mammutknochen
> Und das System des Fürsten Metternich.«

Franz Grillparzer, der große Dichter und verdrießliche Archivdirektor der Hofkammer, gehörte gewissermaßen zur poetischen wie bürokratischen Opposition. Anton Graf von Auersperg, der im Krainer Landtag freisinnige Reden hielt und unter dem Pseudonym Anastasius Grün mittelmäßige Gedichte schrieb, zählte zur liberalen und literarischen Opposition. In seinen anonymen *Spaziergängen eines Wiener Poeten* (Hamburg 1831) betrieb er das ambulante Gewerbe eines eher untertänigen als aufmüpfigen Systemkritikers, beispielsweise mit der in der »Salonszene« an Metternich herangetragenen Bitte:

»Mann des Staates, Mann des Rates, da du just bei Laune bist,
da du gegen alle gnädig überaus zu dieser Frist,
sieh, vor deiner Türe draußen harrt ein dürftiger Klient,
der durch Winke deiner Gnade hochbeglückt zu werden brennt!
Brauchst dich nicht vor ihm zu fürchten; er ist artig und gescheit,
trägt auch keinen Dolch verborgen unter seinem schlichten Kleid.
Östreichs Volk ist's, ehrlich, offen, wohlerzogen auch und fein.
Sieh, es fleht ganz artig: 'Dürft ich wohl so frei sein, frei zu sein'?«

Metternich erfüllte diese Bitte nicht. Schon wurde er aufgefordert, zurückzutreten, um einem anderen Platz zu machen, der entgegenkommender wäre. Noch geschah es in einem Lustspiel des Wieners Eduard von Bauernfeld. Der Titel *Großjährig* verwies darauf, daß Österreich nicht mehr unmündig war, keinen Vormund mehr brauchte, vor allem nicht jenen aufgeblasenen namens Blase, der – auf der Bühne des Burgtheaters wie derjenige, der gemeint war, in seinem Büro am Ballhausplatz – behauptete: »Wenn ich ginge, würde alles zusammenstürzen!«

Hatte er damit nicht recht? Jedenfalls begannen jene, die ihn als Mephisto, den Geist, der stets verneint, hinstellten, die Existenz des Vielvölkerreiches zu verneinen – nicht nur Italiener und Ungarn, sondern auch jene Deutsch-Österreicher, die für den Anschluß der deutschsprachigen Gebiete Österreichs an einen noch zu gründenden deutschen Nationalstaat eintraten – etwa der Budweiser Franz Schuselka, ein Ehrenmitglied der Burschenschaft, der sich bereits in Jena und Hamburg aufhielt.

Aber auch deutsche Österreicher, die das Vielvölkerreich behalten wollten, kritisierten das Metternichsche System, verlangten Liberalisierung und Demokratisierung. »Das Fortbestehen des österreichischen Staates, als Länderkomplex und Monarchie, ist zur Erhaltung der Ruhe Europas, zum Wachstum und Gedeihen aller bürgerlichen Einrichtungen in Deutschland wie zur Zivilisation« des Ostens sowohl historisch als moralisch gleich notwendig«, konstatierte Hauptmann Karl Möring in seinen *Sibyllinischen Büchern aus Österreich*, im Brustton eines Kaisertreuen, und klagte im selben Atemzug als fortschrittlich gesinnter Patriot: »Der Kaiserstaat zählt wohl 38 Millionen Untertanen, aber nicht einen politischen Bürger, nicht einen Menschen, der aus moralischen und historischen Gründen als Österreicher stolz sein könnte.«

Damit sie Österreicher sein und bleiben könnten, müßte einiges geändert werden. Viktor von Andrian-Werburg, k. k. Verwaltungsbeamter und Mitglied der Tiroler und niederösterreichischen Ständeversammlung, forderte in seiner in Hamburg anonym erschienenen und in der Habsburgermonarchie verbotenen Schrift *Österreich und dessen Zukunft*: Schluß mit Bürokratie und Zensur! Ausbau der Ständeversammlungen zu Volksvertretungen!

»Österreich ist im Verhältnis zu Europa das, was China in Asien ist«, bemerkte Andrian-Werburg und meinte damit: Beide Reiche der Mitte seien von einer Mauer umgeben, die sie vor alten Gegnern schütze, aber auch keine neuen Gedanken hereinlasse. Beide Monarchien seien zu Mumien erstarrt. Und in beiden gebe es bezopfte Mandarine, in Österreich 140 000 Unter-Mandarine und den Obermandarin Metternich.

Dieser vernahm die Kritik wohl, bezweifelte jedoch ihre Be-

363

rechtigung, glaubte an sich selber und hoffte darauf, daß diejenigen, die heute ihn richten zu müssen meinten, morgen ihn nicht nur rehabilitieren, sondern vielleicht sogar kanonisieren würden.

Gegenwärtig schwollen jedoch die Verdikte zu Konvoluten an. Selbst Wohlmeinende hatten an ihm immer mehr auszusetzen, beispielsweise Guillaume Guizot, Ministerpräsident und Außenminister der französischen Julimonarchie: »Kein Mensch hat in sich selbst so viel geistige Beweglichkeit mit einer solchen Hingabe für die Verteidigung der politischen Unbeweglichkeit vereinigt... Er hatte Geschmack, Ideen und System und liebte sie an allen Gegenständen zu entfalten; sobald er aber in die politische Handlung eintrat, war er alles eher als wagemutig, der Anhänglichste an die gegebenen Tatsachen, der Fremdeste jedem neuen und, moralisch genommen, ehrgeizigen Gesichtspunkte.«

Eine Erklärung dafür suchte der preußische Diplomat Guido von Usedom: »Vermöge der dogmatisch-doktrinellen Form des Geistes gewann alles, was er aufstellte, gleichsam die Gewalt des Lehrsatzes und steigerte sich wohl gar zum Axiom.« Das Metternichsche System sei kein naturwüchsiger Baum, der auch wohl etliche Zweige einbüßen könnte, sondern ein fest geschlossenes, dogmatisch-mathematisches Gebäude, von welchem man keinen Satz fallen lassen dürfe.

Metternich, vom Rationalismus des 18. Jahrhunderts geprägt, vermochte nur in These und Antithese zu denken; eine Synthese aus Revolution und Reaktion war für ihn nicht denkbar. Sein statisches System sicherte er gegen jegliche dynamische Bewegung ab; jeder Kompromiß, so seine Konsequenz, müßte zur Katastrophe führen.

Das System versteinerte, und der Systematiker verknöcherte. Er war schon viel zu lange im Amt. 1809 hatte er es als Außenminister angetreten, schon damals hinter den Zeitläuften zurück, und in fast vierzig Jahren, bis 1848, war der Rückstand immer größer geworden. Die Politik war veraltet, und der Politiker hatte sich überlebt.

Gegnern erschien er wie eine Vogelscheuche in einem Feld, das selbst für Spatzen unergiebig zu werden begann, immer weniger und schlechtere Früchte trug und daher endlich umgeackert werden sollte, für eine andere, eine neue Saat.

Er selber hielt sich für einen Wächter auf den Zinnen, der eine goldene Stadt vor den Mächten der Tiefe zu beschützen hatte. Doch sein Wächterruf war so oft ertönt, daß viele nicht mehr hinhörten, und seine Warnungen klangen so abgeleiert, daß immer mehr sie nicht mehr hören konnten.

»Metternichs Phantasie«, spottete der preußisch-deutsche Historiker Heinrich von Treitschke, »hatte nur fünf Metaphern in ihrem Vermögen, welche sich allesamt auf die Revolutionsgefahr bezogen und der diplomatischen Welt bereits geläufig waren: den Vulkan, die Pest, den Krebsschaden, die Wasserflut und die Feuersbrunst.« Er fügte noch »das Pulvermagazin«, »die Influenza« und »die Cholera« hinzu.

Für einen Arzt im Weltspital hielt er sich seit langem, doch je älter er wurde, und damit belasteter mit persönlichen Gebrechen und vertrauter mit Gegenmaßnahmen der Doktoren, desto mehr gebrauchte er medizinische Metaphern. Bereits 1819 hatte er den Krankheitszustand der Gesellschaft weit schlimmer als 1789 gefunden, die Konstitution Europas durch Konstitutionen untergraben, die körperliche Verfassung Deutschlands weit schlechter als die der Karlsbader Kurgäste. Nun hielt er die Welt anfällig für die schlimmste aller Todesarten – die Anarchie.

»Ich bin kein Prophet, und weiß nicht was wird. Aber ich bin ein alter Arzt und kann vorübergehende von tödlichen Krankheiten unterscheiden. An diesen stehen wir jetzt. Wir halten hier fest, solange wir können, aber ich verzweifle fast an dem Ausgang.«

Ein Kranker wäre in Metternichs Händen besser aufgehoben als in jenen eines Arztes, war die Meinung des Marschalls Màrmont, die in medizinischer wie politischer Hinsicht immer weniger geteilt wurde. Immer mehr Österreicher, Deutsche und Europäer hielten seine Diagnose und Therapie für Quacksalberei, die sie nicht gesund, sondern krank machte, wollten sich von diesem Doktor Eisenbart nicht kurieren lassen.

Es sei eine österreichische Krankheit gewesen, die Lebensgefährdung durch Nationalismus und Demokratie, die er zur Weltkrankheit erklärt habe, meinte ein Jahrhundert später der österreichische Kulturhistoriker Egon Friedell. »Vielleicht mußte er als österreichischer Staatskanzler so handeln. Aber vor dem Forum der Geschichte, die ja zum Glück nicht bloß österreichische Geschichte ist, steht sein ›System‹ als der aberwitzige Versuch da, aus einem Gebäude, weil eine seiner Wohnungen ein Kranker innehat, ein Spital zu machen; und das Aberwitzigste daran war, daß der Versuch gelang.«

Metternich, der dilettierende Mediziner und praktizierende Weltheilkundige, dokterte an den Folgen der Übel, nicht an deren Ursachen herum. In dieser Beziehung glich er auch einem Feuerwehrmann, der Brände zu löschen, nicht ihren Ausbruch zu vermeiden suchte. Oder einem Deichbauer, der die Urgewalt des Wassers am Einbruch in Gefilde zu hindern suchte, die einer Bewässerung dringend bedurft hätten.

Der Deichhauptmann bekam immer mehr damit zu tun, den Schutzdamm gegen die Springflut abzudichten und die Geschützten von der Notwendigkeit dieser Maßnahmen zu überzeugen. Dabei griff er auch zu einem für Alpenbewohner verständlichen Vergleich: Wer auch nur ein klein bißchen Revolution zuließe, verhielte sich wie einer, der einen Schneeball würfe und damit eine Lawine auslöste.

Die Bilder glichen sich. Einmal bezeichnete er sich als die von der Vorsehung bestimmte Schranke, die aufgerichtet sei, um diejenigen aufzuhalten, die unbesonnen dahinliefen. »Die Läufer stoßen auf sie, verfluchen sie und ereifern sich gegen das, was sie ein Hindernis nennen. Die Schranke scheint die Stöße nicht zu spüren, die sie treffen; sie ist fest, denn sie ist schwer.«

Er liebe alles, was der Zeit Trotz biete, bekannte er. Lange, sehr lange vermochte er sie aufzuhalten, zumindest hinzuhalten. Das Temporisieren war eine erprobte Methode des Diplomaten, mit der er außenpolitischen Erfolg gehabt hatte. Nun benutzte er sie zur Erlangung einer Galgenfrist für sein Werk und seine Person.

Dabei beschlich ihn zunehmend die Besorgnis, daß er das Unheil nicht nur nicht abwenden, sondern auch nicht mehr allzu lange hinausschieben könnte. Die Anzeichen mehrten sich, die Windstöße, die einem Sturmgewitter vorausgingen, nahmen zu.

Im Jahre 1847 siegten im Schweizer Sonderbundkrieg die Progressiven über die Konservativen. In Paris forderte der »Vierte Stand« Beteiligung an den Erträgnissen der Arbeit. In Berlin trat der Vereinigte Landtag zusammen. In Heidelberg wurde die *Deutsche Zeitung* gegründet, die für einen deutschen Nationalstaat unter preußischer Führung plädierte. In Essen produzierte Krupp die ersten Gußstahlkanonen.

In Turin schrieb die neue Zeitung *Il Risorgimento* für ein vom König von Sardinien-Piemont geeintes Italien, einschließlich der Lombardei und Venetien. Im österreichischen Mailand wurde »Tod den Deutschen!« gerufen. In Pest wurde der Nationalist Ludwig Kossuth in den ungarischen Reichstag gewählt. Österreich verzeichnete Börsenkrach, Finanzmisere, Wirtschaftskrise, Mißernte, Hunger, Unzufriedenheit und Unruhe.

Karl Marx und Friedrich Engels forderten im *Kommunistischen Manifest* nicht mehr nur den politischen Umsturz, sondern schon die sozialistische Weltrevolution. Der Physiker Hermann von Helmholtz zeigte in seiner Abhandlung *Über die Erhaltung der Kraft*, daß alle Vorgänge der Natur den Grundgesetzen der Mechanik gehorchen. Wenn ein System materieller Punkte nur anziehenden und abstoßenden Kräften unterworfen ist, die diese Punkte aufeinander ausüben, und deren Intensität lediglich von ihrem gegenseitigen Abstand abhängt, so gibt es für das System eine durch alle Zeit konstante Größe, die Energiesumme des Systems.

Für das System Metternich traf das nicht zu. Selbst sein Konstrukteur konnte es nicht mehr für eine beständige und bleibende Größe halten. Aber er wich nicht von seinem Platz, verteidigte seine Position, suchte den Status quo zu erhalten.

Immer mehr erschien er als unbelehrbarer Greis und unverbesserlicher Reaktionär. Immer weniger ging seine Gleichung auf: Innere Ordnung plus äußere Ruhe ist der Frieden. Nach wie vor blieb dem mechanistisch denkenden Rationalisten ein Zugang zu organischem Verstehen verschlossen, jenem Naturgesetz des immerwährenden Vergehens und Werdens, dem Kontinuum des Lebens, auf das Goethe verwiesen hatte:

> »Und solang du das nicht hast,
> Dieses: Stirb und werde!
> Bist du nur ein trüber Gast
> Auf der dunklen Erde.«

Manchmal schien Metternich derselben Meinung zu sein: Sein geheimster Gedanke sei, daß das alte Europa am Anfang seines Endes, das neue Europa aber noch nicht an seinem Anfang stehe –

und daß zwischen Ende und Anfang das Chaos liege. Im allgemeinen dachte er nicht an die Auferstehung, sondern an den Tod: Er wolle und werde mit dem alten Europa untergehen.

IN DEN STÜRMISCHEN GEWÄSSERN trieb Österreich wie ein altes Orlogschiff, mit gerefften Segeln, in allen Fugen ächzend, und am Steuer stand immer noch der Mann, dessen Kompaßnadel in die entgegengesetzte Richtung seines Jahrhunderts zeigte.

Der alte Steuermann wurde verdammt und verspottet. »Wenn man ihn so sieht«, bemerkte der sächsische Diplomat Karl Friedrich Vitzthum von Eckstädt, »den schwachen, stocktauben, fast zu einem Schatten zusammengeschrumpften Mann, in längst verbrauchte Phrasen und Redensarten eingepuppt, ein Kind gewordener Greis, so begreift man, daß dieser Kopf nicht mehr stark genug ist, den jetzigen Stürmen zu trotzen.«

Graf Arnim, der Vertreter Preußens, das auch noch auf altem Kurs lag, erwartete sich von diesem Bundesgenossen nicht mehr viel: »Der Mann, in dem sich die Macht Österreichs zentralisiert, geht dem Grabe entgegen. Die alte Geisteskraft ist gebrochen, und steht er als Diplomatiker auch noch auf seinem Höhepunkt, wenn auch nur anscheinend vor der Welt, so ist er nicht mehr Staatsmann und Staatsverwalter genug, um den Bedingungen der Gegenwart zu genügen.«

Der Mittsiebziger wußte, daß seine Laufbahn zu Ende ging. Und er ahnte, daß all das, dem er so lange getrotzt hatte, mit gesteigerter Wucht hereinbrechen würde. »Die Phase, in der sich Europa heute befindet, ist nach meinem innersten Gefühl die gefährlichste, die der soziale Körper im Verlaufe der letzten sechzig Jahre zu überwinden hatte«, konstatierte Metternich. »Ich möchte sterben und das Unglück nicht mehr miterleben, das kein Mensch verhindern kann. Meine Rolle ist zu Ende; die Rolle aller menschlichen Klugheit ist beendet. Die Gewalt wird hier unten regieren, und die Welt ist verloren, weil das Recht, künftig ohne Kraft, für die Welt nur noch ein Gegenstand des Spottes sein wird.«

Mitunter versuchte er sich Mut zuzusprechen, aber Resignation klang immer stärker an, übertönte schließlich alles. »Wenn wir nicht die gerade Linie mit aller hiezu gehörigen Kraft zu verfolgen wissen, so sehe ich die Zukunft aufgerollt vor mir liegen. Die endlichen Umstürze werde ich nicht mehr erleben, deren Anfänge aber kann ich noch sehen, wenn Gott mich dazu verdammt.«

Das Jahr 1848 begann mit Aufständen in Sizilien, Straßenkämpfen in Mailand, Studentenkrawallen in München und einem Antrag in der Karlruher Kammer: Beim Bundestag in Frankfurt möge eine deutsche Ständevertretung eingerichtet werden.

In Wien war Fasching. Es gab eine Soirée dansante bei Metternichs, die manchem Gast wie ein Tänzchen auf dem Vulkan vorkommen mochte. In der Hofburg wurde Kotzebues Komödie *Der Wirrwarr* aufgeführt. Die Hauptrolle des Hurlebusch spielte der achtzehnjährige Erzherzog Franz Joseph, der Sohn Sophies und Neffe Ferdinands I., und nicht einmal seine ehrgeizige Mutter mochte ahnen, daß bald als einziger Ausweg aus dem Wirrwarr die Thronbesteigung ihres Erstgeborenen erwogen werden würde.

Auf einem Ball bei Hofe wurde bis in die Morgenstunden des 24. Februar getanzt. An diesem Tage war Kehraus in Paris. Der Bürgerkönig Louis Philippe wurde vertrieben. Es war nicht, wie 1830, eine Revolution des »Dritten Standes«, sondern eine Revolution des »Vierten Standes«. Das Gespenst der proletarischen Revolution, in dem eben veröffentlichten *Kommunistischen Manifest* beschworen, begann in Europa umzugehen.

»Republik in Frankreich« stand in dem Telegramm, das der Bankier Rothschild dem österreichischen Staatskanzler zeigte. Dieser zuckte mit der Achsel: »Nun, mein Lieber, jetzt ist alles zu Ende.«

Hatte er nicht stets davor gewarnt, den Liberalen den kleinen Finger zu geben, weil dann die Radikalen bald die ganze Hand verlangen würden? Die Eskalation, betonte er, läge in der Naturgesetzlichkeit der Revolution. Auf den Konstitutionalismus von 1789 sei der Jakobinismus von 1793 gefolgt, an Stelle des Liberalismus von 1830 sei 1848 »der Radikalismus in sein logisches Erbrecht eingetreten« – bald würde er »im Kampfe mit seinem nicht minder ab intestato berufenen Erben, mit dem Sozialismus« stehen, und »hinter dem Sozialismus steht die materielle Anarchie, welche das Chaos ist – das heißt das reine Nichts«.

In Österreich, wo man – dank Metternich – den Zeitläuften hinterherhinkte, war man, wie Pessimisten meinten, erst am Vorabend von 1789 angelangt oder, wie Optimisten vermuteten, bereits zur Vorstufe von 1830 vorangekommen. Beide hielten den Mann, der das Ancien régime restauriert hatte und es reaktionär zu verlängern suchte, für den Erzfeind schlechthin – gewissermaßen für einen umgekehrten Winkelried, der alle Speere der Fortschrittsritter auf sich zog.

In der Nacht vom 28. auf den 29. Februar 1848 wurde am Kärntnertor ein Plakat angeschlagen: »In einem Monat wird Fürst Metternich gestürzt sein! Es lebe das konstitutionelle Österreich!« Wiener Studenten sangen: »O Metternich, o Metternich, / Ich wollte, daß das Wetter dich / Tief in den Boden schlüge!«

Selbst jene, die ihn noch vor kurzem wie ein Denkmal bekränzt hatten, schienen ihn nun für die Statue des Pasquino zu halten, an der sie Pasquille, Schmähschriften anheften zu können meinten. Bis in höchste Hofkreise hinein reichten die Versuche, durch Anschwärzung des Staatskanzlers sich eine weiße Weste zu verschaffen.

Ob es wahr sei, fragte eine Hofdame die Fürstin Melanie, daß sie und ihr Mann demnächst weggeschickt würden; sie hätte so etwas im Kreise der Erzherzogin Sophie läuten hören. Die Mutter Franz Josephs, für manche ohnehin der einzige Mann in der Burg, war das Haupt der Hofopposition gegen den Staatskanzler. Sie machte ihm beinahe mehr zu schaffen, brachte ihn jedenfalls mehr auf als die sich formierende Fronde aus liberalen Bürgern und demokratischen Studenten, nationalbewegten Deutschen, Tschechen, Ungarn und Italienern.

»Klemens ist bewunderungswürdig, so unerschrocken, aber zuweilen sehr aufgeregt«, notierte Melanie, die seine wichtigste Stütze geworden war und bald die einzige ihm verbliebene Stütze sein sollte. »Alle Welt scheint in Schlaf versunken und mit Blindheit geschlagen. Schließlich verzweifelt man an allem; klar ist mir nur, daß der allgemeine Haß wider uns entbrannt ist und die Kraft unserer Gegner wie die unglaubliche Schwäche unserer Freunde uns endlich zugrunde richten werden.«

Am Vormittag des 13. März 1848, etwas früh für österreichische Verhältnisse, konferierte Josef Maria von Radowitz, der Bevollmächtigte König Friedrich Wilhelms IV. von Preußen, in der Staatskanzlei am Ballhausplatz mit Staatskanzler Metternich. Es galt, eine gemeinsame Linie gegenüber den außenpolitischen wie innenpolitischen Auswirkungen der Pariser Februarrevolution zu beziehen.

Währenddessen waren Studenten vor das Landhaus in der Herrengasse gezogen, in dem die niederösterreichischen Stände Reformwünsche berieten. »Wenn diese Dinge auch wohl nicht die Gefahr einer politischen Umwälzung bereiten werden«, berichtete Radowitz seinem König, »so legen sie doch ein nur zu deutliches Zeugnis dafür ab, wie vieles faul ist im Staate Österreich. Neben der Liebe zum Kaiserhause hat sich ein gewaltiger Haß angesammelt gegen das ›System‹ und die dasselbe vertretenden Beamten. Insbesondere ist es der Fürst Metternich, gegen welchen sich der Haß richtet, und zwar in der Hauptsache mit Unrecht, da ihm gerade die Gebrechen, welche die Masse direkt drücken, Beamtendespotismus, Finanznot, nicht beizumessen sind.«

Auch Vorkehrungen gegen Straßenunruhen fielen nicht in sein Ressort, erklärte er kühl, als ihm der Auflauf vor dem Landhaus gemeldet wurde. Die Militär- und Zivilbehörden seien in der Lage, damit fertig zu werden. Überdies seien die Wiener viel zu gutmütig, um Steine zu werfen oder gar Köpfe rollen zu lassen.

Plötzlich drang vom Ballhausplatz her Stimmenlärm in die Büros der für die Ruhe Europas zuständigen Behörde, in die Ohren des obersten Ordnungshüters. Ein polnischer Student namens Burian forderte, unter dem Beifall seiner Kommilitonen, den Rücktritt des Hausherren. Melanie mokierte sich über die »Wiener Rebellen«, Metternich meinte: »Endlich ist die Krankheit an der Oberfläche«, und hoffte, sie nun fassen zu können und mit ihr fertig zu werden. »Vor allem muß dafür gesorgt werden, daß sich dieser Straßenunfug nicht wiederholt.«

Hätte er seine Theorie präsent gehabt, wäre ihm bewußt gewesen, daß auf den Ausspruch eines revolutionären A todsicher ein Herunterrasseln des ganzen revolutionären Alphabets folgen würde.

Um 11 Uhr wurden Pressefreiheit und Versammlungsrecht, allgemeine Stände und verantwortliche Minister gefordert. Um 12 Uhr wiegelten Volksredner das Volk auf. Um 13 Uhr drang der Mob in das Landhaus ein. Um 14 Uhr wurde Erzherzog Albrecht mit Steinen beworfen. Um 15 Uhr gingen Truppen mit aufgepflanztem Bajonett vor. Um 16 Uhr tobten Straßenkämpfe.

Metternich hatte sich in die Hofburg begeben, in grünem Morgenrock und hellen Beinkleidern, »ernst und würdig, von allen begrüßt, aber von niemand angeredet«. Der Konseil trat zusammen. Der Staatskanzler und – zunächst noch – Erzherzog Ludwig wollten durchgreifen. Erzherzogin Sophie wollte entgegenkommen. Kaiser Ferdinand wollte, wie immer, weder das eine noch das andere.

Ein letztes Mal entfaltete Metternich seine Rhetorik: Konzessionen würden zum Knockout führen. Ein Monarch von Gottes Gnaden dürfe seine von Gott gegebene Souveränität nicht beschränken. Wer der Menge nachgebe, werde von der Masse erdrückt. Die anständigen und besonnenen Bürger, die für Recht und Freiheit demonstrierten, dürften nicht mit dem Pöbel gleichgesetzt werden, warf einer dazwischen. »Mein Freund«, erwiderte Metternich, »und wenn Sie selbst, ja wenn mein Sohn sich unter Leuten befände, welche so auftreten, so bleiben sie Pöbel.«

Bürger, Studenten und Arbeiter schlossen sich zum Sturmtrupp gegen das System zusammen. Doppeladler wurden heruntergerissen, Schilderhäuser umgeworfen, Polizeiwachen gestürmt, Finanzämter geplündert, Metternichs Villa am Rennweg verwüstet.

Auf der Straße, nicht mehr im Kabinett wurde diktiert, was geschehen sollte. In der Hofburg, in der sich Deputationen die Türklinke in die Hand gaben, geriet der Staatskanzler immer mehr ins Hintertreffen. Der Rückzug des Militärs und die Bewaffnung der Studentenschaft wurden gefordert.

Das hieße, das Feld den Aufrührern zu überlassen, den Bock zum Gärtner zu machen, wandte Metternich ein. Wozu habe man eine Bürgergarde, deren Aufgabe es sei, an der Seite der kaiserlichen Truppe für Ruhe und Ordnung zu sorgen? Es wäre eine Schande für die Bürger Wiens, wenn sie nicht der Straßenkrawalle Herr würden, sagte der Staatskanzler zum Oberleutnant der Bürgergarde, dem Weinhändler Scherzer. Hier handle es sich nicht um Straßenkrawalle, sondern um eine Revolution, erhielt er zur Antwort. Und um sie zu besänftigen, müßte man ihr ein Opfer bringen: den Fürsten Metternich.

Wenn er bis 9 Uhr abends nicht geschasst sei, könnten sie für nichts mehr garantieren, erklärten die bewaffneten Vertreter der Bürgerschaft. Bei Hofe erinnerte man sich einer alten Geschichte.

Eine feine Gesellschaft fuhr in einem Schlitten über die winterliche Pußta. Ein Rudel Wölfe verfolgte den Schlitten, kam näher, drohte die Pferde anzufallen. Nichts anderes schien mehr zu helfen, als den Korpulentesten aus dem Schlitten zu stoßen, den Wölfen vorzuwerfen – in der Hoffnung, daß sie mit dem Auffressen so lange beschäftigt sein würden, bis sich die Gesellschaft in Sicherheit gebracht hätte.

Um 20 Uhr 30 machte Erzherzog Johann, Metternichs alter Gegner, darauf aufmerksam, daß in einer halben Stunde das Ultimatum ablaufe, es höchste Zeit sei, den Staatskanzler fallen zu lassen. Metternich verlegte sich, wie so oft, aufs Temporisieren und aufs Perorieren, lautes und nachdrückliches, nicht unbedingt verständliches und schlüssiges Reden. Erzherzog Johann zog demonstrativ die Uhr, und Kolowrat, der endlich seine Stunde für gekommen hielt, rief dazwischen: »Seit fünfundzwanzig Jahren sitze ich mit dem Fürsten Metternich in dieser Konferenz, und ich habe ihn immer so sprechen hören, ohne daß er zum Tatsächlichen gekommen ist!«

Der sterbende Kaiser Franz habe ihn schwören lassen, daß er niemals seinen Sohn verlassen werde, machte der alte Kanzler geltend. Er könne sich jedoch seines Eides für entbunden erachten, wenn die kaiserliche Familie es wünsche. Sie wünschte es, einschließlich Kaiser Ferdinands, der endlich den Mund aufmachte: »Schließlich bin doch ich der Souverän und habe zu entscheiden. Sagt dem Volk, daß ich allem zustimme.«

Metternich schrieb ein Entlassungsgesuch. »Meine Gefühle, Ansichten, Entschlüsse sind in meinem ganzen Leben dieselben gewesen und sind stehende Gewalten, welche in mir nie erlöschen werden. Ich habe sie in dem Motto ausgesprochen, welches ich meinen Nachkommen zur immerwährenden Erinnerung und Nachachtung überlasse. Mein Wahlspruch ist ›die Kraft im Recht‹. Daß ich demselben in meinem Privatleben wie im öffentlichen Wirken stets treu geblieben bin, hiervon überzeugt mich mein Gewissen, und, ich sage es ungescheut – dies beweist die Tat. Ich trete vor einer höheren Gewalt zurück, als die des Regenten selbst ist.«

Den Erzherzögen und Hofräten, die ihm sichtlich erleichtert ihre Anerkennung aussprachen, erklärte er: »Sie bezeichnen, meine

Herren, den Schritt, welchen ich Ihnen verkünde, als eine generöse Handlung. Gegen diese Worte lege ich feierliche Verwahrung ein... Ich handle infolge meines Rechtsgefühls und im Gefühle meiner Pflicht.«

Es war ein Abgang, der ihm Schmerz bereitete, den er aber mit Würde vollzog. »Ich sehe vor, daß sich die falsche Behauptung verbreiten wird, ich hätte bei dem Austritt aus meiner Stelle die Monarchie mit mir davongetragen.« Das sei so nicht richtig. »Verschwinden Reiche, so geschieht dies nur, wenn sie sich selbst aufgeben.«

Der Atlas außer Dienst ging hinweg, gestützt auf seinen Stock mit dem goldenen Knauf. Baron Josika, einer der letzten Getreuen, stürzte ihm nach, stieß hervor: »Mein Fürst, welche Schmach!« Dieser antwortete: »Sie haben recht, welche Schmach!« Josika: »Aber um Gottes willen, die Monarchie geht zugrunde!« Metternich: »Sie geht zugrunde.«

Am späten Abend des 13. März 1848, zwei Monate vor seinem fünfundsiebzigsten Geburtstag, verließ er die Hofburg, ging hinüber in die Staatskanzlei am Ballhausplatz, wo er fast vierzig Jahre lang gewirkt hatte – für Kaiser und Reich, gegen den Krieg und für den Frieden, für das erhaltende Prinzip und gegen die zerstörerischen Ideen, für Ordnung und Ruhe und gegen Unordnung und Unruhe.

Melanie erwartete ihn. »Sind wir nun tot?« Klemens antwortete: »Ja, meine Liebe, wir sind tot.« Er sei gefaßt, ruhig, erleichtert, fast glücklich gewesen, schrieb sie in ihr Tagebuch. »Er sagte mir: Gott sei Dank, daß ich mit alledem, was vorgeht, nichts zu tun habe, der Umsturz des Bestehenden ist unausweichlich – ich hätte nichts verhindern können, weil ich heute allein stehe und von niemanden unterstützt werde. Ich hätte die Konzessionen nicht vermeiden können, welche zu unserem Ruin führen müssen, und ich bin frei von der Schmach, sie zu unterschreiben.«

Noch am Abend des 13. März 1848 verbreitete sich wie ein Lauffeuer die Nachricht vom Rücktritt Metternichs. Viele Wiener waren ganz aus dem Häuschen, zogen durch die Straßen. Die einen feierten das Ende der Reaktion, die anderen den Anfang der Revolution. Die Innenstadt wurde illuminiert, und in den Vorstädten wurden Fabriken angezündet.

Als ihn am nächsten Morgen der Leibarzt untersuchte, sagte er: »Es wäre praktischer, lieber Doktor, den Puls von Österreich zu fühlen.« Und da dieser von Stunde zu Stunde schneller schlug, war Metternich seines Lebens nicht mehr sicher.

In der Nacht vom 14. auf den 15. März 1848 verließ er in einem fürstlich-liechtensteinschen Wagen die Haupt- und Residenzstadt Wien. Baron Salomon Rothschild hatte ihm 1000 Dukaten zustecken lassen. Von seinem Dienstherren hatte er den Dank des Hauses Habsburg bekommen – nichts.

Sie reisten unter dem Decknamen Monsieur et Madame Matteux, der nierenkranke Klemens und die tapfere Melanie. »Der Mann, der immer seine Gewohnheiten, seine Bequemlichkeit hatte, für den ich gestern noch jede Zugluft, jede Erkältung zu vermeiden suchte, dieser Mann war in seinem fünfundsiebzigsten Jahre obdachlos und in Ungewißheit darüber, was ihm morgen geschehen würde.«

»Nur Narren wollen stets reisen; die Vernünftigen wollen ankommen«, meinte Metternich. Nun mußte er reisen, und wußte nicht, wo er ankommen würde.

»Ich war ein Fels der Ordnung«

ENGLAND, das er am 20. April 1848 nach einer beschwerlichen und gefährlichen Reise über Mähren, Böhmen, Sachsen, Hannover und Holland erreicht hatte, gewährte ihm Asyl – das alte Albion, dessen Liberalismus er verabscheute und dessen Liberalität er nun genoß.

Lord Palmerston, der liberale Außenminister Englands, hielt den Sturz des konservativen Staatskanzlers Österreichs für das wichtigste Ereignis dieses Frühlings. »Es wäre ein Glück für das kontinentale Europa gewesen, wenn dieses Ereignis vor einigen Jahren stattgefunden hätte. Aber besser spät als niemals!« Und: »Es ist Metternich gelungen, für eine bestimmte Zeit den Weg des menschlichen Fortschritts zu sperren und zu hindern. Das Wunder liegt nicht darin, daß der lang gestaute Druck endlich die Deiche zerrissen und das Land überschwemmt hat, sondern daß diese offiziellen Hindernisse eine so langwährende Aufstauung hervorgerufen haben.«

Auch Gegner, die wie Palmerston das Ihre zum Anschwellen der Flut beigetragen hatten, konnten dem Deichbauer ihre Anerkennung nicht versagen. Der König von Preußen, Friedrich Wilhelm IV., den die Revolution in Berlin halb umgerissen hatte, vermißte die Stütze Metternich: »Welch ein Mann! und : Welche Zeit!!!!, die *den* Mann nicht verträgt!« Der russische Zar, Nikolaus I., der bereit stand, Umgestoßenes wieder aufzurichten, ließ ihn wissen: »Ihr Land verliert in Ihnen den Staatsmann, der es vom Abgrund zurückgerissen und dann dreißig Jahre hindurch auf dem Niveau politischer Größe gehalten hat, auf das er selbst es hinaufgehoben. Und was uns betrifft, so sehen wir mit Ihnen ein ganzes System von Beziehungen, Ideen, Interessen und gemeinsamen Taten vergehen.«

Er ging ins Exil in dem Bewußtsein, daß nicht er es sei, der dabei schlecht fahre. Er habe nicht ein jemals von ihm gesprochenes oder geschriebenes Wort zurückzunehmen, er habe persönlich recht gehabt und politisch das Richtige getan. Und die anderen würden schon sehen, wohin sie ohne ihn kämen, bald einsehen, wie einzigartig und vorbildlich er gewesen war, und sicherlich bereuen, daß sie ihn weggeschickt hatten.

Der Sturz hatte sein Selbstbewußtsein nicht mitgenommen – entgegen von ihm generell ausgesprochenen, doch nicht konkret angewandten Erkenntnissen. »Der Stärkere reißt den Schwächeren mit sich, nach den Gesetzen der Mechanik, der Physik und der Moral.« Oder: »Wie es gewöhnlich mit dem Erfinden mechanischer Ordnungen steht, sie legen zumeist zu wenig Wert auf die lähmende Gewalt der Reibung.«

Der Umsturz berührte seine Selbstsicherheit nicht. »Die Revolution konnte das Reich, dessen Erhaltung und Gedeihen ich die geringen Kräfte, welche die Vorsehung mir zu Gebot stellte, im Verlaufe eines halben Jahrhunderts geweiht habe, in seinen Grundsätzen erschüttern; auf meine Gesinnung, Überzeugung und Gefühle hat sie keinen Einfluß geübt.« Auch hierin hielt er sich nicht an eigene Maximen, zum Beispiel: »Prüfe mit mehr Strenge, was dir gefällt, als was dir mißfällt.« Oder: »Despotismus jeder Art habe ich als ein Symptom der Schwäche angesehen. Wo er sich Luft schafft, ist er ein sich selbst strafendes Übel.«

Die Selbstgerechtigkeit verhalf ihm dazu, die Unbill des Falles und die Unbilden der Verbannung besser zu ertragen, nach dem Richtsatz, es sei besser, Unrecht zu erleiden, als Unrecht zu tun. Die Selbstgerechtigkeit führte aber auch zu unaufhörlichen Rechtfertigungen, selbstredend anderen gegenüber.

»Daß ich den Grund der Übel, denen die Monarchie heute preisgegeben ist, von jeher richtig aufgefaßt hatte, dies ist niemand berufen besser zu würdigen als Sie«, schrieb er seinem ehemaligen Ministerkollegen Franz Graf von Hartig. »Das Hauptübel lag im ›Nichtregieren‹, und dessen Ursache war die Verwechslung des Verwaltens mit dem ›Regieren‹. Dort, wo dies stattfindet, schleppen sich die Reiche lange – auf der Oberfläche im Anscheine – ungetrübt fort. Die nicht benützte Gewalt – denn sie weiß sich stets einen Weg zu bahnen – sinkt alsdann aber von der höchsten Schicht in die unteren herab, und dort bildet sie sich in Umsturz des gesetzlich Bestehenden aus.«

Der Kaiser, die Erzherzöge, die Minister, all jene, die Regieren mit Administrieren verwechselten, hätten dies nicht begriffen. »Wenn ich an den Unsinn zurückdenke, den ich eben in Beziehung auf dieses Übel am famosen 13. März durch die Schreier im Salon des Erzherzogs Ludwig habe aussprechen hören, so möchte ich mich fragen, ob diese Menschen bei Sinnen oder im Rausche ins Blaue hineingeschwätzt haben. Von all den Reformatoren hat nicht einer weiter als die Nase gesehen! Heute dürften wohl mehrere unter ihnen erwachen; das Übel ist aber geschehen.«

Die Fahrt ins Blaue reformerischer Wünsche erwies sich, wie er vorausgesagt hatte, als Fahrt ins Rote revolutionärer Taten. An der ersten Station – im März 1848 –, nach der Entfernung des Oberbremsers Metternich, hatte es Verbrüderungsszenen gegeben, zwischen einem Kaiser, der die Pressefreiheit verkündete und eine Konstitution versprach, und Wiener Bürgern, die sich und ihre Revolution nicht strapazieren wollten.

An der zweiten Station – im Mai 1848 – verließ der Monarch den Zug, zog sich nach Innsbruck zurück, weil im Führerstand der Lokomotive die Liberalen von Radikalen verdrängt worden waren. Diese wollten keine vom Monarchen gewährte, sondern eine vom Volk beschlossene Verfassung haben. Die Fahrt ging weiter, in Richtung der jakobinischen Revolution.

An der dritten Station schien sie erreicht zu sein. Im Oktober 1848 war Wien dort angekommen, wo Paris im Juni 1792 angelangt war: Der Sturm auf die österreichischen Tuilerien, die Hofburg, in die der Kaiser aus Innsbruck zurückgekehrt war, schien bevorzustehen. Das Volk der Vorstädte hatte sich erhoben, der Kriegsminister hing an der Laterne, der Hof floh Hals über Kopf in die mährische Festung Olmütz.

Es war die geradezu automatische Eskalation der Revolution, vor der Metternich immer gewarnt hatte. Warum nur hatten sie liberale, doch gemäßigte Bürger, die Ordnung mehr als die Bewegung liebende Adelige ausgelöst? »Es sind die Dummköpfe, welche mehr Unheil anstiften als die ausgesprochenen Schelme«, meinte Metternich. »Vor letzteren kann man sich hüten, während die ersteren wie der Zugwind überall eindringen.«

Warum nur hatten sich so viele gebildete und brave Menschen von progressiven Parolen verführen lassen? Den wahren Sinn der

Worte nicht mehr wahrzunehmen, sei ein Hauptfehler und Grundübel der Zeit, meinte Metternich. »Ich hasse von Natur aus die breiten Worte, die mehr als gebührend dehnbaren Begriffe, als da sind Civilisation, die Fortschritte..., weil ich die Sachen selbst verehre und liebe und die Letzteren durch die Ersteren gefährdet fühle.«

Das Thema »Schief angewendete Worte« ließ ihn nicht mehr los. Worte, die Gefühle ausdrückten und ansprächen, seien gefährlich, weil sie verschieden zu interpretieren wären. Am gefährlichsten seien die Worte, die in der Hülse ihrer ursprünglichen Begriffe andere Bedeutungen in Umlauf brächten – mit der Umwertung der Worte eine Umwertung der Werte bewirkten. Die ärgsten Lügen »sind nicht die, welche das bestehende Etwas in ein anderes umwandeln, sondern diejenigen, welche Nichts in Etwas umzubilden sich bestreben.«

Brachte denn das, was Repräsentativverfassung genannt wurde, wirklich die Vertretung durch die Besten und die Herrschaft des Volkes? »Einer der Reize des konstitutionellen Systems ist der ewige Wechsel in den Ministerien«, mokierte sich Metternich. »Das Mittel zum Ruin an Stelle von Ordnung und Sparsamkeit in einem Haushalt findet sich in dem ständigen Wechsel von Angestellten und Dienerschaft. Was also für einen solchen gilt, ist nicht weniger für ganze Reiche maßgebend.« Er griff zur Satire, nicht so gekonnt wie Johann Nestroy in seiner Posse *Die Anverwandten*:

»Noch weit größer is der Reiz, in d'Regierung dreinz'red'n,
Drum möcht' mancher partout ganze Völker vertret'n,
Der auß'r seine Stiefeln vertreten nix kann,
Und das sogar kummet au'm Schuster noch an.
Auf Ehr', für die ernsthafte Zeit
Gibt's noch immer viel g'spaßige Leut'!«

»Aus dem, was heute einer Schöpfung gleicht, wird das Gegenteil einer Schöpfung herkommen«, räsonierte Metternich. »Zwei Gewalten beherrschen die Welt: die Wirklichkeit und der Roman. Beide liegen in der Natur des menschlichen Geistes. Die Resultate werden schlechte, wenn die Menschen aus ihren zugewiesenen Fächern hinaustreten, wenn praktisch geborene Individuen Poeten und wenn Poeten Gesetzgeber und Volksleiter werden.«

Wußten denn alle, die von Freiheit schwärmten, was das eigentlich sei, wie man rechten Gebrauch von ihr machen müßte, wohin ihr Mißbrauch führen könnte? »Um zu erkennen, ob man geknechtet ist, muß man vor allem wissen, was Freiheit ist.« Konnte falsch verstandene und unrichtig angewandte Freiheit nicht zu einer Knechtschaft führen, die weit schlimmer wäre, als diejenige, die man im Metternichschen System nicht mehr länger ertragen zu können glaubte? Der Despotismus sei »am unleidlichsten dann, wenn er sich hinter die Larve der Beförderung der Freiheit stellt«. Hatte dies nicht die Jakobinerherrschaft in Frankreich demonstriert? Waren die Radikalen in Österreich nicht drauf und dran, einen weiteren Beweis zu liefern? Schrankenlose Freiheit der einen würde Beschränkung der Freiheit anderer bedeuten. Die Forderung nach Gleichheit könnte neue Ungleichheit bringen, zwischen denen, die sie verwirklichen wollten, und jenen, die sie bekommen sollten. Und die staatliche Zusammenfassung jeder Nationalität müßte zum Zusammenbruch des übernationalen Österreichs und zu Zusammenstößen zwischen den Nationen führen. »Der irrtümliche Begriff der Nationalität ist gleichbedeutend mit dem Rufe Krieg ohne Ende – von allen gegen alle.«

»Welches wird die Zukunft für das herrliche Mittelreich sein? Im naturgemäßen Verlauf der Dinge liegt dessen Zerfallen in Teile.« Böhmen bröckelte ab. Der Abfall der Lombardei und Venetiens war im Gange. Ungarn sagte sich los; die Magyaren wollten nichts mehr mit Österreich zu tun haben, und mit diesen nichts mehr die Kroaten und Serben.

Zu spät gelangte Graf Szechenyi, ein gemäßigter Liberaler und vernünftiger Patriot, zu der Einsicht: »Es klingt unaufhaltsam in meinen Ohren, was Metternich mir vor zwanzig bis fünfundzwanzig Jahren sagte: Nehmen sie einen Stein aus dem Gewölbe heraus, so stürzt das Ganze zusammen!« Der Ungar, der mitgeholfen hatte, einen ersten Stein herauszunehmen, wurde wahnsinnig und endete durch Selbstmord.

Bei der Aufführung der *Anverwandten* in Wien wäre der Possenreißer Johann Nestroy beinahe in Stücke gerissen worden, weil er Volksvertreter im allgemeinen und jene österreichischen Abgeordneten im besonderen zu karikieren gewagt hatte, die in die deutsche Nationalversammlung in Frankfurt einzogen. Und als

Angebinde den Anschluß Deutsch-Österreichs an das deutsche Nationalreich, das in der Paulskirche herbeigepredigt werden sollte, mitzubringen gedachten.

Die Gebäude Metternichs waren vom Einsturz bedroht: das österreichische Vielvölkerreich und der Deutsche Bund – und mit ihnen das europäische Friedenssystem.

Er blieb dabei: Der deutsche Nationalismus sei nicht nur ein Sprengsatz für Österreich, sondern für ganz Europa. Ein deutscher Nationalstaat würde das europäische Gleichgewicht zerstören und den Frieden gefährden. Deutschland sei durch Geographie und Geschichte zu einem Staatenverein bestimmt, dem der deutsche Staatenbund von 1815 entspräche; ein Bundesstaat gleiche der »abgedroschensten aller politischen Stellungen, dem Juste milieu, das heißt dem Raume, welcher zwischen zwei Stühlen besteht«. Und ein Einheitsstaat führe zur »roten Republik«.

In der Frankfurter Nationalversammlung gab es Gelächter, als der süddeutsche Liberale Bassermann die Auffassung Metternichs zum besten gab: Zwischen Monarchie und Republik gebe es keine Zwischenform, eine konstitutionelle Monarchie sei ein Unding.

Und es gab Beifall, als der norddeutsche Liberale Dahlmann erklärte: »Allerdings wird das bisherige Gleichgewicht von Europa verrückt, wenn unser Deutschland aus einem schwachen, versunkenen Gemeinwesen, aus einer im Ausland gering geschätzten Genossenschaft zur Würde, Ehre und Größe hinaufsteigt. Diese Verrückung des Gleichgewichtes von Europa wollen wir aber haben und festhalten, und auf dieser Verrückung des Gleichgewichtes von Europa wollen wir bestehen, bis der letzte Tropfen Blutes uns entströmt ist.«

Angesichts derartiger Eröffnungen und Ereignisse, der wachsenden Unruhe und des zunehmenden Unfriedens, wollte der in den unfreiwilligen Ruhestand versetzte Leiter Österreichs und Lenker Europas nicht schweigen. Er sei gefordert, »auf die wahre Lage der Dinge aufmerksam zu machen«. Und da sie sich so entwickelt hätten, wie er es vorausgesagt hatte, habe er »sonach das Recht, fest auf dem Felde der Wahrheit aufzutreten. Heute erwächst dieses Recht für mich zur Pflicht und ich werde sie ungescheut zu benützen wissen.«

In England, wo er am Eaton Square in London, in Brighton und

Richmond wohnte, wollten nicht alle davon Gebrauch machen. Königin Victoria schnitt ihn, wie es Prinzgemahl Albert, der liberale Koburger, wünschte. Palmerston, der liberale Außenminister, sprach zwar bei ihm vor, hörte ihm aber nicht zu. Verständnis brachte ihm der Prinz von Preußen, der spätere König und Kaiser Wilhelm I., entgegen, den ebenfalls die Revolution vertrieben hatte.

An eine Vergangenheit, die besser als die Gegenwart war, mußte Metternich auch denken, als er Dorothea Lieven wiedersah. Sie war noch spitzzüngiger geworden, fand Melanie »dick, gewöhnlich, natürlich, ganz gut«, und ihn »voll der Abklärung, innerer Selbstzufriedenheit, nicht enden wollender Geschwätzigkeit, mühsam, langsam, schwerfällig, sehr metaphysisch, langweilig, wenn er von sich selbst und seiner Unfehlbarkeit spricht, entzückend, wenn er von der Vergangenheit und besonders dem Kaiser Napoleon erzählt«.

Die Dreiundsechzigjährige schien aus einer Ahnengalerie gekommen zu sein, hager und schrumplig, ganz in Schwarz, mit kolossalem Fächer, monumentalem Calèche-Hut und grünem Augenschirm. Das erinnerte ihn daran, daß seine Lieblingsfarbe Metternichsgrün unmodern zu werden begann, das Jodgrün, das die einen Vert lumière und die anderen Nachtgrün nannten.

Wellington, nun achtzig, seit zwei Jahren außer Dienst, brachte ihm Trost und einen Mantel gegen die Unbilden des englischen Wetters. Ein anderer Tory war von ihm angetan: der vierundvierzigjährige Benjamin Disraeli, der Führer der Konservativen im Unterhaus, ein kommender Premierminister. »Das große Drama Europas wird immer verwickelter, und meiner Ansicht nach gibt es täglich frische Beweise für Ihre Weisheit und Ihre konkurrenzlose Geschicklichkeit für Geschäfte«, so Disraeli zu Metternich. Der konservative Brite sah zum konservativen Österreicher wie ein Schüler zum Lehrer auf, dem einzigen Staatsmann, der Philosoph und Politiker sei. »Wäre er nicht Fürst und erster Minister gewesen, so wäre er ein großer Professor geworden.«

Noch vor kurzem hätte er ein solches Lob für zweifelhaft gehalten. Nun kokettierte er mit der Vorstellung: »Ich bin kein Minister mehr, ich bin Professor Metternich!« Wenn er schon nicht mehr Geschichte machen konnte, wollte er wenigstens lehren, wie er sie gemacht hatte, wie es ihm andere nachmachen sollten.

Mitunter wähnte er sich »auf einem Observatorium, dessen Horizont die Welt umfaßt«. Mit dem dioptrischen Stereoskop, das ihm der Erfinder David Brewster überreichte, konnte er nichts anfangen. Es war ein Pseudoskop, das durch Täuschungen des Augenmaßes das Urteil über Größe und Gestalt der Gegenstände irreführte. »Nachdem ich mein ganzes Leben damit zugebracht habe, die Dinge zu sehen, und anderen zu zeigen, wie sie sind«, mochte er sich nun keinen optischen Illusionen hingeben.

Die Revolution erwies sich – wenigstens im Augenblick – ohnehin nicht für so ungestüm und unaufhaltsam, wie er es sich vorgestellt hatte. Wenn er auf den Kontinent hinübersah, gewahrte er Gegenzüge, die Fortschritte machten.

D<small>IE</small> G<small>EGENREVOLUTION</small> begann in Oberitalien. Der greise Feldmarschall Radetzky, der bereits mitgeholfen hatte, den aus der Revolution erstandenen Kaiser der Franzosen zu besiegen, schlug bei Custozza den König von Sardinien-Piemont, der sich an die Spitze der Revolution gesetzt hatte. Mailand wurde wieder eingenommen, Venedig eingeschlossen.

Franz Grillparzer, dessen österreichischer Patriotismus einzig und allein von Metternich beeinträchtigt gewesen zu sein schien, lobte Radetzky: »Glück auf, mein Feldherr, führe den Streich! / Nicht bloß um des Ruhmes Schimmer, / In Deinem Lager ist Österreich, / Wir andern sind einzelne Trümmer.« Er tadelte sich und seine Mitbürger: »Aus Torheit und aus Eitelkeit / Sind wir in uns zerfallen.« Und er hoffte auf die kaisertreue und reichsergebene Armee: »In denen, die du führst zum Streich, / Lebt noch *ein* Geist in allen.«

Den zweiten Streich führte Feldmarschall Fürst Alfred Windisch-Graetz, der einst mit Metternich um die Herzogin Wilhelmine von Sagan konkurriert hatte und jetzt, über die geschlagenen Aufständischen in Prag hinweg, auf Wien marschierte. Am 1. November 1848 wehte wieder die schwarz-gelbe Kaiserfahne auf dem Stephansturm; die Wiener Oktoberrevolution war niedergeworfen.

Am 2. Dezember 1848, sozusagen als vorgezogenes Weihnachtsgeschenk, bekam Österreich einen neuen Kaiser. Der unmögliche Ferdinand I. trat zurück, sein Neffe Franz Joseph I. bestieg den Thron.

Er war achtzehn. In den letzten Monaten vor Metternichs Sturz war er sonntags beim großen Präzeptor gewesen, hatte in dieser Sonntagsschule dessen politische Prinzipien und Regierungsmaximen gelernt. Wie er veranlagt war, gewissenhaft und denkfaul, und wie er erzogen worden war, nicht zur kritischen Überprüfung des Neuen, sondern zur gläubigen Übernahme des Alten, war zu erwarten, daß er sie sich fürs Leben gemerkt hatte. Mutter Sophie sorgte dafür, daß er sich als Monarch nichts vergab. Und der neue Ministerpräsident, Fürst Felix Schwarzenberg, wachte darüber, daß ihm die Revolution nichts nahm.

Ungarn wurde mit Waffengewalt zurück ins Kaiserhaus geführt. Dabei half Zar Nikolaus I., eingedenk der Grundsätze der Heiligen Allianz und darauf bedacht, den russischen Fuß nach Mitteleuropa zu setzen. Dem gestürzten Staatskanzler, der das erste billigte, mußte das zweite recht sein.

Die zentralistische Gesamtstaatsverfassung für Österreich, mit der Schwarzenberg wieder alle Österreicher unter einen Helm bringen wollte, behagte Metternich nicht. Er wollte zwar ein im konservativen Geist einiges und im monarchischen Prinzip einheitlich regiertes Österreich, meinte aber mehr denn je, daß eine solche Einheit nur unter Berücksichtigung der Vielheit des Vielvölkerreiches erzielt und erhalten werden könnte.

Der Schöpfer und Bewahrer des Deutschen Bundes war auch mit dem Schachzug nicht einverstanden, mit dem Schwarzenberg eine Position in der deutschen Frage zu erreichen suchte, die ihm zwei Möglichkeiten offen ließe: Durch die Forderung eines Eintritts des österreichischen Gesamtstaates in einen neuen deutschen Bund entweder ein mitteleuropäisches »Siebzigmillionenreich« unter österreichischer Führung zu erlangen, oder – was realistischer war– den Beitritt des deutschen Österreichs in ein deutsches Nationalreich und damit den Zerfall des Habsburgerreiches zu verhindern.

Metternich mißfiel im ersten Falle das Ziel, im zweiten die Methode. Ein zu großes und zu starkes Staatsgebilde in der Mitte Europas hätte das europäische Gleichgewicht durcheinandergebracht und damit den europäischen Frieden in Frage gestellt. Und die Forderung, nicht nur die Deutsch-Österreicher und die zum Deutschen Bund gehörenden Tschechen, sondern auch Magyaren, Kroaten und Italiener in ein neues deutsches Reich aufzunehmen, mußte die deutschen Nationalisten vor den Kopf stoßen und in die Arme Preußens treiben.

So kam es denn auch. In Frankfurt wurden die »Großdeutschen« von den »Kleindeutschen« überstimmt, die Nationalversammlung trug dem König von Preußen die deutsche Erbkaiserwürde an. Friedrich Wilhelm IV., der Romantiker auf dem Hohenzollernthron, wies sie jedoch im April 1849 zurück – weil er eine von der Revolution geschmiedete Krone nicht haben wollte, und aus Gründen, die er Metternich bereits im März 1848 dargelegt hatte: »Für Österreich fühl' ich wie anno 40. Was ich vermag, um seinem Erbkaiser die erbliche römische Kaiserwürde zu schaffen, werd' ich reichlich tun, und der römische Kaiser muß wieder das Ehrenhaupt deutscher Nation sein.«

Der Realist Metternich wollte schon 1814/15 die deutsche Kaiserkrone für Habsburg nicht haben, und erst recht nicht 1848/49. Nach wie vor hielt er seinen deutschen Staatenbund für das Beste für alle Beteiligten, vor allem für die beiden deutschen Großmächte. Ihre prinzipielle Übereinstimmung und politische Verbindung sei »die Grundbedingung des allein möglichen Friedens deutschen Wesens«. Ergo empfahl er eine »Umkehr in den deutschen Wehen zum Bundestag«.

Wien hielt sich daran, aber nicht Berlin, das nun – im Unterschied zu Frankfurt und im Gegensatz zu Wien – eine monarchische Union unter Führung Preußens und Ausschluß Österreichs betrieb, und dabei nicht nur kleindeutsche Liberale, sondern auch norddeutsche Fürsten als Bundesgenossen gewann. Dagegen wandte sich Schwarzenberg, dem sein »Siebzigmillionenreich« vorschwebte, aber auch Metternich, der den Deutschen Bund wiederhaben wollte.

Beinahe wäre es zu einem Krieg zwischen den beiden konservativen Mächten gekommen, die eben mit Müh und Not der Revolution entronnen waren. Da trat der Dritte im konservativen Bunde, Rußland, dazwischen, vermittelte im November 1850 den Olmützer Vertrag, in dem Preußen auf seine kleindeutsche Union verzichtete und Österreich die Wiederherstellung des alten Deutschen Bundes durchsetzte.

Dies entsprach weniger den Wünschen Schwarzenbergs, der zwar Kleindeutschland verhindern konnte, aber auch auf sein Großösterreich verzichten mußte. Doch es lag ganz im Sinne Metternichs. Österreich könnte wieder – wie er es vorgedacht und vorgemacht hatte – seine ausgleichende und friedenssichernde Rolle spielen, das Präsidium in Deutschland behalten und der Moderator in Europa bleiben.

Und Preußen könnte im »friedlichen Dualismus« mit Österreich zum Nutzen aller, nicht zuletzt seines eigenen, wirken. Denn Olmütz habe es vor Versuchungen seines schlechteren Selbst bewahrt: Vor dem Erobern, das nicht nur zum Töten anderer, sondern schließlich zum Selbstmord führen würde. Vor einer widernatürlichen Verbindung des erzroyalistischen, weil mit seinem Königtum stehenden und fallenden Preußen mit Verfechtern der Volkssouveränität, was einer Selbstaufgabe gleichkäme. Und vor einer Societas leonis zwischen altem Machtstaat und neuem Nationalstaat, was durch die »Wechselwirkung des krankhaften Teutonismus und des selbstsüchtigen Prussianismus« ein Ende mit Schrecken, in Krieg und Revolution, heraufbeschwören würde.

Schon stand der preußische Staatsmann bereit, dem eine solche Mesalliance zwar nicht schmeckte, der sie aber – ad maiorem Borussiae gloriam – nicht scheute, und sie – sofort zum Nachteil Österreichs, vorerst zum Nutzen Preußens und letztlich zum Schaden Deutschlands und Europas – zu verwirklichen vermochte: Otto von Bismarck.

Der preußische Junker, der gegen die Revolution in Berlin seine »Kreuzzeitungs«-Feldzüge geführt und als Mitglied des Abgeordnetenhauses gegen den »deutschen Schwindel« in Frankfurt gewettert hatte, war im Mai 1851 zum Legationsrat bei der preußischen Bundestagsgesandtschaft in Frankfurt am Main ernannt worden; bereits am 18. August 1851 sollte er zum Bundestagsgesandten avancieren.

Am 6. August fuhr er nach Schloß Johannisberg hinüber, wo Metternich – auf dem Heimwege von London über Brüssel nach Wien – inzwischen angekommen war. »Den Mittwoch und Donnerstag«, berichtete Bismarck seiner Frau, »habe ich bei dem alten Metternich zugebracht; er war sehr liebenswürdig und behaglich, erzählte ohne Unterbrechung von 1788 bis 1848, von Politik und

Weinbau, von Literatur und Forstkultur, und bekämpfte meine schwermütige Zerstreutheit, die über die Gründe Deines Schweigens grübelte, mit seinem besten Johannisberger.«

Der achtundsiebzigjährige Staatskanzler außer Dienst, der nicht mehr handeln durfte, redete nun noch mehr als früher, ohne Punkt und Komma, und kam, nach Art betagter Herren, vom Hundertsten ins Tausendste. »Es scheint«, bemerkte der Schriftsteller Heinrich Laube, »als wenn die alten Menschengefäße, wenn sie ein langes Leben lang fortwährend angefüllt worden, am Ende überlaufen.«

Der nahezu taube Greis hörte nur noch in sich hinein, hörte nicht mehr zu, »schüttete fortwährend aus«. Der sechsunddreißigjährige Bismarck nahm noch auf, hörte zu, konnte zumindest den Eindruck erwecken, als täte er es. Friedrich Graf von Thun, der österreichische Präsidialgesandte am Bundestag, wunderte sich: »Ich weiß nicht, was haben Sie nur dem alten Fürsten angetan, der hat ja in Sie wie in einen goldenen Kelch hineingesehen und sagte mir, wenn Sie mit dem nicht zurecht kommen, so weiß ich wirklich nicht.« Bismarck entgegnete: »Das will ich Ihnen erklären: Ich habe seine Geschichten ruhig angehört und nur manchmal an die Glocke gestoßen, daß sie weiter klang. Das gefällt solchen alten redseligen Leuten.«

Metternich schien zu glauben, daß der Kelch eines Konflikts an Österreich und Preußen vorübergegangen sei, und daß beide, zum Wohlsein Deutschlands und Europas wieder aus dem Kelche der alten Allianz trinken könnten. Und daß die jetzige Generation preußischer Politiker den Trinkspruch der vorigen wiederholte: Österreich und Preußen, Hand in Hand – für das alte Recht, in deutscher Einigkeit, für den Frieden Europas!

Bismarck hörte es gerne, wenn Metternich sagte: Preußen sei noch kein saturierter Staat; es liege in Österreichs Interesse, daß Preußen saturiert werde, denn dann würde es imstande und geneigt sein, aufrichtig und ohne Rivalität mit Österreich zu gehen. Bismarck war in der Tat der Auffassung, daß Preußens Machtehrgeiz nicht befriedigt, sein Landhunger nicht gesättigt, sein Staatskörper zu schmal für die Rüstung sei, die es als Großmacht benötige.

Metternichs Botschaft hörte er wohl, allein ihm fehlte der Glauben, daß eine Macht, die obenauf war, eine andere hochkommen lassen würde. Und er wußte aus der Geschichte wie aus seinen ersten Erfahrungen am Bundestag, daß Österreich nicht nach der Wohlmeinung seines Elder Statesman handelte. Und daß dieser selbst in seiner aktiven Zeit die Theorie nicht immer mit der Praxis zur Deckung gebracht hatte.

»Der alte Metternich«, resümierte Bismarck, »hat mit viel Geschick den Aberglauben verbreitet, daß die vertragsmäßige Gestaltung, die zu seiner Genugtuung aus dem Wiener Kongreß hervorging, für die Ewigkeit gültig sei, und daß Verträgen von 1815 ein besondrer, allen andren Jahrgängen nicht eigner, Grad von Heiligkeit beiwohne. Wir hatten unsrerseits weniger Ursache, uns dieses Glaubens zu getrösten.« Und: »Die Verträge gehn heutzutage schnell durch mannigfache Wandlungen, eine Kriegserklärung hebt einen jeden auf, und wer dann das Kreuz in die Hand bekommt, der segnet sich.«

Die Haltbarkeit aller Verträge zwischen Großstaaten sei eine bedingte, sobald sie »in dem Kampf ums Dasein« auf die Probe gestellt werde, erklärte Bismarck. Er wuchs in eine Zeit hinein, der das vom Naturforscher Charles Darwin formulierte Naturgesetz der »natürlichen Auslese« durch den »Kampf ums Dasein« galt, in der die Staaten für Tiere gehalten wurden, von denen die Stärkeren die Schwächeren nicht nur auffressen dürften, sondern auffressen müßten, wenn Welt und Umwelt in Ordnung bleiben sollten.

Metternich entstammte einer Zeit, die andere Vorstellungen von Ordnung hatte. Das Leben des Einzelnen wie der Gemeinschaften sollte nach göttlichen Geboten und menschlichen Moralgesetzen geregelt, die Humanitas Christiana bewahrt, die »beste aller Welten« erhalten, das Schöne, Gute und Wahre erstrebt – ein Vertrag gehalten werden: Pacta sunt servanda.

Eine Epoche von Eisen und Blut bricht an. Als sie die ersten Ergebnisse zeitigt, »ein Martialgesetz zum Gebrauche behelmter Diplomaten das ersetzt hat, was ein zurückgebliebenes und vorurteilsvolles Europa das Völkerrecht zu nennen beliebte«, da vermag der österreichisch-polnische Diplomat und Schriftsteller Julian Klaczko wie so mancher Europäer »ein Gefühl des Erstaunens, fast des Unglaubens« nicht zu unterdrücken, »wenn man die Protokolle jener Wiener Konferenzen durchliest, wo alles nur Anstand, Höflichkeit, Urbanität und gegenseitige Achtung atmet«.

Im Sommer 1851 trafen sich auf Johannisberg nicht nur zwei Staatsmänner, von denen der eine in der ersten Hälfte des 19. Jahrhunderts geführt hatte und der andere in der zweiten Hälfte führen sollte. In Metternich und Bismarck begegneten sich die Repräsentanten zweier Welten, von denen jeder die seine für die bessere hielt. Wer der Wahrheit näher kam, darüber konnte erst später befunden werden.

»Glauben Sie doch nicht, was der Augenblick über Fürst Metternich urteilt«, hatte Guido von Usedom 1849 gesagt. »Bedeutende Menschen, die so gewaltig wie er in die Zeit eingegriffen haben, können unmöglich leidenschaftslos betrachtet werden. Metternich ist ein Prinzip gewesen, ein Panier, dem ein Teil des Jahrhunderts gefolgt ist, während ein anderer dawider gestanden und es zuletzt gestürzt hat.«

Bismarck zerstörte – unter dem Beifall der Achtundvierziger – den Deutschen Bund von 1815, führte – mit Hilfe der Nationalbewegung – die deutschen Einigungkriege von 1864, 1866 und 1870/71, errichtete – mit Zustimmung von Liberalen und Demokraten – ein deutsches Reich ohne Österreich.

Es war ein Paradox: ein Reich ohne Universalismus, ein Nationalstaat ohne Volkssouveränität, eine Fürstenföderation unter der Vorherrschaft des Königs von Preußen, des Deutschen Kaisers. Es war das Juste milieu, das laut Metternich der Platz zwischen den Stühlen war: ein Kompromiß zwischen Konservativismus und Liberalismus, eine Koalition zwischen Feudaladel und kapitalistischem Bürgertum, eine konstitutionelle Monarchie, ein Bundesstaat, ein Machtstaat in der Mitte des Kontinents.

Österreich fühlte sich allein, und Europa bedroht. Der deutsch-französische Krieg sei die deutsche Revolution, meinte der britische Konservative Benjamin Disraeli, der mit dem alten Staatensystem eine bewährte Friedensordnung am Ende sah. »Es gibt keine einzige diplomatische Tradition, die nicht hinweggefegt worden ist. Eine neue Welt haben wir vor uns... Das Gleichgewicht der Mächte ist völlig zerstört.«

Der Staatsmann Disraeli hatte den Staatsmann Metternich noch persönlich gekannt und geschätzt. Aus dem Studium seiner

Hinterlassenschaft begannen Historiker den Menschen und das Werk positiv zu beurteilen.

»Er war ein Diplomat ersten Ranges, ohne gleichen in seiner Zeit und seiner Art, und verdiente es, Europa zu leiten, so lange Europa es verdiente, durch die Diplomatie geleitet zu werden«, schrieb der französische Historiker Albert Sorel in einem seiner *Essais d'Histoire et de Critique*. Im 1885 erschienenen ersten Band seines Werkes *L'Europe et la Révolution Française* heißt es: »Der auf dem Wiener Kongreß gemachte Versuch, Europa die Grundzüge einer Organisation zu geben, war ein Fortschritt, nicht etwa eine Rückwendung zur Vergangenheit. Im 18. Jahrhundert ist dieser Fortschritt nur erst eine der schönsten Hypothesen der Denker... So unvollständig die Konzeption erscheint, so prinzipienlos, willkürlich und sogar mißbräuchlich manches Vorgehen war, so hat das Werk von Wien immerhin Europa die fruchtbarste Friedenszeit beschert, die es je genossen hat.«

Der Erste Weltkrieg, der als europäischer Krieg begonnen hatte, endete mit dem Sturz der Monarchie in Deutschland, dem Zerfall des habsburgischen Vielvölkerreiches und einer allgemeinen Entmachtung Europas. Der liberale italienische Politiker Francesco Saverio Nitti verglich den Zweiten Pariser Frieden von 1815, in dem der Besiegte honorig behandelt worden war, mit dem Versailler Vertrag von 1919. Er kam zu dem Ergebnis, daß »Europa nicht fortgeschritten, sondern zurückgegangen ist, indem zu Beginn des 20. Jahrhunderts alle Grundsätze des Rechts preisgegeben worden sind und die Begier, zu zerstören und die Feinde zu vernichten, das Verhalten der Sieger bestimmt hat; eine solche Vergleichung beweist außerdem, daß die plutokratische Habgier der modernen, in sich haltlosen und unverantwortlichen Demokratien um vieles gefährlicher ist als die Grundsätze der legitimistischen Monarchie.«

Im Jahre 1925 erschien die erste umfassende und gültig gebliebene Metternich-Biographie, das Werk des österreichischen, doch von einer gesamtdeutschen Geschichtsanschauung geprägten Historikers Heinrich von Srbik. Die Bilanz: »Metternich war ein Staatsmann von ungewöhnlichem Maß: der größte Außenminister, den Österreich jemals gehabt hat, und einer der größten Meister der internationalen Politik, welche die jüngere Geschichte der europäischen Staaten kennt, und er war ein Systematiker von strenger Logik und außerordentlicher Reichweite einer für immer denkwürdigen gesellschafts- und staatspolitischen Doktrin.«

Der in Braunau am Inn geborene Adolf Hitler schloß die alpenländischen, böhmischen und mährischen Relikte Alt-Österreichs seinem »Großdeutschen Reiche« an. Was Europa bereits von dem von Schwarzenberg angestrebten und von Metternich abgelehnten mitteleuropäischen Reich befürchtet hatte, die Störung des Gleichgewichtes und die Gefährdung des Friedens, wurde nun – in nationalsozialistischer Maßlosigkeit – blutige Wirklichkeit.

Der Zweite Weltkrieg zerstörte den von Bismarck geschaffenen und von Hitler übersteigerten deutschen Nationalstaat, brachte halb Deutschland und den Großteil der ehemaligen Gebiete des Habsburgerreiches unter die Herrschaft Rußlands, das bis in die Mitte Europas vorgedrungen war – was Metternich zu verhindern versucht hatte.

Die Revolution, deren Anfänge er bekämpft hatte, war vom Liberalismus und demokratischen Radikalismus zum Sozialismus und Kommunismus eskaliert, wie er es vorausgesagt hatte. Wo dieser aufgestanden beziehungsweise auferlegt ist, herrscht eine unheilige Allianz »sozialistischer Staaten«, die gegen Oppositionsregungen und Ausbruchsversuche interveniert – nun mit kommunistischer, nicht mehr legitimistischer Begründung. Das geschah bisher direkt in Ungarn und in der Tschechoslowakei, und indirekt in Polen.

Im Negativen wie im Positiven reicht manches von dem in das 20. Jahrhundert hinein, was Metternich im 18. Jahrhundert gelernt und im 19. Jahrhundert angewandt hatte. Nach zwei Weltkriegen ist er vor allem als Staatsmann des Friedens interessant geworden.

»Ein Geschlecht, das die Selbstzerfleischung Europas erlebt und dann erfahren hatte, daß die ›Selbstbestimmung der Völker‹ doch nur eine unverbindliche Losung großstaatlicher Machtpolitik blieb«, könnte sich fragen: »Sollte Frieden nicht mehr sein, nicht ein höherer Wert als ein Katalog bürgerlicher Rechte?« Auf die Fragestellung Metternichs verwies der erste Bundespräsident der Bundesrepublik Deutschland, Theodor Heuss. Und auf Metternichs Zielvorstellung der Schweizer Diplomat und Präsident des

Bundesrates Henry Vallotton: Er war »der Befürworter einer Union unter den europäischen Staaten, der Vorläufer jener Menschen guten Willens, die den Völkerbund, und jener, welche die Vereinten Nationen ins Leben riefen«.

Die Methode Metternichs empfahl und praktizierte Henry A. Kissinger, Außenminister der Vereinigten Staaten von Amerika: »Metternich betrieb eine Politik des Status quo par excellence... Ihr Ziel war die Stabilität, nicht die Verwirklichung von Idealen, und das Gleichgewicht ist der klassische Ausdruck jener geschichtlichen Erfahrung, daß keine Ordnung Bestand hat, wenn sie nicht auch physisch gegen Aggressionen abgesichert ist.«

Metternich hatte nicht vergeblich gehofft: »In hundert Jahren wird der Geschichtsschreiber mich ganz anders beurteilen, als alle die, die heute mit mir zu tun haben.«

Der alte Metternich hielt sich »für ein altes Buch, in dem ein Geschichtsschreiber nachschlägt«. Er wünschte, daß Historiker wie Politiker das Kompendium seines Lebens benützten und seine gesammelten Erfahrungen beachteten.

»Die Nachwelt wird mich beurteilen; das ist das einzige Urteil, nach dem ich geize, das einzige, das mir nicht gleichgültig ist, und zugleich das einzige, das ich nie vernehmen werde.« Das bedauerte er, denn er war sich eines positiven Urteils sicher, wie er behauptete: Die Materialien lägen in den Akten, »und ich blicke auf dieselben mit der vollkommensten Seelen- und Gewissensruhe zurück. Mein sehnlichster Wunsch ist der, daß *alles*, was ich jemals geschrieben habe, der Öffentlichkeit preisgegeben werde. Ich und die Wahrheit können dabei nur gewinnen.«

Ganz so sicher schien er aber nicht gewesen zu sein, denn vorsichtshalber verfaßte er Autobiographisches, das die Urteile vorwegnehmen sollte. Und er sorgte für eine Auswahl und Zusammenstellung seiner »Nachgelassenen Papiere«, die diese Wahrsprüche bestätigen sollten.

Selbstredend sollte seine Geschichte der Selbstrechtfertigung dienen. Darüber hinaus vertrat er die Auffassung, daß der Geschichte im allgemeinen – im Positiven wie im Negativen – für die Selbsterkenntnis und das Selbstverständnis des Menschen wie der Menschheit nicht entraten werden könnte.

»Mißtraue jenen, welche auf die Vergangenheit keinen Wert legen; die Zukunft gehört ihnen nicht. Daraus folgt aber nicht, daß die Zukunft ohne Ausnahme den anders gearteten Geistern gehöre; unter allen Umständen genießen sie jedoch den Vorteil, daß ihnen, wenn ihnen die Zukunft entgehen sollte, die Vergangenheit gesichert ist, während den Träumern, die nur in der Gegenwart leben, nichts bleibt.«

Die Zukunft – zumindest die nahe und nächste – gehörte ihm nicht, aber es blieb ihm eine Vergangenheit, die eines Tages wieder gewürdigt werden würde, in jedem Fall das Andenken an eine alte gute, seine Zeit. »Die Erinnerung ist das einzige Paradies, aus welchem wir nicht vertrieben werden können«, hatte ihm der Dichter Jean Paul – auch einer von gestern – ins Johannisberger Gästebuch geschrieben.

Das Schloß im Rheingau, das er einst den »Zentralpunkt der lachenden und liebenswürdigen Welt« genannt hatte, war nun eine Etappenstation auf dem Weg aus dem Exil zurück nach Wien. Mehr als drei Jahre mußte er warten, bis man ihn dort wieder haben wollte, ohne ihn fürderhin brauchen zu können.

Im März 1848 war er gestürzt und vertrieben worden. Seine Güter wurden unter Zwangsverwaltung gestellt und die Staatskanzleirechnungen, vor allem der Spesen, bis zurück ins Jahr 1813 einer Überprüfung unterzogen, wobei sich lediglich ein »allerdings bedauerliches, aber verwittertes und verjährtes Chaos der älteren fürstlichen Rechnungslegungen« herausstellte. Erst im November 1850 wurde ihm das gesetzliche Ruhegehalt von jährlich 8000 Gulden bewilligt und die Beschlagnahme der Güter aufgehoben. Schließlich ließ ihn im April 1851 Kaiser Franz Joseph wissen, daß er sich freuen würde, ihn wieder in Wien zu sehen.

Am 24. September 1851 kamen der achtundsiebzigjährige Klemens und die sechsundvierzigjährige Melanie auf einem Donaudampfer in Nußdorf an. Nach dreieinhalbjähriger Verbannung waren sie wieder daheim, in ihrer Villa am Rennweg, in ihrem Garten, der am Verblühen war, und zwischen den klassizistischen Statuen, die wie Gespenster herumstanden.

Die Post brachte ihm ein Pasquill, das Franz Grillparzer, verbittert über die Reaktion, die Revolution und sich selber, dem Gegner außer Diensten, anhängen zu müssen meinte:

> »Hier liegt für seinen Ruhm zu spät
> Der Don Quijote der Legitimität,
> Der falsch und wahr nach seinem Sinne bog,
> Zuerst die andern, dann sich selbst belog,
> Vom Schelm zum Toren ward bei grauem Haupte,
> Weil er zuletzt die eignen Lügen glaubte.«

Der Greis nahm es gelassen hin: »Glücklicherweise hat Grillparzer, dieser verdrießliche Patriot, auch einiges andere gedichtet.« Die Auswirkungen der Revolution, die Metternich aufzuhalten versucht hatte, waren von Grillparzer richtig vorausgesehen worden:

> »In Wellen steigt's und stürzt sich brandend über,
> Gelöst ist des Gewöhnten altes Band.
> Das Unheil aber naht, so muß ich meinen,
> Der Einsturz folgt, wenn erst kein Widerstand;
> Die Tollheit hör' ich lachen, ich muß weinen,
> Denn, ach, es gilt mein eignes Vaterland.«

Johann Nestroy hatte nicht so rot gesehen, in seiner Komödie *Die Freiheit in Krähwinkel* den Ratsdiener Klaus voraussagen lassen: »Nein; ich kenn' die Krähwinkler – man muß sie austoben lassen; is der Raptus vorbei, dann werd'n s' dasig, und wir fangen s' mit der Hand. Da woll'n wir's hernach erst recht zwicken, das Volk…«

Es wurde wieder gezwickt und gezwackt, im System des Neo-Absolutismus, das Ministerpräsident Schwarzenberg mit zentralistischer Strenge einführte und Innenminister Bach mit bürokratischer Härte durchführte, mit Hilfe der k. k. Kanzlisten, die Metternich jetzt noch weniger leiden konnte als früher: »Nichts ist ärger in der Welt als der Beamtendespotismus.«

Mit dem Resultat war er nicht unzufrieden. »Von den Oktobertagen 1848 ist keine Spur mehr zu entdecken. In der Erinnerung des Volkes stehen diese und andere Tage in hohem Mißkredit. Der wahre Charakter der Tagesgefühle ist der der Ruhe.«

Nun wurde Adalbert Stifter gelesen, den Fürst Metternich aus gutem Grund zum Hauslehrer seines Sohnes Richard bestellt hatte. Dieser österreichische Dichter hielt nichts davon, »Tagesfragen und Tagesempfindungen in die schöne Literatur zu mischen«, die nur schön sein und beruhigend wirken müsse, Erquickung an stillen Seen, Erholung im *Hochwald,* den Segen des *Nachsommers* zu spenden habe.

War die poetisch beschworene und die behördlich verordnete Ruhe wirklich eingekehrt? »Wir leben in einer Zeit, in welcher die Ermüdung vorherrscht, welche mit der Ruhe nicht verwechselt werden darf«, sagte Metternich, der immer noch klar sah:

»Soziale Revolutionen, einen gewaltsamen Umsturz der bestehenden Regierungsformen und deren Ersatz durch unbekannte Größen wünscht heutzutage niemand, denn die heutige Welt ist viel zu erpicht auf materiellen Genuß und industriellen Gewinn, um diese Güter schalen Theorien zuliebe aufs Spiel zu setzen. Im Gegenteil: Was man mit Bestimmtheit und allgemein will, ist ein versöhnender, ruhiger, bequemer Friedenszustand, und wer ihn den Völkern verbürgt, ist ihnen – bei der, wir können es uns nicht verbergen, ziemlich allgemein vorherrschenden Gleichgültigkeit gegen höhere Prinzipien – willkommen.«

Still ruhte der See, aber nur an der Oberfläche. In seinen Tiefen braute sich Unheimliches zusammen. Der Nationalismus erstarkte im Untergrund. Der Liberalismus, aus der Politik verbannt, kräftigte sich in der Wirtschaft. »Der liberale Sinn führt notwendigerweise zur Zentralisierung.« Metternich meinte sich ausrechnen zu können, wann die bürokratische Zentralisation vom Zentralismus liberaler Deutsch-Österreicher abgelöst werden und dieser Verstoß gegen das föderative Grundgesetz das Vielvölkerreich der Auflösung näher bringen würde.

Auf der Weltbühne fiel der Vorhang nach dem letzten Akt des Dramas der Heiligen Allianz, der mit reduzierter Besetzung gespielt worden war. Die drei Ostmächte waren allein übriggeblieben, und nun gingen auch sie auseinander – im Krim-Krieg.

Rußland begann ihn, besetzte 1853 die Donaufürstentümer, begab sich auf den Marsch zu seinem imperialistischen Ziel, nach Konstantinopel, dem »Dritten Rom«, und den Dardanellen, der Pforte zum Mittelmeer.

Die Westmächte kamen der Türkei zu Hilfe: England, das nach wie vor die Wacht am Bosporus hielt. Und Frankreich, wo ein neuer Napoleon, der Dritte, an die Macht gekommen war und in Europa mitbestimmen wollte, wenn er schon nicht mehr, wie der Erste, allein bestimmen konnte.

Zar Nikolaus I. forderte Franz Joseph I. und Friedrich Wilhelm IV. auf, ihm gegen die türkischen Heiden, die englischen Liberalen und den neuen Napoleon beizustehen. Preußen, im Widerstreit zwischen ultra-konservativen Prinzipienpolitikern und liberal-konservativen Realpolitikern, wählte die Neutralität, wußte sie aber so pro-russisch zu artikulieren, daß ihm Rußland das nicht weiter übelnahm.

Auch Wien blieb neutral, ungeachtet des Mahnrufes aus St. Petersburg, sich für die russische Hilfe gegen die ungarischen Aufständischen zu revanchieren. Aber Österreich, dem die Türkei näher lag und das Rußland mehr zu fürchten hatte, lavierte so ungeschickt zwischen den Westmächten, die ihm den Sultan erhalten und den Zaren vom Halse halten konnten, und dem Heiligen-Allianz-Partner hin und her, daß es schließlich zwischen den Stühlen saß: Rußland grollte ihm nachhaltig, rührte keinen Finger, als Österreich von Preußen aus Deutschland verdrängt wurde. Und näherte sich Frankreich, schlug einen Akkord an, der später machtvoll erklingen und verhängnisvoll für die Mittelmächte werden sollte.

Schon jetzt war das eingetreten, was Metternich stets zu vermeiden versucht und auch – solange er am Ruder gewesen war – zu verhindern verstanden hatte: ein Krieg zwischen Mächten der europäischen Pentarchie und ein Zerwürfnis zwischen den Monarchien der Heiligen Allianz.

Im Sturmjahr 1848 hatte er den Zusammenbruch seines innenpolitischen Systems erleben müssen. Im Krim-Krieg, der 1853 mit dem russischen Angriff begann und 1856 mit einer russischen Niederlage endete, mußte er die Zerstörung seines außenpolitischen Systems mitansehen. »Die politische Lage kann nur als volle, gänzliche und komplette Konfusion bezeichnet werden; als eine jener Lagen, in denen der vernünftige Mensch sich aller Möglichkeit einer Voraussicht der künftigen Ereignisse beraubt sieht.«

Einiges ahnte er. Sein innenpolitisches System war durch den Neo-Absolutismus nicht nachhaltig zu restaurieren; Stück um Stück mußte in der Folgezeit abgebaut werden, bis – im Jahre 1918 – nichts mehr von der Habsburgermonarchie übrig war. Sein außenpolitisches System wurde zwar nach dem Krim-Krieg und den deutschen Einigungskriegen wieder zusammengeflickt, hielt noch bis 1914. Im Ersten Weltkrieg brach es endgültig zusammen.

England, eine Weltmacht nun, vernachlässigte die Balance of powers, hielt sie jedenfalls nicht mehr für so wichtig wie zu Castlereaghs und Wellingtons Zeiten. Es fühlte sich so stark, daß es den Rückenschutz durch einen im Kräftespiel neutralisierten Kontinent geringer achtete. Überdies glaubte es die Erfahrung gemacht zu haben, daß sich die Kontinentalmächte auch allein gegenseitig in Schach zu halten vermöchten.

Die Bäume des neuen Kaisers der Franzosen würden nicht in den Himmel wachsen. Dieser Meinung war auch Metternich: Napoleon III. »ist eine Macht, mit der man rechnen muß. Aber er vergißt, daß man nicht gleichzeitig par la grâce de Dieu und la volonté nationale Kaiser sein kann.« Und er prophezeite: »An diesem Widerspruch wird er zugrunde gehen. Ich werde das nicht erleben, aber denken Sie an meine Worte!«

Immerhin brachte es auch dieser Napoleon zuwege, revolutionäre Ideen, vor allem den Nationalgedanken, einzuspannen und damit Vorteile für Frankreich und Nachteile für Österreich zu erlangen.

Noch erleben mußte Metternich die Kriegskoalition zwischen dem Kaiser der Franzosen, dem König von Sardinien-Piemont und der italienischen Nationalbewegung, die dem Habsburgerreich 1859 eine militärische Niederlage eintrug und die Lombardei kostete. Nicht mehr erleben mußte er, wie Napoleon, der das Nationalitätsprinzip auch für Deutschland für gültig erklärte, Bismarck dazu ermunterte, den deutschen Staatenbund zu zerstören, den Waffengang mit Österreich und dessen deutschen Verbündeten zu wagen. Und nicht mehr erleben durfte er, wie Napoleon von den Geistern, die er gerufen hatte, der preußischen Macht und dem deutschen Nationalismus, der Garaus gemacht wurde.

Bismarcks Politik der Bundesgenossenschaft zwischen dem von Preußen geschaffenen und geführten Deutschen Reich und dem zwar aus dem alten Bund verstoßenen, aber in seinen alten Grenzen belassenen Österreich hätte Metternich wahrscheinlich, wenn auch nolens volens, akzeptiert. Denn in der Kooperation zwischen Österreich und Preußen sah er seit dem Wiener Kongreß, noch während des Krim-Kriegs die Bedingung für das Gedeihen Mitteleuropas und den Frieden in ganz Europa.

Die »kleinen deutschen Rivalitäten« müßten schweigen vor den großen europäischen Fragen. »Sind beide Mächte einig, so können sie eine ganz andere Sprache nach allen Seiten hin führen und man muß sie hören, denn ohne sie kann man ja bloß um die Ecke schießen und ohne entscheidenden Erfolg.« »Neben Beschwernissen«, erklärte er 1854, »bietet die Stellung in der Mitte, die Österreich, Preußen und das gesamte Gebiet, welches im Deutschen Bund vereint steht, einnehmen, eine große Kraft: ihr gehört das Amt des Schiedsrichtermachens bei einem Kampfe zwischen dem westlichen Europa und dem östlichen.«

Im Westen drohe Frankreich, im Osten drohe Rußland. »Dieses Reich am Rande der Zivilisation weist keinerlei Ähnlichkeit mit den übrigen europäischen Staaten auf – es unterscheidet sich von allen nach Religion, Sitten, Geist der Untertanen, in allen materiellen Verhältnissen, welche die individuelle Existenz der Staaten ausmachen.« Habe sich nicht gezeigt, »daß es von einer Krankheit befallen ist, welche den sozialen Körper aushöhlt«, daß die alte Gesellschaft vielleicht von einer neuen Gesellschaft abgelöst werden könnte, die dem Koloß neue Kraft geben, ihn noch mächtiger vorantreiben könnte – in Richtung Konstantinopel, Wien und Berlin?

Rußland war jetzt schon eine gewaltige Macht im Osten, und im Okzident, hinter Frankreich und England, stieg eine neue Weltmacht auf. »Ich bin die kristallisierte Prosa und mit diesem prosaischen Urteil sage ich Ihnen, daß – während die streitenden Mächte einen sinnlosen, vermeidbaren Krieg führen – die Vereinigten Staaten von Amerika an Macht und Eroberungslust wachsen; ja, wenn die Zeitungen die Wahrheit schreiben, so sind sie heute schon die Herren des Pazifischen Ozeans.«

Gegenwärtig, im Krim-Krieg, könnten die Mittelmächte noch eine Mittelposition einnehmen und eine Mittlerrolle spielen – wie aber würde es künftig sein? In dubio war Metternich jetzt schon für den Westen.

Für Österreich »wachsen auf keinem Feld im Orient genießbare Früchte«. Deshalb sollte es sich nicht auf dieses Terrain begeben, mit Rußland um die Aufteilung und Ausnützung streiten, vielmehr – wie die Westmächte – daran interessiert sein, daß es der Türkei verbliebe. »Österreich kann nur die Erhaltung des türkischen Reiches in Europa wollen – nicht aus Vorliebe für dasselbe, sondern weil es durch jede andere Nachbarschaft Schaden erleiden und durch seine Territorialvergrößerung auf dessen Unkosten nichts gewinnen würde.«

Schon sah er Kräfte am Werk, die »Österreich in die Umstürze im Osten verwickeln und hierdurch aus den europäischen Interessen zu schieben« versuchten. Das »Hinweisen Österreichs nach dem Orient« gehe parallel mit dem »Wegweisen Österreichs aus dem Okzident«. Österreich – und mit ihm Preußen und Deutschland – gehörten politisch in die Mitte und kulturell zum Westen Europas.

Aber hielten sich denn seine Nachfolger daran? »Die Arbeiten, denen ich sechzig Jahre meines Lebens gewidmet habe, waren auf moralischen Grundlagen aufgebaut; wenn diese Grundlagen unveränderlich sind, so steht es nicht ebenso mit ihrer Anwendung. Mein Gewissen sagt mir, daß ich die Wege der Wahrheit gewandelt bin. Werden diese Wege ebenso im Tohuwabohu unserer Tage verfolgt? Ich fürchte, daß es nicht so ist.«

Sie hörten nicht mehr auf ihn. Der junge Kaiser Franz Joseph gab zwar vor, seines Rates nicht entbehren zu können, aber das war nur die Höflichkeitsfloskel eines Herrschers, der alles allein richten wollte. Und wenn seine Gutmütigkeit stärker gewesen wäre als seine Rechthaberei, hätte die Mutter eingegriffen. Erzherzogin Sophie trug es Metternich immer noch nach, daß er nach dem Tode Franz' I. die Thronbesteigung ihres Gemahls Franz Karl hintertrieben, sie nicht schon früher die Rolle der First Lady hatte spielen lassen. Und sie giftete sich über Melanie, die mit ihrer Meinung nicht hinter dem Berg hielt, daß ihr Klemens damals wie immer das Richtige getan habe.

Der Greis trug es mit Gelassenheit. »Ich bin froh darüber, daß ich aus der Galeere heraus bin. Früher war ich ein Schauspieler auf der Bühne, jetzt bin ich ein Zuschauer im Parkett«, ein »freistehender Beobachter der Tageslagen«. Mitunter glaubte er, »aus einer Loge in dem großen Schauspielhaus«, die Welt genannt, das Geschehen beobachten zu können.

Was er sah, gefiel ihm immer weniger, wenn es ihm auch schwer fiel, die Genugtuung zu unterdrücken, daß alles so kam, wie er es vorausgesagt hatte. Eine Zeitlang kommentierte und korrigierte er noch, dann gab er es auf. Er war reif für den Tod.

Am Ende des Lebens, hatte er vor vierzig Jahren gesagt, »wird mir die Erinnerung bleiben an zahllose Mißlichkeiten, Quälereien und Kümmernisse und ein paar wenige Strahlen von Beglücktheit«.

Einer dieser Strahlen erlosch am 3. März 1854. Melanie erlag mit Neunundvierzig einem Unterleibsleiden. Das Ergebnis der Obduktion ließ er sich in allen Einzelheiten schildern; Krankheit und Tod schienen für ihn ihre Schrecknisse verloren zu haben.

Am 27. Januar 1857 starb in Paris Dorothea Lieven, die er zuletzt in London gesehen hatte, als Schatten ihrer selbst. Ihre letzten Worte waren gewesen: »Geht fort! Geht fort, Ihr alle! Ich will schlafen.«

Am 5. Juni 1857 starb in Venedig Katharina Bagration, die noch wenige Tage zuvor in Wien bei Metternich gespeist hatte. »Ich kann über ihr Ableben nicht erstaunt sein«, sagte ihr einstiger Liebhaber. »Das Wundersame war, daß sie, wie sie war, noch leben konnte. Ihr Aussehen übertraf alle Ideologie. Es bot keinen anderen Vergleich als den mit einer gehenden, essenden und sprechenden Mumie.«

Klementine Bagration, die uneheliche Tochter von Katharina und Klemens, war bereits 1829 gestorben. Sechs von den zwölf Kindern, die ihm drei Gattinnen geschenkt hatten, mußte er ins Grab sinken sehen. Zwei Töchter aus erster, der Sohn aus zweiter, eine Tochter und zwei Söhne aus dritter Ehe lebten, und er erlebte noch eine Enkelin und eine Urenkelin.

»Radetzky, Humboldt und Metternich schienen, der eine immer auf Rechnung des anderen, nur so los zu leben, und wer auf sie sah, der glaubte, gar nicht sterben zu können«, schrieb der in Wien lebende norddeutsche Dichter Friedrich Hebbel. Feldmarschall Radetzky starb am 5. Januar 1858 mit Einundneunzig, der Naturforscher Alexander von Humboldt am 6. Mai 1859 mit Neunundachtzig. Staatskanzler a. D. Metternich feierte am 15. Mai 1859 seinen sechsundachtzigsten Geburtstag.

Vor ein paar Jahren hatte ihn Hebbel noch wohl konserviert angetroffen. Nun war er ein hinfälliger Greis mit schütterem weißen Haar, wächsernem Gesicht, Falten wie Kerben, eine gebrechliche Gestalt. Er sah nicht mehr viel und hörte fast nichts mehr. Und er kleidete sich nur noch schwarz.

Sein Weg ging zu Ende. Er war Sechzehn beim Ausbruch der

Revolution gewesen, deren Eindämmung ihn sein Leben lang beschäftigt hatte. Mit Achtundzwanzig wurde er Diplomat, mit Sechsunddreißig Außenminister, mit Achtundvierzig Haus-, Hof- und Staatskanzler. Er war Fünfundsiebzig gewesen, als ihn die Revolution umgerissen hatte, nun Sechsundachtzig, ohne daß ihn die Gegenrevolution aufgerichtet hätte.

Das war nicht mehr seine Welt. Er entstammte – wie er es mit seiner Vorliebe für naturwissenschaftliche Vergleiche ausdrückte – dem Antediluvium, den Zeiten vor der Sintflut, die 1848 hereingebrochen sei. Ob das Postdiluvium neues Leben bringen, die Hoffnung der Progressiven auf ein zweites Paradies auf Erden sich erfüllen würde? Er wagte es zu bezweifeln. Jedenfalls würde er es nicht mehr erleben.

Seine Zeit war abgelaufen. Er kannte ihre Gesetzmäßigkeit. »Das astronomische Jahr besteht aus vier Jahreszeiten. Unter denselben sind zwei der Tätigkeit und zwei der Ruhe – oder dem Zuwarten – gewidmet. Das Frühjahr und das Spätjahr sind tätige, der Sommer und der Winter latente Epochen, und zwar aus natürlichen, selbst physischen Gründen. Die Gesetze, unter denen die Materie steht, üben ihren Einfluß auf die Gesellschaft. Die Geschichte bietet hiervon tägliche Beweise.«

Am liebsten wäre ihm ein nicht endender Sommer gewesen, hätte er die Sonne auf ihrem höchsten Stand angehalten, wie Josua den Machtspruch des Herrn erbeten: »Sonne, steh still zu Gibeon, und Mond, im Tal Ajalon!« Einmal beobachtete er eine Sonnenfinsternis, und als sie vorübergegangen war, der Mond nicht mehr zwischen Sonne und Erde stand, empfand er Befriedigung über die Wiederkehr der Ordnung.

Doch seine Ordnung ging dahin. Am 4. Juni 1859 versank wieder ein Stück davon: Die Österreicher wurden in der Schlacht bei Magenta von den Franzosen und Italienern geschlagen, der Untergang des Lombardo-Venetianischen Königreiches und der Aufstieg des italienischen Nationalstaates war nicht aufzuhalten.

War die Ordnung und mit ihr Ruhe und Frieden überhaupt hienieden aufrechtzuerhalten? Blieben sie nicht der ewigen Ruhe im ewigen Licht, der jenseitigen Ordnung, dem göttlichen Frieden vorbehalten? Der Mensch müsse wissen, soweit man wissen könne, und wo das Wissen aufhöre, müsse der Glaube anfangen, meinte Metternich, und bekannte: »Ich bin ein Mann der Kirche, ein freier und strenger Katholik.« Der aufgeklärte rheinische und der dem Diesseits zugewandte österreichische Katholik glaubte an ein neues und glorreiches Beginnen im Jenseits.

Ein letztes Mal besuchte ihn der Diplomat Josef Alexander von Hübner – sein unehelicher Sohn, wie man sagte – in der Villa am Rennweg, nun die Klausur seines Alters. »Ich brachte noch den ganzen Morgen bei ihm zu. Wir machten einen kurzen Spaziergang im Garten, wobei er sich auf meinen Arm stützte. Es fiel mir auf, wie leicht die Bürde war. Dann folgte ich ihm in sein Kabinett. Das Gespräch war lebhaft und angeregt. Beim Abschiede sagte er mir zu wiederholtenmalen mit Nachdruck: ›Ich war ein Fels der Ordnung‹.«

Nachdem wieder ein Stück abgesprengt worden war, als er die Nachricht von der Niederlage bei Magenta erhielt, fiel er in Ohnmacht. Wenige Tage später, am 11. Juni 1859, verschied er. »Der Körper starb von unten ab«, resümierte Dr. Friedrich Jäger. »Das Öl der Lampe war ausgegangen.«

Auf seinem Schreibtisch war ein unvollendeter Brief liegengeblieben. »Eine neue Ordnung der Dinge!« stand darin. »Kann eine solche anders als auf jenen Prinzipien aufgebaut sein, auf denen allein die Ordnung beruht?« Und: »Die Prinzipien sind die Formeln der Wahrheit.«

Die Familie annoncierte das Ableben »des durchlauchtigen Herrn Klemens Wenzel Lothar Fürsten von Metternich-Winneburg, Herzogs von Portella, Grafen von Königswart, Grand von Spanien erster Klasse, Ritter des goldenen Vließes, Großkreuz des königl. ungarischen St. Stefan-Ordens, des goldenen Civil-Verdienstzeichens und anderer auswärtiger Orden Großkreuz und Ritter, Seiner kaiserl. Majestät wirklicher geheimer Rat, Kämmerer und Kanzler des militärischen Maria-Theresien-Ordens, welcher am 11. Juni 1859, hier in Wien, im 87. Jahr seines Lebens, nach empfangenen heiligen Sakramenten der Sterbenden, an gänzlicher Entkräftung selig in dem Herrn entschlafen ist.«

Friedrich Hebbel notierte: »Unser alter Staatskanzler ist auch hinübergegangen. Mir kommt es vor, als ob jetzt die Uhr von Europa zerschlagen wäre.«

Eingesegnet wurde Klemens Metternich in der Wiener Karlskirche, dieser Ecclesia triumphans des alten Österreichs. Bestattet wurde er in der Familiengruft in Plaß bei Pilsen, über deren Eingang »Pax vobis« geschrieben stand.

Zeittafel

1773	Klemens Wenzel Lothar Metternich in Koblenz geboren
1788–1790	Studium in Straßburg
1789	Ausbruch der Französischen Revolution
1790–1794	Studium in Mainz und Assistent des Vaters in Brüssel. Teilnahme als Zeremonienmeister an den Kaiserkrönungen Leopolds II. (1790) und Franz' II. (1792) in Frankfurt
1794	Verlust der auf dem linken Rheinufer liegenden Familienbesitzungen und Übersiedlung nach Wien
1795	Vermählung mit Eleonore Kaunitz
1797–1799	Teilnahme am Rastatter Kongreß
1801–1803	Gesandter in Dresden
1803–1806	Gesandter in Berlin
1804	Napoleon I. Kaiser der Franzosen
1806–1809	Botschafter in Paris
1809	Außenminister in Wien, nach der Niederlage Österreichs im Krieg gegen Frankreich
1810	Vermählung Marie Louises, Tochter Franz' I., Kaisers von Österreich, mit Napoleon I.
1812	Österreich als Alliierter Frankreichs im Krieg gegen Rußland
1813	Nach gescheiterter Friedensvermittlung führt Metternich Österreich an der Spitze der anti-napoleonischen Koalition in den Krieg. Völkerschlacht bei Leipzig. Erhebung in den erblichen österreichischen Fürstenstand. Liaison mit Wilhelmine von Sagan
1814	Frankreich-Feldzug der Koalition. Quadrupelallianz zwischen Österreich, Rußland, Preußen und England. Erster Friede von Paris. Wiener Kongreß unter dem

	Präsidium Metternichs: Restauration, Pentarchie, Gleichgewichtssystem
1815	Rückkehr Napoleons von Elba. Beendigung des Wiener Kongresses: Wiener Kongreßakte und Deutsche Bundesakte. Neuer Frankreich-Feldzug Österreichs, Rußlands, Preußens und Englands. Zweiter Friede von Paris. Heilige Allianz der Monarchen
1818	Kongreß zu Aachen: Frankreich wieder gleichberechtigt. Liaison Metternichs mit Dorothea Lieven
1819	Karlsbader Beschlüsse gegen »demagogische Umtriebe« im Deutschen Bund
1820	Kongreß zu Troppau: Deklaration des Interventionsrechtes zur Erhaltung der restaurierten Ordnung
1821	Kongreß zu Laibach: Intervention in Neapel und Piemont. Ernennung Metternichs zum Haus-, Hof- und Staatskanzler
1822	Kongreß zu Verona: Intervention in Spanien. England distanziert sich von den konservativen Mächten
1825	Tod der Gattin Eleonore
1827	Zweite Ehe mit Antoinette Leykam (gestorben 1829)
1830	Julirevolution in Paris, Unruhe in Italien und Deutschland, Gegenmaßnahmen Metternichs: Demagogenverfolgung und Erneuerung des Bundes Österreichs, Rußlands und Preußens
1831	Dritte Ehe mit Melanie Zichy
1835	Tod Kaiser Franz' I., Regierungsantritt Ferdinands I. Minderung des Einflusses Metternichs, vor allem in der Innenpolitik
1848	Revolution in Paris, Berlin, Wien. Sturz und Flucht Metternichs
1848–1851	Exil in London und Brüssel
1851	Rückkehr und Ruhestand in Wien
1854	Tod der Gattin Melanie
1859	Klemens Wenzel Lothar Metternich in Wien gestorben.

Bibliographie

SCHRIFTEN UND BRIEFE

Aus Metternichs nachgelassenen Papieren. Hrsg. v. Fürst Richard Metternich-Winneburg. Geordnet und zusammengestellt von Alfons von Klinkowström. 8 Bde., Wien 1880–1884. – Denkwürdigkeiten. Hrsg. von H. O. Brandt, 2 Bde., München 1951. – Aus Diplomatie und Leben. Maximen des Fürsten Metternich. Hrsg. von Arthur Breycha-Vauthier. Graz 2/1964.

Clemens Metternich – Wilhelmine von Sagan. Ein Briefwechsel 1813–1815. Hrsg. v. Maria Ullrichová. Graz 1966. – Geist und Herz verbündet. Metternichs Briefe an die Gräfin Lieven. Deutsche Übertr. aus dem französischen Original v. H. H. von Voigt-Alastair. Mit einer Einleitung von E. Mika. Wien 1942. (Französische Originalausgabe: Lettres du Prince de Metternich à la Comtesse de Lieven 1818–1819. Hrsg. v. J. Hanoteau. Paris 1909).

Briefe von und an Friedrich von Gentz. Hrsg. von Friedrich Carl Wittichen und Ernst Salzer. 3 Bde., München 1913. (3. Schriftenwechsel mit Metternich. Teil 1: 1803–1819, Teil 2: 1820–1832). – Correspondance du Cardinal Hercule Consalvi avec le Prince de Metternich. 1815–1823. Hrsg. v. Charles von Duerm. Louvain/Bruxelles 1899. – France and the European Alliance. 1816–1821. The Private Correspondence between Metternich and Richelieu. Hrsg. v. Guillaume de Bertier de Sauvigny. Notre Dame, Ind., 1958. – Metternich in neuer Beleuchtung. Sein geheimer Briefwechsel mit dem bayerischen Staatsminister Wrede. Von Viktor Bibl. Wien 1928. – Kübeck und Metternich. Denkschriften und Briefe. Hrsg. v. Adolf Beer. Wien 1897. – Kübeck von Kübau, Carl Friedrich von: Tagebücher. Hrsg. von Max von Kübeck. 2 Bde. und Supplementband: Metternich und Kübeck. Ein Briefwechsel. Wien 1909–1910. – Lettres du Prince de Metternich au Baron Hübner. 1849–1859. Hrsg. von Constantin de Grunwald, in: Mémoires du Prince de Metternich. 4 Bde., Paris 1959. – Metternich-Hartig. Ein Briefwechsel des Staatskanzlers aus dem

Exil. 1848–1851. Hrsg. v. Franz Hartig. Wien 1923. – Briefe des Staatskanzlers Fürsten Metternich-Winneburg an den österreichischen Minister Grafen Buol-Schauenstein aus den Jahren 1852–1859. Hrsg. v. Carl J. Burckhardt. München 1934.

BIOGRAPHIEN

Srbik, Heinrich von: Metternich. Der Staatsmann und der Mensch. 3 Bde., München 1925–1954. – Schaeffer, Franz B.: Metternich. Monographien zur Weltgeschichte 35. Bielefeld 1933. – Cecil, Algernon: Metternich. 1773–1859. A Study of his Period and Personality. London 1933. – Tritsch, Walther: Metternich. Glanz und Versagen. Berlin 1934. – Bibl, Viktor: Metternich. Der Dämon Österreichs. Leipzig 1936. – Grunwald, Constantin de: La Vie de Metternich. Paris 1938. – Auernheimer, Raoul: Metternich, Staatsmann und Kavalier. Wien 1947. – Corti, Egon Caesar Conte: Metternich und die Frauen. Nach meist bisher unveröffentlichten Dokumenten. 2 Bde., Zürich 1948–1949. (Gekürzte, einbändige Ausgabe Wien 1977). – Bertier de Sauvigny, Guillaume de: Metternich et son Temps. Paris 1959. – Missoffe, Michel: Metternich. 1773–1859. Paris 1959. – Cartland, Barbara H.: Metternich, the Passionate Diplomate. London 1964. – Vallotton, Henry: Metternich. Napoleons großer Gegenspieler. Hamburg 1966. – Berglar, Peter: Metternich. Persönlichkeit und Geschichte 79/80. Göttingen 1974. – Palmer, Alan: Metternich. Der Staatsmann Europas. Düsseldorf 1977 (englische Originalausgabe London 1972). – Hartau, Friedrich: Clemens Fürst von Metternich in Selbstzeugnissen und Bilddokumenten. Rowohlts Monographien. Reinbek bei Hamburg 1977.

Sandemans, George Aemilius C.: Metternich. London 1911. – Strobl von Ravelsberg, Ferdinand: Metternich und seine Zeit. 1773–1859. 2 Bde., Wien 1906–1907. – Mazade, Charles de: Un Chancelier d'Ancien Régime. La Règne Diplomatique de M. de Metternich. Paris 1889. – Sorel, Albert: Essais d'Histoire et de Critique. Paris 1883. – Malleson, George Bruce: Life of Prince Metternich. London 1881. – Schmidt-Weißenfels, Eduard: Fürst Metternich. Geschichte seines Lebens und seiner Zeit. 2 Bde., Prag 1860.

MONOGRAPHIEN

Kissinger, Henry A.: Großmacht Diplomatie. Von der Staatskunst Castlereaghs und Metternichs. Düsseldorf 1962. – Kann, Robert A.: Metternich, A Reappraisal of his Impact in International Relations. In: Journal of Modern History 32, Chicago 1960. – Rohden, Peter Richard: Die klassische Diplomatie von Kaunitz bis Metternich. Leipzig 1939 (Neuausgabe Stuttgart 1972). – Paleologue, Maurice: Romantisme et Diplomatie. Paris 1924. – Webster, Charles Kingsley: The Study of 19th Century Diplomacy. London 1915. – Viereck, Peter: Conservatism Revisited. New York 1949.

Groos, Karl: Fürst Metternich. Eine Studie zur Psychologie der Eitelkeit. Stuttgart 1922. – Widmann, Ernst: Die religiösen Anschauungen des Fürsten Metternich. Darmstadt 1924. – Srbik, Heinrich von: Der Ideengehalt des Metternichschen Systems. In: Historische Zeitschrift 131, 1925. – Kittel, E.: Metternichs politische Grundanschauungen. In: Historische Vierteljahresschrift 24, 1927.

Frohmann, Inge: Das Bild Metternichs in der deutschen Geschichtsschreibung mit besonderer Berücksichtigung der Biographien. Diss. Graz 1954. – Clemens Fürst von Metternich und seine Zeit. Aus den Beständen der Stadtbibliothek Koblenz. Bibliographie bearbeitet von A. Schumacher. Veröffentlichungen der Stadtbibliothek Koblenz, hrsg. von H. Trapp, 10. Koblenz 1973. – Metternich und seine Zeit. Sonderausstellung 1959 des Haus-, Hof- und Staatsarchivs in Wien. Katalog. Wien 1959.

ALLGEMEINE WERKE

Stern, Alfred: Geschichte Europas seit den Verträgen von 1815 bis zum Frankfurter Frieden von 1871. 10 Bde., München 1913–1924. – Sorel, Albert: L'Europe et la Révolution Française. 8 Bde., Paris 1885–1904.

Springer, Anton: Geschichte Österreichs seit dem Wiener Frieden 1809. 2 Bde., Leipzig 1863–1865. – Hantsch, Hugo: Geschichte Österreichs 1648–1918. Graz 2/1953. – Zöllner, Erich: Geschichte Österreichs. Wien 6/1979. – Kann, Robert A.: Geschichte des Habsburgerreiches 1526–1918. Paperback-Ausgabe Wien 1982.

Treitschke, Heinrich von: Deutsche Geschichte im Neunzehnten Jahrhundert. 5 Bde., Leipzig 1928. – Schnabel, Franz: Deutsche Geschichte im Neunzehnten Jahrhundert. 4 Bde., Freiburg 1929–1936. – Srbik, Heinrich von: Deutsche Einheit. Idee und Wirklichkeit vom Heiligen Reich bis Königgrätz. 4 Bde., München 1935–1942. – Herre, Franz: Nation ohne Staat. Die Entstehung der deutschen Frage. Köln 1967.

Oncken, Wilhelm: Das Zeitalter der Revolution, des Kaiserreichs und der Befreiungskriege. 2 Bde., Berlin 1884–1886. – Andreas, Willy: Das Zeitalter Napoleons und die Erhebung der Völker. Heidelberg 1955.

Huber, Ernst Rudolf: Deutsche Verfassungsgeschichte seit 1789. Band I: Reform und Restauration 1789 bis 1830. Band II: Der Kampf um Einheit und Freiheit 1830 bis 1850. Stuttgart 1957 und 1960. – Bittner, Ludwig: Chronologisches Verzeichnis der österreichischen Staatsverträge. 2. Die österreichischen Staatsverträge von 1763–1847. Wien 1909. – Reibstein, Ernst: Völkerrecht. Eine Geschichte seiner Ideen in Lehre und Praxis. Bd. 2: Die letzten zweihundert Jahre. Freiburg 1963.

Die ersten Jahrzehnte

Schannat, Johann Friedrich: Eiflia illustrata oder geographische und historische Beschreibung der Eifel. Hrsg. v. G. Bärsch. Bd. 2, Abtlg. 2., Trier 1844. – Stramberg, Christian von: Denkwürdiger und nützlicher Rheinischer Antiquarius ... Abtlg. 1. Bd. 4: Coblenz die Stadt. Koblenz 1854. – Bellinghausen, Hans: Der Metternicher Hof zu Koblenz. Geburtshaus des österreichischen Staatskanzlers Fürst Clemens von Metternich. Koblenz 1932.

Mathy, Helmut: Franz Georg von Metternich, der Vater des Staatskanzlers. Studien zur österreichischen Westpolitik am Ende des 18. Jahrhunderts. Meisenheim/Glan 1969. – Ders.: Die Verluste der Metternichs auf dem linken Rheinufer und ihre Entschädigung nach dem Reichsdeputationshauptschluß. In: Jahrbuch für Geschichte und Kunst des Mittelrheins und seiner Nachbargebiete. 20/21, 1970. – Kotzebue, August von: Die beiden Klingsberge. In: Neue Schauspiele. Leipzig 1801.

Herrmann, M.: Niklas Vogt, ein Historiker der Mainzer Universität. Diss. München 1917. – Gollwitzer, Heinz: Europabild und Europagedanke. Beiträge zur Geistesgeschichte des 18. und 19. Jahrhunderts. München 1964.

Benedikt, Heinrich: Als Belgien österreichisch war. Wien 1965. – Benedikt, Ernst: Karl Josef Fürst von Ligne. 1735–1814. Wien 1936. – Elbin, Günther (Hrsg.): Literat und Feldmarschall. Briefe und Erinnerungen des Fürsten Charles Joseph de Ligne. Stuttgart 1979.

Aretin, Karl Otmar von: Heiliges Römisches Reich. 1776–1806. 2 Bde., Wiesbaden 1967. – Adalbert Prinz von Bayern: Max I. Joseph von Bayern. München 1957. – Wolf, Adam: Fürstin Eleonore Liechtenstein. 1745–1812. Wien 1875. – Die Memoiren des Ritters von Lang. 1764–1835. Hrsg. v. H. Hausherr. Stuttgart 1957.

Diplomat in Dresden, Berlin und Paris

Beer, Adolf: Zehn Jahre österreichischer Politik. 1801–1810. Leipzig 1877. – Wertheimer, Eduard: Geschichte Österreichs und Ungarns im ersten Jahrzehnt des 19. Jahrhunderts. 2 Bde., Leipzig 1884 und 1890. – Raumer, Kurt von: Deutschland um 1800. Krise und Neugestaltung. 1789–1815. In: Handbuch der deutschen Geschichte. Hrsg. v. Brandt-Meyer-Just. Bd. 3: Konstanz 1959 ff. – Srbik, Heinrich von: Das österreichische Kaisertum und das Ende des Heiligen Römischen Reiches. 1804–1806. Berlin 1927. – Fournier, August: Gentz und Cobenzl. Geschichte der österreichischen Diplomatie in den Jahren 1801–1805. Wien 1880. – Oer, Rudolfine von: Der Friede von Preßburg. Münster 1965. – Bailleu, Paul: Preußen und Frankreich von 1795–1807. Diplomatische Korrespondenzen. II: 1800–1807. Leipzig 1887. (Neudruck Osnabrück 1965).

Weiss, Nikolaus: Österreichisch-preußische Politik von 1801–1805. Graf Metternichs Gesandtschaftstätigkeit in Dresden und Berlin. Diss. Wien 1931. – Heffner, O.: Fürst Metternichs Berliner Aufenthalt. Seine gesellschaftlichen und diplomatischen Beziehungen. In: Gelbe Hefte 5, 1929.

Mann, Golo: Friedrich von Gentz. Zürich 1947. – Sweet, Paul R.: Friedrich von Gentz. Defender of the Old Order. Madison, Wisconsin, 1941. – Staatsschriften und Briefe. Auswahl von H. von Eckardt. 2 Bde., München 1921. – Tagebücher. Hrsg. v. L. Assing. 4 Bde., Leipzig 1873–1874. – Aus dem Nachlaß Friedrich von Gentz. Hrsg. v. A. von Prokesch-Osten. 2 Bde., Wien 1867–1868. – Briefe von Friedrich von Gentz an Pilat. Hrsg. von K. Mendelssohn-Bartholdy. 2 Bde., Leipzig 1868. – Schumann, Hans-Gerd: Edmund Burkes Anschauungen vom Gleichgewicht in Staat und Staatensystem. Meisenheim/Glan 1964.

Botzenhart, Manfred: Metternichs Pariser Botschafterzeit. Münster 1967.
– Grunwald, Constantin de: Les Débuts Diplomatiques de Metternich à Paris. In: Revue de Paris 43, 1936. – Ders.: La Fin d'une Ambassade. Metternich à Paris en 1808–1809. In: Revue de Paris 44, 1937.

Kraehe, Enno E.: Metternichs German Policy. I: The Contest with Napoleon. 1799–1814. Princeton, New Jersey, 1963. – Stearns, Josephine Bunch: The Role of Metternich in Undermining Napoleon. Urbana, Illinois, 1948. – Grunwald, Constantin de: Metternich et Napoléon. In: Revue des Deux Mondes 8/38, 1936. – Fürst Metternich über Napoleon Bonaparte. Wien 1875. – Steiner, Herta: Das Urteil Napoleons I. über Österreich. Diss. Wien 1946.

Fournier, August: Napoleon I. 3 Bde., Wien 2/1905–1906. – Tulard, Jean: Napoleon oder der Mythos des Retters. Tübingen 1978. – Manfred A. S.: Napoleon Bonaparte. Ost-Berlin 1978. – Freund, Michael: Napoleon und die Deutschen. München 1969.

Dard, Émile: Napoleon und Talleyrand. Gießen 1938. – Memoiren des Fürsten Talleyrand. Hrsg. vom Herzog von Broglie. 5 Bde., Leipzig 1891–1893. – Cooper, Duff: Talleyrand. Wiesbaden 1950. – Orieux, Jean: Talleyrand. Die unverstandene Sphinx. Frankfurt 1972. – Madelin, Louis: Fouché. 1759–1820. Frankfurt 1970. – Mémoires de Madame la Duchesse d'Abrantès. 18 Bde., Paris 1831–1835.

Rößler, Hellmuth: Österreichs Kampf um Deutschlands Befreiung. Die deutsche Politik der nationalen Führer Österreichs. 1805–1815. 2 Bde., Hamburg 2/1940. – Ders.: Graf Johann Philipp Stadion. 2 Bde., Wien 1966. – Bibl, Viktor: Erzherzog Karl. Wien 1942. – Allmayer-Beck, Johann Christoph von: Erzherzog Karl. In: Große Österreicher. Bd. 14. Wien 1960. – Arneth, Alfred von: Johann Freiherr von Wessenberg. 1773–1858. 2 Bde., Wien 1898.

AUSSENMINISTER IN WIEN

Demelitsch, Fedor von: Metternich und seine auswärtige Politik. Wien 1900. – Lauber, Emil: Metternichs Kampf um die europäische Mitte. Struktur seiner Politik von 1809 bis 1815. Wien 1939. – Buckland, Charles Stephen: Metternich and the British Government from 1809 to 1813. London 1932.

Mayr, Josef Karl: Geschichte der österreichischen Staatskanzlei im Zeitalter des Fürsten Metternich. Wien 1935. – Wien, Ballhausplatz 2. Schicksal eines Hauses. Hrsg. vom Bundespressedienst. Wien 1977. – Skokan, Josefine Selma: Zur Korrespondenz des Fürsten Metternich mit dem Staatsrat Hudelist. Diss. Wien 1946. – Un Collaborateur de Metternich. Mémoires et Papiers de Lebzeltern. Hrsg. von E. de Lévis-Mirepoix Prince de Robech. Paris 1949.

Beer, Adolf: Zur Sendung Metternichs nach Paris im Jahre 1810. In: Mitteilungen des Instituts für österreichische Geschichtsforschung 14, Innsbruck 1903. – Grunwald, Constantin de: Le Mariage de Napoléon avec Marie-Louise. In: Revue des Deux Mondes 8/38, Paris 1936. – Helfert, Josef Alexander von: Marie-Louise, Erzherzogin von Österreich, Kaiserin der Franzosen. Wien 1873. – Bourgoing, Jean de: Marie Louise von Österreich. Wien 1949. – Wertheimer, Eduard: Der Herzog von Reichstadt. Stuttgart 1902. – Marie-Louise und Napoleon. 1813–1815. Die unveröffentlichten Briefe der Kaiserin mit den Briefen Napoleons zusammengestellt von C. F. Palmstierna. München 1960.

Mayr, Josef Karl: Metternichs geheimer Briefdienst, Postlogen und Postkurse. Wien 1935. – Radvany, Egon: Metternich's Projects for Reform in Austria. The Hague 1971.

Wolfsgruber, Cölestin: Franz I., Kaiser von Österreich. 2 Bde., Wien 1899. – Bibl, Viktor: Der Zerfall Österreichs. Kaiser Franz und sein Erbe. Wien 1922. – Tritsch, Walther: Franz von Österreich. Leipzig 1937. – Guglia, Eugen: Kaiserin Maria Ludovica. Wien 1898.

Gegen Napoleon

Luckwaldt, Friedrich: Österreich und die Anfänge des Befreiungskrieges von 1813. Berlin 1898 (Nachdruck Vaduz 1965). – Criste, Oskar: Der Beitritt Österreichs zur Koalition im Jahre 1813. In: Mitteilungen des k.u.k. Kriegsarchivs 8, Wien 1894. – Greulich, Alfred: Österreichs Beitritt zur Koalition im Jahre 1813. Borna-Leipzig 1931. – Obermann, Karl: Zur Rolle Metternichs in der Diplomatie des Jahres 1813. In: Der Befreiungskrieg 1813. Ost-Berlin 1967. – Veltzé, Alois: Die Politik Metternichs. Wien 1911. – Schwarz, Hans W.: Die Vorgeschichte des Vertrages von Ried. München 1933.

Oncken, Wilhelm: Österreich und Preußen im Befreiungskriege. Urkundliche Aufschlüsse über die politische Geschichte des Jahres 1813. 2 Bde., Berlin 1876–1879. – Gentz, Friedrich von: Österreichs Teilnahme an den Befreiungskriegen. Hrsg. von A. von Klinkowström. Wien 1887. – Helfert, Josef Alexander von: Kaiser Franz I. und die europäischen Befreiungskriege gegen Napoleon I. Wien 1867.

Beitzke, Heinrich: Geschichte der deutschen Freiheitskriege. 3 Bde., Berlin 1859–1860. – Kralik, Richard: Die Befreiungskriege. Festschrift zur Jahrhundertfeier. Wien 1913. – Klein, Timm (Hrsg.): Die Befreiung 1813–1814–1815. Urkunden, Berichte, Briefe. München 1912. – Kleßmann, Eckart (Hrsg.): Die Befreiungskriege in Augenzeugenberichten. Düsseldorf 1966.

Demelitsch, Fedor von: Aktenstücke zur Geschichte der Koalition vom Jahre 1814. Wien 1899. – Trapp, Richard: Kriegführung und Diplomatie der Verbündeten vom 1. Februar bis zum 25. März 1814. Giessen 1898. – Fournier, August: Der Kongreß von Châtillon. Die Politik im Kriege von 1814. Wien 1900. – Oncken, Wilhelm: Die Krisis der letzten Friedensverhandlungen mit Napoleon. Raumers Historisches Taschenbuch VI, 5. Leipzig 1886. – Caulaincourt, Armand de: Unter vier Augen mit Napoleon. Denkwürdigkeiten. Stuttgart 1956.

Königer, Julius: Der Krieg von 1815 und die Verträge von Wien und Paris. Leipzig 1865. – Bertier de Sauvigny, Guillaume de: Metternich et Napoléon pendant les Cent-jours. In: Revue d'Histoire Diplomatique 80, Paris 1966. – Brett-James, Anthony: The Hundred Days. London 1964.

Schwarzenberg, Karl Fürst: Feldmarschall Fürst Schwarzenberg. Der Sieger von Leipzig. Wien 1964. – Kerchnawe, Hugo und Alois Veltzé: Feldmarschall Karl Fürst zu Schwarzenberg. Wien 1913. – Briefe des Feldmarschalls Fürsten Schwarzenberg an seine Frau. 1799–1816. Hrsg. v. J. F. Novak. Wien 1913. – Janson, A. von: Noch nicht veröffentlichte Briefe Metternichs an Schwarzenberg aus dem Feldzug 1814. In: Beiheft zum Militärischen Wochenblatt 3, Berlin 1906.

Regele, Oskar: Feldmarschall Radetzky. Wien 1957. – Herre, Franz: Radetzky. Köln 1981.

Aus dem Tagebuch Erzherzog Johanns von Österreich. 1810–1815. Hrsg. von F. von Krones. Innsbruck 1891. – Theiss, Viktor: Erzherzog Johann. Graz 2/1982. – Magenschab, Hans: Erzherzog Johann. Graz 1981.

Herre, Franz: Freiherr vom Stein. Köln 1973. – Hardenberg, Karl August von: Denkwürdigkeiten des Staatskanzlers. Hrsg. von L. von Ranke. Leipzig 1877. – Wilhelm und Caroline von Humboldt in ihren Briefen. 1788–1835. Hrsg. von A. von Sydow. 7 Bde., Berlin 1906–1916. Band 4: Federn und Schwerter in den Freiheitskriegen. – Scurla, Herbert: Wilhelm von Humboldt. Düsseldorf 1976.

Webster, Charles Kingsley: The Foreign Policy of Castlereagh. Band I: 1812–1815, London 1931; Band II: 1815–1822, London 1925. – Bartlett, C. J.: Castlereagh. New York 1966.

Markert, Werner: Metternich und Alexander I. In: Schicksalswege deutscher Vergangenheit. Hrsg. v. W. Hubatsch. Düsseldorf 1950. – Vallotton, Henry: Alexander der Erste. Hamburg 1967. – Troyat, Henri: Alexandre Ier. Paris 1980. – Palmer, Alan: Alexander I. Eßlingen 1982. – Lobanow – Rostovski, Andrei A.: Russia und Europe. Band I: 1789–1825. Durham 1947. – Hausherr, Hans: Rußland und Europa in der Epoche des Wiener Kongresses. In: Jahrbücher für Geschichte Osteuropas 8, 1960. – Grimstead, Patricia Kennedy: The Foreign Ministers of Alexander I. Political Attitudes and the Conduct of Russian Diplomacy. 1801–1825. Berkeley 1969.

McGuigan, Dorothy Gies: Metternich, Napoleon und die Herzogin von Sagan. Wien 1979. – Brühl, Clemens: Die Sagan. Das Leben der Herzogin Wilhelmine von Sagan. Berlin 1941. – Müller, Paul: Feldmarschall Fürst Windisch-Graetz. Wien 1934.

WIENER KONGRESS

Webster, Charles Kingsley: The Congress of Vienna. London 1919 (Neudruck 1963). – Griewank, Karl: Der Wiener Kongreß und die Neuordnung Europas 1814/15. Leipzig 1942 (3/1963). – Nicolson, Harold: Vom Wiener Kongreß oder Über die Einigkeit unter Verbündeten. 1812–1822. Zürich 1946. – Le Congrès de Vienne et l'Europe. Hrsg. von Emile Lousse. Paris 1964 (Mit umfangreicher Bibliographie). – Der Wiener Kongreß 1814–1815. Ausstellung 1965 in der Hofburg Wien. Katalog. Wien 1965.

Dyroff, Hans Dieter (Hrsg.): Der Wiener Kongreß 1814/15. Die Neuordnung Europas. München 1966. – Spiel, Hilde (Hrsg.): Der Wiener Kongreß in Augenzeugenberichten. Düsseldorf 1965. – Freksa, Friedrich (Hrsg.): Der Wiener Kongreß. Nach Aufzeichnungen von Teilnehmern und Mitarbeitern. Stuttgart 2/1914.

Bertuch, Carl: Tagebuch vom Wiener Kongreß. Hrsg. v. H. von Egloffstein. Berlin 1916. – Eynard, Jean Gabriel: Der tanzende Kongreß. Tagebuch. Berlin 1923. – La Garde-Chambonas, Auguste Comte de: Gemälde des Wiener Kongresses. 1814–1815. Hrsg. v. G. Gugitz. 2 Bde., München 1914. – Nostitz, Carl von: Leben und Briefwechsel. Dresden 1848. – Schönholz, Friedrich Anton von: Traditionen zur Charakteristik Österreichs, seines Staats- und Volkslebens unter Franz I. Hrsg. v. G. Gugitz. 2 Bde., München 1914. – Thürheim, Lulu von: Mein Leben. 1788–1819. Hrsg. von R. van Rhyn. 2 Bde., München 1913. – Varnhagen von Ense, Karl August: Denkwürdigkeiten des eigenen Lebens. T. 3. Leipzig 1843.

Bourgoing, Jean de: Vom Wiener Kongreß. Zeit- und Sittenbilder. Brünn 1943. – Weil, Maurice-Henri: Les Dessous du Congrès de Vienne. 2 Bde., Paris 1917. – Fournier, August: Die Geheimpolizei auf dem Wiener Kongreß. Wien 1913.

Haas, Arthur G.: Metternich, Reorganization und Nationality. 1813–1818. A Story of Foresight and Frustration in the Rebuilding of the Austrian Empire. Wiesbaden 1963. – Srbik, Heinrich von: Metternichs Plan der Neuordnung Europas 1814/15. In: Mitteilungen des Instituts für österreichische Geschichtsforschung 40, Wien 1927. – Grossmann, Karl: Metternichs Plan eines italienischen Bundes. In: Historische Blätter 4, 1931. – Breitenstein, Hans: Metternich und Consalvi. 1815–1823. Diss. Wien 1959.

Schmidt, Wilhelm Adolf: Geschichte der deutschen Verfassungsfrage während der Befreiungskriege und des Wiener Kongresses 1812–1815. Stuttgart 1890. – Wolff, Karl: Die deutsche Publizistik in der Zeit der Freiheitskämpfe und des Wiener Kongresses. 1813–1815. Plauen 1934. – Gollwitzer, Heinz: Die Standesherren. Die politische und gesellschaftliche Stellung der Mediatisierten. 1815–1918. Stuttgart 1957. – Straus, Hannah Alice: The Attitude of the Congress of Vienna toward Nationalism in Germany, Italy and Poland. New York 1949. – Wiedemann-Warnhelm, Adolf: Die Wiederherstellung der österreichischen Vorherrschaft in Italien. 1813–1815. Wien 1912. – Fischbach, Mendel: Die Stellung Österreichs zur polnischen Frage vor und auf dem Wiener Kongreß. Diss. Wien 1923. – Kohlschmidt, Walter: Die sächsische Frage auf dem Wiener

Kongreß und die sächsische Diplomatie der Zeit. Dresden 1930. – Olshausen, Klothilde: Die Stellung der Großmächte zur sächsischen Frage auf dem Wiener Kongreß und deren Rückwirkung auf die Gestaltung der preußischen Ostgrenze. Diss. München 1933.

Ferrero, Guglielmo: Wiederaufbau. Talleyrand in Wien. 1814–1815. Bern 1950. – Gulick, Edward Vose: Europe's Classical Balance of Powers. Ithaca 1955. – Rie, Robert: Der Wiener Kongreß und das Völkerrecht. Bonn 1957.

DAS AUSSENPOLITISCHE SYSTEM

Martineau, Harriet: A History of Thirty Year's Peace. 1816–1846. 4 Bde., London 1877. – Webster, Charles Kingsley: The European Alliance 1815–1825. London 1930. – Dupuis, Charles: La Sainte Alliance et le Directoire Européen de 1815 à 1818. In: Revue d'Histoire Diplomatique 48, Paris 1934. – Schwarz, Wilhelm: Die Heilige Allianz. Stuttgart 1935. – Pirenne, Jacques-Henri: La Sainte-Alliance. Organisation Européenne de la Paix Mondiale. 2 Bde., Neuchâtel 1946–1949. – La Fuye, Maurice de, Emile Albert Barbeau: La Sainte Alliance. 1815–1848. Paris 1948. – Bourquin, Maurice: Histoire de la Sainte-Alliance. Genève 1954. – Bertier de Sauvigny, Guillaume de: La Restauration. Paris 1963. – Gollwitzer, Heinz: Ideologische Blockbildung als Bestandteil internationaler Politik im 19. Jahrhundert. In: Historische Zeitschrift 201, 1965.

Muehlenbeck, E.: Étude sur les Origines de la Sainte Alliance. Paris, 1887. – Näf, Werner: Zur Geschichte der Heiligen Allianz. Bern 1928. – Schaeder, Hildegard: Autokratie und Heilige Allianz. Darmstadt 1963 (Nachdruck von 1934). – Bertier de Sauvigny, Guillaume de: Sainte Alliance et Alliance dans la Conception de Metternich. In: Revue Historique 223, 1960.

Rieben, Hans: Prinzipiengrundlage und Diplomatie in Metternichs Europa-Politik 1815–1848. Bern 1942. – Bertier de Sauvigny, Guillaume de: Metternich et la France après le Congrès de Vienne. 3 Bde., Paris 1968–1971. – Anderegg, Paul: Metternichs Urteil über die politischen Verhältnisse Englands. Diss. Bern 1953. – Rohl, Eva-Renate: Metternich und England. Studien zum Urteil des Staatskanzlers über eine konstitutionelle Monarchie. Diss. Wien 1967. – Näf, Werner: Die Schweiz in Metternichs Europa. Bern 1940.

Molden, Ernst: Zur Geschichte des österreichisch-russischen Gegensatzes. Die Politik der europäischen Großmächte und die Aachener Konferenzen. Wien 1916. – Taack, Merete van: ... und weiter tanzt der Kongreß. Stuttgart 1969. (Aachen). – Hyde, Montgomery H.: Fürstin Lieven. Berlin 1940. – Vertrauliche Briefe der Fürstin Lieven. Hrsg. von P. Quennell. Berlin 1939.

Schmalz, Hans: Versuche einer gesamteuropäischen Organisation 1815–1820. Bern 1940 (vor allem Troppau). – Bignon, M.: Du Congrès de Troppau ou Examen des Prétentions des Monarchies Absolues à l'Égard de la Monarchie Constitutionelle de Naples. Paris 1821.

Schroeder, Paul W.: Metternichs Diplomacy at its Zenith. 1820–1823. Austin 1962. – Nichols, Irby C.: The European Pentarchy and the Congress of Verona 1822. The Hague 1971. – Chateaubriand, François René de: Congrès de Verone. Bruxelles 1838. – Bertier de Sauvigny, Guillaume de: Metternich et Chateaubriand en 1823. In: Revue d'Histoire Diplomatique 70, 1956. – Ders.: Metternich et la Chute de Chateaubriand en 1824. In: Revue d' Histoire Diplomatique 71, 1957. – Ders.: Metternich et l'Intervention Française en Espagne en 1822. In: Bulletin de la Societé d'Histoire Moderne 57, 1958.

Rolo, P. J. V.: George Canning. London 1965. – Temperley, Harold W.: The Foreign Policy of Canning. 1822–1827. London 1925. – Ridley, Jasper: Lord Palmerston. London 1970. – Webster, Charles Kingsley: The Foreign Policy of Palmerston. 1830–1841. 2 Bde., London 1951. – Ders.: Palmerston, Metternich and the European System 1830–1841. In: Proceedings of the British Academy 20, Oxford 1934. – Sattler, Gertrude: Lord Palmerston und Österreich. Diss. Wien 1949.

Reinermann, A. J.: Metternich, the Powers and the 1831 Crisis. In: Central European History 10, Atlanta 1977. – Huber, Gustav: Kriegsgefahr über Europa. 1830–1832. Berlin 1832. – Näf, Werner: Abrüstungsverhandlungen im Jahre 1831. Berlin 1931. – Rothe, Dagmar: Metternich und die Anerkennung Louis Philippes durch die europäischen Großmächte. Diss. Wien 1965. – Vidal, César: Louis-Philippe, Metternich et la Crise Italienne de 1831–1832. Paris 1932. – Haller, Anna: Metternich und das belgische Problem auf der Londoner Konferenz. Diss. Wien 1936.

Molden, Ernst: Die Orientpolitik des Fürsten Metternich. 1829–1833. Wien 1913. – Ders.: Zu den österreichisch-russischen Beziehungen 1829. In: Mitteilungen des Instituts für österreichische Geschichtsforschung 34, Wien 1913. – Zur Geschichte der orientalischen Frage. Briefe aus dem Nachlaß Friedrich von Gentz. 1823–1829. Hrsg. von A. Prokesch-Osten. Wien 1877. – Hasenclever, Adolf: Die orientalische Frage in den Jahren 1838–1841. Leipzig 1914. – Beer, Adolf: Die orientalische Politik Österreichs seit 1774. Prag 1883. – Lobanow-Rostovski, Andrei A.: Russia and Europe. Bd. II: 1825–1878. Durham 1954.

Das innenpolitische System

Metternichs Kampf gegen die Revolution. Weltanschauung in Briefen. – Von Münchengrätz bis Wien (1833/34). Nach dem Briefwechsel Metternich–Wittgenstein. In: Schoeps, Hans-Joachim (Hrsg.): Neue Quellen zur Geschichte Preußens im 19. Jahrhundert. Berlin 1968. – Emerson, Donald E.: Metternich and the Political Police. Security and Subversion in the Habsburg Monarchy. 1815–1830. The Hague 1968. – Marx, Julius: Die österreichische Zensur im Vormärz. Wien 1959. – Ders.: Die Zensur der Kanzlei Metternichs. In: Österreichische Zeitschrift für öffentliches Recht. Neue Serie 4, 1951. – Lapter, Dorothea: Die Wiener politische Journalistik unter Metternich. Diss. Wien 1950. – Frauke, Elisabeth: Metternich und die politische Tagespresse von 1809 bis 1840. Diss. Wien 1919. – Gentz kontra Metternich. Briefe an Wessenberg aus den Jahren 1831 und 1832. Hrsg. von A. Fournier. In: Deutsche Revue 31, 1906.

Büssem, E.: Die Karlsbader Beschlüsse von 1819. Hildesheim 1974. – Hamerow, Theodore S.: Restoration, Revolution, Reaction. Economics and Politics in Germany. 1815–1871. Princeton 1958. – Um Einheit und Freiheit. 1815–1848. Deutsche Literatur. Reihe Politische Dichtung, Bd. 3. Hrsg. von E. Volkmann. Leipzig 1936. – Der österreichische Vormärz. 1816–1847. Deutsche Literatur. Reihe Politische Dichtung, Bd. 4, Hrsg. von O. Rommel. Leipzig 1931.

Hock, Karl von: Der österreichische Staatsrat. 1760–1848. Wien 1879 (Nachdruck Wien 1972). – Wertheimer, Eduard: Metternich und die Staatskonferenz. In: Österreichische Rundschau 10, 1907. – Fournier, August: Graf Kolowrat und die österreichische Staatskonferenz von 1836. In: Österreichische Rundschau 26, 1911. – Aus dem Nachlaß des Freiherrn Carl Friedrich Kübeck von Kübau. Tagebücher, Briefe, Aktenstükke. 1841–1855. Hrsg. v. F. Walter. Graz 1960. – Kantor, Vera: Karl Ludwig Graf Ficquelmont. Diss. Wien 1948.

Ségur-Cabanac, Viktor von: Kaiser Ferdinand I. Wien 1912. – Corti, Egon Caesar Conte: Vom Kind zum Kaiser. Kindheit und erste Jugend Kaiser Franz Josephs I. Graz 1950. – Herre, Franz: Kaiser Franz Joseph von Österreich. Köln 1978.

Kann, Robert A.: Das Nationalitätenproblem der Habsburgermonarchie. 2 Bde., Graz 1964. – Tapié, Victor-Lucien: Die Völker unter dem Doppeladler. Graz 1975. – Berkeley, George F.-H.: Italy in the Making. 3 Bde., Cambridge 1932–1940 (Neudruck Cambridge 1968). – Benedikt, Heinrich: Kaiseradler über dem Apennin. Die Österreicher in Italien. 1700–1866. Wien 1964. – Kramer, Hans: Österreich und das Risorgimento. Wien 1963. – Bortolotti, Sandro: Metternich e l'Italia nel 1846. Torino 1945.

Sealsfield, Charles (Karl Postl): Österreich wie es ist. Wien 1919. – Franz, Georg: Liberalismus. Die deutschliberale Bewegung in der habsburgischen Monarchie. München 1955. – Winter, Eduard: Frühliberalismus in der Donaumonarchie. 1790–1868. Berlin. – Marx, Julius: Die wirtschaftlichen Ursachen der Revolution von 1848 in Österreich. Graz 1965. – Schlitter, Hans: Die Wiener Regierung und die ungarische Opposition im Jahre 1845. In: Beiträge zur neueren Geschichte Österreichs 4, Wien 1909.

Sturz und letzte Jahre

Valentin, Veit: Geschichte der deutschen Revolution von 1848–1849. 2 Bde., Köln 2/1970. – Kiszling, Rudolf u. a.: Die Revolution im Kaisertum Österreich 1848/49. 2 Bde., Wien 1948. – Klein, Tim (Hrsg.): 1848. Erinnerungen, Urkunden, Berichte, Briefe. München 1914. – Jessen, Hans (Hrsg.): Die Deutsche Revolution 1848/49 in Augenzeugenberichten. Düsseldorf 1968. – Grab, Walter (Hrsg.): Die Revolution von 1848/49. Eine Dokumentation. München 1980.

Rath, R. John: The Viennese Revolution of 1848. Austin 1957. – Ward, David: 1848. The Fall of Metternich and the Year of Revolution. London 1970. – Andlaw, Franz Xaver: Erinnerungsblätter aus den Papieren eines Diplomaten. Frankfurt 1857. – Hübner, Josef Alexander von: Ein Jahr meines Lebens. 1848–1849. Leipzig 1891. – Ahrens, Helmut: Bis zum Lorbeer versteig' ich mich nicht. Johann Nestroy – sein Leben. Frankfurt 1982.

Friedjung, Heinrich: Österreich von 1848 bis 1860. 2 Bde., Stuttgart 4/1918. – Corti, Egon Caesar Conte: Mensch und Herrscher. Wege und Schicksale Kaiser Franz Josephs zwischen Thronbesteigung und Berliner Kongreß. Graz 1952. – Kiszling, Rudolf: Fürst Felix zu Schwarzenberg. Graz 1952.

Rahner, Hugo: Politische Weisheit vor 100 Jahren. Neuaufgefundene Briefe des Fürsten Metternich aus seiner Emigration. 1848–1851. In: Die Schweizerische Rundschau 1, Einsiedeln 1942/43. – Metternich-Sandor, Pauline Fürstin: Geschehenes, Gesehenes, Erlebtes. Wien 1920. – Wassilko, Theophila: Fürstin Pauline Metternich. Wien 1961. – Forgo, Hannelore: Fürst Richard Metternich. Diss. Wien 1960.

Metternich, Klemens Wenzel Lothar: Denkschrift über den Deutschen Bund vom 10. November 1855. In: Historische Zeitschrift 58, 1887. – Herre, Paul: Bismarck und Metternich. In: Österreichische Rundschau 48, 1916. – Srbik, Heinrich von: Vom alten Metternich. Brünn 1944.

Personenregister

Accerenza, Jeanne, Herzogin von, geb. Prinzessin von Kurland 103
Albert, Prinz von Sachsen-Koburg-Gotha, Gemahl der Königin Victoria von Großbritannien 382
Albertinelli, Mariotto, it. Maler 270
Albrecht, Erzherzog von Österreich 371
Alexander I., Kaiser von Rußland 65 f., 71, 87, 90, 92, 94, 97, 103, 117, 122, 125, 127, 130, 134 ff., 139–143, 146, 150, 152 f., 158 ff., 165, 169 f., 172–176, 178–182, 185 f., 188 f., 193 ff., 198 f., 201–207, 217, 220, 227 f., 235, 243 ff., 248, 251, 253 ff., 257 ff., 266–269, 281, 284 f., 304 ff., 311 f., 323, 328, 340
Amalie, Prinzessin von Baden 125
Andrian-Werburg, Viktor von, österr. Beamter und Schriftsteller 363
Anna, Großfürstin, Schwester Alexanders I. 125
Anstett, Johann von, russ. Diplomat 154, 156
Armfelt, Gustav Moritz von 145
Arndt, Ernst Moritz, Publizist 344
Arnim-Heinrichsdorf, Heinrich Friedrich, Graf von, preuß. Diplomat und Außenminister 368
Auersperg, Anton, Graf (Anastasius Grün), österr. Schriftsteller 362

Baader, Franz von, Philosoph 255
Bach, Alexander von, österr. Minister 394
Bagration, Katharina Pawlowna, Fürstin 58, 60, 102 f., 126, 202 f., 205, 225, 245, 302, 400
Bagration, Klementine, Prinzessin 58, 102, 400
Basedow, Johann Bernhard, Pädagoge 18

Bassermann, Friedrich Daniel, Abg. der dt. Nationalversammlung 381
Bauernfeld, Eduard von, österr. Schriftsteller 362
Beauharnais, Eugène, Vizekönig von Italien 113, 180
Beethoven, Ludwig van 195, 197 f., 211, 221, 321
Bernadotte, Jean-Baptiste, fr. Marschall, Kronprinz und König von Schweden 169, 184, 247
Bernstorff, Christian Günther, Graf, preuß. Diplomat und Minister 266
Bernstorff, Elise, Gräfin 201
Berry, Charles Ferdinand, Herzog von 304
Berthier, Louis Alexandre, fr. Marschall 117 f.
Bertrand, Abbé, Hauslehrer Metternichs 17 f.
Bertuch, Carl, Buchhändler 197
Bismarck, Otto von 386–389, 391, 397
Blücher, Gebhard Leberecht von, preuß. Generalfeldmarschall 156, 168, 172, 176, 179, 181, 190, 193 f., 247 f., 250 f., 264
Börne, Ludwig, Schriftsteller 343
Bolivar, Simon, südamerik. General und Staatsmann 304
Bonaparte, Joseph, König von Spanien 91, 94
Bonaparte, Karoline 82, 85, 114, 119, 212
Bonaparte, Pauline 82, 114
Bonnier d'Arco, Louis Antoine, fr. Delegierter in Rastatt 48, 52
Bordeaux, Henri, Herzog von 304
Bouillé, Louis Josèph, Marquis 31
Brewster, David, engl. Erfinder 383
Bülow, Friedrich Wilhelm von, preuß. General 168

Burke, Edmund, engl. Politiker und Schriftsteller 38, 55, 217
Byron, George Gordon Noël, Lord, engl. Dichter 193, 303, 307

Canning, George, engl. Außenminister 311 f., 328
Canova, Antonio, it. Bildhauer 299, 301, 321
Capodistrias, Johannes Anton, russ. und gr. Staatsmann 278
Carême, Marie-Antoine, fr. Koch 220, 267
Carpani, Giuseppe, Abbate 202
Castlereagh, Emily, Lady 199, 229, 270
Castlereagh, Henry Robert Stewart, Marquis von Londonderry, engl. Außenminister 172–175, 178 f., 181, 187 f., 194 f., 199, 220 f., 224, 227, 260, 268 f., 304, 311, 397
Catalani, Angelica, it. Sängerin 270 f., 313
Caulaincourt, Armand Augustin Louis, Marquis de, fr. General und Außenminister 131, 152, 154, 156, 174, 176, 180, 184
Caumont-La Force, Marie Constance, Herzogin von 31 f.
Champagny, Jean-Baptiste de, fr. Außenminister 103 f., 106 f.
Charlotte, Gemahlin des Zaren Nikolaus I. (Alexandra Feodorowna) 353
Chateaubriand, François René de, fr. Schriftsteller und Staatsmann 311 f.
Clausewitz, Karl von, preuß. General und Militärschriftsteller 190, 252
Cobenzl, Ludwig, Graf von, österr. Diplomat und Minister 48, 52 f., 58, 64
Colloredo, Franz, Graf von, österr. Minister 58
Confalonieri, Federico, Graf, it. Politiker 302 f.
Congreve, William, engl. Kriegstechniker 193
Consalvi, Ercole, Kardinal-Staatssekretär 256
Coudenhoven, Frau von 30

Czartoryska, Isabella Fortunata, Fürstin 58

Dahlmann, Friedrich Christoph, Abg. der dt. Nationalversammlung 381
Darwin, Charles, engl. Naturforscher 388
David, Jacques Louis, fr. Maler 81
Debry, Jean, fr. Delegierter in Rastatt 52
Delacroix, Eugène, fr. Maler 342
Disraeli, Benjamin, Earl of Beaconsfield, engl. Staatsmann 382, 389
Dolgoruki, Jekaterina, Prinzessin 60

Elliot, Hugh, Lord, engl. Diplomat 56
Elßler, Fanny, Tänzerin 337 f.
Engels, Friedrich 367
Erthal, Karl Joseph von, Kurfürst von Mainz 28, 30, 34
Esterhazy, Joseph, Graf 268
Eynard, Jean Gabriel, Genfer Bankier 201, 269

Ferdinand I., Kaiser von Österreich 125, 350–353, 369, 372 f., 378, 384
Ferdinand I., König beider Sizilien 299, 302, 306 f.
Ferdinand III., Großherzog von Toskana 185, 289
Ferdinand VII., König von Spanien 220, 304
Fichte, Johann Gottlieb, Philosoph 62
Floret, Peter Johann von, österr. Diplomat 116
Follen, Karl, Dozent und Burschenschafter 285 f.
Forster, Georg, Naturforscher und Politiker 28
Fouché, Joseph, fr. Polizeiminister 78, 85, 99, 246, 249
Fox, Charles, engl. Staatsmann 38
Franz I., Kaiser von Österreich (als römisch-deutscher Kaiser Franz II.) 32 ff., 47, 59, 63, 66 ff., 72 ff., 89, 92, 94, 97, 104 ff., 108 ff., 116–119, 121–127, 129, 131–134, 139–142, 144, 152 f., 160, 163, 165 f., 178–182, 185 f., 199, 206 f., 217, 220, 228, 243 ff., 248, 250 f., 254 f., 258 f., 264 ff., 280 f., 292, 295, 298, 301 ff.,

305 f., 311, 315–318, 322, 324, 326, 329, 332, 348–352, 355, 373, 399
Franz Joseph I., Kaiser von Österreich 350, 369 f., 384, 393, 396, 399
Franz Karl, Erzherzog von Österreich 350 f., 399
Friedrich II., der Große, König von Preußen 220, 234
Friedrich Wilhelm II., König von Preußen 33 f.
Friedrich Wilhelm III., König von Preußen 59 f., 63–66, 69, 135 f., 139, 141, 152, 159, 165, 179, 181, 189, 193 f., 198 f., 214 f., 217, 220 f., 235, 243 f., 248, 250 f., 254 f., 258 f., 266, 270, 291, 304 ff., 311, 329, 348, 353
Friedrich Wilhelm IV., König von Preußen 349, 370, 376, 385, 396
Fries, Jakob Friedrich, Philosoph 287

Garde, Auguste de la, fr. Schriftsteller 197–200
Gentz, Friedrich, Publizist und Politiker 38, 55–58, 61, 64, 69, 108, 116, 127, 139, 146, 149, 156 f., 161, 196, 216 f., 224 f., 241 f., 244 f., 263 f., 269 f., 291 f., 318, 334, 337 ff., 344
Georg III., König von Großbritannien 38
Georg IV., König von Großbritannien und Hannover 38, 194, 217, 220, 249, 260, 281
George, Marguérite Josephine Weymer, fr. Schauspielerin 80 f.
Giroux, Kammerdiener Metternichs 164, 172, 243
Gneisenau, August Neidhardt von, preuß. Generalfeldmarschall 252, 264
Görres, Joseph, Publizist 35, 47, 189 f., 236, 289
Goethe, Johann Wolfgang von 27, 35, 153, 162 f., 166, 232, 270, 295, 297, 343, 367
Goldoni, Carlo, it. Komödiendichter 349
Gregor XVI., Papst 341 f.
Grey, Charles, engl. Staatsmann 38

Grillparzer, Franz 317, 319, 323, 361 f., 383, 393 f.
Guizot, Guillaume, fr. Staatsmann 364
Gutzkow, Karl, Schriftsteller 343, 360

Haller, Karl Ludwig von, Staatswissenschaftler 267
Hardenberg, Karl August von, preuß. Außenminister und Staatskanzler 64, 175, 178, 181, 220 f., 227, 235, 266, 306, 323
Hartig, Franz, Graf von, österr. Minister 377
Hebbel, Friedrich, Dichter 400, 402
Heeren, Arnold Hermann Ludwig, Historiker 237
Hegardt, von, schwed. Diplomat 205
Hegel, Georg Wilhelm Friedrich, Philosoph 68
Heine, Heinrich 267, 342–345, 354
Helmholtz, Hermann von, Physiker 367
Heuss, Theodor, Bundespräsident 391
Hippel, Theodor Gottlieb von, preuß. Beamter und Schriftsteller 255
Hitler, Adolf 391
Hoechle, Johann, österr. Maler 250
Hofer, Andreas, Tiroler Volksführer 103
Hofmann, Andreas Josef, Rechtsprofessor 28 f.
Hohenwart, Sigismund von, Erzbischof von Wien 118
Hoppé, von, österr. Staatsrat 249
Hormayr, Joseph von, österr. Beamter und Historiker 137
Hudelist, Joseph von, österr. Staatsrat 108, 164, 196
Hübner, Josef Alexander von, österr. Diplomat 402
Humboldt, Alexander von, Naturforscher 101, 128, 400
Humboldt, Wilhelm von, Gelehrter, preuß. Diplomat und Minister 143 f., 154 f., 162 f., 174, 224, 231, 234, 244 f., 266

Immermann, Karl, Dichter 317
Isabey, Jean-Baptiste, fr. Maler 195, 220, 224

Jäger, Friedrich Dr., Leibarzt Metternichs 360, 402
Jahn, Friedrich Ludwig, der »Turnvater« 229
Johann, Erzherzog von Österreich 137 f., 144, 201, 206 f., 225 f., 244, 351, 373
Joseph II., römisch-deutscher Kaiser 26 f., 81, 109, 166, 199, 301, 309, 360
Joseph, Erzherzog von Österreich, Palatin in Ungarn 126, 132 ff., 137
Josephine, Kaiserin der Franzosen 80, 82, 111–114, 118
Josika, Samuel von 374
Jung, Johann Heinrich (Jung-Stilling) 255
Junot, Andoche, Herzog von Abrantès, fr. General 82, 114
Junot, Laurette, Herzogin von Abrantès 83, 114, 191

Karl X., König von Frankreich 324, 328, 331
Karl, Erzherzog von Österreich 100, 103 f., 119, 125 f., 332, 351
Karl Albert, König von Sardinien 342, 358
Karl Friedrich August Wilhelm, Herzog von Braunschweig 345
Karl Wilhelm Ferdinand, Herzog von Braunschweig 34
Karoline Marie, Königin beider Sizilien 299
Kaunitz, Ernst Christoph, Fürst von 41, 43–46
Kaunitz, Leopoldine, Fürstin von 41, 43
Kaunitz, Wenzel Anton, Fürst von, österr. Staatskanzler 41, 71, 84, 107, 120, 324, 359 f.
Kellermann, François Christophe, fr. Marschall 264
King, John Harcourt, engl. Diplomat 138
Kissinger, Henry A., amerik. Außenminister 392
Klemens Wenzeslaus, Herzog zu Sachsen, Kurfürst von Trier 12, 28
Koch, Christoph Wilhelm von, Rechtsprofessor, Lehrer Metternichs 20 ff., 25, 29, 55, 209, 218

Körner, Theodor, Dichter 162
Kolowrat-Liebsteinsky, Franz Anton, Graf von, österr. Minister 351 f., 355, 357, 359, 373
Kossuth, Ludwig von, Führer der ungarischen Unabhängigkeitsbewegung 358, 367
Kotzebue, August von, dt. Schriftsteller und russ. Staatsrat 13, 51, 191, 244, 284 f., 292, 369
Krüdener, Barbara Juliane von, Pietistin 255
Kübeck, Karl Friedrich von, österr. Minister 360
Kurland, Dorothea, Herzogin von 145
Kurland, Peter, Herzog von 145
Kutusow, Michael, russ. Feldmarschall 139

Laborde, Alexandre, Comte 118
Laharpe, Frédéric César, Erzieher Alexanders I. 169
Lamb, Frederic, engl. Diplomat 177, 191, 193
Lang, Karl Heinrich, Ritter von, Beamter und Schriftsteller 26 f., 49, 51
Lannes, Jean, fr. Marschall 85
Larochefoucauld, Alexandre, Comte, fr. Diplomat 71
Laube, Heinrich, Schriftsteller 343, 387
Lawrence, Thomas, engl. Maler 200
Lebzeltern, Ludwig, Graf von, österr. Diplomat 278
Lehrbach, Ludwig Conrad, Graf von, österr. Diplomat 48
Leibniz, Gottfried Wilhelm, Philosoph 19, 208 f.
Lenau, Nikolaus, Dichter 330
Leopold I., König der Belgier 339 f.
Leopold II., römisch-deutscher Kaiser 26 f., 32, 109
Leykam, Antonia von 325
Leykam, Christoph Ambros von, österr. Diplomat 325
Liechtenstein, Eleonore, Fürstin 41, 43 f., 53
Liechtenstein, Johann, Fürst, österr. Feldmarschall 106 f., 112
Liechtenstein, Moritz, Fürst 41, 43

Lieven, Christian Andrejewitsch, Graf (Fürst), russ. Diplomat 272
Lieven, Dorothea, Gräfin (Fürstin) 271–280, 292, 296, 298, 302, 313 f., 324, 326, 328, 382, 400
Ligne, Euphémie, Prinzessin 41
Ligne, Karl Joseph, Fürst von 26, 41, 111, 120, 199
Liszt, Franz von, Komponist und Virtuose 321
Liverpool, Robert Banks Jenkinson, Earl of, engl. Staatsmann 260
Louis Ferdinand, Prinz von Preußen 60 f., 63
Louis Philippe, König der Franzosen 331 ff., 335, 340, 342, 369
Ludwig I., König von Bayern 237, 291
Ludwig XVI., König von Frankreich 34, 79, 120, 182, 328, 331, 335
Ludwig XVIII., König von Frankreich 79, 182, 187, 217, 220, 227, 246 f., 250 f., 291, 312, 323, 328, 335
Ludwig, Erzherzog von Österreich 351, 372, 378
Luise, Prinzessin von Mecklenburg-Strelitz, Königin von Preußen 33, 60, 63, 65, 166, 270

Mack, Karl von, österr. General 65
Mahmud II., Sultan 348
Maistre, Joseph, Comte de, Staatsphilosoph 196
Manin, Daniele, it. Politiker 359
Maria Feodorowna, Mutter Alexanders I. 134
Maria Ludovika, 3. Gemahlin Franz' I. 117, 119, 126, 132 ff., 137
Maria Theresia, römisch-deutsche Kaiserin, Königin von Ungarn und Böhmen, Erzherzogin von Österreich 13, 36, 41, 120, 197, 234, 299
Marie Antoinette, Königin von Frankreich 36, 120
Marie Christine, Erzherzogin von Österreich 44
Marie Louise, Erzherzogin von Österreich, Kaiserin der Franzosen 111 ff., 115–122, 124, 131, 174, 181 f., 184 ff., 193, 246, 249, 251, 317

Marmont, Auguste de, fr. Marschall 365
Marx, Karl 367
Maximilian von Zweibrücken, König Max Joseph I. von Bayern 22 f.
Mazzini, Giuseppe, it. Politiker 344
Mehmed Ali, Vizekönig von Ägypten 348, 353 f.
Mendelssohn, Henriette 250
Mercer, Cavalié, engl. Offizier 250
Mercy-Argenteau, Florimund, Graf von, österr. Diplomat 84
Metternich-Winneburg-Beilstein, Franz Georg Karl, Graf (Fürst) von, Vater des Staatskanzlers 12–17, 27, 32, 35 ff., 39 f., 44, 46–49, 51 f., 59, 68, 121, 125, 230, 265 f., 284
– Maria Beatrix Aloisia, geb. Gräfin Kageneck, Mutter des Staatskanzlers 13–16, 25, 40 f., 170, 201, 266, 325 f.
– Josef, österr. Beamter, Bruder des Staatskanzlers 14
– Pauline, verh. Herzogin von Württemberg, Schwester des Staatskanzlers 14, 45
– Eleonore (Lorel), geb. Fürstin Kaunitz, 1. Gemahlin des Staatskanzlers 41–44, 50 f., 53, 58, 83 f., 100, 107, 113–116, 118, 148 f., 165 f., 177, 192, 200, 266, 271, 320, 324 f., 327, 337
– Marie, verh. Gräfin Esterhazy, Tochter aus 1. Ehe 50, 119, 152, 157, 248 f., 268 f., 272, 320
– Franz, Sohn aus 1. Ehe 51, 53
– Viktor, österr. Attaché, Sohn aus 1. Ehe 53, 119, 311, 326
– Klementine, Tochter aus 1. Ehe 53, 119, 320
– Leontine, verh. Gräfin Sandor, Tochter aus 1. Ehe 53
– Hermine, Tochter aus 1. Ehe 53, 320
– Antoinette, geb. Freiin von Leykam, 2. Gemahlin des Staatskanzlers 325 f., 338
– Richard, österr. Diplomat, Sohn aus 2. Ehe 326, 339, 394
– Melanie, geb. Gräfin Zichy-Ferraris, 3. Gemahlin des Staatskanzlers

325, 337 f., 360 f., 370 f., 374 f., 382, 393, 399 f.
- Melanie, verh. Gräfin Zichy, Tochter aus 3. Ehe 361
- Paul Klemens, Sohn aus 3. Ehe 361
- Lothar, Sohn aus 3. Ehe 361

Metternich, Matthias, Mathematikprofessor 29
Meyendorff, Peter von, russ. Diplomat 323
Möring, Karl, österr. Offizier und Schriftsteller 363
Montesquieu, Charles de Secondat, Baron de la Brède et de M., Philosoph 288
Montmorency-Laval, Matthieu Jean Félicité, Herzog von, fr. Diplomat und Minister 311
Müller, Adam, Staatswissenschaftler 255, 280
Murat, Joachim, fr. Marschall, König von Neapel 82, 212 f., 247, 299

Napoleon I., Kaiser der Franzosen 45, 48, 52, 57, 61, 63–67, 69–83, 85–97, 99–106, 109–129, 131 f., 134–144, 149–156, 159 ff., 163 f., 166–169, 171–176, 178–182, 184–187, 190 f., 193 f., 197, 201, 206, 212 f., 216, 220, 225, 230, 236, 239, 241–251, 253 f., 256, 262, 264, 268, 273 f., 280, 290, 298, 300 f., 309 f., 313, 317, 323, 328, 331 f., 335, 342, 353 f., 356
Napoleon III., Kaiser der Franzosen 212, 395 ff.
Neipperg, Adam, Graf von, General, Hofmeister und Gemahl der Ex-Kaiserin Marie Louise, Herzogin von Parma 186, 249
Nesselrode, Karl Robert, Graf von, russ. Diplomat und Minister 56, 71, 178, 220 f., 227
Nestroy, Johann, Komödiendichter 319, 379 f., 394
Nikolaus I., Kaiser von Rußland 327 f., 340, 348 f., 353 f., 376, 384, 396
Nitti, Francesco Saverio, it. Politiker 390

Nostitz, Karl von, Schriftsteller 202, 221, 225

Obreskoff, Alexander Michailowitsch, russ. Offizier 177
Otto, Louis Guillaume, Comte de Mosloy, fr. Diplomat 117

Paganini, Niccolò, Violinvirtuose 321
Palffy, Johann, Graf 41
Palladio, Andrea, it. Architekt 297
Palmerston, Henry John Temple, Viscount, engl. Staatsmann 328, 376, 382
Paul, Jean (Jean Paul Friedrich Richter), Dichter 393
Pellico, Silvio, it. Dichter und Politiker 302 f.
Pepe, Guglielmo, it. General 302
Pflug, Johann Baptist, Maler 13
Pitt, William, der Jüngere, engl. Staatsmann 38
Pius VII., Papst 298, 323
Pius IX., Papst 359
Pradt, Dominique Dufour de, Abbé, Erzbischof von Mecheln 335

Radetzky, Johann Josef Wenzel, Graf R. von Radetz, österr. Feldmarschall 128, 130, 142, 154, 161, 164, 176, 178, 244, 247 f., 342, 359, 383, 400
Radowitz, Josef Maria von, preuß. General und Minister 370 f.
Ranke, Leopold von, Historiker 261
Razumowsky, Andreas, Graf von, russ. Diplomat 174
Récamier, Julie 81 f., 191
Reichardt, Heinrich August Ottokar, Schriftsteller 81 f.
Reichstadt, Franz Joseph Karl, Herzog von, Sohn Napoleons I. und Marie Louises 186, 246, 249, 251
Richelieu, Armand Emanuel Duplessis, Herzog von, fr. Außenminister 253
Roberjot, Claude, fr. Delegierter in Rastatt 52
Robespierre, Maximilien, fr. Revolutionär 39, 334 f.
Rohan-Guémenée, Louis, Prinz 145

Rossini, Gioacchino, it. Komponist 297, 319
Rothschild, Salomon von, Bankier 369, 375
Rousseau, Jean-Jacques, Philosoph und Schriftsteller 24
Russell, John, Lord, engl. Staatsmann 323

Sagan, Wilhelmine, Herzogin von 61, 103, 126, 138, 145–150, 153, 155 ff., 160, 163, 166, 170, 177 f., 191 ff., 202–205, 207, 229, 245 f., 252, 273, 275, 305, 361, 383
Saint Pierre, Charles Irenée Castel de, Abbé, fr. Schriftsteller 19 f.
Sand, Karl Ludwig, Student 284–287, 289, 292, 346
Schiller, Friedrich 211, 232, 318
Schlegel, August Wilhelm, Schriftsteller und Kunstphilosoph 62
Schubert, Franz, Komponist 319, 321
Schuselka, Franz, österr. Publizist und Politiker 363
Schuwalow, Paul, Graf, russ. Diplomat 117
Schwarzenberg, Felix, Fürst zu, österr. Staatsmann 384 ff., 391, 394
Schwarzenberg, Karl Philipp, Fürst zu, österr. Feldmarschall 113, 115, 140, 142, 156, 158, 163 f., 168, 172, 176, 178–181, 243 f., 247, 252, 254
Sedlnitzky, Georg, Graf S. von Choltic, Präsident der österr. Polizei- und Zensurhofstelle 317 f.
Sheridan, Richard Brinsley, engl. Dramatiker und Politiker 38
Simon, Johann Friedrich, Hauslehrer Metternichs 18 f., 21–24, 285
Sophie, Erzherzogin von Österreich, Mutter Franz Josephs I. 350 f., 355, 369 f., 372, 384, 399
Sorel, Albert, fr. Historiker 390
Spohr, Ludwig, Kapellmeister und Komponist 197
Srbik, Heinrich von, Hostoriker 390
Stadion, Johann Philipp, Graf von, österr. Diplomat und Minister 70 f., 86 f., 89–95, 97, 99 ff., 104 f., 108, 110, 123, 137, 174, 180, 352

Staël, Germaine, Baronne de, fr. Schriftstellerin 61 f., 74 f., 82
Stein, Karl vom und zum, preuß. Minister 47, 63, 112, 123, 136, 139, 143 f., 153, 166 f., 171, 190, 201, 222, 224, 230, 238, 264
Stendhal (Henri Beyle), fr. Schriftsteller 239
Stewart, Charles William, Lord, engl. Diplomat 305
Stifter, Adalbert, österr. Dichter 394 f.
Stourdza, Alexander, russ. Publizist 255, 267, 284
Szechenyi, Stephan, Graf, ung. Politiker 358, 380

Talleyrand-Périgord, Charles Maurice, Prinz von T., Fürst von Benevent, fr. Diplomat und Staatsmann 74 f., 78, 81 f., 96 f., 99 f., 182, 184–188, 190, 199, 205, 220, 227–230, 244 f., 247, 249 f., 253, 268, 313, 325
Tenerani, Pietro, it. Bildhauer 321
Thorwaldsen, Bertel, dän. Bildhauer 299, 321
Thürheim, Lulu, Gräfin 229
Thugut, Franz von, österr. Diplomat und Minister 46, 48, 52 f.
Thun, Friedrich, Graf von, österr. Diplomat 387
Tolstoi, Peter, Graf, russ. General und Diplomat 90
Trauttmansdorff, Ferdinand, Graf, österr. Diplomat 56
Treilhard, Jean Baptiste, fr. Delegierter in Rastatt 49
Treitschke, Heinrich von, Historiker 365
Trubetzkoj, Wassilij, Fürst 145

Usedom, Guido von, preuß. Diplomat und Schriftsteller 364, 389

Vallotton, Henry, schweiz. Diplomat und Historiker 392
Varnhagen von Ense, Karl August, Schriftsteller 229
Victoria, Königin von Großbritannien 382

Villèle, Jean-Baptiste, Comte de, fr. Minister 324
Vitzthum von Eckstädt, Karl Friedrich von, sächs. Diplomat 368
Vogt, Niklas, Geschichtsprofessor, Lehrer Metternichs 29 f., 34, 55, 166, 209, 218, 282

Waldmüller, Ferdinand Georg, österr. Maler 318
Wallis, Josef, Graf von, österr. Minister 124
Wangenheim, Karl August von, württ. Minister 265
Washington, George, Präsident der USA 14, 214
Wellington, Arthur Wellesley, Herzog von, engl. Feldmarschall und Staatsmann 220 f., 244, 247 f., 250, 253, 268, 311 f., 382, 397

Wette, Wilhelm de, Theologieprofessor 287
Wienbarg, Ludolf, Schriftsteller 343
Wilhelm I., König von Preußen, Deutscher Kaiser 382
Windisch-Graetz, Alfred, Fürst zu, österr. Feldmarschall 147, 156, 177, 191, 204, 383
Wintzingerode, Georg Ernst Levin, Graf, württ. Minister 75
Wrbna, Flore, Gräfin 320 f., 325

Yorck, Hans David Ludwig von, preuß. Generalfeldmarschall 135

Zichy-Ferraris, Molly, Gräfin 324, 337
Zichy-Festetics, Julie, Gräfin 203, 270 f., 275

Bildnachweis

Bild 12, 13, 14, 17, 20, 25
aus dem
Bildarchiv der Österreichischen Nationalbibliothek, Wien

Bild 1, 2, 3, 4, 5, 6, 7, 8, 9, 10, 11, 15, 19, 21, 22, 23, 24, 26, 27
aus dem
Bildarchiv Preußischer Kulturbesitz, Berlin

Bild 16, 18
aus dem
Archiv des Autors

Weitere interessante und günstige Titel:

Franz Hubmann/Walter Pohl:

Deutsche Könige – Römische Kaiser

208 Seiten, Format 22,5 x 29,0 cm,
gebunden mit Schutzumschlag,
farbig bebildert
Best.-Nr. 247 007
Sonderausgabe nur DM 10,–

Gordon Brook-Shepherd:

Zita – die letzte Kaiserin

448 Seiten, Format 13,0 x 21,5 cm,
gebunden mit Schutzumschlag
Best.-Nr. 275 222
Sonderausgabe nur DM 24,80

Franz Herre:

Ludwig II

400 Seiten, Format 14,0 x 22,0 cm,
gebunden, bebildert
Best.-Nr. 185 850
Sonderausgabe nur DM 10,–

Francis Hackett:

Heinrich VIII

265 Seiten, Format 14,0 x 21,0 cm,
gebunden
zahlreiche s/w-Abbildungen
Best.-Nr. 265 280
Sonderausgabe nur DM 19,80